DANSER
DANS LA LUMIERE

Du même auteur aux éditions Sand :

L'Amour foudre

Shirley MacLaine

DANSER
DANS LA LUMIERE

P RIMEUR
S AND

Dépôt légal:
2e trimestre 1986

ISBN 2-89357-012-7

Pour Maman et Papa,
Nounours et Christopher,
pour m'avoir permis
de me refléter moi-même à travers eux.

Wu Li : Schémas d'énergie organique
Wu Li : Ma voie
Wu Li : Non-sens
Wu Li : Je me tiens à mes idées
Wu Li : l'Illumination

Maître : Celui qui commence au centre, et non au bord.

Danser avec Dieu, créateur de toutes choses, c'est danser avec soi-même.

Les maîtres de danse Wu Li
Gary Zukav

PREMIÈRE PARTIE

La danse extérieure

Chapitre premier

New York, le 24 avril 1984. En m'éveillant, ce matin-là, une seule pensée m'habitait : l'après-midi même, à 15 h 57, j'aurais 50 ans. Atteindre le demi-siècle d'existence en 1984 me paraissait curieux, un peu théâtral, voire dramatique. Plus question d'accepter comme le simple fait du hasard le déroulement des épisodes de ma vie. D'ailleurs, je ne croyais plus au hasard. Tout dans mon passé était tissé par des liens de causes à effets et, par là même, avait une logique sous-jacente.

Digne illustration de ces considérations métaphysiques, mon léger mal de tête était incontestablement dû à la merveilleuse soirée d'anniversaire fêté la veille, par anticipation.

Mon ami, le compositeur Christopher Adler, avait organisé une soirée pour quelques milliers de « mes plus proches amis ». Et puisque je devais travailler le 24 au soir, nous avions fait comme si mon anniversaire tombait le 23. Chris avait décoré tout le *Limelight* de blanc et de cristal. Les invitations précisaient « tenue de soirée blanche », et quelques-uns étaient venus vêtus de draps ou d'ensembles de jogging, le blanc ne faisant pas partie de leur garde-robe habituelle.

Le Limelight est une ancienne église, transformée en boîte de nuit à la Fellini, très à la mode. Après le départ des propriétaires, le bâtiment était devenu, quelque temps, un centre de réhabilitation pour drogués. Les gens du Limelight avaient empêché que la bâtisse ne fût livrée à la pioche des démolisseurs. Je trouvais très séduisant, en raison de mes convictions spirituelles, que ma soirée d'anniversaire se déroulât dans une église restaurée. Cela contribuerait peut-être à ajouter une nouvelle dimension à son dessein d'origine. Après tout, danser dans une église me semblait tout aussi pertinent qu'y prier. A mes yeux, il s'agissait de la même démarche. Autant qu'il m'en souvienne, il était interdit de danser dans les bâtiments de l'église baptiste, dans laquelle j'avais grandi. Mes amis catholiques, eux, pouvaient danser et même boire de la bière dans les sous-sols de leur église. Ainsi, chacun obéissait à des règles différentes : l'église baptiste était sans formalisme dans sa partie haute et rigide dans celle du bas. L'église catholique appliquait un règlement contraire. Mon prétendu passé baptiste qui, en réalité, était tout à fait négligeable, ne m'a jamais beaucoup influencée. Après mon premier pique-nique organisé par l'église, j'avais décidé d'aller plutôt flirter dans les bottes de foin. Mes tendances religieuses semblaient donc davantage marquées par ma libido que par mon *moi* supérieur. Tout dépend, bien sûr, de la manière dont vous regardez les choses... Qu'il fût religieux ou non, tout le monde était d'accord pour reconnaître que ma soirée de « pré-anniversaire » avait été un événement. Chaque invité avait été accueilli par une hôtesse en costume blanc, rehaussé de paillettes et de boutons de cristal. Une vraie symphonie en blanc. Des tonnelles de fleurs blanches paraient les couloirs menant du presbytère à la bibliothèque et aux salons de réception. Le rire, la joie et l'ambiance chaleureuse se répercutaient d'une salle à l'autre. Des pendeloques de cristal agrémentaient des bouquets de plus de deux mètres de haut, composés de roses, de lys et de freesias blancs, tandis que des nuages de ballons blancs dérivaient lentement au plafond. Les murs, tendus de soie blanche, étaient brodés de cristaux; le tout baignant dans une musique de chambre du XVIIIe siècle. Je m'étais demandé combien de temps il faudrait pour que cette soirée se transformât en une parfaite séquence de la *dolce vita*.

Je me retournai dans mon lit, étirant mes jambes, et massant mon pied droit, là où un photographe trop zélé avait

14

laissé tomber son appareil photo. Je pensai alors au récit qu'Elizabeth Taylor avait fait de l'enterrement de Mike Todd. Certains étaient venus déjeuner sur des tombes avoisinantes, en attendant de fixer sur la pellicule la veuve éplorée. Un sentiment d'excitation malsaine, semblable à celui des accidents graves, régnait ce jour-là. Accident? La mort de Mike, dans un avion qui s'était écrasé, était-elle accidentelle? Oh, dites à ceux qui restent qu'il n'en est rien. Quel rôle bénéfique la mort pourrait-elle bien jouer? J'aurais alors aimé savoir ce que j'ai appris depuis; peut-être aurais-je pu aider Elizabeth de manière plus efficace.

A travers la fenêtre de ma chambre, mon regard alla se perdre au-delà de l'East-River. Des images de la nuit précédente me revenaient en mémoire. Mes amis étaient arrivés des quatre coins du monde pour célébrer avec moi *mon* demi-siècle. Timidement, ils m'avaient dit des mots tendres. C'était l'une de ces nuits où il fallait savoir, avec grâce, accepter sans embarras les compliments, sans se rengorger ni se rabaisser. Ma fille Sachi fut pour moi la plus touchante. Comme seuls savent le faire les enfants, qui parlent du cœur et non de l'intellect, elle me fit monter les larmes aux yeux. S'étant levée, elle avait dit d'un trait : « Bon anniversaire à ma mère que j'aime plus que je ne saurais le dire, et qui est mon modèle de vie. »

Fort à propos, Christopher avait apporté le gâteau d'anniversaire. Je l'avais voulu aux carottes, celui que je préfère. Tout en soufflant les bougies, je cherchais comment remercier tous les participants. Dans le plus profond silence, je contemplais le gâteau un moment, très touchée par ce qu'avaient dit mes amis et mes collègues les plus chers. Ma gorge était nouée par l'émotion. Je ne voulais pas dire quelque chose de superficiel, car il s'agissait d'un moment et d'une occasion tout à fait exceptionnels, une réelle manifestation d'amour. Une image me vint à l'esprit, et après m'être reprise, je la livrai : « L'amitié est comme un bateau à l'horizon. Vous le voyez qui se découpe sur le ciel; il se déplace et s'éloigne de votre vue, mais cela ne veut pas dire qu'il ne soit plus là. L'amitié n'est pas linéaire, elle éclate dans toutes les directions, nous offre un enseignement sur nous-mêmes et sur autrui. J'ai tissé des liens de tendre amitié avec la plupart de ceux qui sont réunis ce soir; nous savons que nous sommes là les uns pour les autres, même si nous ne nous voyons pas toujours. » J'aurais aimé en dire plus mais, la gorge serrée, je dus m'arrêter. Je dégustai ensuite avec appétit les asperges blanches en tulipe, le rôti de veau et ses légumes verts (dont certains m'étaient inconnus), les morilles et une salade composée aux herbes que seul un spécialiste aurait pu reconnaître; et pour couronner le tout, ce gâteau aux carottes, absolument divin.

Après le dîner, nous sommes allés rejoindre dans les salons les invités qui semblaient des milliers, rassemblés dans la nef de l'ancienne église. Du balcon inondé de lumière, nous dominions cette foule qui chantait, criait, et poussait des vivats... Nous regardâmes avec délice les artistes, qui, à tour de rôle, mirent joyeusement la nuit en pièces... Il s'agissait bien d'une célébration d'anniversaire digne d'un Temple d'Amour et de Lumière, surgi de l'une de mes existences au temps de l'Atlantide...

Le regard posé sur Welfare Island, je songeais à la soirée de la veille, m'interrogeant sur la façon dont les autres l'avaient ressentie. Je m'étais toujours plu à imaginer comment d'autres vivaient ce que moi je voyais. Rêveuse, je me disais que la vérité et la réalité étaient bien relatives, qu'elles n'existaient que grâce à une vue de l'esprit. J'étais curieuse de savoir comment les autres percevaient le fait d'avoir cinquante ans. Se penchaient-ils aussi sur leur vie, l'analysant et se demandant comment elle les avait amenés là où ils en étaient? Se demandaient-ils également quelle vie avait pu être la leur avant celle qu'ils étaient en train de vivre?

Me retournant, je soulevais mes jambes hors du lit, mes jambes de danseuse, mes jambes de deux shows par jour pendant le week-end, mes jambes de vingt-cinq ans chacune. Je connaissais bien la réalité de ces jambes dans cette vie-ci et aujourd'hui, en particulier. Elles me faisaient atrocement souffrir. Elles avaient besoin d'une douche chaude pour leur permettre d'opérer une transition avec une réalité moins douloureuse.

Mon Dieu, me dis-je en me traînant vers la salle de bains, la douleur est-elle réelle ou n'est-elle qu'une sensation que je pense devoir ressentir parce que je travaille beaucoup et que j'ai un demi-siècle?

Je me regardai de face dans le miroir: pas mal, pensai-je en moi-même. Le teint clair, transparent (mon dernier bouton avait disparu avant la naissance de ma fille Sachi), pratiquement pas de rides, mises à part les rides d'expression autour des yeux (je les considérais comme des preuves de ma pensée positive); je penchai légèrement la tête en avant, pour regarder la racine de mes cheveux: avais-je besoin de les retoucher? Voyait-on la différence entre ma propre couleur rousse et la version de Clairol *? Non, tout allait bien encore, j'étais tranquille pour une semaine ou deux. Je songeai aux astuces d'esthétique qu'il m'avait fallu employer lors de mes voyages, loin de la technologie et de l'arsenal de la beauté du XXe siècle : je devais alors trouver en moi-même mes propres ressources. Je me souvenais avec précision de mes expériences dans les huttes de l'Himalaya et des Andes, dans les tentes des plaines africaines, ou dans les masures des trous perdus de l'Amérique du Sud : un contraste frappant avec la vie que je menais maintenant à New York, interprète de mon propre spectacle de comédie musicale, au Gershwin Theater.

Fermant le rideau de la douche, je laissai couler l'eau chaude, remède miracle du danseur. L'effet quasi instantané pour le corps de cette panacée liquide m'était apparu à peine dix ans auparavant. Je n'avais pas à me préoccuper des horaires des clubs de remise en forme afin de bénéficier des saunas à l'eucalyptus. Pour autant que je susse l'utiliser, j'avais sous la main une thérapie humide et chaude, dans ma propre salle de bains. Je vérifiais la position de mes cristaux de quartz, aux quatre coins de ma baignoire. J'avais appris à travailler avec la puissance des cristaux et cette discipline faisait désormais partie de ma vie quotidienne. J'entrais sous la douche et laissais l'eau brûlante ruisseler sur mes cheveux, mon visage et mon corps. Je pouvais sentir ma poitrine se dénouer, mes muscles le long de la colonne vertébrale devenir plus souples. Grâce à un ajustement rapide de chiropractie du dos, je sentis mes vertèbres se remettre en place. Respirant profondément, j'inhalais et rejetais la vapeur une dizaine de fois. Puis je versai un peu de sel marin dans un verre, et le fis dissoudre dans l'eau de la douche avant de commencer un rituel auquel je m'astreignais chaque jour. Je mis mon nez sur le bord du verre, et reniflai l'eau salée. Ma grand-mère, comme beaucoup d'autres, procédait de la sorte pour purifier les sinus, la gorge et le nez. Et pour moi, cela s'était révélé un remède très efficace. Les rares fois où il m'arrivait d'attraper un rhume, ces inhalations d'eau salée le foudroyaient généralement dès le premier jour. Cette approche naturelle et *holistique* me convenait mieux que les médicaments et la médecine traditionnelle. D'ailleurs, je n'avais plus de médecin de famille; l'expérience m'avait

* Shampooing colorant.

appris en effet que la médecine occidentale s'en remettait beaucoup trop aux médicaments.

Joignant le pouce et l'index, je me préparais à psalmodier les mantras. Par ce geste, je faisais circuler l'énergie en cycles à travers mon corps, nourrissant chacune de ses cellules, tandis qu'augmentait la fréquence des ondes sonores de mon chant. La sensation éprouvée était très agréable. J'avais commencé à comprendre la puissance des fréquences sonores de nombreuses années plus tôt quand j'avais suivi des leçons de chant. Grâce aux vocalises pendant l'échauffement, mon corps se sentait en meilleure forme. Les kinésithérapeutes avaient utilisé la diathermie (fréquence sonore en circulation) pour toutes les blessures que j'avais subies durant ma carrière de danseuse, et cela s'était révélé extrêmement efficace. Il me semblait donc logique d'utiliser sur moi-même une thérapie sonore, sans machine, en chantant simplement, comme l'ont fait depuis des siècles les Hindous dans leurs temples, ou comme le font avec le même but les milliers de gens qui chantonnent dans leur baignoire depuis qu'il en est fait usage. Les Romains devaient sans doute agir de la sorte.

Tout en chantant mes mantras hindous, je visualisais la lumière blanche parcourant mon corps tout entier. J'avais appris à attirer en moi la lumière blanche que je voyais mentalement, comme venant d'une source placée au-dessus de moi. Grâce aux vibrations sonores qui parcouraient mon corps, la lumière m'envahissait, et avec elle une sensation de bien-être. Je ne me faisais aucune illusion sur ce que pourrait penser l'Ordre des médecins américains de mes exercices matinaux, bien que certains membres de cet auguste corps utilisent aussi des techniques de visualisation pour leurs malades sur le point de mourir : ceux-ci n'avaient de toute façon plus rien à perdre...

Je me frottai la gorge et la poitrine avec du sel – un élément purifiant de base. La Nature sait ce qu'elle fait. Grâce au chant, et au sel, j'allais me purifier de toute l'énergie négative que j'avais accumulée la veille au soir. Ces pratiques risquaient d'apparaître comme des manies très « nouvel âge », mais elles me convenaient parfaitement.

Pendant cinq minutes environ, je chantais en me concentrant sur la lumière blanche. En fait, voilà tout ce que cela me demandait : cinq minutes de ma routine matinale. J'ai toujours été quelqu'un de pragmatique et, en tant que danseuse, j'ai toujours dû l'être ; je ne pense pas que j'aurais persévéré dans ces pratiques, si elles ne m'avaient apporté des résultats concrets et efficaces.

Ce métier vous rend très terre à terre, car vous vivez quotidiennement avec la douleur. La danse – parce qu'elle utilise le corps de manière très créative – est un des arts les plus anciens que l'Homme connaisse. Mais ses formes les plus sophistiquées épuisent le corps, le poussent dans ses dernières limites, dans un élan vers l'infini. Un bon danseur sait que les défis lancés au corps vont bien au-delà des simples capacités physiques. Un athlète accompli sait qu'une certaine dimension spirituelle est nécessaire à la pleine réalisation du potentiel corporel. Ainsi les termes : *ésotérique, holistique, mysticisme*, pourraient sembler peu pragmatiques au premier abord. Mais, traduits en termes physiques, ils correspondent à des vérités que le danseur connaît : il apprend à tirer le meilleur parti des énergies invisibles.

Le téléphone sonnait quand je sortis de ma douche. Il me semblait que les gens devinaient toujours quand j'étais debout. J'attendis que ma secrétaire prît l'appel, car je savais comment un simple coup de téléphone pouvait interrompre le jeu favorable des énergies pour une journée tout entière. Si j'attendais d'en avoir fini avec mes exercices, je n'aurais que de bonnes nouvelles. Je mis en route ma cassette de yoga, et commençai mes vingt-cinq postures. La douche chaude avait assoupli mes muscles, et je continuai ma séance pendant près d'une heure, ce qui donna au téléphone le temps de sonner sept fois. Je me sentais en pleine forme et j'étais fière d'avoir su résister à l'appel du monde extérieur.

Maintenant, j'étais prête. Ma secrétaire, que j'avais appelée, me rendit compte des nombreux messages; parmi eux, celui de mon éditeur américain, Bantam, qui m'attendait pour me souhaiter mon anniversaire. Si cela me convenait, il me verrait dans l'après-midi.

Après m'être habillée, je descendis au salon. Sachi était sortie en compagnie de mes amis Sandy et Dennis Kucinich. Personne n'était là pour me souhaiter un bon anniversaire, et je me sentis délaissée, tout en me disant que j'étais trop gâtée si je pensais cela après la somptueuse soirée donnée en mon honneur.

Simo entra au salon, apportant de la cuisine un plat de compote de pommes, de sa confection, et une tasse de café décaféiné. Simo travaillait pour moi, et s'occupait vraiment de

19

tout. Il prenait soin de la maison, était mon ami, mon compagnon de quête spirituelle. Nous nous étions rencontrés dans la communauté métaphysique de Manhattan, et la voie spirituelle sur laquelle il s'avançait avait réorienté sa vie, tout autant que la mienne. Il s'amusait beaucoup quand je le présentais comme « mon épouse ». Avant qu'il vienne travailler pour moi, j'avais dit : « Ce dont j'ai besoin, en fait, c'est d'une épouse, dans tous les sens du terme, sauf dans mon lit. » Il m'avait répondu qu'il était la personne que je cherchais : « J'ai toujours voulu avoir à m'occuper de quelqu'un », avait-il ajouté. Pas le moindre nuage n'avait assombri l'horizon de cette collaboration.

— Alors, me demanda-t-il, avez-vous pu dormir après la soirée d'hier?

— Oh oui!, m'écriai-je, mais aviez-vous jamais vu quelque chose de semblable?

Il se remémora les événements cocasses de la veille. Il riait tellement que son ventre tressautait.

— Vous savez, dit-il, en se balançant lentement sur les talons et en contemplant le plafond, comme si une pensée intangible y était accrochée..., vous savez, ils avaient tous envie de vous toucher, juste pour se convaincre que des gens comme vous existent vraiment, non?

— Que voulez-vous dire?

— Eh bien, reprit Simo, Christopher dit la même chose. Après tout ce qui vous est arrivé au cours de l'année dernière, les gens veulent se rendre compte par eux-mêmes que ceux de votre « race » ne sont pas une illusion d'optique, ni un mythe. Que vous êtes comme tout le monde.

— Oui, peut-être, dis-je, et c'est sans doute la raison pour laquelle les vedettes sont si populaires. Nous sommes en quelque sorte des symboles, nous prouvons que tout peut arriver, en bien comme en mal.

— C'est un tout, ajouta Simo, votre Oscar, les succès que vous évoquez dans *l'Amour foudre* [*], le triomphe que vous remportez sur scène avec votre spectacle. Tous ces gens ont le sentiment que vous détenez des réponses qu'ils aimeraient avoir eux aussi. Et ceux qui disaient, il y a un an, que vous étiez un peu bizarre, commencent à se demander s'ils ne sont pas passés à côté de quelque chose d'important.

* Publié en anglais sous le titre *Out on a limb* et publié en France aux éditions Sand (*N. d. T.*).

Je souris en moi-même. Je ne me réjouis pas lorsque les autres ont tort. En fait, je déteste ce comportement des gens qui vous disent : « Je vous l'avais bien dit. » Loin de moi l'idée d'en faire tout autant! Cette attitude me déplaisait même quand on me donnait raison : je la trouvais nuisible et arrogante.

Une main sur la hanche, Simo ramassa des serviettes sales qui traînaient sur la table du salon.

— Il me semble très difficile maintenant de communiquer avec ceux que je considérais autrefois comme des amis. Ils se sont mis à penser que j'étais un peu curieuse. En fait nous n'avons plus rien à nous dire.

Il hésita un moment.

— Bien sûr, repris-je, il y en a qui commencent à comprendre ce dont je parlais, et il m'est plus agréable d'être avec eux.

Et il retourna à la cuisine.

De ma fenêtre, je regardais la Première Avenue. Pour moi, comme pour Simo ou tous ceux qui étaient plongés dans cette recherche karmique d'eux-mêmes, tout semblait simple. Pour nous, entre la perspective spirituelle karmique et le plan terrestre — cette attitude matérialiste du « prouvez-le-moi » —, la différence était tout à fait tangible et s'exprimait en un mot : l'auto-responsabilité.

Quand nous prenions conscience que nous étions la cause de tout ce qui *nous* arrivait, nous nous trouvions en mesure de vivre d'une manière positive et responsable. Et cela valait tout aussi bien pour une histoire d'amour, une mort, un travail perdu, ou une maladie. *Nous* avons choisi de faire ces expériences, pour en tirer une leçon. A mes yeux, la vie n'a qu'un sens : apprendre. Apprendre et jouir de la connaissance : la vie n'est faite que de leçons.

Je me souvenais de mes sentiments, juste avant la publication de *l'Amour foudre*. Quelques-uns de mes amis avaient pensé qu'un livre comme celui-là nuirait à ma carrière. Avais-je vraiment besoin de faire part de mes convictions, au lieu de les garder pour moi? C'était un problème auquel j'avais longuement réfléchi. Parce que j'aimais m'exprimer avec mon corps, j'avais commencé à prendre des cours de danse dès l'âge de trois ans et, depuis lors, toute ma vie avait tourné autour de l'expression de soi. Adolescente, je m'étais tournée vers le chant et la comédie musicale, qui en étaient pour moi des composantes.

Je continuais à m'exprimer au théâtre, ressentant une joie

différente, appréciant la spécificité de l'usage des mots et de la langue, lesquels permettent une touche plus précise que le chant ou la danse. J'aimais cet étrange mystère : devenir quelqu'un d'autre, et pour cela étudier les motivations, le vécu et le sens d'un personnage, explorer et examiner mes propres sentiments et mes pensées par rapport à ce nouvel être.

Tout naturellement, écrire devint une nouvelle étape de la compréhension et de l'explication de mes sentiments et de ma pensée. J'essayais aussi d'appréhender ceux d'autrui. Quand mon exploration intérieure commença à prendre un tour spirituel et métaphysique, je pensai, au début, qu'il s'agissait de quelque chose de purement privé, une sorte de curiosité à propos de laquelle tout ce que j'écrirais serait confidentiel. Les découvertes que je fis peu à peu commencèrent à prendre de l'importance, pas seulement pour moi : elles avaient un sens propre, leur philosophie et une puissance bien à elles. Taire aux autres cette nouvelle conscience aurait bridé l'expression de toute une gamme de concepts nouveaux et essentiels dans le cadre de mon expérience. Une telle répression m'aurait conduite à la paralysie. Je n'aurais pas pu me supporter si je n'avais pas réussi à écrire sur ces sujets ou si je l'avais fait en fonction des contraintes du marché. J'aurais alors confiné ma vie dans les limites d'une « image publique » amorphe, et cela ne correspondait nullement à mon mode de vie.

Même si j'ai été élevée dans un milieu bourgeois B.C.B.G., au comportement très « comme il faut », l'exploration de ma pensée n'a jamais été freinée; mon père comme ma mère ont encouragé ma curiosité à l'égard de l'esprit humain, le mien comme celui des autres. Ils s'attachaient peut-être à notre manière de paraître, mais n'ont jamais restreint *ma pensée*. Ils ont sans doute été le facteur le plus encourageant de mon développement de « libre penseur » sans inhibition. Lorsqu'il s'agissait de la quête d'un esprit jeune, prêt à tout connaître, naturellement, rien ne leur semblait irrationnel. Les questions, quelles qu'elles fussent, étaient non seulement autorisées mais encore souhaitées, étudiées. Tant que je respectais les normes de la politesse, et que je continuais à faire « bonne impression », on ne m'imposait aucune contrainte. L'esprit de mes parents s'ouvrait aussi à l'exploration spirituelle et philosophique, et s'exprimait de façon libérale et sans contraintes. Ils avaient coutume de dire : « Si tu gardes les pieds sur terre et la tête dans les étoiles, tout ira bien. » Leur

22

réalité dépendait d'eux, tout comme la mienne dépendrait de moi. Et la mienne se situait dehors, en pleine liberté.

Au début de ma tournée de promotion pour mon livre *l'Amour foudre*, je savais que j'aurais à parler en public de réincarnation, de guides spirituels, de la possibilité de l'existence des extraterrestres, et de la « réalité » d'autres dimensions. Je fus ravie de me rendre compte que l'ouverture d'esprit de mes parents n'était pas si exceptionnelle que je voulais bien le penser. Il s'agissait là d'un nouveau miracle qui selon moi ne pouvait survenir qu'aux États-Unis. J'étais enthousiasmée par la curiosité dont faisaient preuve les Américains et par leur ouverture d'esprit, par leur vérité aussi. La bienveillance que me témoignaient les animateurs, les journalistes, le public, les féministes, les étudiants et même les médecins et les psychiatres, me réconforta. Ils me posaient des questions, sans porter de jugement ni se montrer agressifs. Médecins et psychiatres reconnaissaient souvent l'existence d'une autre dimension lorsqu'ils traitaient leurs patients. Praticiens empiriques de la science, ils s'appuyaient sur ce qu'on leur avait enseigné. J'aimais sincèrement la curiosité vraie que manifestaient mes interlocuteurs. Que dire aussi de leurs traits d'esprit? Ils me faisaient souvent rire, et dès qu'ils se rendaient compte que, sur le chemin de ma spiritualité, je n'avais pas perdu mon sens de l'humour, ils se détendaient et s'amusaient à leur tour.

Les journalistes « hommes » me posaient de nombreuses questions concernant les « preuves ». Comment savez-vous que vous avez une âme? Comment mesurez-vous cette force divine? Comment savez-vous que vous avez déjà vécu? Ne pensez-vous pas que vous rêvez tout cela, parce que la civilisation arrive à un point de rupture et que, de la sorte, vous avez l'impression de vous sentir mieux? Les hommes se sentaient moins impliqués eux-mêmes. Ils avaient l'habitude d'extérioriser leurs sentiments, leurs réactions, et ne permettaient pas à une évaluation personnelle, quelle qu'elle fût, d'interférer. J'assistais à une démonstration de l'utilisation du lobe gauche du cerveau. Ils se sentaient mal à l'aise en explorant le lobe droit et son intelligence intuitive, le yin. Ils montraient la plus extrême prudence à l'égard de leurs « sentiments », ne les tenaient pas pour crédibles. A leurs yeux, intuition et sentiments étaient l'apanage des femmes.

Au fil des années, j'avais appris à connaître de nombreux journalistes. Ils étaient habitués à mon féminisme, à mes activités politiques, à mes prises de position contre la guerre et le nucléaire, et pour la liberté personnelle aussi bien que sexuelle. Ils savaient combien j'étais opposée à la drogue; je ne prenais – et ils le savaient – aucun plaisir à fumer même un simple *joint*. J'étais franche, et j'avais les pieds sur terre. Lorsque je racontais aux hommes ma recherche spirituelle, en la présentant comme un prolongement logique de ma curiosité personnelle et intuitive, ils ramenaient cela à moi : *ma* réalité, *ma* perspective, *mon* besoin de chercher dans la vie plus loin que les simples apparences.

Avec les femmes, il s'agissait de tout autre chose. La plupart d'entre elles étaient avides de s'assurer de la justesse de sentiments qui les avaient étonnées; sentiments qu'elles avaient parfois étudiés, voire exprimés, mais qu'elles n'auraient pas osé afficher en public, de peur d'être embarrassées. A leur manière propre, discrète et tranquille, elles étaient en quête. En privé, elles entamaient des discussions; elles s'engageaient dans des sessions destinées à élever leur niveau de conscience, à étendre leur vie spirituelle. L'énergie des chakras, la guérison holistique, la méditation, et la vérité karmique étaient des sujets qui, de plus en plus, les passionnaient.

Parfois l'exploration avait commencé par une quête de leur propre identité. Elle avait rapidement évolué vers une affirmation de cette même identité; en tant que femmes, elles avaient cherché, durant des générations, à faire accepter leur compréhension intuitive, une voie qui dépend du lobe droit du cerveau, et donc typiquement féminine, vers la reconnaissance que la vérité peut exister aussi bien au niveau de l'invisible que du visible. Depuis l'aube des temps, les femmes avaient ainsi survécu à la structure mâle du pouvoir. Leur force *yin* se développait maintenant de manière plus évidente, plus importante aussi, à un rythme accéléré.

Les femmes journalistes posaient donc des questions avec leur cœur, les hommes avec leur esprit logique. J'avais à apprendre des deux, et les uns comme les autres m'étaient nécessaires. Les hommes m'obligeaient à formuler des réponses plus logiques, ce qui est loin d'être facile lorsqu'on parle de l'âme. Quant aux femmes, elles me demandaient d'être simplement moi-même, ce qui n'est pas si aisé lorsque l'on se trouve justement à la recherche de soi.

Des monceaux de lettres m'étaient parvenues. J'en avais lu un certain nombre, sachant pourtant dès le départ que je ne pouvais offrir aucune explication. Je n'avais d'ailleurs pas non plus la moindre envie d'en donner. Chaque individu devait prendre la responsabilité de se pencher sur son âme, de trouver les réponses aux questions qu'il se pose. Je suggérais bien sûr de méditer, de prendre chaque jour un peu de son temps pour mieux se connaître. Dans le cadre de la transmission spirituelle, j'ai toujours recommandé les livres d'Edgar Cayce, de Jane Roberts ou de Ruth Montgomery. Pour faire fonctionner son corps de façon plus positive, je recommandais les livres sur la médecine holistique, les combinaisons d'aliments et la pratique du yoga. Pour savoir comment ouvrir les sept points d'énergie des chakras, le long de la moelle épinière, je dirigeais vers les librairies métaphysiques locales, dont les propriétaires sauraient à coup sûr donner des avis compétents. Je savais que la lecture d'un livre conduisait à un autre, tout comme une conversation mène à de nombreux sujets. Je n'ai jamais été encline à donner des noms de guides spirituels, de maîtres ou de médiums, ayant toujours eu le sentiment que, la plupart du temps, les gens sont guidés vers leur propre source de savoir. Quand l'étudiant est prêt, les guides et les enseignants apparaissent d'eux-mêmes.

J'aime beaucoup répondre aux lettres. J'ai bien sûr depuis longtemps compris que, pour celui qui écrit, le plus important est justement cet acte par lequel il s'exprime et fait partager ses sentiments.

Je n'ai jamais eu l'intention de devenir un gourou ni, à plus forte raison, de prendre la tête d'un mouvement spirituel. Chacun doit effectuer sa propre quête spirituelle, à sa manière et à son rythme propre. Chaque individu réagit et répond de manière différente à ses vérités personnelles. Chacun a son propre univers qu'il comprend; on ne peut donc parler en termes de progrès comparatifs. Une personne peut *sembler* plus avancée qu'une autre, mais comment le savoir vraiment? La connaissance de soi prend toute une vie, et bien plus encore; les progrès ne se font pas d'une façon linéaire, et il n'y a pas non plus de hiérarchie comparative. Une personne plus évoluée spirituellement dans une vie passée peut choisir de faire l'expérience de l'aveuglement spirituel dans cette vie-ci, simplement pour être le catalyseur de quelqu'un comme moi, par exemple, qui a besoin d'apporter plus de logique à ses découvertes.

Me voici donc à cinquante ans, me remettant toujours en question, toujours curieuse, encore en évolution, du moins je l'espère. J'agis en tous cas au grand jour. Pourquoi suis-je ainsi ? Je ne voulais plus discuter de savoir si j'avais vécu auparavant et si j'allais vivre à nouveau. Je me demandais maintenant pourquoi et comment.

Les relations étant au cœur même de tout notre être, nous avons *choisi* d'avoir des relations avec certaines personnes, pour en tirer un enseignement... Avons-nous fait ce choix avant de naître ? Avons-nous même, en fait, choisi les parents que nous voulions avoir ?

Si je me penche sur ma vie en la regardant sous cet angle, je donne alors une autre dimension aux relations avec mon père, ma mère, ma sœur et mes amis. Cette dimension me permet de les voir et de me voir aussi sous un autre jour. En fait, la vie est bien une danse, et je commençais alors tout juste à le percevoir.

J'entendis des voix dans le hall d'entrée. Sachi, Dennis et Sandy venaient de rentrer. « Bon anniversaire », me chantèrent-ils en entrant et en m'embrassant.

— Dieu merci, les magasins étaient ouverts, dit Dennis, nous avons été tellement occupés hier avec la préparation de ta soirée que nous n'avons pas eu le temps de t'acheter un cadeau.

— C'est vous qui êtes le cadeau, répondis-je, en regardant avec étonnement ce politicien hors du commun au corps d'adolescent, aux yeux comme des soucoupes, à la chevelure touffue et à la démarche de coureur de fond, sûr de gagner n'importe quelle course, parce qu'il se sait porté par les vents de sa propre destinée.

Dennis Kucinich et sa blonde épouse Sandy avaient une petite fille de deux ans, Jacky, dont j'étais la marraine. Dennis était convaincu que j'avais connu Jacky dans une autre vie et que, plus tard, je serais sans doute la seule à pouvoir m'occuper d'elle dans cette vie-ci.

Précédée par Dennis et Sandy, Sachi fit son entrée.

— Bonjour, Maman, dit-elle. Sa simple présence illuminait la pièce.

Elle se pencha pour m'étreindre et m'embrasser sur la joue.

— Bon anniversaire, me dit-elle en me tendant deux paquets enrubannés. Ceci te le dira mieux que je ne saurais le faire.

J'ouvris les paquets : l'un contenait mon parfum favori (le sien aussi, d'ailleurs) ; l'autre, une chope pour mon café du matin, portant l'inscription : « Je t'aime, Maman, chaque matin. »

26

Je versai ce qui restait de mon café dans la chope, m'appuyai sur les coussins, et regardai ma fille. Elle était intarissable à propos de la foule sur le balcon, la veille au soir, et de Christopher jaillissant d'un gâteau en carton-pâte, en plein milieu du show qu'il avait mis au point. Elle riait encore en pensant à Liberace *, revêtu d'un manteau qu'une reine n'aurait pas renié. Elle évoqua aussi l'humour délicat de Martin Halmish, qui m'avait dédié l'ouverture de *Chorus Line*.

Tandis qu'elle revivait l'excitation de la soirée passée, je regardai avec fierté et délice cette douce enfant, au cœur pur, ravie qu'elle soit ma fille.

Sachi avait reçu une éducation internationale : elle avait grandi avec moi en Amérique jusqu'à l'âge d'environ six ans, puis elle était partie au Japon avec son père jusqu'à douze ans. Elle avait ensuite poursuivi sa scolarité, à sa demande, dans des pensionnats en Angleterre et en Suisse, jusqu'à l'obtention de ses diplômes.

Nous passions ensemble trois mois chaque été, et six semaines pendant les vacances de Noël et de Pâques. Comme elle l'avait dit elle-même : « C'est la qualité du temps passé avec quelqu'un qui est importante, non pas la quantité. »

J'étais réellement fière d'elle, elle gardait une sorte d'innocence à l'ancienne, et lorsque son âme était heureuse, je n'avais jamais rencontré quelqu'un qui puisse m'apporter plus de joie. Elle allait avoir 28 ans, et pourtant donnait l'impression de sortir à peine de l'adolescence. Toutefois, elle savait ce qu'elle voulait, et pouvait se montrer avisée et rusée. De longs cheveux soyeux de la couleur des blés d'or flottaient en cascade autour de son visage parsemé de taches de rousseur, et ses yeux bleu porcelaine étaient bordés de cils incroyablement longs et épais. Sa candeur joyeuse m'enchantait. Elle s'enthousiasmait sans cesse en regardant les merveilles du monde autour d'elle, et contaminait la vie de ceux qu'elle rencontrait par une joie communicative.

Sachi était aussi douée d'une profondeur de compréhension parfois stupéfiante. Elle était tellement capable de se mettre en harmonie avec les autres que je me demandais d'où elle tenait ce talent. Comme tous les autres parents, j'étais sans doute la dernière à comprendre combien mon enfant avait mûri. Sachi savait exactement ce qu'elle voulait « faire passer », et s'était

* Grande vedette de la scène aux U.S.A.

27

souvent confiée à moi. En d'autres termes, sous des dehors très candides, elle cachait une grande détermination. C'est probablement ce que je trouvais en elle de si attrayant; nombreux étaient ceux qui avaient à son égard la même opinion. Elle se savait une créature de lumière, et elle entendait le rester... Tâche bien difficile, car le monde autour d'elle devenait sans cesse plus décourageant.

Comme bon nombre de ses amis, Sachi travaillait avec les principes spirituels et métaphysiques. Ils méditaient, pratiquaient le yoga et des techniques de visualisation de la lumière permettant la guérison, étaient attentifs à ce qu'ils mangeaient, recherchaient les magasins de diététique pour y trouver des aliments naturels, goûtant les petits gâteaux sans sel ni sucre, et préférant le pollen d'abeilles et les pousses de blé pour leurs qualités énergétiques. Je devinais toujours quand Sachi était allée faire les courses, car elle avait l'habitude de remplir le réfrigérateur de jus de carottes, de fruits et de légumes biologiques. Pour elle, un bon dîner se composait de tout un assortiment de légumes, disposés sur un plateau de bois, autour d'un bol de sauce au citron et à la moutarde.

Elle pouvait néanmoins être un « chef » hors pair, ayant d'ailleurs étudié la « grande cuisine » à Paris et à Tokyo, et pouvait confectionner de véritables délices, à partir des restes d'un repas. Un soir, elle avait préparé un plat de poulet finement émincé, sauté au vin blanc avec des champignons sauvages; je pensais qu'elle avait mis la main sur une nouvelle sorte de viande, ressemblant à du veau : il s'agissait de poitrine de poulet décongelé ! Lorsqu'elle se lançait dans la cuisine, elle n'aimait pas beaucoup que je tourne autour d'elle. La cuisine devenait alors son domaine. Tout en travaillant, elle buvait à petites gorgées du vermouth servi sur de la glace, comme le font, paraît-il, les chefs en Europe. Sachi n'admet personne dans la cuisine quand elle est aux fourneaux, sans doute (du moins je le crois) parce qu'elle utilise des ingrédients désastreux pour la ligne, mais qui donnent à ses plats des saveurs délectables. Il y a quelque temps, je suivais un régime comprenant des pommes au four. Je les préparais avec un succédané de sucre roux, ce qui donnait à mes pommes un goût acceptable, sans plus. Sachi y mettait du beurre fondu, de la cannelle, de la noix muscade et du vrai sucre. Le résultat n'était bien sûr pas comparable, et elle se réjouissait de me voir me délecter de ses pommes au four. Elle se mit dans une grande colère le jour où, par hasard, je surpris ses secrets de préparation!

Parce qu'elle avait reçu une éducation internationale, Sachi avait pensé devenir interprète aux Nations-Unies. Elle parlait, écrivait et lisait couramment le français, le japonais et aussi un peu le chinois de Canton. Elle lisait dans le texte de nombreux journaux orientaux, mais le japonais était vraiment sa seconde langue. Socialement, elle se rattachait à la fois à la culture orientale et à la culture occidentale, et prenait difficilement conscience des différences entre l'Orient et l'Occident. Peu de temps après avoir fini ses études de français à Paris, elle était revenue à Malibu. Un soir, nous discutions de ce qu'elle aimerait faire de sa vie. Je me souviens encore de la scène : elle était en train de couper une tranche de gâteau aux fruits. Son humeur était, ce soir-là, mélancolique, et tout en enfonçant la lame du couteau dans le gâteau, elle poussa un profond soupir en disant :

— Oh Maman! la vie est tellement mystérieuse, non?

Je ne pus m'empêcher d'éclater de rire, tant je la trouvais adorable. Ébahie, elle me regarda, me demandant ce qui m'arrivait.

— Excuse-moi, chérie, répondis-je, la vie est sans aucun doute mystérieuse, mais verrais-tu un inconvénient à couper ce gâteau à nouveau, en me redisant exactement la même réplique, sur le même ton?

— La même réplique? reprit-elle d'une voix amusée.

— Oui, ce que j'aimerais, c'est que tu répètes la même phrase, sur le même ton. Tu te souviens de la manière dont tu l'as prononcée?

— Bien sûr, répondit-elle, je me souviens toujours de la façon dont je fais les choses.

Il s'agissait là d'un trait bien révélateur.

Et, une fois encore, sans aucune « préparation », elle répéta la même scène. Elle était sans nul doute parfaitement identique à la première.

Elle leva les yeux vers moi. Nous étions conscientes, l'une et l'autre, de l'importance du moment.

— Je vois, dis-je d'un ton pensif.

J'hésitais, ne sachant si je devais poursuivre.

— Eh bien, repris-je après un instant, amusons-nous un peu. Peux-tu refaire la même chose avec le gâteau, mais cette fois, dis-moi « la vie peut être si mystérieuse », d'un ton triste, comme si tu avais le cœur brisé.

– Bien sûr, répliqua-t-elle sans même réfléchir.

Et sans s'y être préparée, elle coupa à nouveau le gâteau; sa main était moins sûre et, semblant refouler ses larmes, elle murmura : « Oh, Maman, la vie peut être si mystérieuse », comme si elle devait être décapitée à l'aube. Elle m'émut profondément. Je me rendis compte bien sûr qu'en tant que professionnelle, je devrais lui dire combien elle avait de talent. Sa capacité d'expression sautait aux yeux, et je me sentis presque forcée de continuer :

– D'accord, essayons autre chose.

Elle acquiesça, sachant qu'au-delà de l'amusement il pouvait s'agir de quelque chose d'important.

– Que dirais-tu d'une improvisation ? suggérai-je.

– Qu'entends-tu par là ?

– Voilà l'idée générale. Tu vas sortir, revenir, frapper à la porte, et puis j'irai t'ouvrir. Ton rôle sera de me dire alors que tu as trouvé quelqu'un dans la rue qui a été blessé, et tu me supplieras de l'aider. Il faut que j'y croie.

Son visage s'éclaira.

– Oh, simplement frapper à la porte et me lancer dans cette explication ?

– C'est cela.

– D'accord.

Elle sortit donc, fermant la porte; je l'entendis descendre les escaliers qui conduisaient à la plage. Une minute s'écoula, avant que je ne l'entende monter les escaliers en courant. Elle tambourina à la porte avec une telle violence, que je compris immédiatement comment les choses allaient se passer.

– Maman, hurla-t-elle, ouvre, ouvre vite.

J'ouvris la porte.

– Il y a un homme vraiment bien, sur Malibu Road. Il a été renversé par une voiture, et a besoin d'aide. Il saigne, Maman, il saigne énormément, il faut appeler le SAMU tout de suite, avant qu'il ne soit trop tard.

Les yeux remplis de larmes de désespoir, elle me tira par le bras.

– S'il te plaît, Maman, viens voir par toi-même; viens je t'assure, si tu ne me crois pas. Je ne joue pas la comédie, il est vraiment là. Peut-être devrais-tu venir avant d'appeler les médecins, pour leur dire comment il va. Dépêche-toi, Maman, il souffre, je te promets que je ne joue pas la comédie. Viens, voyons, ne reste pas là!

Je fus tout juste capable de ne *pas* me précipiter dans les escaliers pour aller voir de quoi il retournait. Stupéfaite, je restais dans l'encadrement de la porte. Sachi me regarda, étonnée:

— Que t'arrive-t-il, Maman?

— Je me demande s'il n'y a pas vraiment un homme dans la rue!

Elle se mit à rire, et ses larmes disparurent.

— Mais Maman, tu m'as dit de te le faire croire. J'y ai réussi, n'est-ce pas?

— Sans aucun doute, chérie, tu as parfaitement réussi, surtout quand tu m'as dit « je ne joue pas la comédie ». Tu es rusée, tu sais.

Elle me demanda alors:

— Est-ce que c'est cela, faire du théâtre?

Je refermai la porte et mis mon bras autour de ses épaules.

— C'est plus que faire du théâtre, c'est être crédible, répondis-je.

Elle se dirigea vers le gâteau:

— Jouer la comédie, c'est donc faire croire à quelqu'un que ce que tu lui dis est vrai?

— Il y a de ça, répondis-je en soupirant. Je pensais à cet instant à Ronald Reagan.

— Voilà peut-être ce que je devrais faire, j'ai pratiqué cela toute ma vie! dit-elle.

En cinq minutes à peine, le cours de sa vie avait changé, et nous le savions toutes les deux. Avec une rapidité étonnante, elle comprit qu'elle venait de découvrir une forme d'expression qui lui était naturelle. Mais aurait-elle la discipline de reconnaître qu'il fallait plus que du talent pour faire du théâtre?

Moins de deux semaines plus tard, Sachi s'était inscrite à un cours d'art dramatique à Hollywood. Elle travailla avec des acteurs déjà confirmés, qui revenaient prendre des cours, pour affiner leur jeu. Le fait d'être ma fille ne lui a jamais posé de problèmes; elle n'en faisait jamais mention la première, toutefois. Avant même que je n'eusse le temps de m'en rendre compte, elle se mit à répéter, apprendre des rôles, fouillant dans mes armoires pour y trouver des costumes, et se lançant dans d'interminables discussions avec ses partenaires afin de savoir quel jeu de scène adopter le lendemain. Les commentaires sur son talent me revinrent rapidement aux oreilles, et elle s'était fait beaucoup d'amis. Bien sûr, la plupart de ceux qui l'entouraient avaient du mal à joindre les deux bouts, et apprenaient à supporter la concurrence cruelle du monde du spectacle. Pour Sachi, cela n'avait aucune importance. *Elle* savait qu'elle était dans la bonne voie, et qu'un jour elle réussirait.

Jouer la comédie avait aussi sur Sachi un effet thérapeutique profond et non négligeable. Au cours des longues années qu'elle avait passées au Japon et en Angleterre, elle avait eu à souffrir des contraintes culturelles qui l'obligeaient à réprimer ses sentiments. Or, elle était foncièrement américaine, ni anglaise ni japonaise. Ces contraintes avaient lourdement pesé sur elle. Elle avait *besoin* d'exprimer ses sentiments, ses peurs latentes, ses colères et ses doutes. Elle avait en quelque sorte besoin de trouver un reflet d'elle-même, d'extérioriser ses émotions, pour pouvoir s'y confronter. Le théâtre était pour elle un forum idéal et, parce qu'un jour il lui avait été interdit de se sentir « vraie », elle se jeta avec fougue à la recherche de sa propre personnalité.

Elle s'investit bientôt dans les aspects positifs de la culture californienne. Elle partait pour de longues marches dans les monts Calabasas, pataugeait dans l'océan et n'ignorait plus aucun des raccourcis de Beverly Hills ou de Santa Monica, et la Vallée n'eut bientôt plus de secret pour elle. Elle continuait à fréquenter les magasins de diététique. Dieu merci, la cocaïne lui répugnait; mis à part le vermouth qu'elle buvait en faisant la cuisine, le seul alcool qu'elle s'accordait était un verre de Kir (vin blanc-cassis). Elle rencontra bientôt un jeune homme, acteur lui aussi, dont la famille vivait à Santa Barbara; elle prit parfois sur son temps de loisir pour aller marcher dans les sentiers de la montagne, et camper avec lui à la belle étoile.

Je m'étais fait beaucoup de souci à propos de la drogue; je savais qu'elle y serait confrontée en restant à Hollywood. Son père et moi en avions discuté, d'autant plus qu'à l'époque je tournais la plupart du temps en extérieur. Dès qu'elle eut atteint l'âge scolaire, nous étions convenus qu'une éducation internationale lui donnerait de toute façon une culture plus large, et sa scolarité au Japon avait été une solution temporaire.

Nous voulions aussi éviter les dangers inhérents au fait d'être la fille d'une star du grand écran. Qui peut dire si nous avons fait le bon choix? D'avoir été autant séparée de moi dans son enfance lui a sans doute posé d'autres problèmes. Je sais aussi que sa quête d'elle-même a été solitaire, mais cette recherche de soi se doit d'être accomplie seule. En la regardant pétillante de joie, pleine d'optimisme, j'étais sûre qu'elle se trouvait heureuse. Nos relations avaient su éviter les pièges dans lesquels tombent la plupart des filles et leurs mères...

Sachi, Dennis et Sandy festoyèrent avec moi pendant une heure. Convaincus de l'importance de savoir faire fête à soi-même, nous nous répétions aussi que, pour autant qu'il en fût persuadé, chacun pouvait obtenir de la vie ce qu'il voulait. Si nous ne savions pas nous faire fête, comment pourrions-nous fêter les autres? Si nous ne nous aimions pas nous-mêmes, comment pourrions-nous vraiment aimer quelqu'un d'autre? Et si nous étions en harmonie avec nous-mêmes, nous le serions aussi avec les autres. Il m'avait fallu cinquante ans pour en arriver à cet état d'esprit, et je n'étais pas prête à en changer, même si cela pouvait passer pour de l'autosatisfaction. Pour moi, il s'agissait d'une réalité parfaitement efficace. J'avais alors, comme maintenant d'ailleurs, le sentiment que l'infini était à ma porte, à condition de conserver une attitude positive.

Chapitre 2

Après m'être glissée dans un tailleur chaud, je quittai Dennis, Sachi et Sandy pour me rendre chez Bantam. En entrant dans les bureaux, je rencontrai tout d'abord Betty Ballantine, l'éditeur de *l'Amour foudre*. Je l'avais surnommée A.G., parce qu'elle avait été mon « Ange Gardien », me guidant à travers les quelque neuf cents pages de mon manuscrit, réduites à 372! Betty et son mari, Ian Ballantine (le grand homme de l'édition), m'avaient prise sous leur aile protectrice, et prodigué leurs encouragements, alors que je redoutais d'être tournée en ridicule par les intellectuels new-yorkais. « Écris ton expérience personnelle, m'avaient-ils dit, c'est *ta* réalité. Sois honnête à propos de ta propre expérience, et pars de là. Ce que nous voulons, c'est lire ce qui t'est arrivé, *à toi.* » Je devais suivre leurs conseils. Je surnommais Ian «Le Lutin», parce qu'il était capable de renverser n'importe quelle situation, et d'en faire une réalité positive.

— Te voilà, dit Betty.

Elle s'avança vers moi, les bras ouverts, ses boucles de

cheveux blancs comme neige encadrant son visage en forme de cœur. Elle me regarda longuement.

— Beaucoup de retours heureux, mon cœur *, dit-elle, rayonnante comme si elle venait de dire quelque chose de particulièrement important.

— Merci A.G., mais pourquoi as-tu l'air d'avoir avalé un canari ?

Elle se mit à rire.

— J'ai vraiment cherché ce qu'il fallait te souhaiter pour ton anniversaire. Et j'ai soudain trouvé.

Elle me fixa avec intensité et répéta avec emphase :

— De nombreux retours heureux. C'est un vieux dicton. Quelle en est la signification, selon toi ?

« Beaucoup de retours heureux », me répétai-je. Soudain, je compris l'allusion.

— Tu veux dire qu'il y aurait un rapport avec les différentes incarnations que chacun se choisit ?

— Cela se pourrait, dit-elle, de toute façon, j'ai trouvé cela très à propos.

Je me mis à penser à haute voix :

— Je ne sais pas. Est-ce que cela pourrait vouloir dire que l'on souhaite à quelqu'un d'être heureux à chacun de ses anniversaires ?

— Peut-être, reprit-elle, mais étant donné que nous sommes déjà là, que vient faire cette idée de retour ?

Je m'arrêtai net au milieu du couloir.

— Eh bien, tu viens de me donner l'idée de mon prochain livre, et je crois même que je vais le commencer dès aujourd'hui.

La voix du Lutin se fit entendre derrière moi :

— Parfait, dit-il, quand pouvons-nous avoir le manuscrit ?

— Je m'y mettrai sérieusement dès la fin de mon spectacle. Je devais tourner un film, mais je vais le retarder. Je me suis fréquemment réveillée la nuit avec des idées, mais je n'arrivais pas à les structurer. Je crois que maintenant, je tiens un fil conducteur.

Le Lutin rayonnait, et jouait avec des pièces de monnaie dans la poche de sa veste. Je repris :

---

* En anglais, on souhaite : « Bon anniversaire, et de nombreux retours heureux. » (*N.d.T.*)

36

– Vous allez de nouveau faire de mon agent un homme malheureux. Il pensait avoir enfin réussi à me remettre dans le circuit du show-business, et vous revoilà!

En les prenant tous les deux dans mes bras, je savais qu'une année entière s'écoulerait avant que je ne revienne devant les caméras. Je n'étais jamais longue à prendre une décision, surtout quand j'avais le sentiment qu'il s'agissait d'un juste choix.

Jack Romanos, éditeur chez Bantam, et Stuart Applebaum, chef de la publicité, qui m'avaient accompagnée durant ma tournée de promotion l'été précédent, se dirigèrent vers nous.

– Tout le monde est prêt, allons-y pour la présentation.

J'entrai dans la salle de conférences. Plusieurs douzaines d'intellectuels, verre de champagne en main, attendaient de voir à quoi je ressemblais.

Debout sur une chaise, Jack parla de l'appréhension de nombreux membres de chez Bantam avant la parution du livre *l'Amour foudre*. Il ajouta que s'il fallait voir dans la réponse du public une indication de ce qu'il voulait lire, c'était bien la preuve de l'avance du public sur les éditeurs. Lou Wolfe, président de Bantam, m'offrit une douzaine de roses rouges, et un magnifique coffret contenant les deux éditions (cartonnée et poche), merveilleusement reliées, de mon livre. Tout le monde applaudit. Je dus prendre la parole. En regardant ma montre, je vis qu'il était 15 h 55 et que, dans deux minutes, ce serait mon heure exacte de naissance.

Un guide spirituel m'avait parlé de la puissance de l'énergie dont chacun dispose au moment même de son anniversaire; en effet, le Soleil et les planètes émettent le même flux d'énergie qu'au moment de la naissance. Cette énergie vous appartient et c'est à vous en quelque sorte de l'utiliser, en projetant vos désirs pour l'année à venir. En 1983, j'étais allée au sommet d'une montagne au Colorado, et j'avais « projeté » positivement ce que je souhaitais : le succès de mon film *Tendres Passions**, l'Oscar, *l'Amour foudre*, et mon spectacle à Broadway. J'avais essayé d'éloigner de mon esprit tout doute et toute peur. J'avais besoin de « savoir » que tout ce que j'avais projeté allait se réaliser. Et il en fut ainsi. Maintenant, face à la foule chez Bantam, je me souvenais de mes projections de l'année précédente. Pas de montagne, cette fois, pas non plus de solitude. Aussi, montai-je

---

* Sorti aux États-Unis sous le titre *Terms of Endearment.*

sur la chaise, et après avoir exprimé mes remerciements, j'expliquai ce que j'avais fait l'année passée à 15 h 57 précises. Je demandai à chacun des participants d'avoir l'obligeance de prendre une minute de son temps, pour m'envoyer collectivement des pensées positives, à propos du livre que j'allais commencer à écrire tout de suite après cette réception. Personne ne baissa la tête, mais pratiquement tout le monde ferma les yeux. Certains me trouvaient sans doute bien étrange, mais ils cédèrent à mon caprice. Mon expérience du public me fit penser que, dans son ensemble, celui-ci me voulait du bien.

Dans le plus grand silence, je rassemblai l'énergie positive diffuse dans la pièce. C'était une sorte de projection collective. La minute s'écoula. J'avais maintenant officiellement un an de plus. J'applaudis tous ceux qui étaient présents pour les remercier de m'avoir suivie dans mon idée. En sortant, je pris au passage feuilles et stylos pour commencer la rédaction de mon ouvrage.

Betty et Ian savaient qu'ils n'auraient nul besoin de me pousser à travailler, et je savais quant à moi, à quoi j'allais employer l'année à venir.

A peine rentrée chez moi, j'appelai Mort, lui dis ce à quoi je pensais. Il raccrocha presque tout de suite en me disant : « Je suis très occupé, j'écris mes mémoires, et je n'ai pas le temps de te parler. »

Betty et Ian avaient insisté pour que je raconte plus en détail les relations avec mes parents. Ils avaient envie de savoir quelle influence mon enfance avait jouée sur ma vie, et comment les uns avaient conditionné les autres. Je m'étais abstenue de le faire jusqu'alors, pour respecter la vie privée de mon frère Warren. Mes parents n'avaient pas prêté grande attention à ce que j'avais pu écrire sur notre vie ensemble; en fait, ils étaient heureux d'entendre combien ils avaient été importants pour moi. Je croyais comprendre ce que voulaient Ian et Betty, et j'avais examiné les événements sous cet angle. Cinquante ans, c'est le temps des bilans. Mais ma manière de penser s'éloignait un peu de cet aspect des choses, car ce qui m'intéressait, ce n'était pas d'en savoir plus sur mon enfance, mais bien de découvrir ce que mes parents et moi-même avions été les uns pour les autres dans une autre vie, bien avant que je ne sois née.

Voilà pourquoi l'idée de Betty m'avait autant attirée. Aussi incroyable que cela pût paraître, mes parents en avaient parlé avec moi. Tout avait commencé, en fait, quand je leur avais apporté le manuscrit de *l'Amour foudre*. Maman venait d'être opérée de la cataracte et ne pouvait pas lire. Je tenais à ce qu'ils entendent ensemble ce que j'avais écrit. Aussi, trois jours durant, étais-je restée assise à leurs côtés, leur faisant la lecture. Ils avaient promis de laisser en marche leurs appareils auditifs, le volume au maximum; ils s'étaient aussi engagés à ne pas discuter, entre eux ou avec moi, avant que je n'en eusse terminé. Je leur expliquai que le livre leur serait dédié, et que je voulais donc qu'ils soient les premiers à en prendre connaissance.

— Nous sommes les premiers? demanda ma mère. Et je sentis à sa voix que cela lui semblait important.

— Bien sûr, répondis-je tout en me demandant s'ils seraient choqués de découvrir dans quelle voie leur fille s'était engagée.

— Dis-moi, Shirley, dit Maman, c'est magnifique. Ton père et moi allons vraiment nous concentrer, parce que nous savons combien cela va éprouver ta voix.

— D'accord, chaton, vas-y, dit Papa. Que vas-tu dire de nouveau à notre propos, cette fois?

Visiblement de bonne humeur, il souriait, comme s'il adorait être le personnage principal de tous mes livres. Il aimait penser au rôle qu'il avait joué dans ma vie, et le fait que j'en parle en public semblait atténuer la déception qu'il ressentait à l'égard de sa vie personnelle et de ses potentiels inexploités. Il y avait tellement d'aventures qu'il aurait aimé vivre, mais il avait bridé ses propres passions (« qui probablement n'auraient mené à rien »), pour être un bon mari et un bon père pour Warren et pour moi. Pourtant, lorsqu'il n'était qu'un jeune violoniste, bien avant qu'il n'épousât Maman, un professeur célèbre l'avait remarqué dans un orchestre symphonique amateur, à Front Royal, en Virginie; il lui avait offert de l'emmener avec lui en Europe, pour lui donner des cours et faire démarrer sa carrière de soliste. Papa avait décliné l'offre, craignant qu'après de longues années de formation musicale, il ne finît sa carrière dans un quelconque orchestre de Broadway.

« Beaucoup trop de concurrence, chaton, m'avait-il expliqué. De plus, ce n'était pas une vie. Rien de sûr. Bien entendu, j'aurais visité l'Europe, dîné et fait la fête avec des gens célèbres, mais je n'aurais probablement pas rencontré votre mère, je ne l'aurais pas épousée, et Warren et toi ne seriez pas là. Voilà pourquoi je pense que j'ai fait le juste choix. »

Pourtant, au-delà de cette histoire, j'avais soupçonné une raison plus profonde, que je n'avais pas pu déceler, bien différente de cette seule peur de la concurrence. De toute évidence, sa décision concernant sa carrière n'avait aucun rapport avec moi. Pourtant, lorsque adolescente, il m'en avait parlé, j'avais senti qu'il y avait quelque chose d'inévitable dans sa décision. Dans sa vie, dont j'étais sans aucun doute partie prenante, un côté inéluctable caractérisait la plupart de ses actes. Chaque fois que je regardais mon père, j'avais la sensation que nos relations étaient pour ainsi dire prédestinées.

Maman me donnait la même impression. On aurait dit qu'elle avait *choisi* de rencontrer Papa et de l'épouser. Il y avait une sorte d'intense prédétermination dans leurs relations, c'est du moins ce qu'il me semblait.

Maman m'avait souvent décrit le moment où elle avait dit au revoir à sa mère au Canada. Son père était mort alors qu'elle n'était encore qu'une adolescente. Elle l'adorait et avait fait tout son possible pour aider sa mère à élever les autres enfants (deux filles et un garçon). Maman était quelqu'un de « responsable », mais elle avait rencontré un professeur de psychologie et d'éducation au Maryland College où elle était venue enseigner le théâtre. Il s'appelait Ira Owens Beaty, il était intelligent, drôle, avec le sens des valeurs et un certain humour. Elle était tombée amoureuse de lui et s'était sentie obligée de l'épouser. Elle amena son nouvel amoureux avec elle au Canada, pour rencontrer sa famille. La mère d'Ira les accompagna et, tandis que Maman disait au revoir à sa mère, au moment de partir vers une nouvelle vie en Amérique, elle avait été horrifiée par la discussion très vive qu'Ira et sa propre mère tyrannique avaient entamée alors qu'ils rangeaient les bagages dans la voiture. Mère me dit que, pour la première fois, elle eut un moment de panique. Elle savait que Papa avait eu une enfance « malheureuse » et elle était maintenant le témoin stupéfait du type de drame qu'il avait connu en grandissant.

« Suis-je en train de faire une bêtise? s'interrogea-t-elle. Inutile de dire quel dommage cette femme a dû faire à son fils et je vais très probablement en supporter les conséquences. » Elle se demandait s'il lui convenait de lier sa vie à quelqu'un ayant une mère comme celle-là. Mais elle n'y pouvait rien faire. Elle avait le sentiment qu'elle *devait* l'épouser, non seulement parce qu'elle l'aimait, et qu'elle se sentait engagée, mais aussi parce qu'elle pressentait que Papa avait besoin d'elle. Au cours de sa vie, d'ailleurs, Maman avait toujours été prête à se sacrifier pour les autres. Elle s'engouffra donc dans la voiture avec sa nouvelle famille et supporta, en plein désarroi, le voyage de retour vers la Virginie.

La dynamique que sa rencontre avec Papa avait déclenchée semblait échapper à son contrôle; elle *savait* que ce qu'elle faisait était juste, même si l'on en pouvait douter. Elle ajoutait qu'elle se sentait poussée à poursuivre; elle ne pouvait pas laisser tomber qui que ce fût. Après la naissance de Warren et la mienne, elle en comprit la raison.

Ce sentiment d'obligation avait toujours suscité chez moi un très vif intérêt. On pouvait bien sûr s'en tenir aux explications psychologiques : le besoin de se sacrifier, l'attirance pour des situations difficiles, pour une famille peu stable et parfois même vivement explosive. J'ai par exemple le souvenir d'avoir vu la mère de mon père poursuivre son propre père autour de la maison, une poêle de fonte à la main, avec l'intention manifeste de lui taper sur la tête. L'éducation canadienne de ma mère, au contraire, avait été très placide, contrôlée et éminemment polissée. Il y avait de nombreuses raisons compliquées à la décision de mes parents de vivre ensemble, la moindre n'étant d'ailleurs pas leur amour réciproque. Mais j'avais toujours perçu l'existence d'une subtilité supplémentaire dans leurs relations. Quand j'étais une petite fille, je m'étais souvent demandé si je n'avais pas été adoptée. Il semblait y avoir un élément que je ressentais, au-delà du simple fait d'être leur fille. C'est l'un de mes souvenirs d'enfance les plus persistants. Pourtant il ne semblait pas y avoir de raison pour moi de ressentir ce que les psychologues appellent « le syndrome de l'orphelin ». Il m'arrivait souvent de m'asseoir et de les regarder en me demandant qui ils étaient vraiment. Je ne savais pas, à l'époque, ce que cela voulait dire. Maintenant, je crois détenir la réponse.

Me voilà donc assise dans la véranda de notre maison d'Arlington. Les chaises en osier craquent bruyamment. Je commençai à lire le manuscrit de *l'Amour foudre*. Papa m'avait laissé son rocking-chair, à côté de son porte-pipes, et Maman avait apporté du thé au citron dans l'une de ses tasses en porcelaine. Penchés en avant, ils écoutaient, les yeux brillants et interrogateurs. Nous étions convenus que je lirais à haute voix, lentement, jusqu'à ce que je fusse fatiguée. Il me fallut trois jours, à raison de cinq heures chaque fois. Ils m'écoutaient bouche bée, lorsque je décrivais ma liaison avec un membre du Parlement anglais marié, ou ma bataille inutile contre son esprit étroit et fermé. Je parlais de ma quête spirituelle, de ma curiosité à propos de la réincarnation, de mes séances avec des médiums en transe, au cours desquelles j'avais parlé avec des entités de l'autre côté, de la description par Peter Sellers de sa propre mort et de son attirance pour la brillance de la lumière blanche; je relatai mon voyage dans les Andes, au cours duquel j'avais parlé avec quelqu'un qui prétendait avoir rencontré un extra-terrestre venu des Pléiades; j'évoquai ma conviction croissante que nous avons tous vécu auparavant et que nous connaîtrions d'autres vies, et ma propre expérience extra-corporelle qui corroborait les réponses à de nombreuses questions, la connaissance la plus sûre provenant toujours de l'expérience.

A la fin du troisième jour, je lus la dernière page de mon manuscrit, et levai les yeux vers mes parents. Tous deux pleuraient, et je me demandai s'ils se sentaient humiliés.

– Eh bien, chaton, je suis vraiment fier de te connaître, dit Papa ravalant ses larmes. Tu devrais obtenir un doctorat avec un tel livre.

Et puis il ne put pas continuer. Je me tournais vers ma mère :

– Oh, Shirl, quel courage il t'a fallu pour écrire tout cela. Il y a beaucoup de choses que je n'ai pas comprises, mais laisse-moi te dire ceci. – De ses longs doigts effilés, elle essuya ses larmes et, se redressant dans sa chaise, joua avec les volants du col de son corsage. – Tu sais, c'est la première fois que je comprends l'expression apparue sur le visage de mon père lors de sa mort. T'en avais-je jamais parlé? me demanda-t-elle.

– Non, répondis-je, pas en détail.

– Tu sais, j'étais en train de jouer dehors au tennis avec des amis. Je savais que mon père était malade, mais je n'étais nullement préparée à ce qui allait advenir. Il m'envoya chercher. Pourquoi moi, et pas les autres? Je me rendis à son chevet, mais j'étais ennuyée de faire attendre les autres joueurs. Papa était allongé dans son lit. Il me fit signe d'entrer et de m'asseoir à son chevet, ce que je fis. Il me prit la main et, comme s'il avait attendu mon arrivée, la serra en me regardant. Il lui arrivait quelque chose que je ne comprenais pas. Je me souviens d'avoir été prise d'un petit rire nerveux. J'aurais préféré jouer au tennis, et ce sentiment a continué à me chagriner jusqu'à aujourd'hui. Ses yeux se mirent à rayonner de béatitude. Ils en étaient comme transfigurés. Une expression si belle que j'en eus le souffle coupé : « Oh, chérie, c'est tellement beau, tellement beau. » Puis, fermant les yeux, il rendit l'âme.

Le visage de ma mère prit une expression lointaine. Elle était perdue dans ses souvenirs, dans l'évocation des émotions les plus intenses de sa vie. Revenant au moment présent, elle sembla troublée.

— Penses-tu que ce que j'ai vécu, c'était le moment où l'âme de mon père quittait son corps, et que c'est à cela qu'il faisait allusion en disant que c'était tellement beau ? S'agit-il du même phénomène que décrivait Peter Sellers et les autres dont tu parles dans ton livre ? Voyait-il cette lumière blanche que mentionnent les autres ? Pourquoi sinon aurait-il dit que c'était tellement beau ? Cela signifie-t-il qu'il ne faut pas craindre la mort, et que les personnes âgées, comme ton père et moi, ne devraient pas être aussi anxieuses à cet égard ?

Je restai sans voix. Que dire à celle qui vous a donné le jour, quand son honnêteté à propos de la mort est aussi évidente et fait preuve d'une telle ouverture d'esprit ? Celle que je chérissais, cette pierre de touche de ma vie qui s'était sacrifiée, cet être frêle de quatre-vingts ans, dont les os se brisaient les uns après les autres, qui savait ses jours comptés, qui s'endormait chaque soir en se demandant si elle se réveillerait le lendemain matin, c'était *elle* qui me demandait ce à quoi s'attendre, s'apercevant et reconnaissant par là même que j'avais mis le doigt sur une réalité d'une autre dimension, ce qui signifiait en clair que la mort n'existait pas.

Je ne m'étais pas attendue à un tel courage, sans limites ; je ne pouvais dire un mot. Mon père vint à la rescousse, se rendant parfaitement compte de ce qu'il était en train de faire. D'une voix forte, il dit :

— Eh bien ! chaton, je vais te dire maintenant quelque chose que je n'ai jamais raconté à personne jusqu'alors, même à ta mère.

Je m'appuyai sur les coussins. Mes parents ne cessaient de m'étonner.

— Te souviens-tu de mon accident de voiture, il y a une quinzaine d'années ? me demanda-t-il.

— Oui, bien sûr.

43

– Cette nuit-là, je suis mort; pour les médecins dans l'ambulance, j'étais littéralement mort. J'ai vu les policiers qui disaient qu'un ivrogne avait mordu la poussière, une fois de plus. Mais ce n'est pas de l'intérieur de mon corps que je les regardais. J'étais alors en dehors de mon corps, au-dessus de lui, et je contemplais toute la scène. Je les voyais tourner en rond, s'agiter, mais je savais que je n'étais pas mort. Je me sentis sortir de mon corps, et commencer à monter, je voyais mon corps en-dessous de moi; je me souviens des conversations que j'entendais. Et puis j'aperçus au-dessus de moi la plus magnifique lumière blanche que tu puisses imaginer, je ne peux décrire avec des mots la sensation que j'en éprouvai. Il s'agissait de quelque chose d'aimant, de chaud, *de vrai.* C'était bien réel, Dieu, ou autre chose. Je désirais plus que tout m'approcher de cette lumière, et j'étais prêt à avancer vers elle. Puis je me suis mis à penser à ta mère et à Warren. Je savais qu'ils avaient besoin de moi, que je ne pouvais pas partir, qu'il fallait que je réintègre mon corps. Si je n'ai pas pensé à toi, chaton, c'est parce que je savais que toi, tu n'avais pas besoin de moi. Eux, si. A peine avais-je eu un doute à propos de ce départ que je me sentis revenir vers mon corps. Il devint soudain lourd, douloureux, brisé. Je ne sais pas combien de temps je suis resté ainsi, mais en ouvrant les yeux, je vis la surprise qui se peignait sur le visage de ceux qui m'entouraient. Alors, quand tu me parles des expériences extra-corporelles de Peter Sellers, de l'âme qui se sépare du corps, je sais exactement à quoi tu fais allusion, car je l'ai moi-même vécu.

Lorsqu'il eut terminé son récit, ma mère le regarda comme si elle venait de le rencontrer, et comme si elle entendait parfaitement ce qu'il voulait dire.

– Je comprends parfaitement tout ce dont tu viens de parler, dit-elle, mais pourquoi ne pas l'avoir dit avant aujourd'hui?

Tout en bourrant sa pipe, mon père reprit :

– En fait, je ne voulais pas que toi, ni qui que ce soit, pense que j'étais fou. Si Shirley n'avait pas écrit tout ceci, je l'aurais encore gardé pour moi. Autre chose encore : Scotch (c'est le surnom que mon père avait donné à ma mère, lequel se référait davantage à ses origines, qu'à son comportement face à l'habitude de mon père de boire de l'alcool), quand vous me reprochez tous de dormir autant, vous ne vous rendez pas compte qu'en réalité je ne fais que revivre un peu ce qui m'est arrivé à cette époque.

44

Il s'agissait là d'une affirmation tout à fait stupéfiante! Ma mère en resta bouche bée. Mais comprenait-elle vraiment ce dont parlait mon père, ses voyages *volontaires* dans l'astral? Elle répondit :

— Tu sais, je continue à penser que tu pourrais te lever plus tôt, pour que je puisse nettoyer ta chambre; elle est en désordre et la poussière qui en provient envahit toute la maison.

Mon père ajouta :

— Je veux encore te dire quelque chose, chaton. Tu sais que j'ai étudié la philosophie à l'université John Hopkins?

— Bien sûr.

— Eh bien, tous les dimanches matins, notre programme d'études de la semaine terminé, nous restions entre nous pour discuter de tous les sujets que tu abordes. Je me rappelle que chacun avait une histoire ou deux à raconter, à propos de toutes ces choses dont tu parles. Seul un fou pourrait prétendre que tout cela n'existe pas. Je me souviens du gardien de notre dortoir nous racontant la vision qu'il avait eue de la mort de son fils. C'était un gentil garçon, soldat au cours de la Deuxième Guerre mondiale. Une nuit, son père le vit apparaître au pied de son lit, et il en conçut une peur panique, car son fils était bien là! Or, il savait, lui, que son fils était en Europe. Mais son fils lui dit qu'il était venu lui dire au revoir, car il venait de mourir. Le vieil homme, sautant de son lit, vint m'en parler; mais je ne pouvais pas être sûr. Une semaine plus tard, il reçut un télégramme, lui annonçant la mort de son fils, à l'heure précise à laquelle il était apparu à son père.

Ne m'attendant pas à pouvoir aborder tous ces sujets avec mes parents, je demandai simplement :

— Que penses-tu de tout cela, Papa?

Il était visiblement ravi que la métaphysique fasse désormais partie de nos conversations.

— Je pense que nous devrions garder un esprit très ouvert à propos de tout ce qu'il y a à apprendre. Tu es peut-être en train d'ouvrir une nouvelle voie, afin de rendre plus facile les discussions sur ces sujets. Relis Platon, Socrate, Freud et Jung. Comment connaître, si l'on n'explore pas? Il est bien entendu difficile de donner des explications, dans des termes qui soient facilement acceptables à l'heure actuelle. Mais comment savoir la manière dont les choses évolueront? Personne ne croyait qu'il y avait des microbes qui couraient sur la peau, avant qu'on n'invente le microscope. Nous sommes, en fait, chacun notre propre microscope.

Je me levai en m'étirant et m'approchai de la fenêtre de la véranda. Avais-je jamais ressenti chez mes parents cette capacité d'accepter les vérités métaphysiques, alors que je grandissais?

Je trouvai les spéculations comme celles-là faciles à comprendre et passionnantes. En étaient-ils la cause? Ira et Owen Beaty avaient-ils été les artisans silencieux, à l'origine de ma tournure d'esprit actuelle? Au cours des années que nous avions passées ensemble, j'avais été plus sensible à leurs sentiments qu'à leurs mots, je le savais bien. La vérité émotionnelle est plus vive, plus porteuse d'influence que la vérité intellectuelle. Pourtant je n'avais pas une seule fois imaginé consciemment qu'ils pourraient envisager les mêmes théories que moi. Je croyais être la *seule*. Maman m'observa, comme je me tenais près de la fenêtre.

— Shirl, tu te souviens de ta vieille Bible? dit-elle après un moment.

— Oui, Maman. Pourquoi?

— Tu avais l'habitude de la lire régulièrement et d'en souligner tes passages favoris. Je l'ai ici, peut-être aimerais-tu la voir? Le côté spirituel de la vie t'a toujours intéressée depuis que tu es une petite fille.

Je m'en étonnai: il ne m'en restait aucun souvenir.

— En fait, reprit Maman, tu n'étais pas très portée sur la religion ou l'église; ce que tu voulais savoir, c'était ce qui était sous-jacent à ces enseignements. Tu aimais particulièrement ce qui était écrit sur le Christ, et je me rappelle d'ailleurs que tu l'appelais « le révolutionnaire spirituel ».

— Vraiment? demandai-je, étonnée.

D'un ton fier, elle reprit :

— Bien sûr, tes amis allaient à l'église, et toi tu lisais des livres sur la religion. Tu sais, Warren et toi saviez lire bien avant d'aller à l'école. Ton père et moi avions l'habitude de vous faire la lecture tous les soirs, jusqu'à ce que vous sachiez lire vous-mêmes. Vous étiez tous les deux d'une curiosité insatiable, et vos esprits étaient comme du vif-argent!

Je me souvenais avec précision des livres et des discussions engagées avec mes parents. Ma mère encourageait sans cesse notre esprit inquisiteur, et notre admiration pour la nature. Elle m'avait souvent suggéré d'aller me promener le long du cours d'eau qui bordait notre maison, seule, afin d'être en communion avec la Nature, avec moi-même, avec les oiseaux, les arbres et l'eau bondissante. Lorsque j'avais eu des problèmes avec un amour d'adolescence, elle m'avait dit : « Shirl, cesse de te tourmenter à propos de ton petit ami. Tu devrais être dehors, dans le vent et la pluie. Va t'asseoir sous un arbre, et essaie de réfléchir sur toi-même. Tu es trop jeune pour t'engager sérieusement avec quelqu'un. Tu es en train de passer à côté de tout un monde magique, le monde de la Nature. Tu en apprendras plus sur toi-même, si tu laisses la Nature te prodiguer ses enseignements. »

Pour mon père, l'éducation était une vocation, qu'il pratiquait en tant qu'enseignant. Pour lui, connaissance équivalait à pouvoir. La connaissance, c'était la liberté. Il s'attachait surtout à pousser les jeunes esprits à chercher la vérité. Il ne s'était pas contenté de mettre en pratique cette vocation en tant que professeur, directeur et surintendant d'école, en Virginie. Cette vocation, il la vivait aussi à la maison. Il n'avait jamais écarté une question, quelle qu'elle fût.

Croisant les jambes, il alluma sa pipe, comme s'il allait se lancer dans un discours.

— Chaton, commença-t-il, connais-tu l'origine des mots « éduquer » et « éducation »?

— Non, répondis-je. En fait, je n'y ai même jamais réfléchi.

— Cela vient du latin *ed,* qui signifie hors de, et *ducar,* conduire. *Educar,* c'est conduire hors de, faire sortir à l'extérieur ce qui est à l'intérieur. Cela évoque-t-il quelque chose pour toi?

— Je ne sais pas, dis-je en réfléchissant, peut-être conduire à l'extérieur de soi-même la connaissance que l'on a déjà.

Il sourit doucement.

— Oui, peut-être, mais qu'entends-tu par là plus précisément?

— Eh bien, si l'on ne meurt jamais, si nous nous contentons de quitter notre corps, comme tu l'as fait, et si nous continuons à nous réincarner, à revenir dans des corps nouveaux, nous avons dû le faire à maintes reprises. Nous devrions alors posséder un savoir gigantesque. L'expérience que nous avons tirée des vies précédentes doit être immense. Peut-être les Anciens avaient-ils pris conscience du fait que l'éducation consiste à aider les gens à retrouver ce qu'ils savent déjà! Notre *Moi Supérieur,* lui, connaît déjà toutes choses. N'est-ce pas là justement ce que croyaient Socrate et Platon?

Papa réfléchit un instant, avant de reprendre :

— Oui, je pense que tu peux voir les choses sous cet angle. Platon déclarait d'ailleurs qu'il connaissait l'existence d'autres civilisations, comme l'Atlantide. Peut-être avait-il des visions, peut-être aussi parlait-il en connaissance de cause, en se souvenant personnellement de ces temps reculés. Je fais mal la différence, quant à moi. Peut-être l'imagination n'est-elle qu'une forme de connaissance... La plupart de nos grands penseurs ont affirmé avoir une intuition, suivre une orientation qu'ils ne pouvaient décrire avec exactitude. Ils nommaient cette force Dieu, ou parlaient d'une plus haute reconnaissance de la vérité, qui requiert un acte de foi non négligeable. Comme le dit Carlyle : « Cet insondable *quelque chose* qui n'est pas *nous.* » Ou pour citer Matthew Arnold, « ce " non nous-même ", qui est en nous et tout autour de nous. »

Jamais je n'avais entendu mon père parler de la sorte. S'agissait-il du même homme? De celui que j'avais mentalement surnommé « bigot plein de préjugés », qui continuait à appeler les noirs des « nègres »? Était-ce là l'homme qui, je le croyais, avait pourri son esprit avec l'alcool, jusqu'à me faire éclater en sanglots?

Ma mère prit la parole :

— Pour l'art, il n'en va pas autrement. Qui sait d'où vient le grand art? Qui sait ce que sont vraiment l'inspiration et le talent?

— Quelle est ton opinion, Maman, lui demandai-je?

— Je pense, pour ma part, que tout vient de Dieu.

— Alors, lui demandai-je à nouveau, qu'est-ce que Dieu?

— Je ne sais pas, dit-elle, je sais simplement qu'il est là.

Papa se racla la gorge avec autorité, selon son habitude quand un sujet le passionnait. D'un ton réellement curieux, il demanda :

— Où veux-tu en venir, chaton?

Je décidai de choisir mon vocabulaire avec précaution. Je voulais faire passer mes idées aussi succinctement que possible, en ayant conscience du fait que peu de mots pouvaient décrire ce que je ressentais.

— Eh bien, dis-je, il y a tellement de nouvelles idées qui

apparaissent, que je me demande s'il s'agit d'idées vraiment nouvelles; peut-être sont-elles fort anciennes. Peut-être les anciens Maîtres étaient-ils en fait plus proches de la « vraie » spiritualité de l'humanité, en comprenant que l'énergie de l'âme humaine est éternelle et infinie; ils savaient sans doute que l'âme se perpétue, qu'elle ne meurt jamais, se réincarne périodiquement pour apprendre et progresser tandis qu'elle vit dans un corps sur terre.

— Tu parles de réincarnation? demanda Papa.

— Oui. Si l'âme est le dépôt de tout ce savoir, de toute cette connaissance, l'éducation ne consiste alors qu'à faire ressortir ce qu'elle connaît déjà.

Papa brossa une poussière imaginaire de son épaule, stratagème utilisé pour se donner le temps de réfléchir. Puis il reprit :

— Je comprends bien que rien ne meurt jamais; la chimie que l'on fait au lycée le prouve d'ailleurs. La matière se contente de changer de forme. Je pourrais donc te suivre dans ton raisonnement quand tu dis que le corps devient l'âme éternelle après la mort, mais je ne sais pas si j'irais jusqu'à la réincarnation.

Élevant la voix, comme je l'avais fait depuis mon enfance quand je voulais le convaincre, j'ajoutai :

— Mais Papa, tu as toi-même fait l'expérience de ton âme *se séparant* de ton corps. Comment peux-tu dire que le corps *devient* l'âme?

— Qu'entends-tu par là? me demanda-t-il.

— Puisque tu as déjà fait l'expérience de la mort, tu sais donc que la mort n'est que l'expérience de l'âme qui quitte l'enveloppe corporelle, n'est-ce pas?

— Oui, je suis d'accord.

— Donc si l'âme se sépare du corps, pourquoi ne pas aller un peu plus loin, et examiner ce que devient l'âme lorsqu'elle se retrouve hors du corps un certain temps; ou lorsque l'ancien corps n'est plus là pour qu'elle puisse y retourner.

— Eh bien, chaton, la sensation que j'ai éprouvée à propos de cette lumière blanche fait que je ne sais pas si j'aurais envie de la quitter pour jamais revenir.

Je compris que sa version de la lumière blanche était tellement splendide qu'il n'y avait plus besoin d'avenir après cela.

— Alors, tu te contenterais de rester là-haut, baignant dans cette lumière pour l'éternité?

— Je crois que oui, répondit-il en riant, je n'aurais plus besoin de me faire de soucis à propos de la poussière dans ma chambre, tu ne crois pas?

— Ira, sois sérieux, voyons, intervint ma mère. Shirl, si tu crois que nous avons tous vécu auparavant, cela signifie-t-il que ton père et moi avons vécu nous aussi?

— C'est exactement ce que je crois et je pense que notre famille comme chaque famille, d'ailleurs, est un groupe d'âmes très proches, parce que liées par de nombreuses incarnations, vécues en commun. Selon moi, nous avons *choisi* d'être ensemble, de jouer notre pièce, en quelque sorte. Nous choisissons nos parents, tout comme les parents choisissent les enfants qu'ils auront, avant même de s'incarner.

Ma mère sembla stupéfaite, car elle comprenait ce que cela impliquait.

— Veux-tu dire que tu crois nous avoir choisis, ton père et moi, comme parents?

— Oui. Je crois aussi que nous avons tous accepté de faire partie de cette famille, bien avant notre naissance. Voilà pourquoi, d'après moi, tu avais ce sentiment d'inéluctabilité à propos de ton mariage avec Papa. Ton *Moi Supérieur* savait, dès que tu l'as rencontré, que vous aviez tous deux accepté de nous avoir, Warren et moi, comme enfants.

— Mon Dieu, tu veux dire que tout était prédestiné?

— Oui, pas prédestiné par Dieu, mais par nous-mêmes.

Maman se leva.

— Seigneur, dit-elle, je crois que je vais boire quelque chose. Ira, veux-tu un verre de lait?

— Tu te rends compte! s'écria mon père. La patronne ne veut même pas partager un verre avec moi; alors que, depuis le plan astral, nous avons décidé de passer notre vie ensemble!

Je me mis à rire en pensant à toutes les incarnations au cours desquelles ils avaient dû se retrouver. S'il y avait bien deux personnes soudées ensemble, agissant l'une pour l'autre comme catalyseur dans le processus d'apprentissage, c'étaient mon père et ma mère. Leurs relations me faisaient penser à celles de Georges et Martha dans *Qui a peur de Virginia Woolf?* Ils ne pouvaient pas vivre heureux ensemble, et ne pouvaient vivre l'un sans l'autre. Aussi loin qu'il m'en souvienne, j'ai toujours eu le

50

sentiment qu'il y avait une sorte de drame expérimental qui se déroulait entre eux. Ils savaient mieux que personne ce qui pouvait les pousser à bout. Mais, de toute façon, ils étaient mes parents. C'est la raison pour laquelle ils m'influençaient autant. Le drame humain, ou son absence totale, est l'un des éléments primordiaux de notre vie avec nos parents. Ce drame au sein de l'unité familiale détermine la manière dont, dès lors, nous regardons la vie. Pourtant, le but même de la vie ne consiste-t-il pas en expériences que nous effectuons pour favoriser la croissance de l'âme ?

Chaque personne que nous rencontrons contribue peu ou prou à cet objectif. Se réaliser complètement équivaut donc à expérimenter toutes les possibilités qui s'offrent à la condition humaine.

Certaines leçons de vie déclenchent des réactions particulièrement profondes : les sentiments que nous éprouvons envers l'autorité, la faiblesse, le manque de contrôle, le confort matériel, la survie, la manipulation de la peur, le manque de liberté, les attitudes que nous adoptons à propos des biens, du sexe opposé ou du même sexe, l'intimité, la passion, la violence et l'amour.

Où pourrait-on, mieux qu'au sein de l'unité familiale, apprendre tout cela ? La constellation familiale est un microcosme de l'humanité tout entière. Résolvez les problèmes au sein de votre propre famille, et vous serez sans doute en mesure de résoudre les problèmes à un niveau global, grâce à l'entraînement que vous aurez acquis, à la tolérance et au conditionnement que vous aurez appris. La famille, c'est le karma tout entier.

Une des exigences karmiques commence donc dès la naissance avec l'association parents-enfants. Dans le cadre familial lui-même, tout conflit humain peut déjà mener à une volonté – ou à une non-volonté – de faire la guerre. Toute attitude qui pousse à la violence ou à l'hostilité est engendrée par la famille elle-même. La peur, le soupçon, le doute proviennent en droite ligne de l'attitude familiale. Ceux qui nous « ont élevés » pour que nous nous connaissions nous-mêmes ont choisi de nous aider en nous donnant des « leçons de vie ».

Aucun professeur ne saurait être plus efficace que celui incarné dans le corps d'un parent, à condition que parents et enfants en aient décidé ainsi.

Mais le contraire se vérifie aussi : n'apprenons-nous pas autant de nos enfants que nous leur demandons d'apprendre de nous-mêmes? Dans l'idéal, parents et enfants pourraient s'aider mutuellement dans leur propre réalisation. Ce que nous faisons alors dans le monde extérieur n'est plus que l'extension de cette réalisation. Ce schéma est très souvent tronqué, dans la réalité quotidienne; il est occulté, au point que ne se développent ni la croissance, ni le monde, ni la capacité de faire face à soi-même.

Maman apporta deux martinis *on the rocks* et un verre de lait pour Papa.

— Je sais que, de toute façon, il va aller se chercher un scotch et qu'il l'ajoutera à son lait, dit-elle d'un ton renfrogné.

Tout en dégustant mon martini à petites gorgées, j'observai mes parents comme j'aurais regardé une comédie. De plus en plus, je les voyais d'un point de vue karmique mais, pendant mon enfance, cet intense environnement émotionnel à la maison m'avait beaucoup affectée.

Enfant témoin de leur drame humain et théâtral, au début j'avais été amusée, parfois stupéfaite, souvent désemparée. Je ne comprenais pas les mécanismes de leurs scènes, ni ce qui en ressortait d'ailleurs; mais j'avais appris à comprendre les subtilités de leur ton de voix, de leurs changements d'humeur et d'expression.

Inconsciemment, je recevais une parfaite éducation en ce qui concerne la manière de manipuler les autres et ses subtilités.

La mise en pratique de cette compréhension et de cette connaissance me semblait inévitable et ne pouvait se faire qu'au profit d'un art : la scène.

De plus, la gamme d'expression qui s'étalait sous mes yeux à la maison, qu'elle fût positive ou négative, me poussait à m'exprimer moi-même. Mes parents étaient enfermés de manière si intense dans leur système de querelles que Warren et moi avions besoin de notre propre champ d'expression, à l'extérieur. Je commençai par les cours de danse, avant de me diriger vers la scène et l'expression écrite. Je développais dans mon enfance une discipline rigoureuse en rapport direct avec les besoins émotionnels que j'avais de m'exprimer. Cette « discipline » ne m'avait pas posé de problèmes, bien au contraire; elle était le support grâce auquel je pouvais me faire entendre. Sans contredit, mes parents tenaient la vedette à la maison. Warren et moi jouions les seconds rôles, cherchant à partager ladite vedette, voire à la prendre. L'art de la manipulation, j'ai eu l'occasion de le dire, nous était exposé à son plus haut niveau et de la manière la plus raffinée. Il semblait donc inévitable que Warren et moi cherchions ailleurs que dans cet art la façon de mettre en pratique tout ce que nous avions appris. Le monde du spectacle semblait taillé sur mesure pour nous, et l'expression de nous-mêmes nous devint aussi indispensable que l'air.

Il serait erroné de croire que nous ne pouvions pas nous exprimer à la maison, loin de là. Le problème était que le niveau d'expression des parents dépassait notre capacité d'enfants à nous exprimer nous-mêmes. Ils nous livraient leur enseignement en nous montrant l'exemple, étaient notre source d'inspiration en déclenchant en nous un instinct de survie. Juste pour nous assurer que nous étions bien réels, nous nous sentions obligés de nous mettre en avant. Avec tendresse et considération, ils prenaient en compte notre désir de reconnaissance, et l'encourageaient, pour autant qu'ils pouvaient, eux-mêmes, se détacher de leur drame.

Tout ceci, comme je l'ai déjà mentionné, avait été décidé à l'avance, sur le plan karmique, par les quatre joueurs en présence. Et c'était là le point qui m'intéressait plus que tout ce que j'avais pu explorer depuis longtemps.

— Tu sais, chaton, reprit mon père, j'aime décidément beaucoup ton livre. Je ne pense pas que la métaphysique pose un problème, et pourtant j'en vois un.

— Vraiment, demandai-je, lequel?

— Cette liaison avec le politicien anglais. Il est toujours marié, non?

— Oui, répondis-je, mais il a eu bien d'autres liaisons depuis la nôtre.

— Je pense que les gens vont vouloir en savoir plus, ajouta-t-il, puisque après tout sa femme est encore « dans le tableau ».

— Tu penses que cette histoire va faire des vagues? m'enquerrai-je.

— Il convient de tenir compte de cette possibilité. D'ailleurs, qui est Gerry? demanda mon père l'œil malicieux.

— Margaret Thatcher!

Il éclata de rire.

Ce soir-là, jusque fort tard, nous parlâmes du pourquoi et du comment de mon livre. La « surcharge » karmique se produisit vers minuit, heure à laquelle nous décidâmes d'aller dormir. Tandis que je cherchais le sommeil, j'entendis Maman dire à Papa : « Ira, j'aurais aimé que tu écoutes ce dont Shirley parlait. » Papa sembla stupéfait : « Que dis-tu là, Scotch ? C'est toi que je ne peux entendre, parce que tu ne le veux pas. »

Les laissant à leur propre karma, je m'endormis, me demandant si Papa avait raison à propos de Gerry et de l'« affaire ».

La semaine même de la publication de mon livre, Margaret Thatcher décida de procéder à des élections en Grande-Bretagne. Un journaliste anglais vivant à New York lut mon livre, y vit une occasion de s'amuser; il corsa ainsi des élections qui, autrement, auraient été bien ternes, en envoyant aux rédacteurs de Londres les chapitres les plus « salés », qui parlaient de ma liaison avec un membre socialiste du Parlement, portant un imperméable taché, des chaussettes trouées au talon, et auquel manquait la dernière phalange d'un doigt. L'histoire fit la « Une » de tous les quotidiens londoniens. Les hommes politiques anglais en campagne électorale furent priés de montrer leurs mains, et de retirer leurs chaussures; il était évidemment sous-entendu que si l'un d'entre eux était découvert, et identifié comme mon amant, loin de perdre des voix, il en gagnerait.

De galants membres du Parlement, regrettèrent publiquement de ne pas pouvoir prétendre au titre. L'un d'entre eux alla jusqu'à dire qu'il se couperait bien une phalange, si cela pouvait servir à quelque chose; un autre déclara qu'il était heureux que seul le doigt fût manquant! Il en fut même un pour affirmer qu'il devait s'agir d'un Tory, et non d'un socialiste... Et que son nom de famille devait être « Case », car de toute évidence, il lui en manquait une!

Quand les membres de la presse londonienne me retrouvèrent finalement à Dallas, je répliquai du tac au tac : regrettant que Fleet Street soit plus intéressé par mes expériences corporelles qu'extra-corporelles. Ils pouvaient être rassurés sur un point : j'emporterais le nom du monsieur avec moi dans ma tombe, à moins que je ne décide de m'incarner à nouveau très rapidement, pour aider à relever le niveau d'une prochaine élection en Grande-Bretagne.

Mon père, avec son solide bon sens, avait touché juste, bien au-delà de mes espérances!

Chapitre 3

Lorsque je revins de chez Bantam, je trouvai Sachi, Dennis et Sandy en train de se changer pour aller à mon spectacle. Simo m'arrêta au seuil du salon :

— Votre Maman a téléphoné, dit-il, je pense qu'il doit y avoir un problème. Elle ne voulait pas que je vous en parle, pour ne pas gâcher votre anniversaire, mais j'ai pensé qu'il valait mieux que vous soyez au courant.

— Quel genre de problème? demandai-je, le cœur serré?

— Je ne sais pas, elle revenait de chez le docteur, dit-il avec hésitation.

— J'essayai de rester calme. Vous vous attendez à ces moments, vous y avez réfléchi, mais vous n'êtes jamais prêt. Me saisissant du téléphone, je composai le numéro. Maman décrocha, et j'entendis ma voix se faire suppliante, comme pour avoir de bonnes nouvelles.

— Maman? Que se passe-t-il? Comment vas-tu?

— Bon anniversaire, chérie, dit-elle, ta journée se passe-t-elle agréablement? J'ai envoyé ton cadeau à Malibu, tu sais.

— Oui, Maman, je sais, le pull-over est vraiment superbe, cette couleur lavande et cette texture douce en font une merveille.

Je marquai une pause.

— Chérie, écoute-moi; je ne veux pas que tu t'énerves, parce que tu as beaucoup de choses en tête. Je rentre de chez le docteur; il m'a fait subir un électro-cardiogramme, et en plein milieu de l'examen, mon cœur s'est emballé. La radio a montré un caillot dans le poumon, près du cœur. Le docteur m'hospitalise pour essayer de le dissoudre. Je préfère être franche, c'est assez grave.

Elle n'avait jamais fait d'histoires à propos de sa santé, ni de ses douleurs, bien qu'en prenant de l'âge, elle se fût brisé les os avec une régularité déconcertante. Je la sentais soucieuse, et elle semblait vouloir me préparer au pire.

Je ne savais que dire.

— Et qu'en dit le docteur? demandai-je faiblement.

— Il m'a simplement dit d'aller immédiatement à l'hôpital; je pars dans cinq minutes. Je suis contente que tu aies téléphoné avant que je ne sois partie, ainsi j'ai pu t'en parler moi-même.

Une question me vint à l'esprit, sans que je sache pourquoi; je la lui posai :

— A quelle heure ce trouble cardiaque s'est-il produit? Je veux dire : quand la machine a-t-elle enregistré le trouble?

Elle réfléchit un instant.

— J'ai regardé ma montre, je m'en souviens, il était presque quatre heures; il a donc une heure trente environ.

Je me rendis compte de la raison pour laquelle j'avais posé cette question.

— Tu sais, Maman, c'est exactement l'heure à laquelle je suis née, il y a cinquante ans.

Elle ne parut pas surprise.

— J'ai toujours su que je vivais ma vie à travers toi, tu as toujours fait ce que moi j'aurais aimé accomplir, cela me semble donc logique.

Les implications de cette pensée me firent frémir, mais je n'osai pas lui demander si elle avait le sentiment qu'il était donc temps pour elle de mourir. Je sentais pourtant qu'elle y pensait aussi.

— Écoute, chérie, reprit-elle d'un ton autoritaire, il n'arrive que ce qui doit arriver. J'ai eu une vie merveilleuse. Quand sonne l'heure de partir, c'est qu'il est temps. Je veux que tu saches combien je t'aime et je veux que ton spectacle de ce soir se déroule le mieux du monde. Souviens-toi simplement que j'ai beaucoup travaillé pour rééduquer mon épaule brisée, pour pouvoir venir à New York, avant la fin de ton spectacle. J'ai bien l'intention d'y arriver! Alors ne t'en fais pas.

— J'avais la gorge tellement serrée que pas un son n'en pouvait sortir.

— Oh, Seigneur! murmurai-je enfin, est-ce que Papa t'accompagne à l'hôpital?

— Oui, ton père va m'y conduire.

Elle me communiqua le numéro de téléphone de l'hôpital, celui de sa chambre, etc... et dit encore :

— Si je dois m'en aller, cela arrivera. Je ne veux pas que ton travail en souffre. Cela arrivera parce qu'il doit en être ainsi.

Dans l'abstrait, je n'avais aucun mal à raisonner de la sorte; mais mes convictions karmiques subissaient là l'épreuve du feu. Rien ne pouvait être plus spécifique que la mort imminente de la mère que vous aimez.

J'avais tellement mal qu'il me fut difficile de la rassurer. Je ne semblais pas être en mesure de trouver le mot juste, je ne voulais pas dire : « Oh, tout ira bien. » Parce qu'elle se situait au-delà de ces formules de convenance.

— Je t'aime ma chérie, je t'aime plus que je ne puis le dire, et je t'ai toujours aimée. Alors, dis une prière pour moi.

— Je t'aime Maman, je t'aime tant.

Ma voix se brisa en un sanglot, et tout en ·réprimant mes larmes, je regrettai de ne pas lui avoir dit plus souvent combien je l'aimais.

— Fais un bon spectacle ce soir, nous nous parlerons demain, d'accord?

— D'accord, répondis-je.

Elle raccrocha doucement, et je m'effondrai dans le fauteuil, le téléphone sur les genoux. Je ne me rendis même pas compte que je n'avais pas raccroché le combiné. Je sentis Sachi qui venait d'entrer dans la pièce.

— Maman, qu'est-ce qui ne va pas? demanda-t-elle?

Je me mis à sangloter.

— Grand-mère a eu une sorte d'infarctus, dis-je en pleurant.

En fait, c'est un caillot de sang qui se trouve dans le poumon, tout près du cœur. Elle est partie à l'hôpital.

Le visage de Sachi se décomposa. Elle n'avait jamais séjourné longtemps auprès de ses grands-parents, mais avait récemment eu le sentiment qu'elle devrait rattraper le temps perdu, avant qu'ils ne soient trop âgés.

Mettant ses bras autour de moi, elle compatit silencieusement à mon désespoir. Je sentais bien qu'elle s'identifiait à moi, se demandant comment elle réagirait, si on lui communiquait de semblables nouvelles à mon sujet.

– A quoi penses-tu Maman, quels sont tes sentiments?

Me reprenant, je me mis à penser que, pour ma mère, le temps était peut-être venu. Elle m'avait dit : « Il n'arrive que ce qui doit arriver » d'une manière étrange; jamais elle ne m'avait parlé ainsi.

Je me levai, marchai de long en large en essayant d'adopter une approche objective des événements. Ma mère avait vécu plus de quatre-vingts ans, et les cinq dernières années n'avaient pas été faciles. Elle avait subi diverses opérations pour anévrisme, fracture du bassin, fracture de la hanche, fracture du bras; de plus, elle était diabétique. Nous avions tous dit qu'elle cherchait soit à se tuer, soit à passer les tests d'endurance pour devenir centenaire. Il ne s'agissait ici que de la dernière péripétie en date. Pour me calmer, je respirai profondément.

– Tu sais, Sach, c'est bizarre, il lui est arrivé tellement d'ennuis de santé au cours des trois ou cinq dernières années que tout cela me semble presque abstrait. Jamais elle ne s'est plainte, pourtant elle a continué à avoir tous ces ennuis. Je commence à comprendre l'impact de tout ce qu'elle a voulu nous dire, avec tant de force.

– Veux-tu dire par là qu'elle nous signifie sa volonté de nous quitter?

– Oui, mais je pense qu'elle ne le sait pas clairement; elle se fait du souci pour Papa qui resterait après elle. Elle a toujours dit qu'elle espérait disparaître après lui, car il ne saurait jamais se débrouiller sans elle.

Sachi battit des paupières, et cligna des yeux.

– Crois-tu que Grand-père disparaîtrait tout de suite après?

– Je pense que oui, et je ne crois pas qu'il le redoute; je crois en fait qu'il attend qu'elle disparaisse, pour pouvoir, la conscience tranquille, retourner auprès de la lumière blanche.

Sachi, qui était au courant des expériences hors du corps de son grand-père, se mit à rire.

— Tu ferais mieux de t'habiller, Maman, tu vas être en retard. Tu penses être en mesure de travailler ce soir?

Dans les moments de crise, Sachi alliait un sens pratique à une grande sensibilité. Je me souviens que, lorsqu'elle avait passé les tests pour devenir hôtesse de l'air sur la Quantas, elle avait obtenu le maximum des points, grâce à ses réactions exceptionnelles lors des simulations d'accidents. Elle venait de me fournir encore une preuve de son sang-froid.

Je voulais savoir dans quelle forme j'étais : j'effectuai une profonde flexion des genoux.

— Bien sûr, dis-je, je suis en mesure de travailler, sachant que rien ne m'empêcherait de présenter mon spectacle quand le public serait là. Une sorte d'éthique professionnelle innée m'avait toujours retenue d'annuler une représentation. Il m'était quasiment impossible de m'y résoudre. Un soir à Vienne, j'avais donné deux spectacles avec plus de 40° de fièvre et, à la fin de la deuxième représentation, ma température était redevenue normale. Un soir de Nouvel An à Las Vegas, je m'étais foulé la cheville. Le médecin m'avait recommandé de ne même pas essayer de marcher pendant trois semaines, et de ne pas danser pendant deux mois. Ma cheville était violette, marbrée de noir. Pourtant je ne m'étais pas arrêtée, pas plus que je n'avais perdu une seule journée de contrat. A l'âge de 16 ans, je m'étais fracturé la même cheville, mais plutôt que de rater un spectacle, j'avais dansé tout un ballet sur les pointes. Si j'avais manqué à des obligations professionnelles, je n'aurais pu me regarder en face. Peut-être cela vient-il de l'entraînement que j'ai suivi pour des danses tziganes, mais je crois que cela vient d'abord de mon désir de ne jamais déplaire à qui que ce soit. Je suis bien en cela la fille de ma mère. C'est pourquoi je comprenais son souhait de ne pas me causer de souci. Il m'avait fallu un certain temps pour admettre que calquer mon attitude sur ce que les autres allaient penser de moi n'avait rien d'admirable. Mais quand il s'agissait du public qui attendait de me voir, j'étais atteinte d'une sorte de professionnalisme poussé à son paroxysme : JE SERAIS LA!

— Tu ne crois pas que tu te sentirais mieux en pantalon, ce soir? me demanda Sachi.

— Non, je n'ai nulle envie de me changer, je vais garder ce

tailleur. Ce sera parfait. Et puis, pourquoi porterais-je un pantalon pour le dîner qui suivra!

Elle répondit d'un vague : « Oh, je ne sais pas », qui me laissa perplexe. Simo entra, tapotant sa montre du doigt :

— Ne voulez-vous pas enfiler un pantalon, pour que nous puissions y aller? demanda-t-il.

— Pourquoi diable voulez-vous tous que je porte un pantalon ce soir? m'exclamai-je!

— Sans raison particulière, dit-il, négligemment. Je pensais simplement qu'avec tous ces événements, vous seriez plus à l'aise en pantalon.

N'y comprenant rien, je ne tins aucun compte de leur suggestion; je pris mon agenda, appelai Sachi et Dennis, et me précipitai dans la limousine qui m'emporta vers le théâtre.

La circulation était intense. Chaque feu rouge nous retardait un peu plus, et me donnait le temps de penser à ma mère. De tristes souvenirs d'enfance me revinrent en mémoire. Je me demandai comment je me sentirais, le jour où je ne pourrais plus du tout toucher ma mère, quelle sensation cela serait d'entrer à la maison et de ne plus la voir courir vers moi, les bras ouverts. J'essayai d'écarter ces pensées de mon esprit, mais en arrivant devant le théâtre, je me rendis compte que j'étais en larmes. Une foule énorme entourait l'entrée, beaucoup plus de monde qu'à l'habitude.

— Que se passe-t-il? demandai-je avec étonnement.

— C'est votre anniversaire, répondit Simo.

— Oui, mais pourquoi tout ceci?

En regardant la foule avec plus d'attention, j'avais aperçu trois caméras de télévision.

— Je ne comprends pas, je ne suis pas la reine d'Angleterre!

— J'espère bien que non, dit Simo, elle ne saurait pas quoi faire de cela!

Je me demandai de quoi il pouvait parler, et commençai à être vraiment intriguée.

Encadré de deux policiers, le directeur de ma troupe, Michaël Flowers, m'accompagna jusqu'à l'énorme ascenseur de scène qu'on utilisait pour le transport du matériel.

— Pourquoi me faites-vous passer par ici, m'enquis-je?

La porte de l'ascenseur s'ouvrit, la foule se mit à applaudir. Quelqu'un désigna quelque chose derrière moi, je me retournai : un gigantesque éléphant des Indes, venu avec son cornac du Ringling Brothers Circus, me dominait de toute sa hauteur. Lee Gruber, directeur de mon show au Gershwin, prit la parole.

— Vous nous avez dit un jour, que la seule chose que vous n'aviez jamais faite était de chevaucher un éléphant. Eh bien, bon anniversaire! C'est l'occasion ou jamais.

Je m'essuyai furtivement les yeux et, prenant une profonde inspiration, j'entrai en scène. Nous étions « en direct ». Lee avait raison, le soir où l'on m'avait remis mon Academy Award, Joe Siegel* m'avait interviewée. Il avait conclu que, dans ma vie, j'avais pratiquement goûté à tout, et il me demanda si, justement, j'avais en tête quelque chose que je n'aurais pas encore fait. Il ne me fallut qu'un instant pour répondre : « Et bien, je n'ai jamais chevauché un éléphant! » Cet éléphant (une femelle), était donc là, et avec elle des centaines de spectateurs venus me voir monter sur le dos de l'animal.

— Comment s'appelle-t-elle? demandais-je au cornac.

— Tananya, répondit-elle, la voix tendre, comme s'il s'agissait de sa fille, une fille un peu encombrante, toutefois.

Je regardais l'énorme pachyderme droit dans les yeux. Elle cligna des paupières, comme une caméra au ralenti. Elle semblait gentille, et je m'épris d'elle immédiatement. J'avais toujours eu une passion pour les éléphants; d'ailleurs, se trouvaient, dans mon appartement, de nombreux objets en forme d'éléphant rapportés d'un voyage aux Indes.

Tananya posa sa trompe sur mon épaule et me poussa, pour me mettre dans la bonne position. Elle avait de toute évidence décidé de me soulever; la foule réagit avant que je me fusse rendu compte de ce qui m'arrivait; l'éléphant, de sa trompe puissante, me saisit et me souleva au-dessus de sa tête. Toute la Cinquante-et-Unième Rue pouvait me voir. Le public applaudit, Tananya avait une nouvelle partenaire. Elle me reposa sur le sol avec délicatesse, puis s'agenouilla. Sur la pointe des pieds, je m'approchai de son oreille, et, la soulevant doucement, je lui dis : « Je pense que je t'ai déjà rencontrée, mais je ne sais plus dans quelle vie. Si ce n'était toi, c'était ton arrière-grand-mère, et si votre mémoire est aussi bonne que ce que l'on dit, tu peux sans doute te rappeler à quand cela remonte. »

---

* Célèbre critique de films, à la T.V. américaine. (*N.d.T.*)

Elle appuya à nouveau sa trompe contre moi. Les caméras de télévision s'éloignèrent.

— Que diriez-vous d'une ballade, dit le cornac; car pourquoi croyez-vous que nous soyons venues?

Tananya se baissa plus encore, et soudain je compris pourquoi Sachi et Simo m'avaient invitée à me mettre en pantalon. Je relevai donc ma jupe de tricot, soulagée de porter des collants noirs et opaques. Saisissant doucement l'une des oreilles du pachyderme, je m'appuyai aussi légèrement que possible sur son genou. Je balançai la jambe droite au-dessus de son énorme tête, et hissai le reste de mon corps, au moment où Tananya se relevait. La foule était ravie. Je ne pus que penser à la fameuse image à la « Carmen Miranda » que les caméras étaient en train de filmer. (Pendant la Deuxième Guerre mondiale, Carmen Miranda avait été surprise un soir par une caméra indiscrète, au cours d'un spectacle. Elle avait de toute évidence oublié de porter des sous-vêtements, et la photo était devenue célèbre; d'innombrables soldats ont dit qu'elle les avait fait revivre!)

Tananya avançait d'un pas rapide, bougeant la tête par à-coups, comme durant son spectacle. Elle savait exactement de quoi il retournait! Elle parcourut la Cinquante-et-Unième Rue, moi accrochée à elle comme à un radeau de sauvetage. Les quelques chauffeurs de taxi russes qui passaient alors devaient se dire que ce spectacle seul justifiait leur fuite, loin de l'oppression du communisme! Il fallait vraiment goûter aux bizarreries de New York.

Tananya et moi remportions un franc succès, autant le dire. Nous aurions pu partir en tournée. Moi, je n'avais plus aucun mal à comprendre pourquoi les autres cornacs portaient toujours des justaucorps, très décorés à l'entrejambe!

Pendant un long moment, nous arpentâmes la Cinquante-et-Unième Rue. J'avais l'intuition que Maman devait regarder la télévision depuis son lit d'hôpital; s'il avait fallu quelque chose pour la convaincre que, dans sa vie, elle avait vraiment tout vu, ce spectacle en était la preuve.

Tananya, triomphante, s'arrêta, s'agenouilla à nouveau, et je compris pourquoi. Un gigantesque gâteau d'anniversaire, décoré de bougies, m'attendait. La foule se mit à chanter. Sautant à bas de l'éléphant, je soufflai les bougies, en faisant le plus rapidement possible un vœu de prompt rétablissement pour ma mère.

Tananya avait été plus rapide : d'un seul coup de trompe, elle avait englouti la moitié du gâteau, qu'elle avala d'un seul coup! J'éclatai de rire. Avec un couteau qu'on venait de me passer, j'essayai d'égaliser les restes du gâteau, puis je le fis passer dans la foule. Sachi ne se tenait plus de joie, tandis que nous passions la porte du théâtre.

Il ne me restait qu'une demi-heure pour me préparer et m'échauffer, mais je savais depuis longtemps qu'il était bien plus important de s'amuser que de se mettre en condition.

J'avais eu du mal à assimiler cette leçon; mais j'avais été beaucoup plus heureuse depuis que j'avais appris à vivre le moment présent, comme la seule chose importante.

J'entrais en scène. Du public fusèrent des souhaits de bon anniversaire. Quand le silence revint, je racontai l'épisode de l'éléphant. Une partie de la salle avait assisté au spectacle de la rue, certains spectateurs étaient même encore en train de manger du gâteau. Le reste du public, qui ne s'attardait jamais autour des portes d'entrée d'un théâtre, se rendait compte qu'il avait raté là un spectacle unique. Un spectateur se leva pour demander pourquoi je n'avais pas amené l'éléphant avec moi sur scène. Je répondis que, s'il avait pu voir ce qui s'était passé dans l'ascenseur, il ne poserait pas cette question.

Le spectacle reprit, je ne m'étais jamais sentie mieux. Pourtant, lorsque le rideau fut tombé je regagnai ma loge, et m'assis, épuisée, pour téléphoner à mon père.

— Bonjour, chaton, nous t'avons vue à la télévision. On dirait que tu t'es bien amusée.

Il riait et semblait de bonne humeur.

— Comment va Maman?

Il hésita un instant.

— Je ne sais pas, il faut encore attendre. Je pense que ce soir elle va bien, elle dort pour l'instant.

— M'a-t-elle vue sur l'éléphant?

— Oh! oui, et le spectacle l'a beaucoup amusée.

— A quoi penses-tu, Papa?

— Eh bien, chaton, répondit-il sans attendre, tu connais mon opinion. Quoi qu'il arrive, je suis prêt. Et si elle disparaît, je ne serais pas long à la suivre.

La joie de la fête s'estompa; il y avait un tel contraste entre les deux réalités. Lui parlait du « Grand Moment ».

— Je crois, ajouta-t-il, que ta mère n'est pas aussi préparée que moi pour l'Au-Delà. Depuis l'expérience dont je t'ai parlé, pour moi, tout va bien, je n'attends plus qu'elle.

— Tu serais d'accord pour qu'elle meure? Je pouvais à peine croire que cette question venait de sortir de ma bouche.

— Bien sûr, répondit-il, nous devons tous partir, et il commence à se faire tard pour nous deux. Je n'ai pas peur pour elle, mais elle se fait du souci pour moi; elle a tort. Si elle se laissait aller, et sautait le pas, je serais libre de partir.

Depuis longtemps, j'avais quelque chose sur le cœur, et je voulais lui en parler.

— Tu sais, Papa, quand vous serez partis tous les deux, nous pourrons passer plus de temps ensemble.

— Bien sûr, chaton, je le sais.

Son attitude me surprit.

— Ce que je veux dire, c'est que quand vous aurez quitté votre corps, et que vous serez redevenus âme, je saurais que vous êtes toujours là.

— Oui, je le sais.

— Tu comprends, il n'y aura plus cette séparation, due aux distances, entre les différentes villes ou les pays où nous nous trouvons. Quand tu seras hors de ton corps, tu pourras me parler quand tu le voudras, et je t'entendrai, parce que, maintenant, je sais comment faire.

— Et je n'aurais plus besoin de porter ces drôles d'appareils dans les oreilles pour t'entendre; je sais très exactement ce dont tu parles, voilà pourquoi je n'ai pas peur.

Je me demandais sincèrement si les autres pères et leurs filles se parlent de la sorte, quand la mort approche.

— Il est difficile de vivre dans un corps, non? l'interrogeai-je.

— Très difficile, répondit-il, surtout quand tu sais ce que c'est que d'en être à l'extérieur.

— Alors, si elle disparaît, ne te sens pas obligé de rester, juste pour Warren et moi.

J'entendis clairement qu'il poussait un soupir de soulagement.

— Si seulement j'étais sûr que ton frère Warren pense de la sorte, cela rendrait les choses plus faciles, pour ta mère comme pour moi.

J'étais à peine en mesure de parler.

— Tu sais, c'est un grand garçon, lui aussi. Ne t'en fais pas;

si tu veux partir, vas-y. Vous pourrez ensuite nous venir en aide de l'autre côté, tous les deux. Peut-être seras-tu l'un de ces guides spirituels auxquels je parle. Tu en as toujours su plus que tu n'as bien voulu le dire. Pourquoi devrait-il en être autrement?

— C'est vrai, répondit-il, et il n'eut pas besoin de parler davantage.

— Oui, c'est vrai.

— Warren et toi, reprit-il, feriez aussi des tas d'économies en billets d'avion. Tout ce que vous aurez à faire sera de fermer les yeux, et nous serons là. Où que tu travailles dans le monde, nous pourrons te voir, et savoir comment tu vas. Ce serait bien mieux, parce que nous ne te voyons plus assez en ce moment.

Je sentis que j'allais craquer.

— D'accord, Papa, je vais te quitter maintenant. Je t'appelle dès mon réveil.

— D'accord, chaton, merci. Dis-moi, l'éléphant a-t-il fait ses besoins dans l'ascenseur ou dans la rue?

— Dans l'ascenseur, bien sûr; on lui a appris, tout comme à moi, à être toujours poli en public.

— C'est vrai, tu t'es toujours conduite comme une vraie dame. Tu devais être contente de porter ces collants noirs, non?

Il se mit à hurler de rire, de ce rire qui mettait Maman hors d'elle.

— Oui, cela m'a bien arrangée, mais en fait, quand tu te sens vraiment bien, les vêtements n'ont aucune importance.

— Je n'ignore pas que tu as toujours été une enfant de la Nature!

— Bonsoir, Papa, je t'aime!

— Je t'aime aussi, chaton, bon anniversaire!

Après avoir raccroché, je m'habillai pour mon dîner d'anniversaire, mais tous les restaurants étant fermés, nous finîmes par revenir à la maison. Sachi arrangea de façon splendide quelques plats achetés chez un traiteur. Moi, épuisée par tous les événements et leurs implications, je montai dans ma chambre et me mis au lit. La métaphysique dans l'abstrait était une chose, la personnalisation des événements sur un plan terrestre, surtout quand ils impliquaient mes parents, me ramenait droit à la réalité quotidienne. Non seulement j'étais épuisée, mais j'avais aussi grand besoin de dormir. Avant de sombrer dans le sommeil, j'eus le temps d'avoir une pensée reconnaissante pour ce cinquantième anniversaire, tout en étant heureuse qu'il n'ait pas à se reproduire. Enfin, pas dans cette vie!

Chapitre 4

Deux jours après l'entrée de Maman à l'hôpital, j'allai lui rendre visite, en prenant une navette de la compagnie Eastern. Sachi s'y était arrêtée la veille, avant de gagner la Californie. Ni Maman ni Papa ne voulaient faire quoi que ce soit qui compromette ma santé ou mon emploi du temps. Ils m'avaient conseillé d'attendre mon prochain jour de relâche, mais une semaine, cela m'avait semblé trop long.

Dès mon entrée, je lui trouvai bon moral. Je l'avais si souvent vue, au cours des dernières années, allongée en plein désarroi dans son lit d'hôpital, que je m'y étais accoutumée. Je ne pouvais m'empêcher de penser qu'elle voulait nous transmettre le sentiment que la vie était devenue vraiment difficile pour elle. Pourtant, médecins et infirmières l'aimaient beaucoup, et elle semblait revivre grâce à l'attention dont elle était l'objet. Elle se préoccupait beaucoup plus du bien-être de ceux qui travaillaient à l'hôpital que du sien propre. « Partez, maintenant », avait-elle dit à une jeune et blonde infirmière que son mari attendait à la maison. « J'irai bien, ne vous en faites pas, je n'ai pas besoin de vous pour le moment. » L'infirmière ne savait quoi dire, car elle avait de toute façon un horaire à respecter. Maman voulait pourtant qu'elle sache qu'elle ne devait pas se fatiguer pour elle.

– Ces infirmières sont de véritables amies, dit Maman, rayonnante, comblée des attentions qui lui étaient prodiguées. Je me dirigeai vers elle pour l'embrasser.

– Je parie que tu as plus d'amis à l'hôpital que n'importe où ailleurs, non? lui demandai-je.

– Oh, tu sais, j'ai des amis partout.

En m'asseyant, j'ôtai la veste en soie sauvage de mon tailleur.

– Comme cet ensemble est joli, dit Maman, d'où l'as-tu rapporté? De Hong Kong?

Je lui expliquai qu'il venait du Canada, et Maman me dit quel plaisir elle éprouvait à me voir porter des vêtements du monde entier.

– Tu sais, Shirl, les voyages que tu nous as offerts sont nos plus chers souvenirs. Tu nous avais dit qu'ils nous changeraient la vie, et ce fut vraiment le cas. Nous en parlons souvent le soir, et lorsque nous lisons un livre ou regardons un reportage à la télévision, à propos de l'un des endroits que nous avons visités, nous avons beaucoup de plaisir à reconnaître les paysages, et à savoir que nous y sommes allés.

M'asseyant près de son lit, je me préparai à une douce après-midi d'évocation de souvenirs de voyage. Mais j'avais une question particulière à lui poser à ce propos.

– Maman, as-tu jamais, au cours de tes voyages, eu l'impression que tu connaissais l'endroit où tu te trouvais, sans y être jamais venue?

– Justement, répondit-elle, j'y ai beaucoup pensé; je crois que nous étions en Écosse lorsque j'ai éprouvé une impression comme celle-là. Je me demandai si j'y étais venue avec ton père, mais le site ne lui était pas familier. Sans comprendre pourquoi, *je savais* que je m'y étais déjà trouvée; les odeurs, l'ambiance du lieu évoquaient pour moi un contexte connu. J'avais été très heureuse dans cet endroit, mais je ne saurais dire *quand*.

Une infirmière vint vérifier l'écran du *monitoring* cardiaque. Elle me regarda en passant, me salua, puis soudain s'arrêta en s'écriant :

– Oh! mon Dieu, je ne m'étais pas rendu compte que *vous* étiez là!

Je me mis à rire.

– Oui, dit Maman, c'est ma fille, Shirley.

– Oh, je suis si émue; Vous savez, nous aimons vraiment beaucoup votre mère, elle prend autant soin de nous, que nous d'elle.

– Oui, dis-je, je m'en doute.

Maman la regarda, et d'un ton de petite fille (ou presque), lui demanda :

– Où en est mon caillot?

– Il n'y en a pas qu'un, Madame Beaty, mais ils se dissolvent.

– Vous les voyez en train de se dissoudre? demanda Maman?

– Nous pouvons le dire grâce aux tomographies, reprit la jeune femme.

– Tu vois, les médecins ne te disent jamais rien! dit Maman avec regret.

– Mais si, reprit l'infirmière, il suffit de leur poser la question.

– Ça, c'est bien, fit Maman, voilà pourquoi j'aime les médecins.

L'infirmière sentit qu'elle devait nous laisser.

– Vous devez avoir envie de parler toutes les deux, dit-elle en sortant.

Maman me demanda si je pouvais lui obtenir des billets pour Papa et elle, lorsqu'ils viendraient à New York pour mon spectacle. Je la rassurai en riant, me demandant ce que je pouvais faire d'autre pour que tous les deux se détendent et apprécient plus le temps passé ensemble.

Nous avions toutes deux le sourire.

– As-tu remarqué, Maman, combien de gens traversent de graves problèmes en ce moment?

Maman s'assit dans le lit.

– Oui, Shirl, c'est vrai, on dirait que tous les gens que je connais ont des difficultés.

– Eh bien, quelque soit l'expérience que nous devons faire, nous l'attirons à nous, pour grandir; cela nous permet de progresser. Quoi qu'il arrive, c'est un processus de formation, d'apprentissage.

– C'est exact, répliqua Maman, c'est comme pour ton père. Il sait que chaque fois qu'il boit, il en est lui-même responsable.

J'essayai de trouver la meilleure manière pour moi d'exprimer le point auquel je voulais en venir.

— Donc, chaque fois que quelqu'un choisit de faire quelque chose, les autres ne peuvent rien, sinon simplement les aimer et les laisser faire, en les comprenant.

— La seule manière d'aider vraiment quelqu'un, rétorqua-t-elle, c'est de rester constamment à ses côtés. Comme ton père et son problème de boisson. A chaque instant, je sais où il se trouve; il se met parfois en colère contre moi, et moi je m'énerve aussi, mais c'est pour moi la seule façon de lui venir en aide.

— Tu sais, Maman, il ne boit peut-être pas autant. Je veux dire : il n'est jamais ivre. C'est plus le fait que toi, *tu penses* qu'il ne devrait pas boire du tout, parce que *tu sens* quel effet cela peut avoir sur lui.

Elle secoua la tête avec obstination.

— Non, c'est mauvais pour lui. Tu sais, je retrouve des bouteilles dans toute la maison, sous le lit, dans les armoires.

— Bien sûr, Maman, tu n'admets pas qu'il boive devant toi.

— Certainement pas, répliqua-t-elle avec vigueur.

— D'accord, dis-je en abandonnant momentanément le sujet.

Pour moi, il était clair que le problème résidait davantage dans leur besoin de se contrôler mutuellement. Si mon père n'avait pas eu cette tendance, je me demande d'ailleurs de quoi ils auraient parlé ensemble.

— Est-ce que tu manges bien, Maman? lui demandai-je.

— Tu sais, je suis un régime des plus stricts. Ni sucre, ni sel. D'ailleurs le déjeuner va bientôt être servi, tu pourras te rendre compte par toi-même.

— La visite de Sachi t'a-t-elle fait plaisir?

— Oh, Shirl, elle est vraiment extraordinaire. Elle m'a raconté ses cours d'art dramatique, et m'a parlé de ses partenaires de scène. T'a-t-elle touché un mot de celui avec lequel elle joue les scènes d'amour, et qui lui a mis la langue dans la bouche?

La vérité sortait toujours toute crue de la bouche de ma mère, si polie, comme de celle de ma fille, élévée de manière libérale!

— Et tu sais, reprit Maman, ce garçon ne l'a pas laissée tranquille. Il l'a poursuivie, désirant absolument sortir avec elle, mais elle ne voulait rien avoir affaire avec lui. Elle est tellement adorable!

Je me demandai en riant si ce qui rendait ma fille si adorable était le fait qu'elle ne veuille rien avoir affaire avec un garçon si entreprenant.

Lorsqu'elle parlait ainsi, Maman semblait oublier ses os fragiles, la sécheresse de sa bouche, son épaule brisée, le contrôle continu de son cœur. Totalement concentrée sur ses paroles, elle faisait abstraction de sa douleur. Les personnes âgées sont coutumières des associations d'idées. C'est ainsi que Maman changea soudain de sujet:

— Shirl, crois-tu vraiment que nous avons tous déjà vécu?

— Oui, Maman, j'en suis convaincue. C'est le sujet de mes livres.

— Je sais, ajouta Maman, mais je voulais savoir si tu étais complètement sincère.

— J'ai beaucoup réfléchi à cette question, tu sais. Je me la suis posée d'innombrables fois, j'ai lu sur ce sujet tout ce qui a pu me tomber sous la main. J'en ai conclu que cela doit être vrai.

— Tu penses donc que nous nous sommes déjà connues?

— Absolument.

— Donc, si je t'ai connue, j'ai également connu Sachi.

— Je pense que oui, mais je ne peux me prononcer pour les autres. Je ne peux parler que pour moi, et que pour ce que *je* crois.

— Je me sens très proche de Sachi, continua-t-elle, il me semble la connaître bien. Je ne sais pas ce que d'autres grand-mères pensent de leurs petits-enfants, je n'en ai jamais parlé, mais j'ai l'impression de la connaître depuis une éternité, surtout quand elle me prend la main. Je ne sais de quoi il s'agit, cela me dépasse, et en fait, jusqu'à un certain point, je renonce à comprendre. Une chose est sûre: quand elle me prend la main, cela remue en moi quelque chose de connu.

Son regard prit un air lointain. Elle continua:

— Le même phénomène se produisait entre Warren et ma mère; je me souviens par exemple qu'il s'habillait très élégamment pour venir dîner, car il savait que Maman s'habillerait aussi. Jamais elle ne se serait mise à table sans s'être parfumée et avoir essayé une nouvelle coiffure. Jamais elle n'aurait utilisé de serviettes en papier; elle exigeait que nous utilisions de vraies serviettes en tissu. A peine étions-nous à table que Warren se faufilait jusqu'à elle, se blottissait sur ses genoux en disant : « Oh! grand-mère, tu sens si bon... » Il ne la quittait jamais, un lien profond semblait les unir.

Je me remémorai, en l'écoutant, les voyages que nous avions faits au Canada pour aller voir ma grand-mère. Ce que j'aimais par-dessus tout, c'était de chercher des palourdes sur le rivage battu par le vent de la Nouvelle-Écosse. Nous creusions le sable pour trouver les palourdes, et puis nous les faisions cuire dans des pots en fer-blanc avant de les tremper dans du beurre fondu, et, profitant de la tiédeur, nous écoutions des histoires jusqu'à une heure avancée de la nuit.

— Toi, de ton côté, poursuivit ma mère, tu revenais toujours en catastrophe d'une représentation de danse, toute agitée et échevelée. Tu mangeais à moitié debout, comme si tu ne pouvais pas t'arrêter de bouger. Puis, regardant ta grand-mère, tu t'écriais : " Bonsoir, Grand-mère, tu es splendide ce soir. " Et Maman ne manquait pas de dire : " C'est vraiment une petite femme. "

Je revoyais les cheveux blancs de grand-mère McLean, qui ressemblaient à de la soie ivoire; elle avait le port altier d'un recteur de Faculté (son poste, en fait, à l'Université Acadia, à Wolfille, en Nouvelle-Écosse). Elle semblait se regarder marcher, étudiant chacun des effets de ses mouvements. Elle glissait plutôt, semblant toujours avoir une pile de livres sur la tête.

— De quoi parlions-nous à table? demandai-je à Maman?

— Oh! le dîner était le moment des discours, c'était le moment de prédilection de ton père. Tu sais combien il adore parler. Il vous encourageait, Warren et toi, à le faire aussi. Ton père avait vraiment le temps pour cela. Moi j'avais trop à faire.

— Comment cela? Tu faisais la cuisine?

— Je ne sais pas, il me semble que j'étais toujours débordée de travail. Vois-tu, ton père n'a jamais changé une seule couche, cela le rendait malade. Et si l'un de vous était malade, c'était toujours moi qui devais le nettoyer. Alors, j'avais beaucoup à faire.

— Nous avons dû être souvent malades.

— Tu sais, continua-t-elle, ton père est encore comme ça, maintenant. Si je ne vais pas bien, il est aussi malade que moi; je dois tout faire moi-même, j'ai toujours eu tant à faire.

— Mais de quoi parlait-on?

— D'opéra, par exemple. Maman adorait l'opéra, moi je le détestais. Elle n'a jamais pu obtenir que je l'accompagne. Nous parlions aussi beaucoup de religion. L'Église épiscopale semblait t'attirer beaucoup, mais ton père et moi pensions que tu devais rester chez les Baptistes, ce qui était ridicule, on devrait pouvoir choisir. Mais, à dire vrai, tu ne tenais aucune église en grande estime; et tu n'aimais pas guère t'habiller pour le service du dimanche. Tu pensais que *cela* n'avait rien à voir avec Dieu, et tu n'allais pas très souvent à l'église; tu pensais que les gens devraient se sentir à l'aise durant les offices, mais de toute façon, tu n'avais pas vraiment le temps. Tu étais soit à tes cours de danse, soit en répétitions.

Ma mère se redressa dans le lit, les mains en cornet autour des oreilles.

— Il faut que je me fasse percer à nouveau les oreilles dit-elle, regardant vers l'avenir. J'ai été malade depuis si longtemps, que je n'ai plus porté de boucles d'oreilles. J'ai envie de porter ces merveilleuses boucles en diamant que tu m'as offertes il y a quelques années.

Une agitation se fit entendre derrière la porte. On saluait quelqu'un. Ira Owens Beaty fit son entrée. Il arborait une canne dans une main, un bouquet de fleurs et un sac en papier dans l'autre.

— Eh bien, le voilà, semblable à lui-même, pensai-je en riant sous cape, admirant la manière dont, avec maestria, il usait de son pas hésitant d'octogénaire pour prendre un air de commandement.

— Bonjour, chaton, dit-il, tout en se penchant pour embrasser ma mère et lui tendant la joue pour qu'elle lui rende son baiser.

— Tu m'as apporté des fleurs, Ira? dit ma mère d'un ton incrédule.

— Oui, Scotch, des fleurs de ton propre jardin.

— Tu les as ramassées toi-même?

— De mes blanches mains, dit-il.

Et il glissa le petit sac en papier sous ses draps. Elle le remarqua, et ses yeux brillèrent de plaisir. Comme si de rien n'était, Papa commença à discuter de la chaise sur laquelle il allait s'asseoir.

— Prends la mienne, Papa, lui suggérai-je, elle est plus confortable.

— Non, ne te dérange pas, répondit-il.

Alors, en un clin d'œil comme j'avançais ma chaise vers lui, Maman fouilla dans le petit sac qu'il avait apporté, dépliant bruyamment le papier qui entourait une part d'un somptueux gâteau au chocolat. Elle en avala rapidement une bouchée. Papa continua sa tactique de diversion avec la chaise, tandis que Maman mangeait avec délices; elle ne se cachait pas vraiment, sachant qu'en dépit du risque de choc hyperglycémique, elle continuerait à déguster ce mets délicieux.

— Papa, dis-je d'un ton de reproche, tu apportes du gâteau au chocolat malgré les interdictions des médecins?

— Oui, dit-il sans aucun remords. Il est vraiment bon, tu sais.

— Il n'y a pas beaucoup de sodium là-dedans, d'ailleurs quand je fais des petits gâteaux, il faut toujours que j'ajoute du sel, ajouta Maman. Pour elle, l'explication semblait se suffire à elle-même.

— C'est vraiment bon. D'ailleurs Sachi en a mangé deux morceaux et Cervelle d'Oiseau tout le reste.

— Qui est Cervelle d'Oiseau?

Je pris conscience d'une chose : après la diversion des chaises, nous passions à un autre sujet. Papa cherchait à distraire mon attention en me racontant des anecdotes. Entre deux bouchées, Maman répondit :

— Madame Randolf, la nouvelle dame qui s'occupe de nous à la maison.

— Pourquoi ce surnom?

— Parce qu'elle est incapable de se concentrer. Elle répète sans cesse : « Oh, j'ai oublié ».

Tout en avalant un morceau de gâteau avant le retour de l'infirmière, Maman se mit à rire :

— Elle oublie même de lier la sauce avec de la farine.

Elle s'étrangla en avalant, se reprit.

— Mais elle est adorable et c'est un surnom affectueux que nous lui avons donné.

— Elle est mieux que la télévision si tu veux te distraire, reprit Papa. Par exemple, pour mettre le couvert, elle prend un couteau dans le tiroir, va jusqu'au coin du meuble, se souvient d'avoir oublié la fourchette, et retourne la prendre. C'est alors qu'elle se rappelle qu'elle a besoin de deux couverts, mais elle n'en rapporte qu'un. Elle parcourt ainsi chaque jour des kilomètres entiers dans la cuisine. Je suppose que cela lui fait du bien!

Maman ouvrit le tiroir de sa table de nuit.

— Ils ne verront rien si je mets le reste du gâteau ici, n'est-ce pas?

Ne pouvant résister, je dis non, et l'aidai à refermer le tiroir.

— Ce n'est pas ce gâteau qui va me tuer, n'est-ce pas? D'ailleurs, je ne suis pas prête à mourir.

Papa sortit de sa poche un morceau de papier.

— Cervelle d'Oiseau s'est souvenue des exercices que tu dois faire pour ton épaule fracturée.

— Mon Dieu, je perds sans cesse cette feuille, et elle semble toujours savoir où je l'ai mise.

— Nous changerons d'exercices quand tu auras décidé quelle sera ta prochaine fracture, dit Papa.

— Si tu trouves que tu es drôle, moi non, répliqua Maman.

— Tu veux dire que tomber des toilettes n'est pas drôle? dit-il le regard malicieux?

— Écoute, Ira, j'aime mieux raconter moi-même mes histoires!

Toute ma vie durant, j'avais été dans le secret des détails tragi-comiques de la vie de mes parents. J'étais curieuse d'en entendre plus sur le chapitre « Cervelle d'Oiseau ».

— Dites-moi, où Cervelle d'Oiseau dort-elle?

— Dans la chambre de ta mère, dans l'autre lit jumeau, pour pouvoir l'entendre tomber du lit.

— Tu sais, Ira, dit Maman d'un ton las, que je n'aime pas vraiment que Cervelle d'Oiseau partage ma chambre. Elle est gentille, propre, et a reçu une bonne éducation. (Je découvris plus tard que la personne en question n'avait pas moins de soixante-dix-sept ans.) Mais elle fait un bruit incroyable en prenant son bain.

J'essayai d'imaginer cette femme que je n'avais jamais rencontrée, faisant du tapage dans la salle de bains carrelée de rose et décorée par Maman.

— Pour te donner un exemple, l'autre soir, j'étais sur le point de m'endormir, quand elle a décidé d'aller boire un verre de lait. Ne la voyant pas revenir, je me suis levée et je l'ai trouvée dans la cuisine, dans le noir, avalant de la glace et du gâteau nappé de sirop au chocolat.

— Cervelle d'Oiseau met du beurre et du sucre sur tous les aliments, même sur la saucisse, dit mon père.

J'en eus un haut-le-cœur.

— La laissant seule, continua Maman, je retournai me coucher. Comme elle ne se décidait pas à venir, je me levais à nouveau, et remarquai que la porte de la chambre d'amis était fermée. Je trouvais Cervelle d'Oiseau endormie sur ton lit, un livre sur la figure. Je me mis en colère après elle : « Que faites-vous, endormie sur ce couvre-lit, ne savez-vous pas que si vous dormez vingt-cinq fois dessus, il faut que je le lave? » La pauvre femme se leva d'un bond. Je lui dis encore : « Ne savez-vous pas non plus que cette chambre est celle de mes enfants quand ils viennent me voir, personne en dehors d'eux ne peut y dormir ou ne peut s'allonger sur ce couvre-lit! » Pauvre Cervelle d'Oiseau, je l'avais terrifiée. Alors elle se rendit dans la salle de bains, et fit un bruit de tous les diables dans son bain.

Je pensais soudain que tout ce qu'elle me racontait ferait un excellent scénario pour une série télévisée présentant des gens du troisième âge. Mais l'arrivée d'une infirmière nous interrompit. Maman regarda avec inquiétude la table de nuit, mais Papa lui fit signe que tout était en ordre.

L'infirmière aida doucement Maman à se redresser, et lui expliqua les exercices qu'elle allait lui faire faire.

— Vous savez, dit Maman, si je ne m'étais pas fracturé la hanche en tombant, je serais morte d'un anévrisme!

Tout en soulevant son bras avec douceur, l'infirmière répondit :

— Oh, vraiment?

— Oui, continua Maman, c'est en radiographiant la hanche qu'ils ont vu l'anévrisme. Vous voyez, en fait, tout était pour le mieux, et le Seigneur a dû se dire que je n'étais pas encore prête à mourir.

Décidé à la taquiner en présence de l'infirmière, mon père ajouta :

— Et pour ton poignet, Scotch?

— Ça, je n'ai pas encore compris! Quant à la fracture du bassin, c'est arrivé parce que nous étions pressés. On ne devrait

76

jamais se précipiter hors d'une voiture au moment de Noël, j'ai été vraiment sotte de coincer mon manteau dans la portière. Mais cela m'a donné une bonne leçon, je ne suis pas prête à recommencer!

Papa se mit à rire.

— Tu veux dire que tu as fini de te briser les os?

— Et comment, répliqua Maman d'un ton de défi, je ne veux plus avoir à aller au restaurant, où ils vous servent cette nourriture fade. Je veux recevoir chez moi, et vivre jusqu'à quatre-vingt-dix ans. Je veux que mes amis puissent venir me voir, et je ne veux plus passer mon temps au lit à me dire que pour moi, tout est fini!

— Depuis quand parles-tu d'atteindre quatre-vingt-dix ans? demanda Papa, avec l'air de douter de se trouver encore là à cette époque.

— Depuis que je suis arrivée ici, dit Maman.

— Pourquoi quatre-vingt-dix ans? m'enquis-je?

— Cela me semble être un âge mûr, je ne veux pas vivre jusqu'à cent ans. Il se peut que je change d'avis d'ici là, mais j'en doute. Quand vous avez quatre-vingt-dix ans, les gens vous aident à vous asseoir, vous offrent le bras, mais, mais au-delà de cette galanterie, ils sont exaspérés. Je pense que moi, j'aurais des problèmes avec mes jambes, elles sont si longues!

Je me tournai vers mon père, curieuse de voir comment il réagissait à l'idée de devoir vivre dix ans de plus.

— Est-ce que quatre-vingt-dix ans te semble un âge mûr?

Papa resta un instant silencieux, avant de dire :

— J'aime ce qu'a écrit Omar Khayyam; tu connais sans doute ce poème où il parle de la carafe de vin, d'une miche de pain, et de lui-même. Et bien, en ce moment la seule chose qui m'intéresse, c'est le pain.

Et regardant ma mère, il ajouta :

— Mais je ne discute jamais ce que dit la patronne!

— Il se mettrait au lit, dit Maman, en attendant que je meure, puis il me suivrait sans retard. Il n'y a pas moyen de se débarrasser de lui!

Papa alluma une autre cigarette et me demanda :

— Chérie, où gardes-tu ton Oscar?

Parler de la mort ne le gênait pas le moins du monde.

— Mon Oscar? Il est à New York, sur scène avec moi. Je l'ai posé sur le piano, recouvert d'un tissu noir. Parfois, je parle avec

77

le public, je lui dis que j'aimerais lui présenter quelqu'un de très important dans ma vie, qui incarne à mes yeux de nombreuses qualités : l'intégrité, le travail acharné, l'expérience, la qualité et l'amour. J'ajoute aussi que je dors avec cette personne, et le public s'étonne; il cherche tout autour de qui il peut être question. C'est alors que je leur présente Oscar.

– Pas mal, dit Papa.

– Je ne l'ai pas souvent présenté; il y a des gens qui trouvent que je me fais trop de compliments. Certains ont du mal à se faire fête à eux-mêmes, ils disent que c'est tourner le succès en dérision et que c'est là un point très délicat. Qu'en pensez-vous?

Papa répondit avec malice :

– Je me suis laissé dire qu'il était sans doute plus sûr de dormir avec un Oscar, qu'avec certaines personnes!

Je tapotai le bras de Papa, puis repris :

– Warren est d'avis que nous devrions tous deux apporter les Oscars à la maison, pour que vous puissiez en profiter; lui garde le sien dans un tiroir, de toute façon. (Warren s'était vu décerner un Oscar pour avoir dirigé le film *Reds*.)

– Pourquoi pas? répondit Papa, nous avons tout un tas d'objets à la maison, pourquoi pas des Oscars?

Maman n'était pas d'accord :

– Ira, Warren et Shirley devraient déjà avoir en leur possession la plupart des objets qui encombrent notre maison.

– Je suis bien d'accord avec toi, mais puisque, de toute façon, ces objets sont encore chez nous, nous pourrions aussi bien y ajouter les Oscars!

Mes parents étaient comme deux comédiens de vaudeville, chacun cherchant à tout prix à dépasser l'autre. Chacun était sûr de son jeu, et pour rien au monde n'aurait voulu s'arrêter, ou admettre que la pièce était finie. Leur tactique, leur tournure d'esprit étaient digne de la mise en scène la plus raffinée, et la dépassaient sans doute. Mère personnalisait la tyrannie des faibles, Papa campait l'insécurité du tyran. Il y avait toujours des intrus, qu'on laissait s'affronter. Warren et moi, je l'ai déjà mentionné, avions joué ce rôle d'intrus : les deux figurants aux côtés des vedettes.

Leur répertoire était remarquable, et nos esprits impressionnables en étaient à la fois ébahis et ravis. Comment aurions-nous pu ne pas entrer dans le monde du spectacle, après une telle école? Il nous fallait provoquer l'attention et aussi tirer au clair des caractères compliqués; nous les interprétions dans un effort théâtral pour résoudre, et par là comprendre, ce qui s'était passé chez nous. Les poussins de nos parents étaient revenus à la maison.

Papa regarda sa montre : cela faisait six heures que j'étais là. Nous avions déjeuné (sans sel ni sucre), et divers intermèdes charmants avec les infirmières ravies avaient parsemé l'après-midi. Papa avait une manière exquise de mélanger les mots :

— Veux-tu que je t'accompagne à la « gare à avion »? me demanda-t-il.

— Non merci, Papa, je crois que je vais prendre un taxi.

— Tu ferais mieux de partir tôt, les navettes vont être chargées ce soir, et il ne faut pas que tu sois en retard pour ton spectacle. Il n'y a rien de pire que de trouver un théâtre plongé dans le noir.

Je savais combien il aurait aimé être sur scène. Il en avait rêvé tout au long de sa vie d'enseignant, puis d'agent immobilier très prospère.

Me laissant seule avec Maman, il alla à la réception m'appeler un taxi. Maman me regardait avec envie :

— Je vais aller très bien, je ne vais pas mourir maintenant; avant, je me faisais du souci, mais c'est le passé. Sais-tu qu'ils ont mis au point un anti-coagulant à base de venin de serpent? C'est ce qui va dissoudre mes caillots.

Je la sentais très tendue; d'une voix mélodramatique, elle ajouta :

— Shirl, j'aimerais te dire quelque chose.

— De quoi s'agit-il, Maman?

— Parfois, avant de m'endormir le soir, j'entends des gens qui me parlent, je sais que je ne suis pas en train de rêver, je sais bien quand je rêve, et là il s'agit d'autre chose.

— Dis-moi exactement de quoi il s'agit.

— Nous avons des discussions ensemble, ils sont d'ailleurs très drôles et me font beaucoup rire.

— De quoi parlez-vous?

— Oh, de tout, ce sont de vrais amis; je n'en ai bien sûr pas soufflé mot à âme qui vive à part toi. Ils m'amusent parfois tellement, que je m'en retrouve assise sur mon séant dans mon lit. Pourtant, il n'y a personne dans la pièce. Je sais aussi que je ne suis pas folle, qu'ils sont bien réels. Crois-tu qu'il s'agisse de

79

mes guides spirituels, qui m'aident à connaître ce qu'il y a de l'autre côté?

Ses yeux devinrent immensément profonds :

– Crois-tu qu'ils me préparent à mourir?

Je ne savais quoi répondre, toutefois je sentais qu'elle disait vrai.

– Maman, tu sais que même quand tu partiras, tu ne mourras jamais. Si tu les sens bien réels, c'est qu'ils le sont. Je dirais qu'ils sont vraiment tes amis, que tu les acceptes parce que tu sais que tu les rencontreras de l'autre côté.

– Ils sont vraiment gentils, et semblent beaucoup m'aimer.

– Alors pourquoi ne pas te détendre et apprécier leur compagnie avant de les rencontrer « en chair et en os » si je puis dire?

– Je suis si contente que tu me comprennes; je suis toujours ravie d'aller me coucher, parce que je sais que nous allons nous amuser. Mais ne dis rien à ton père, il serait sans doute jaloux!

– Je te le promets. D'ailleurs il a sans doute ses propres amis, avec qui il s'entretient aussi; c'est peut-être ce qu'il fait quand il dort tellement.

Maman se redressa dans son lit, avec l'air d'avoir à me poser une question importante.

– Shirl, parle-moi de ces guides spirituels, dont tu fais mention dans ton livre. Qui est ce Tom McPherson?

Je m'éclaircis la voix pour lui expliquer qu'un de mes grands plaisirs était d'avoir des séances avec des « médiums » confirmés, lesquels canalisent l'énergie des âmes qui se trouvent sur le plan astral et agissent comme enseignants et guides. Je savais que le contenu de mon livre lui était familier, mais d'en parler ainsi à haute voix donnait au sujet une autre ampleur. Elle voulait entendre de ma bouche la confirmation de mes expériences vécues. Je lui parlai d'un charmant jeune homme, Kevin Ryerson, qui, quelques années auparavant, avait découvert qu'il était en mesure de se mettre sur la fréquence d'ondes émises par des êtres spirituels désincarnés. Ces êtres utilisent la fréquence électromagnétique du corps de Kevin comme canal de liaison pour communiquer avec nous, du plan astral au plan terrestre. Kevin entrait en transes, et les entités l'utilisaient comme médium.

Avec patience, Maman m'écouta.

— Comment sais-tu que ce n'est pas Kevin qui parle?

— Les âmes utilisent la voix de Kevin, mais ce sont des êtres séparés de Kevin lui-même.

— Comment le sais-tu? demanda-t-elle à nouveau, d'une voix qui prouvait son ouverture d'esprit.

Ravie de sa curiosité, mais ne sachant si je pourrais la satisfaire, j'ajoutai :

— Je peux t'assurer que McPherson, comme d'autres entités, connaît des détails de ma vie intime, que nul autre être humain ici-bas ne pourrait connaître.

— Vraiment, Shirl, et il t'a aidée?

— Oui, en de très nombreuses occasions.

— N'étais-tu pas effrayée qu'il en sache autant sur toi?

Je me souvenais de mes propres réactions au début de ce type de phénomène.

— Non, en fait je trouvais réconfortant de pouvoir communiquer avec un être voyant des choses qu'il m'était impossible à moi de voir. Les premiers temps, j'ai été sceptique, mais pas effrayée. J'avais entendu parler d'Edgar Cayce et j'ai pensé que Kevin avait les mêmes pouvoirs de médium.

Prenant sa respiration, comme elle avait coutume de la faire quand elle prenait en considération un nouvel élément, Maman reprit :

— J'ai entendu parler d'Edgar Cayce, il a aidé de nombreux malades, n'est-ce pas?

— Il a transmis de nombreuses informations médicales et scientifiques, grâce à des guides spirituels, il a même prescrit des traitements et des médicaments. Les médecins n'y comprenaient rien, car il n'avait reçu aucune formation médicale mais il a toujours eu raison.

— Donc, ces entités spirituelles ont parlé au travers de Kevin, et t'ont aidée à résoudre certains de tes problèmes?

— Exactement.

— Peut-être mes *amis* sont-ils des êtres spirituels semblables à elles? dit-elle en hochant la tête.

— Cela se pourrait bien.

— Ont-ils autrefois vécu sur terre?

— En principe, oui, mais il arrive que des êtres spirituels qui se manifestent ne se soient jamais incarnés.

— Tu veux dire qu'ils n'ont jamais été vivants?

— C'est cela.

— Mais s'ils n'ont jamais été vivants, comment peuvent-ils être en vie maintenant ?

— Quand je dis « jamais vivants », je veux dire par là qu'ils n'ont pas été vivants dans un corps. Mais, la plupart des entités qui se manifestent à travers des médiums ont eu une expérience corporelle sur terre.

— Et quand ils meurent, ils vont dans ce lieu astral, et vivent désincarnés ?

J'espérai que les infirmières auraient la bonne idée de ne pas entrer avant que j'en aie fini avec mes explications.

— Oui. En fait, quand nos corps meurent, ce sont simplement les maisons de nos âmes qui disparaissent. Nous sommes des âmes, qui résidons temporairement dans des corps. Nous passons alors dans la dimension astrale, dans laquelle nous demeurons jusqu'à ce que nous décidions de nous réincarner, à nouveau. Nos âmes (le vrai *nous*) ne meurent jamais. Elles sont éternelles.

— Je crois à cela, dit Maman.

— Te souviens-tu de ce que Papa a raconté à propos de son accident quand il a quitté son corps ? Et bien, c'est la même chose. S'il était « mort » pour de bon, il ne serait pas revenu dans son corps, il serait là-haut, dans l'astral, tout comme McPherson.

— Je vois, dit ma mère.

Avant de poursuivre, je marquai un temps d'arrêt.

— As-tu entendu parler des gens à qui leurs parents morts rendent visite ? C'est probablement la vérité, parce que ces parents ne s'en vont jamais vraiment. Ils se contentent de vivre dans une autre dimension après qu'ils ont quitté leur corps.

— Je comprends, reprit ma mère. Et comment Mc Pherson t'est-il venu en aide ?

Je cherchai quels souvenirs évoquer, consultai ma montre, avant de dire :

— Je vais te raconter une histoire incroyable, pourtant elle s'est déroulée très exactement comme je vais te la conter.

Ma mère croisa les mains sur les genoux, ses yeux brillaient avec intensité.

— Permets-moi tout d'abord de te dire que McPherson parle avec la sensibilité de son incarnation préférée.

— Quelle est-elle ?

— McPherson a été un pickpocket irlando-écossais, qui vivait il y a trois siècles environ. J'ai également vécu à cette époque, et nous nous connaissions alors.

— Mon Dieu! un pickpocket, et tu le connaissais? Ne complique pas trop les choses, s'il te plaît, contente-toi de me relater les faits!

Je souris en moi-même, en repensant combien il avait été difficile pour moi d'accepter certains des points subtils de la réincarnation.

— Et bien, les faits se sont déroulés lors des vacances de Thanksgiving *, il y a quelques années. A l'époque, j'étais en plein travail de rédaction de *l'Amour Foudre,* j'avais des délais à tenir. La veille de Thanksgiving, je suis allée faire des courses sur Rodeo Drive, à Beverly Hills, je portais un grand sac à main, contenant non seulement mon passeport, mes cartes de crédit, et un magnétophone, mais surtout des bandes magnétiques enregistrées au cours des séances avec Tom Mc Pherson, et d'autres guides spirituels et maîtres. J'adore ces enregistrements, en fait j'y ai toujours été très attachée, parce que j'ai eu le sentiment que le langage des guides spirituels est plus éloquent que le mien. McPherson m'avait mise en garde contre cette « dépendance » comme il la nomme, répétant que je devais apprendre à avoir confiance en moi; je n'avais jamais tenu compte de ses conseils.

J'entrai dans un magasin pour essayer un tailleur en solde que j'avais remarqué dans la vitrine.

Je posai mon sac sur le sol, enlevai ma veste et la déposai sur le sac. (Quand on fait des courses à Beverly Hills, on apprend à être méfiant.) Je décrochai une veste de son cintre, et pour ce faire, je ne me retournai pas plus de cinq secondes. De plus, *il n'y avait aucun client.*

S'attendant à un coup de théâtre, ma mère s'était penchée en avant, les yeux écarquillés.

— La vendeuse était occupée au téléphone derrière son comptoir. En me retournant, je vis du coin de l'œil ma veste s'affaisser doucement sur le sol, comme s'il n'y avait plus de sac en dessous. Je soulevai la veste : le sac avait disparu! Un sentiment de panique s'empara de moi, cela dépassait mes capacités de compréhension. Regardant la vendeuse, je m'adressai à elle :

* Thanksgiving : « Fête du Remerciement », célébrée fin novembre aux U.S.A. commémore l'épopée de l'implantation des colons, et ouvre la période des fêtes de fin d'année.

— Qui a pris mon sac? Il a disparu. Je ne me suis pas retournée plus de cinq secondes, et mon sac n'est plus là!

— Mon Dieu, Shirl, s'écria ma mère, que s'était-il passé?

— La vendeuse affirma que personne n'était entré, qu'elle m'avait effectivement vue couvrir mon sac avec ma veste, et que donc, le sac devrait encore être là. Je secouai la veste comme une folle, comme si j'avais battu un tapis. « Mais enfin, lui criai-je, vous voyez bien qu'il n'y est pas! » Je me précipitai à l'extérieur, mais il n'y avait pratiquement personne. Je revins dans le magasin, m'attendant à ce que, d'une manière ou d'une autre, la vendeuse l'ait retrouvé. Je la vis occupée au téléphone avec la police, elle les suppliait de venir « s'occuper de cette actrice de cinéma complètement folle ». « Écoutez, lui dis-je, je suis désolée. L'argent et les cartes de crédit m'importent peu; j'ai dans ce sac des cassettes spirituelles qui sont de la plus haute importance pour moi. – Des cassettes spirituelles? » Sa voix s'était faite plus polie que nécessaire. « Oui, les enregistrements de mes guides spirituels et maîtres sur le plan astral, j'en ai absolument besoin. » Elle pensait manifestement qu'elle aurait dû appeler l'asile et non la police! Néanmoins elle suggéra : « Vous pourriez peut-être consulter vos guides spirituels, pour savoir ce qu'il est advenu de votre sac? »

Maman se mit à rire.

— Elle m'a fait rire, moi aussi, pourtant j'ai eu l'impression qu'elle venait de dire quelque chose de sensé. La police arriva, je remplis les déclarations de vol, avec le sentiment étrange qu'il ne s'agissait pas d'un vol, sans toutefois pouvoir dire de quoi il retournait.

— Et alors, demanda Maman?

— Deux jours après Thanksgiving, Kevin Ryerson revint en ville. Je lui téléphonai pour organiser une séance, pensant demander à McPherson ce qui m'était arrivé. Je ne dis mot à Kevin; une fois en transes, McPherson se manifesta. Immédiatement, il me dit : « Avez-vous vu l'autre jour comme je fus habile? » Soudain, tout devint clair : bien sûr, il ne pouvait s'agir que de McPherson.

— McPherson, s'exclama Maman, comment s'y est-il pris?

— C'est très exactement ce que je lui demandai. Il me confia qu'il s'était trompé, qu'il ne voulait pas dématérialiser complètement le sac; mais simplement le déplacer derrière le comptoir de la vendeuse.

— Mais il aurait pu lui créer beaucoup d'ennuis, dit Maman.

Je me mis à rire.

— Je n'avais pas pensé à cela! De toute façon, je me suis vraiment fâchée, je me suis même mise à crier : « Comment cela, *vous vous êtes trompé?* »

McPherson me dit qu'il ne s'était pas rendu compte à quel point j'avais moi-même progressé dans mes propres hautes fréquences de médium; aussi la combinaison de ses fréquences et des miennes avait dématérialisé le sac, alors qu'il aurait simplement dû se déplacer.

Maman se pencha en avant, ne pouvant en croire ses oreilles.

— Moi non plus, je n'arrivais pas à le croire, lui dis-je. Je demandai donc à McPherson s'il était en train de me dire que mon sac, et tout son contenu, se promenait quelque part là-haut, sur le plan astral.

Ma mère sembla troublée, au point que je pensai qu'il valait mieux lui raconter la suite.

— McPherson me dit que ce serait contre les lois cosmiques de l'y laisser, et comme il était l'auteur de la dématérialisation, c'était à lui de trouver quelqu'un qui puisse en profiter sur le plan karmique. Il ajouta que je récupérerais le tout, sauf les bandes magnétiques.

— Et pourquoi donc?

— Apparemment, il les a remises à quelqu'un qui semble en avoir plus besoin que moi.

— Et pour le reste?

— Tout m'a été rendu, comme Tom me l'avait dit, même mes lunettes dont j'avais grand besoin.

— Comment a-t-il fait?

— J'ai trouvé une grande enveloppe devant ma porte, sans nom, ni adresse. En fait tout cela ne m'est arrivé que parce que j'étais trop dépendante de mes cassettes : ils ont voulu me prouver que je n'en avais plus besoin.

— Mon Dieu! Shirl, tout cela t'est vraiment arrivé?

— Au détail près, oui.

Maman attendait que je lui fournisse une explication « logique ».

— Et alors, après cela?

— Je ne sais pas quoi te dire. De toute façon, tant que je ne trouve pas d'autres explications, il me faut bien croire Mc Pherson.

— Je me demande si j'aurais eu peur.

— Tu sais, Maman, tant que rien de fâcheux n'arrive, je ne vois pas pourquoi je devrais avoir peur. Tu n'as pas peur de tes amis, n'est-ce pas ?

— Non, dit-elle, bien au contraire, ils me font rire, et me rendent très heureux. Ils sont charmants, et j'ai le sentiment que ce sont de vrais amis.

— Eh bien, tu vois...

— Mais tu sais, reprit-elle, il ne me resterait guère d'amis dans le voisinage, si je leur parlais de mes « autres » amis !

— J'imagine ce que tu ressens, mais je crois que tu serais surprise de découvrir que tes amis ont eux aussi des amis dont ils ne parlent pas.

Ma mère secoua la tête, prit une profonde inspiration et écarquilla les yeux. A cet instant, mon père entra. Elle me fit signe de me taire, comme s'il s'agissait de « notre secret ».

— Chérie, ton taxi t'attend, dit Papa, je crois que tu ferais mieux de partir.

Je rassemblai mes affaires, embrassai mes parents, et saluant maman d'un dernier geste de la main, je dis à mon père de rester avec elle. Je les rassurai, promis de les appeler de New York pour leur confirmer que je n'étais pas en retard. Je refermai doucement la porte, et avant de m'éloigner, je tendis l'oreille. J'entendis la voix de Maman dire, d'un ton amusé :

— Ira, vas-tu reprendre le reste du gâteau au chocolat, pour le rapporter à la maison ? Tu devrais bien le cacher, pour que Cervelle d'Oiseau ne le trouve pas.

— Oui, c'est ce que je vais faire.

— Je suis si contente, ajouta-t-elle, qu'elle ait pris un taxi, et que tu puisses rester un moment encore pour bavarder.

Je hâtai le pas et quittai l'hôpital.

Chapitre 5

Pendant mon vol vers New York, dans un avion bondé, je réfléchis à la manière dont sont généralement inversées les relations parents-enfants, lorsque la nature suit son cours inévitable. Les parents deviennent enfants, et vice versa. Ils nous élèvent avec amour, tolèrent nos sautes d'humeur et nos espiègleries. Puis la boucle se referme lorsque nous devenons à notre tour leurs protecteurs. Je les aimais au-delà de ce que je pouvais exprimer, et me rendais compte de plus en plus de combien j'avais été formée au moule de leurs valeurs. Je pensais au rôle déterminant qu'ils avaient joué dans le développement de mes aptitudes professionnelles, durant mon enfance. J'avais accepté finalement qu'ils soient toujours présents, me soutenant de leur amour et de leurs soins. Je ne portais pas d'appréciation particulière sur tout cela, je me contentais de le vivre. Mais avec le recul, je me rendais compte que je leur devais ma carrière de comédienne, avec les schémas et les attitudes qui l'ont marquée, le fait que je fasse de la scène aussi. J'ai toujours eu le sentiment que j'ai réalisé ce qu'ils auraient voulu pour eux-mêmes. A ma naissance, j'avais des chevilles fragiles, qui supportaient mal mon poids. Quand j'eus atteint l'âge de trois ans, mes parents se mirent en quête d'une bonne école de danse, qu'ils trouvèrent à Richmond, en Virginie. Ils espéraient que grâce à cet art, je renforcerais mes chevilles, ce qui se produisit. Dès le départ j'ai adoré cette expression physique qui me devint rapidement indispensable. L'école portait le nom de son professeur principal, Julia Mildred Harper. Je me souviens que Maman avait été impressionnée par la manière dont elle enseignait à ses élèves l'art de s'exprimer avec leurs mains.

Maman avait toujours utilisé ses mains comme un instrument privilégié d'expression. Elle pensait qu'il devait en être de même pour moi. « Les sentiments passent par les mains, avait-elle coutume de dire. On peut exprimer la joie, la peine, la peur ou l'amusement, grâce aux mains. » Je l'écoutais, et aujourd'hui encore, je peux déceler le caractère d'une personne rien qu'en observant ses mains.

Que ce fût à l'école ou au cours de danse, je n'étais pas de celles qui s'imposent. Maman m'encourageait toujours à me mettre en avant, à rester au premier rang, à montrer un nouveau jeu, ou à énoncer une nouvelle idée pour un pas. Moi je ne voulais rien dire, ni rien faire, ce qui la frustrait considérablement. Mon père, lui, ne semblait guère prêter attention à ce trait de caractère; peut-être Maman se retrouvait-elle en moi, et ne voulait-elle pas que je commette la même erreur qu'elle : être trop réservée. Chaque jour, je me rendais à mes cours de danse. J'avais besoin de ces exercices corporels. Pourtant je restais toujours au dernier rang, parce que j'avais une marque de naissance au bras, et je la trouvais tellement affreuse que je ne voulais pas qu'on la voie. Cette tache m'a hantée pendant des années; maintenant il faut que je réfléchisse pour me souvenir de l'endroit où elle se trouve!

Je participais à mon premier spectacle lors de la représentation d' « Une pomme pour le professeur », au cours duquel je chantais et faisais des claquettes. Je portais un trèfle à quatre feuilles sur la tête et je fis tomber la pomme. Le public se mit à rire – ma première expérience – et je recommençai à faire tomber la pomme à chacune des représentations.

Les années s'écoulèrent. Je considérais bien vite mes études comme une simple nécessité. Ma véritable vie était la danse, et mes parents m'en avaient donné le goût. L'école m'ennuyait, tandis que les livres que moi j'avais choisis me passionnaient : j'y vivais mon aventure. Les mêmes personnages ou les mêmes sujets me semblaient ternes à l'école. J'avais aussi un télescope, et je passais de longues heures à la fenêtre de ma chambre, ou allongée dans l'herbe pendant les chaudes nuits d'été, à me demander la signification des messages transmis par le scintillement des étoiles. J'étais certaine qu'un jour je les décoderais. Il m'arrivait souvent de me réveiller le matin, convaincue d'avoir rêvé de progrès en médecine, ou de civilisations ayant existé autrefois sur terre, mais sans pouvoir me remémorer les détails avec suffisamment de précision pour les écrire.

La danse et la musique étaient donc les deux ressources à ma portée. La musique russe me faisait toujours fondre en larmes, car j'avais le sentiment confus qu'au plus profond de mon cœur, je la comprenais. J'avais une impression de familiarité que je ne pouvais identifier avec précision. Je n'en parlais jamais avec quiconque, ne pouvant en analyser la cause.

A douze ans, je déménageai avec ma famille pour Arlington en Virginie. Mes parents m'inscrivirent alors à l'une des meilleures écoles de ballet aux États-Unis. La « Washington School of Ballet » était située à Washington, évidemment sur la rive opposée du Potomac. Lisa Gardiner et Mary Day étaient mes professeurs.

Chaque jour, après l'école, je prenais le bus pour Georgetown, montais dans un tramway, et allais suivre cinq à six heures de cours de danse. La nuit tombée, je reprenais le bus pour Arlington, faisant mes devoirs d'école à la lueur du spot situé au-dessus de mon siège, ballottée jusqu'à la maison. Je ne me rendais pas compte à l'époque que je prenais l'habitude d'horaires extrêmement chargés, auxquels je me tiens encore aujourd'hui. J'en avais pris la décision seule; mais je ne pense pas que j'aurais pu arriver à accomplir ce que j'ai fait si je ne m'étais pas pliée, dès mon enfance, à ce rythme. Je progressai dans la danse, devins aussi une bonne actrice de genre, cela sans doute grâce à l'influence russe. Mon torse prenait l'exacte posture qu'il faut pour danser la mazurka russe, par exemple, comme si j'étais née pour la danser. Bien que je sois rousse, avec des taches de rousseur – une véritable irlandaise – je me sentais *russe*. En voyant l'alphabet russe, il me semblait que j'avais su le lire, mais que je l'avais depuis oublié. Quand mes amies juives russes m'emmenaient chez elles après les cours, je connaissais les plats même lorsque je les goûtais pour la première fois.

La manière dont je réagissais à tout ce qui était russe me troublait. Je savais que je ne connaissais rien, pourtant j'en savais tant! J'écarquillais les yeux quand Lisa Gardiner nous parlait de l'époque où elle dansait avec le Ballet Russe et Anna Pavlova. Les Russes sont passionnés, et donnent libre cours à leurs sentiments.

J'aurais aimé moi aussi être sauvage et passionnée, mais mon éducation d'américaine B.C.B.G. me dictait une autre conduite. Pourtant, je m'indentifiais à l'âme russe, sans comprendre pourquoi. Ma mère à qui j'avais posé la question m'avait dit que cela était dû à mon talent. C'était là l'une de ces merveilleuses « non-réponses » dont les parents ont le secret, et qui aboutissait surtout à m'interroger ce qu'était – en réalité – le talent.

Ayant subi tout l'entraînement de la danse, j'avais grandi en sachant comment ce processus évoluait. Pour moi, le talent n'avait jamais rien eu à voir avec l'intellect. Il jaillit intégralement des sentiments, exprimés au travers du support de la discipline. L'interprétation que je donne en dansant doit être perçue par un autre être humain, qui doit pouvoir s'y retrouver lui-même. Si personne ne comprend ce que je veux « faire passer » dans ce mouvement, mon sentiment n'est pas communicatif. La combinaison Lisa Gardiner-Mary Day était pour moi une source dynamique d'inspiration ordonnée. Miss Gardiner (et Miss était devenu son prénom) était une femme extrêmement sophistiquée, douce, intellectuelle; le bruit courait à l'école qu'elle avait été mariée une fois, la durée d'une nuit. Personne ne sut jamais qui fut son mari. Il aurait été impensable de lui poser la question. Personne non plus ne sut jamais son âge. Il s'agissait là d'un autre sujet tabou. Elle était profondément sage et gentille; elle se tenait irréprochablement droite, assise dans son fauteuil, un long fume-cigarette d'argent à la main. Ses ongles, recouverts d'un vernis rose brillant, lui faisaient des doigts interminables. Elle exhalait la fumée de sa cigarette par le nez, en longues volutes qui flottaient autour d'elle.

Parfois, la classe finie, nous restions auprès d'elle pour l'entendre parler. Elle nous racontait ses tournées, nous parlait de la vie en Russie, autrefois. Elle dissertait sur l'expérience humaine, et sur son importance par rapport au mouvement.

— Unetelle n'est pas encore une danseuse consommée, car elle n'a pas assez vécu. Pour atteindre la sagesse, il faut souffrir. Cette sagesse apparaîtra alors dans ses mouvements.

J'écoutais, fascinée. Ce qu'elle me disait me semblait évident et m'inspirait. Je l'écoutais d'une oreille différente, soucieuse de ne pas la décevoir. J'avais le sentiment qu'elle me comprenait, qu'elle était tout particulièrement responsable de mes progrès. Pour elle, j'étais quelqu'un de « spécial ». Sans aller jusqu'à dire qu'elle regardait d'un mauvais œil mes petits amis, ou les autres intérêts que je pouvais avoir dans la vie, elle semblait penser que j'avais mieux à faire; en clair : danser. Quand l'un de mes petits amis venait me chercher pour un rendez-vous à la fin des cours, elle était aimable et polie mais, en me disant au revoir, prenait une grande inspiration avec son fume-cigarette, et plus lentement qu'à l'accoutumée, exhalait la spirale de fumée, comme si elle combattait une mauvaise odeur. Avec un dédain subtil, elle me laissait partir dans la nuit, comprenant sans doute en secret qu'avec la fin de mon adolescence viendrait la sagesse. A cette époque, je mourais d'envie d'en savoir plus sur son mariage d'une nuit.

Mary Day était exactement le contraire. Miss Day (Miss remplaçait aussi son prénom) était une enseignante directe et réaliste. Ses yeux noirs dardaient à la commande des regards fulgurants sous des sourcils arrondis avec soin. Elle mesurait environ 1 m 65, ses petits pieds se déplaçaient avec la rapidité de l'éclair brillant, quand elle nous montrait une « combinaison » de pas qu'elle voulait nous voir exécuter. Lorsque quelque chose lui déplaisait, elle ne se gênait pas pour le dire d'une voix autoritaire. Elle marchait d'un pas fier, en canard, ses bras se mouvant en cadence. Ses mouvements étaient pleins d'autorité, rapides, donnant l'impression qu'elle ne souhaitait pas perdre de temps. Son ambition consistait à mettre sur pied la meilleure école de danse à l'est du Mississippi et au sud de New York. Lorsque les progrès d'un étudiant ne lui convenaient pas, elle n'hésitait pas à les qualifier de « ridicules »; c'est ainsi qu'un jour, elle me déclara tout net que jamais je ne pourrais danser le rôle de Cendrillon, parce qu'elle ne saurait tolérer que Cendrillon soit aussi grande et traverse la scène avec ses gros sabots, alors que le Prince est supposé se faire du souci pour elle! Quand je rapportai cela à Maman, elle lui téléphona : « De toute façon, Shirley préfère la scène! », déclara-t-elle. Cela était nouveau pour moi! Je dus m'abstenir de cours pendant plusieurs semaines, jusqu'à ce que Miss Day eût appelé Maman pour s'excuser, disant qu'elle avait manqué de sensibilité, et que je ferais une merveilleuse

« Marraine Fée », laquelle devait avoir de la présence sur scène. Ma mère se laissa fléchir, et je pus reprendre mes cours. Si elle pouvait être peu démonstrative lorsqu'il était question d'elle, Maman n'aurait laissé personne bousculer sa fille de façon impolie. Elle voulait que je réussisse : ni Miss Day, ni quelqu'un d'autre n'était autorisé à m'intimider.

Miss Day, d'un autre côté, admira le cran de ma mère et ne m'en respecta que davantage, à tel point que lorsque plus tard l'école se trouva en mauvaise situation financière, elle appela ma mère pour savoir si Papa pourrait l'aider « à mettre de l'ordre dans tout ça ». Papa le fit, et tous les trois sont devenus depuis les meilleurs amis du monde.

Je savais exactement où j'en étais avec Miss Day. Si je pouvais tirer d'elle une approbation de la tête ou un compliment, je savais que j'étais en progrès. Un été, je revenais d'un stage intensif avec le New York City Ballet; elle jeta un coup d'œil à mes jambes et dit : « Tu commences à avoir des muscles de danseuse, cela me semble un bon signe. » Ce compliment suffit à me satisfaire pendant six mois.

Miss Gardiner et Miss Day furent ainsi les mentors professionnels de mon enfance. J'avais envie de leur faire plaisir et elles étaient la mesure de mes progrès. Je passais plus de temps avec elles à l'école qu'avec qui que ce fût d'autre. En accord avec ma mère, elles posèrent les germes du théâtre dans mon esprit. Miss Gardiner avait ainsi coutume de dire : « Quand tu te déplaces, tu es une bonne actrice; je sais toujours exactement ce que tu veux " faire passer ". » Quant à Miss Day, elle reprenait : « Tu sais, Shirley, ton visage bouge trop pour la danse classique. Pourquoi ne te dirigerais-tu pas vers le théâtre? » D'un côté comme de l'autre, je comprenais ce qu'on voulait me dire. Mais je voulais d'abord parfaire mon expression par la danse.

Je me souviens du concours de chorégraphie. Une liberté totale nous avait été donnée. Les pas, les mouvements coordonnés ne m'intéressaient pas. Je voulais exprimer ce que je ressentais. J'en discutais avec Maman; elle me suggéra : « Pourquoi ne joues-tu pas le rôle de quelqu'un prêt à mourir pour son art? » Cela me sembla tout d'abord très « mélodramatique » mais ses sentiments étaient si intenses que j'en vins à me conformer à ce qu'elle souhaitait.

Je choisis un extrait d'une symphonie russe, et dessinai les mouvements de mon corps pour exprimer la souffrance de l'âme russe. Je me traînai sur le sol, comme plaquée par une force invisible, et explosai littéralement dans un mouvement de triomphe, au moment du final. Quand j'en fis la démonstration, Mary Day me donna le second prix, convaincue que j'avais été plus impliquée dans la danse que fascinée par la chorégraphie elle-même. A mes yeux, la spontanéité était essentielle pour la chorégraphie. Mon conflit personnel avec les formes classiques de l'art apparut à cette époque : voulais-je être une danseuse, ou devenir une vedette ? A la fin de mes études, j'allai directement à New York, et fus engagée dans la troupe d'un théâtre de Broadway. Enfin, j'étais reconnue comme danseuse profession-nelle.

Les danseurs, les « tziganes », comme nous nous appelons entre nous, sont des soldats pleins de talent, des artistes à qui nulle liberté n'est accordée, les interprètes d'un corps vivant, qui souffrent sans cesse. A moins de l'avoir vécu soi-même, il est impossible de comprendre les contradictions inhérentes à cet art, qui vous marquent jusqu'au plus profond de l'âme. Même après avoir quitté le métier, cela vous reste, jour et nuit. Vous vivez l'expression de cet art quand vous marchez, mangez, faites l'amour ou ne faites rien. C'est l'art du corps. Tant qu'un danseur possède un corps, il éprouve le besoin de s'exprimer en termes de danseur. Les danseurs prêtent toujours une grande attention à leur apparence physique, le métier l'exige. Il se peut que je me déplace de manière étrange, mais j'en suis consciente, et si je prône la relaxation, je reste sensible au temps qui passe; même si je me réjouis de la force que j'ai, je sais toujours que je pourrais en avoir un peu plus. Je sais aussi quand je suis ravissante, quand la ligne de mes jambes croisées est parfaite, quand ma posture dénote la confiance en moi, quand une attitude altière va obliger au respect. Je sais lorsque je suis déprimée, que je me plie en deux, que mes mouvements sont peu harmonieux; j'ai alors beaucoup de mal à me regarder dans le miroir. Tout cela, je le connais d'instinct parce que je suis une danseuse. Pour cette raison, encore, je peux courir après un taxi d'un mouvement gracieux, mais je surveille chaque inégalité du sol dans la rue, car je ne veux pas me blesser. Il se peut que j'adore une robe, mais je ne la porterai pas si elle ne met pas en valeur ma silhouette. Je choisis mes vêtements, non pour leur couleur ou parce qu'ils sont à la mode, mais pour leur ligne. La ligne : l'obsession du danseur. Quand vous avez, des années durant, observé les progrès de votre corps dans le miroir du cours de danse, vous avez conscience de chaque centimètre, de chaque bourrelet. Vous vous rendez compte des perles de sueur le long d'une mèche de cheveux, parce que vous venez de travailler dur.

Vous savez que chaque bouchée de ce gâteau au chocolat que vous dégustez la veille d'une représentation devra être soulevée en arabesque le lendemain.

Vous apprenez à appliquer vos talents et votre savoir de danseur aux tâches quotidiennes; comment à la fois chauffer une casserole de lait et mettre la table, ou comment répondre au téléphone tout en ficelant un rôti, pour gagner du temps. Vous pouvez vous changer de pied en cap assise sur un siège d'avion, parce que votre corps est votre domaine, vous pouvez en faire ce que vous voulez. Les relations que vous entretenez avec la douleur sont complexes. Il y a la bonne douleur, et la mauvaise; la bonne douleur est une sensation qui peut même vous manquer, alors que la mauvaise douleur provoque une impression de danger. L'âge venant, vous connaissez votre propre rythme. Vous savez que la respiration est aussi importante pour un mouvement que la technique physique elle-même. Vous n'inspirez jamais volontairement, parce que la Nature s'en charge d'elle-même, comme elle le fait pendant le sommeil. Mais vous apprenez à expirer, pour chasser les toxines de votre corps. Lorsque vous vous préparez à lancer la jambe, vous devez expirer dans cette direction, de façon à répéter le mouvement à l'infini.

La personnalité du tzigane est inconstante. On s'attend à ce qu'un soliste ait des sautes d'humeur, mais elles sont mal interprétées chez un tzigane. Solistes et tziganes ont pourtant suivi les mêmes cours, pendant tout aussi longtemps; ils ont travaillé avec le même acharnement, surmonté les mêmes doutes; ils ont fait tout leur possible pour atteindre l'âme de leur être, dans les mêmes conflits. Danser, c'est se confronter à soi-même. Quand vous dansez, vous vous exposez totalement. C'est l'art de l'honnêteté. Vous mettez en danger votre santé physique autant que votre sens de l'humour, votre équilibre, votre manière de ressentir le temps, l'espace et l'observateur. Vous êtes obligé de dire la vérité. Si vous mentez, ou si vous ne vous donnez pas à fond, vous vous faites du mal à vous-même. Si vous ratez un spectacle, vous éprouvez un sentiment de culpabilité avec lequel il est difficile de continuer à vivre; c'est pourquoi les danseurs donnent l'impression d'être masochistes. Ils aiment le défi à relever, ils aiment surmonter les limites du corps. Ils le savent : le corps, l'esprit et le mental sont entrelacés de manière inextricable.

Vous le ressentez dès que vous êtes face au public. Comme le dit Oscar Hammerstein, vous avez là : « le grand géant noir ». Votre tâche consiste à le faire vibrer à travers votre corps. Vous savez qu'il vous faut vibrer vous-même, pour y parvenir, qu'il se reconnaîtra dans vos peurs physiques, car lui aussi, le grand géant, a un corps. Vous savez que si vous trébuchez et que vous tombez, c'est lui qui sera humilié, car c'est ce qu'il redoute pour lui. Vous savez que, s'il ne vous encourageait pas de ses applaudissements, il se remettrait lui-même en question. Vous représentez ce que lui voudrait être. Et chaque membre de ce grand géant a ses propres problèmes avec son corps.

Jour après jour, vous devez rester en forme; pousser chacun de vos muscles un peu plus loin; montrer aux autres ce que vous parvenez à faire avec votre corps.

Ma vie, depuis cinquante ans, a été faite de tout cela. Je ne sais pas pourquoi j'ai, depuis le début, autant aimé danser; je crois que cela tient à ce que j'ai probablement dansé dans une précédente incarnation.

J'adore cette récompense gracieuse, lyrique et romantique qui vous est accordée après avoir travaillé avec ardeur, discipline et transpiration. Cette camaraderie de la douleur acceptée, tolérée au nom de la danse, est comme un lien entre tous ces « tziganes ». Quand je rencontre des athlètes des Jeux Olympiques ou de leur niveau, je retrouve les mêmes questions et les mêmes contradictions. Nous adorons tous manger n'importe quoi, grignoter des sucreries, fumer, faire la fête, et nous aimons aussi nous plaindre et nous entraider en échangeant des techniques secrètes pour atteindre de meilleurs résultats. Peut-être est-ce le doute qui nous assaille à propos de nous-même, qui nous pousse à nous dépasser ? Il y a sans doute là une piste à suivre... Et pourtant, personne n'est plus fier qu'un être humain qui sait qu'il peut faire de son corps pratiquement ce qu'il veut.

Peut-être y a-t-il, enfouie au sein de l'art de la danse et de la performance de l'athlète, la compréhension du fait que le corps est le temple de l'âme, maison dans laquelle nous vivons, instrument de l'expression de notre âme; en même temps, nous cherchons à discerner si nous sommes ou non une parcelle de Dieu.

Il y a toujours des moments où notre corps ne répond pas, et a perdu son rythme. Alors, nous sommes contraints de chercher à comprendre pourquoi. Cela m'est arrivé à maintes reprises, au fil des années. Certes la nourriture, le repos et l'humeur y avaient une part de responsabilité, mais j'ai très rapidement pris conscience de la corrélation entre l'harmonie physique et l'harmonie spirituelle.

Ma mère m'expliquait, je m'en souviens encore, la loi de l'effet contraire : cela lui était arrivé au cours d'une compétition de natation. Il s'agissait de nage sur le dos. D'ordinaire, elle se battait contre la montre pour gagner. Ce jour-là, en glissant dans l'eau, elle se sentit en parfaite harmonie avec le soleil brillant au-dessus d'elle et l'eau qui l'entourait. Elle alla jusqu'au bout de ses forces, sans avoir la sensation de se battre. Il s'agissait plutôt d'harmonisation avec les éléments tout autour d'elle. En fait, dit-elle, il lui importait peu de gagner ou de perdre. Elle voulait simplement aller aussi vite que possible. Elle *s'est détendue*, en s'unissant avec son environnement. Son corps, entraîné, fit le reste et elle gagna sans peine, à son grand étonnement.

Je commençai à imiter son exemple, me rendant compte que mon corps souffrait moins et en faisait beaucoup plus, plus facilement. Plus tard, j'étudiai l'approche orientale du karaté, du judo et de l'aïkido. Au centre de tout cela, la méditation, bien sûr, qui permet de s'unir au corps, à l'esprit et à l'âme; plus j'apprenais à ignorer les émotions négatives, plus mon corps se sentait positif. J'évitais l'intellectualisation du mouvement, et permettais à mon corps de se répondre à lui-même. Si j'empêchais mon esprit d'intervenir, *mes muscles possédaient une mémoire*. En m'y fiant, il m'était possible de me souvenir de chorégraphies et de combinaisons de pas que j'avais exécutées à l'âge de douze ans. Le corps sait toujours quand on lui laisse prendre le dessus; il est un temple spirituel avec son propre équilibre, avec ses « chèques » que l'on peut tirer, et les comptes qu'il faut faire. Si l'harmonie spirituelle n'est pas nourrie, le corps, lui aussi, meurt de faim. Et lorsque l'esprit irradie le bonheur, le corps peut accomplir des miracles.

Il m'arrive souvent de penser aux années de discipline physique auxquelles je me suis soumise. Je me souviens pratiquement de chaque salle de classe où j'ai transpiré, de l'endroit où se trouvait le robinet d'eau fraîche, de l'odeur âcre des vestiaires au cours des étés torrides, de la douceur de la barre lors des séances d'échauffement. Je sens encore la moiteur de mon collant de laine, lorsque l'air froid des nuits d'hiver me saisissait les jambes, nouant mes muscles jusqu'à ce que je puisse prendre un bain chaud. Je me souviens des picotements de ma tête, juste avant de transpirer. Comment oublier les doigts de pied couverts de cals, saignants, que j'enfilais sans pitié dans les chaussons doublés de protège-pointes en laine d'agneau? Comment oublier mon angoisse lorsque, chaque mois, je me mesurais, craignant de trop grandir? Et les douleurs de mon dos, dès que je devais danser sur le ciment des studios de télévision. La petite voix dans ma tête me répétant : « retombe sur tes talons », après un saut, afin d'éviter les mollets renflés et de douloureuses déchirures à l'avant de la jambe.

Le miroir est votre conscience. Des semaines durant, vous avez répété devant lui, regardant votre reflet; puis le chorégraphe vous fait faire demi-tour, et vous voilà livré à vous-même. Sans votre image en face de vous pour vous approuver. Votre orientation dans l'espace s'en trouve modifiée, altérée. Vous prenez conscience de votre besoin de communiquer avec le public; car vous ne pouvez plus communiquer avec votre propre image. La musique résonne différemment, vous avez perdu votre sens de l'espace. Puis vient ce sentiment de jaillissement, le sens caché de votre mouvement vous apparaît, vous sautez, glissez et vous pliez au son de la musique que vous laissez vous porter. Vous remplissez l'espace de signes, nul geste n'est gratuit, vous apprenez à anticiper les mouvements, sachant lequel va vous demander le plus de préparation, lequel est gratifiant et représente un défi dangereux. Quant à vos chaussures : si la taille varie d'un seul centimètre, votre équilibre est compromis. La moindre trace de poussière peut vous déséquilibrer. Vous testez la vitesse du sol avec vos semelles en caoutchouc : s'il est lent, vous devrez exercer une force supplémentaire; s'il est trop rapide, vous perdrez l'équilibre.

Puis les costumes, les lumières, la mise en scène et le public. Vous laissez derrière vous tout ce que vous avez appris dans les salles de classe et lors des répétitions. Tout cela n'était que la préparation, le squelette de l'expression.

Vous assaisonnez la chorégraphie d'une pointe de magie. Votre costume vous semble étrange, jusqu'à ce que vous ayez appris à vous en servir, à travailler avec lui, à en faire une partie même du mouvement. Au début, vous vous plaigniez qu'il vous gêne et, par expérience, vous savez que c'est toujours le cas. Vous faites froufrouter la jupe, vous froissez l'écharpe, donnant ainsi une nouvelle signification au mouvement originel.

Ensuite vous répétez : en costume, avec lumière et musiciens. Jusqu'alors vous vous étiez contentée d'un piano. Maintenant, la composition poétique de l'auteur et l'orchestration vous apparaissent dans toute leur plénitude. Les subtilités de la musique dont vous n'osiez soupçonner l'existence se manifestent. Elle vous semble grandiose et magnifique. Au départ, vous êtes déroutée. Il y a maintenant quarante musiciens qui font comme vous partie de cette grande illusion. Familiarisée avec cette musique, vous vous apercevez qu'elle rythme votre mouvement, le portant à un autre niveau; là, vous avez pouvoir de tout accomplir.

Puis surgissent les lumières, amoureusement dirigées de l'avant de la scène. Chaque nuance de votre visage, de votre corps va être visible. Les faisceaux roses donnent à votre peau un éclat soyeux. Le spot qui vous suit vous brûle les yeux; les feux de la scène, des deux côtés, mettent une couleur différente à vos bras et à vos jambes. Vous ne voyez rien du public. C'est un grand trou noir. Tout dépend de vous; vous êtes l'artiste. Oubliez tout ce que vous avez appris, les processus compliqués de la technique, les douleurs et l'anxiété. Oubliez votre identité, unie à la musique, aux lumières, fondez-vous à l'esprit collectif du public. Vous savez que vous êtes là pour enthousiasmer les spectateurs. Grâce à vous, ils doivent se sentir mieux, en eux-mêmes et face aux autres. Enfin, leurs applaudissements, généreux. Ils vous prouvent combien ils vous aiment, combien ils vous adorent même. L'énergie qu'ils vous envoient, vous la leur renvoyez. Vous vous élevez, bondissez, tournez, vous vous allongez, vous vous penchez sous leurs applaudissements. Ils rient, sifflent, tapent des pieds et crient leur bonheur. Alors vous leur en donnez plus, et cela continue. La magie miraculeuse de l'expression dépasse tout, devient un monde en soi. Vous faites partie du public, les spectateurs sont une partie de vous-même. Ensemble, vous représentez le talent, celui de donner et celui de recevoir. Vous faites écho à un esprit plus grand au moyen du corps. Vous êtes le talent des âmes qui s'apprécient mutuellement et créent ensemble une vie à plus large échelle. Le talent de comprendre cette ombre qui nous unit tous, nous qui sommes une partie de cette perfection divine, l'essence même du partage. Vous dansez avec Dieu, vous dansez avec vous-même, vous dansez dans la lumière. Grâce à mes parents, je danse avec la Vie.

Chapitre 6

Tellement de choses m'étaient arrivées en 1983 et 1984 que bien des amis se demandaient pourquoi j'avais besoin de ce spectacle au « Gershwin ». Comme d'habitude, ce sont des raisons personnelles qui m'y ont poussée. Si je ne vois pas dans un projet une possibilité de croissance humaine, je ne le poursuis pas. Je commençais enfin à renoncer à mes priorités de carrière : mes buts personnels avaient désormais la préséance. Le succès de *Tendres Passions* m'enchantait encore. Je savais que je pouvais me reposer sur mes lauriers pendant un an ou deux; mais, comme l'a si bien dit mon frère Warren, « c'est si bon de repartir dans la tempête »! Je m'efforçais aussi de mettre ma conscience spirituelle en pratique dans ma vie professionnelle. Ma vie intérieure s'était trouvée apaisée par mes recherches, allait-il en être de même de ma vie professionnelle?

Un mot sur le théâtre, ce qu'il représente pour moi. Je me considérais, au début, comme une danseuse. J'ignorais tout de la manière de m'exprimer avec ma voix, de la façon, au travers d'un dialogue, de devenir un autre personnage. J'avais peut-être pris en tout quatre leçons d'art dramatique dans ma vie. Est-il vraiment possible d'enseigner à quelqu'un comment jouer? Je me le demande. On peut apprendre à chanter ou à danser, car ces formes d'expression requièrent une compréhension du rythme, de la musique, du ton, des mouvements du corps, du placement de la voix. La scène a quelque chose de plus éphémère, de plus abstrait. Bien sûr l'attitude est aussi importante dans le chant et dans la danse, mais il faut en premier lieu apprendre à chanter et à danser. Le théâtre, lui, ne s'occupe que de l'attitude et de la manière de l'exprimer de façon satisfaisante. Et la vie quotidienne, elle, nous donne l'occasion de nous exercer, et de faire du théâtre!

L'observation a toujours été mon meilleur professeur. Et, mes parents furent mes premiers sujets de choix. J'étudiais leurs humeurs, l'orchestration de leur personnalité; leur manière de manipuler les personnages, frustrante parfois, était limpide.

Je passai également des heures entières, assise, à regarder les gens, dans la rue. Papa nous emmenait parfois avec lui en voiture pendant qu'il traitait ses affaires. Warren et moi étions livrés à nous-mêmes avec pour mission de nous amuser en l'attendant. Il nous était interdit de quitter la voiture. Aussi, des heures durant, regardions-nous la foule qui passait; chacun jouait son propre drame et nous, nous observions, fascinés. C'est probablement à cette époque que j'en ai appris le plus sur le comportement humain. Je me souviens aujourd'hui encore de la merveilleuse enfance que j'ai passée à regarder les autres; j'aimerais être une mouche sur un mur, observant la vie plutôt qu'étant moi-même observée.

Je n'ai jamais eu de professeur confirmé pour mes cours d'art dramatique. La vie et ma propre concentration m'ont appris l'essentiel. Observer les autres, en me mettant à leur place et en ressentant leurs sensations, m'a été d'un immense profit. Et scrutant la vie, j'ai su comment jouer. Dès mes débuts, cette démarche m'a semblé « naturelle ». D'ailleurs, si je ne me sens pas « à l'aise » dans une scène donnée, c'est que je n'y suis pas « bonne ». Je dois croire ce que je dis. Jamais je n'ai eu d'idole parmi les acteurs, sans doute parce que j'ai toujours cru aux personnages incarnés. Si un acteur n'est pas bon, je n'arrive pas à croire au personnage qu'il joue. Que ce soit moi ou quelqu'un d'autre en train de jouer, mon approche du théâtre a toujours été celle d'une enfant. Je n'ai pas changé, sur ce point! Mon amour immodéré des films dans l'action desquels je peux entrer, en témoigne. Sur scène, le manteau d'Arlequin contraint le public à s'éloigner de la réalité. Sur scène, on joue « vrai »; au cinéma, on essaie « d'être vrai ». Jouer a toujours été pour moi un acte simple, et j'ai possédé assez d'émerveillement enfantin pour bien jouer. Si je crois, *moi,* à ce que je joue, le public y croira aussi. Je dois reconnaître que je n'ai pas pris le jeu assez souvent au sérieux. Cela me venait si naturellement que je considérais cela comme un passe-temps, procurant beaucoup de plaisir. Voilà pourquoi j'ai accepté de jouer dans tant de films stupides; je me contentais de regarder mon rôle, et s'il me plaisait, m'amusait, je l'acceptais. Je n'ai jamais pu comprendre pourquoi au cinéma tant de gens considèrent le film comme une expression de leurs dernières volontés, un testament professionnel en quelque sorte. Je lisais le script une fois, prenais ma décision et n'y revenais plus jusqu'au moment de tourner le film. Jamais je n'ai étudié un rôle la veille du tournage, et ma mémoire n'a jamais flanché. J'ai l'habitude *de ressentir* le personnage, comme par osmose. Comme l'avait dit Humphrey Bogart : « j'y vais, jouer mon rôle, en essayant de ne pas heurter le mobilier et de ne pas bousculer les autres ».

Peu importe le nombre de plans rapprochés, ou ce qui se passe dans la salle de montage. Mon apparence dans le film ne me préoccupe pas davantage; il m'est néanmoins arrivé de refuser des rôles parce que je devais porter un corset ou des vêtements inconfortables. La plupart de mes scènes sont tournées en intérieur, parce que mes yeux bleus ne supportent pas la lumière vive du soleil sans cligner des paupières. Si j'ai souvent refusé de tourner dans des westerns ou des aventures en extérieur, c'est pour cette raison.

Le nombre de jours de repos pendant le tournage m'intéresse au plus haut point. Je me suis arrangée pour tourner le plus souvent possible « à la française », de onze heures du matin à sept heures du soir sans interruption. Je suis « du soir », je déteste me lever tôt.

Vers l'âge de trente ans, j'ai commencé à prendre les films au sérieux. Jusqu'alors, j'avais surtout porté mon attention sur les voyages, mes liaisons, mon activité politique; la vie en général, et mes amis en particulier, me paraissaient d'un intérêt majeur.

Pourquoi ai-je changé d'attitude? Peut-être l'âge, peut-être les échecs : j'avais derrière moi des années de mauvais films. Je crois qu'après avoir longtemps été captivée par diverses facettes de la vie, j'ai pris conscience de mon talent. Je me suis aperçue que je ferais sans doute mieux de m'en occuper de plus près. Plaide en ma faveur le fait que je suis l'un des derniers « produits » du *star-system* d'Hollywood. Lequel me garantissait trois films par an, et il se produisait alors trois fois plus de films qu'aujourd'hui. Avec des spectateurs assurés. Le cinéma était la principale distraction en Amérique, au Japon et en France. Les gens avaient l'habitude d'y aller et n'étaient pas trop difficiles dans leur choix.

J'ai commencé à prendre avec sérieux mon travail au cinéma, quand le public l'a pris au sérieux lui aussi.

Marlon Brando, je m'en souviens, donna un soir une interview à la télévision. Il voulait parler du drame des Indiens américains alors que le journaliste désirait parler cinéma, ce que je comprenais. Je fus frappée, ce soir-là, de voir l'un des plus grands acteurs de notre temps mépriser à la fois sa profession et son talent. Je me suis dit que je me garderais de lui ressembler. Il a joué un rôle important dans mon changement de mentalité. Avec *Turning Point, Being there,* et *Terms of Endearment,* je me suis prise plus au sérieux, ce qui m'a été aussi fort agréable.

A la même époque, j'ai commencé ma quête spirituelle. La vie et le théâtre se sont alors confondus. Je me suis engagée à fond dans la découverte de mon identité. J'avais jusque-là cherché à développer ma conscience sociopolitique et mes activités féministes, croyant y trouver le salut de la race humaine.

Ces canaux sociaux et politiques calmaient mes préoccupations concernant les autres humains. Pourtant, je sentais confusément qu'il me manquait un élément. Comment pouvais-je venir en aide aux autres sans savoir qui j'étais moi-même? Les organisations ne comprenaient pas l'individu. Elles s'occupaient de la masse. Or moi, ce qui me passionnait, c'était l'identité individuelle. Ainsi, tout en m'intéressant encore de près à l'activité sociopolitique de l'époque, je compris que le seul changement à accomplir était à l'intérieur de moi-même. *Voilà où* je pourrai m'épanouir et progresser vers plus de compréhension. Je m'éloignai peu à peu des mouvements sociaux et politiques. Eux aussi semblèrent changer, à mesure que chacun de leurs membres atteignait son propre niveau de compréhension. L'élévation de ma conscience spirituelle vint alors comme un simple prolongement de mes précédentes recherches. J'avais voyagé dans le monde entier, vécu dans des cultures extrêmement différentes. J'avais mené d'actives campagnes politiques, et malgré ma manie de la perfection, j'avais trouvé le moyen d'être heureuse. Au moment où je me cherchais moi-même je suivais de nombreuses psychothérapies. Pourtant je restais en quête de quelque chose de différent, de plus profond. Je voulais une réponse venant de plus haut. Je sentais intuitivement que la base même de mon identité se trouvait là, plus haut. Cela évolua ensuite en une question spirituelle. Seule une enquête continue sur soi-même peut y répondre. Tout cela influa énormément sur ma façon de jouer, sur mes représentations sur scène, voilà pourquoi j'ai jugé opportun de vous en entretenir.

Reconnaissant que l'esprit, le corps et l'âme sont entrelacés, je commençai à appliquer mes théories : des techniques et des principes simples m'y aidèrent. En peu de temps, je fus convaincue qu'un esprit sain dominait mon corps. J'étais *essentiellement* un être spirituel et non pas un être esprit-corps. Mon corps tout comme mon esprit découlait de la conscience de ma capacité spirituelle.

Ne pas se sentir « bien » dans son esprit provoque une attitude négative, un état d'esprit de peur et d'anxiété. Si quelque chose me gêne, par exemple, si les choses ne s'enclenchent pas comme elle le devraient, je crée en moi un blocage; la signification profonde du mot mal-ade (du latin *male habitus* : qui est en mauvais état) m'apparaît clairement.

Je me souviens des jours où j'étais de mauvaise humeur, parce que mécontente de moi. Un tempérament négatif découle essentiellement d'un manque de confiance en soi, de foi. Cette angoisse, le public, les collègues ne comprennent pas que je m'efforce de la communiquer. Ce manque de confiance en moi a aussi été la cause d'un manque de confiance dans les autres. Le processus créatif s'accompagne fréquemment d'un sentiment d'isolement, de solitude. Il m'est arrivé de ne pas même chercher à comprendre une idée simplement parce que je ne m'en croyais pas capable. Immanquablement, les autres ressentaient mon manque d'enthousiasme : alors, ils se dérobaient, psychologiquement. D'où ma crainte accrue d'être incapable de transmettre mes projets. Un cycle de négativité venait de s'amorcer.

Dès que je me rendis compte qu'en faisant confiance à ma nature spirituelle, un flot de créativité jaillissait, tout commença à changer dans mon existence. C'était incroyablement simple. Je faisais confiance à ce que je ne pourrais mieux décrire qu'en le nommant « mon *moi* supérieur illimité »... ma « super-conscience » selon la définition de Freud. Je connaissais le conscient et l'inconscient. J'appris à connaître le super-conscient.

La « super-conscience supérieure illimitée » peut se définir comme votre âme individuelle éternelle, votre véritable « vous ». Cette âme s'est incarnée, encore et toujours, et elle sait tout ce qu'il faut savoir sur vous, puisqu'elle *est vous*. C'est le dépôt de votre expérience, l'intégralité de votre âme-mémoire, de votre âme-énergie. C'est également l'énergie qui fait face à celle que nous appelons Dieu ; cette énergie Le connaît et raisonne comme Lui, parce qu'elle est une partie de Lui. Tout comme il y a de nombreuses pensées dans l'esprit de l'homme, il y a de nombreuses âmes dans l'esprit de Dieu.

Notre *moi* supérieur illimité, enfant de Dieu depuis l'aube des temps, est sans cesse avec nous en silence (pas toujours en silence, d'ailleurs) ; il nous guide au travers des expériences et des événements que nous avons choisi de vivre, pour apprendre plus complètement qui nous sommes et ce qu'est l'énergie divine. Cette énergie est parfaitement consciente et plus nous l'écoutons, plus nous devenons conscients, nous aussi. De grands Maîtres spirituels, comme Bouddha ou le Christ, étaient parfaitement en harmonie avec leur *moi* supérieur illimité ; ils étaient donc capables d'achever tout ce qu'ils désiraient. Êtres humains parfaitement réalisés, ils comprenaient la totalité de leurs incarnations, étaient en mesure d'incorporer leurs connaissances et leur savoir dans la vie au service des autres. L'objectif consistant à se réaliser est simple en soi, et pourtant grandiose. Nous sommes une parcelle de Dieu, Amour Total et Lumière. Personnellement, mes buts n'étaient pas aussi immenses ; j'aspirais à me réaliser aussi complètement que possible, en tant que personne et aussi dans mon expression créative.

Je commençai donc à mettre en pratique les techniques apprises en parcourant la littérature métaphysique (du grec *meta* : après, au-delà), en discutant au cours de mes voyages, avec des gens impliqués dans cette recherche, et en mettant à l'essai des idées qui m'étaient venues lorsque, seule avec moi-même, je méditais.

Je me mis à travailler avec ces principes et ces techniques, dans un environnement aussi terre-à-terre que possible : une salle de répétitions, sentant la transpiration. Faire des expériences peut être exaltant et aussi inquiétant parfois, parce que vous ne savez jamais si cela va donner des résultats – ou non. Même si le produit vous semble splendide, le public le ressentira-t-il comme vous?

Alan Johnson était mon directeur-chorégraphe. J'ai travaillé avec lui pendant des années, jusqu'à ce qu'un jour il me reprochât de ne connaître personne d'autre. C'est un homme minutieux, rigide et un peu sec. Il a dirigé le ballet de *West Side Story*. Maintenant il est l'héritier artistique de Michaël Bennett et de Bob Fosse. Doué d'un goût très sûr, il a un sens exceptionnel de l'espace, un jugement à toute épreuve, et il sait mettre au point des pas de danse superbes. Il ne se départit jamais de son calme; sa patience d'ange ne faillit dans aucune circonstance; il travaille avec une dignité tranquille qui donne envie de collaborer avec lui. Il porte une boucle à l'oreille gauche et, du haut de son mètre soixante-dix, fume des cigarettes « Lark ». Il répète en tenue de ville : jeans et chemise, ou en tenue safari avec le T-shirt coordonné. Lorsqu'il va dire quelque chose de drôle ou d'absurde, son nez le trahit : il se retrousse. Alan est toujours d'humeur égale, ne dit rien de méchant, à la différence de tant d'autres chorégraphes, qui apparemment ne peuvent s'en empêcher. Il semble avoir résolu ses propres problèmes de tzigane, et il ne voit pas pourquoi il devrait s'en prendre aux autres.

Il s'est occupé de la direction du film *To be or not to be* avec Mel Brooks. Grâce à son intérêt pour l'élévation spirituelle qui s'est accrue pendant le tournage de ce film, il a, dit-il, évité la folie furieuse. Alan a retrouvé plusieurs de ses incarnations passées; nous avons perdu (mais est-ce vraiment le mot qui convient?) de nombreuses heures en conjectures sur la conscience supérieure. Nous avons échangé des livres métaphysiques, avons évoqué la possibilité de faire un film sur ce sujet, sans tomber ni dans le mauvais goût, ni dans la série B. Alan semble avoir compris depuis longtemps que *notre intelligence* bloque l'activité créatrice. Je l'ai souvent vu, tandis qu'il se trouvait aux prises avec une semblable difficulté, une Lark aux lèvres, se torturer l'esprit, fixant intensément le sol en ciment, se demandant quels pas il pourrait créer pour l'embellir. Je l'ai vu concevoir un mouvement avant de l'essayer, craignant que le public eût déjà vu un pas semblable, ou à l'inverse ne fût pas en mesure de comprendre son élaboration. Le public n'a vraiment commencé à comprendre la danse qu'au cours des dix dernières années, pourtant Alan rejette la symétrie facile; étant un intellectuel, il sait, qu'il encourt un grave danger dans sa créativité : le *bloquage*.

J'ai connu de semblables difficultés. Avec toutes ses ramifications potentielles, le cerveau droit est celui qui crée les limites. En travaillant ensemble, nous avions pour but de débloquer les limites de l'esprit, en y mettant toute l'ardeur nécessaire. Chaque fois que quelqu'un lui a fait un compliment sur son « intelligente chorégraphie », j'ai vu Allan se crisper. Lui a envie de créer des spectacles « qui permettent d'aller plus loin ».

Parfois, il a été pris de baisses d'inspiration. Nous attendions en nous impatientant, mes tziganes et moi. Nous demandions alors au pianiste de répétitions de continuer à jouer, et atteints d'une sorte de folie contagieuse, nous nous mettions à sauter, tourner, virevolter, onduler, nous tordant et créant des mouvements vulgaires, infantiles, excitants : *nous,* nous n'avions dans cette espièglerie rien à perdre. Alan semblait alors s'éveiller; et nous enjoignant de continuer, il se lançait dans un numéro comique pour calmer notre déchaînement. Une fois encore, nous tombions d'accord : la créativité demande de vivre dans l'instant. Trop réfléchir devient un handicap.

Alan et moi sommes si proches qu'il nous est arrivé de mettre au point une chorégraphie au téléphone. Son désormais célèbre « Hommage au chorégraphe » a d'ailleurs été créé de la sorte. Il lui a valu de nombreux oscars. Partant de concepts clairs et d'intentions proches, il ne nous restait plus qu'à exécuter le mouvement. Lui et moi allions maintenant ensemble affronter Broadway, et les critiques de New York. Ensemble nous avions déjà mis sur pied les spectacles de Las Vegas, qui avaient ensuite fait le tour des scènes du monde entier. New York est pourtant différent : il ne s'agit pas du public, qui est à peu près semblable partout, même en Europe ou en Asie. Il s'agit des critiques, ce corps éloquent, cynique et fier, qui fait la pluie et le beau temps et peut vous paralyser littéralement de peur.

Je venais à New York en tant qu'artiste de variétés, jouer dans un théâtre de Broadway pour chanter ma petite chanson, danser un peu, et jouer la comédie. Je ne voulais pas que cela soit « un numéro de Las Vegas ». J'y avais joué des années durant, et j'avais beaucoup aimé le faire, mais il s'agissait ici de quelque chose d'autre, au-delà de la jungle des tapis verts. Pour Alan, il en allait de même. Cela impliquait d'adapter tous les pas, tous les lancers de jambe! Il ne fallait pas qu'ils soient là uniquement pour obtenir des applaudissements. Je ne comprends toujours pas pourquoi les critiques considèrent les applaudissements comme indignes d'eux. Pas question pour les critiques new-yorkais de « hurler avec les loups »! Ils ont toujours voulu décider s'il valait la peine d'applaudir, par crainte de se laisser manipuler. Le public, lui, vient pour cela, mais les critiques sont bien au-dessus de ce genre de considérations! Qui dira jamais les ramifications complexes d'un jugement sur une fantaisie? Jusqu'à quel point pouvez-vous prendre au sérieux le simple fait d'amuser le public?

Tous les gens créatifs travaillent en équipe pour mettre au point un nouveau spectacle. Pour moi, avant d'engager une « prima donna », j'incline à soupeser le pour et le contre, à voir si son talent (à lui ou à elle) vaut le prix qu'émotionnellement il va falloir payer. La réponse est généralement : non. Il en va de même pour les danseurs. Je préfère de bons danseurs équilibrés, plutôt qu'un danseur brillant, mais du type « brebis galeuse ». La promiscuité est trop grande et les risques de contamination trop importants. Rien n'est plus contagieux qu'une attitude négative. Pour travailler dans ma troupe, il faut être d'un caractère agréable et souple.

Plusieurs membres de mon entourage travaillaient depuis un certain temps dans le sens d'une élévation spirituelle; l'esprit était donc excellent dans mon équipe. Nous avons tous préservé ces qualités précieuses auxquelles nous avons appris à nous fier. Ceux qui sont venus nous rendre visite dans les coulisses ont souvent remarqué la bonne volonté et l'équilibre évident régnant dans ma troupe. J'en étais très fière. Nous avions mis en pratique notre état de conscience spirituellement évolué; cela a rejailli dans le climat de travail. Si un désaccord survenait, nous en discutions, concluant immanquablement que, du point de vue de chacun, il y avait une leçon karmique à en tirer.

La « vedette », par son échelle de valeurs, influe sur sa troupe. Si elle est constamment en retard, par exemple, son équipe pensera que le temps importe peu. Si elle discute sans cesse, les autres en feront autant. Elle se doit d'agir comme une véritable professionnelle, sinon la trame qui forme le tissu de la compagnie se déchirera inexorablement. Elle est donc responsable de ce qui arrive. Pendant les répétitions, le directeur-chorégraphe est l'homme de barre du navire. La vedette s'appuie sur son esprit de création, y cherche soutien et direction. Mais quand le rideau se lève, la vedette est le seul axe autour duquel tout s'orchestre. Pendant les répétitions, le régisseur et le créateur de costumes sont aussi importants que les artistes; chacun sait qu'il est inutile de se fatiguer si l'apparence générale du résultat final n'est pas à la hauteur.

Les tziganes sont connus pour exprimer très clairement leurs opinions sur les costumes dans lesquels ils devront se produire. Lorsque le créateur de costumes présente ses ravissantes aquarelles, soigneusement étalées sur le sol de la scène pour en tirer le meilleur effet, il est aussi nerveux que le chorégraphe ou la vedette, ou les artistes le soir de la première. Son talent, il le sait, va être jugé, soupesé, critiqué et, inévitablement, d'ailleurs, « amélioré ». Votre opinion, vous le savez, doit s'exprimer sur-le-champ. Si vous avez l'imprudence d'attendre que les costumes soient entre les mains de la brodeuse, vous aurez fait perdre quelque sept mille cinq cents dollars! Bien sûr, vous pouvez avoir la chance de travailler avec quelqu'un comme Pete Menefee. Ancien tzigane lui-même, il comprend intrinsèquement que le manque de confort physique inhibe le mouvement. Quand au régisseur, ses seuls compliments lui viennent du chorégraphe ou du directeur assis dans la salle. Sur scène, même si vous sentez les effets d'éclairage, vous ne les voyez pas. La magie de la scène est faite de « sensations. » Au cours des répétitions, nous « marchons à tâtons », face à un mur blanc, essayant d'imaginer l'effet final sur scène.

Christopher Adler m'aida à écrire les paroles des chansons; je dis « m'aida », car tout bon écrivain dit que les paroles doivent venir du cœur de l'artiste. Sur scène, je suis incapable de dire quelque chose que je ne pense pas, même une histoire drôle. Je ne peux pas me contenter de récolter les rires, il faut que j'y retrouve ma vérité profonde. C'est l'expérience – parfois amère – qui m'a enseigné cette vérité d'or, ce qui me conduit à parler d'un point essentiel à propos de la scène.

Tout artiste de la chanson qui travaille « en direct » se torture l'esprit pour savoir comment communiquer avec le public. Même si nous sommes parfaitement à l'aise avec le chant, la danse, les connaissances musicales, lorsqu'entre les numéros, nous en venons à « être nous-mêmes », nous avons besoin d'un « coup de pouce ». Avec les meilleures intentions du monde au demeurant, nos agents font alors appel à des écrivains spécialisés dans la comédie. Le résultat est rarement satisfaisant, à notre goût. Placé sur scène, devant ce grand géant noir, n'importe quel artiste de renom a l'air du dernier idiot venu! Pour être plus sûr de lui, l'artiste essaie de raconter une histoire drôle, provenant de la sensibilité de quelqu'un d'autre. Selon les réactions obtenues, l'artiste retrouve sa spontanéité. En fait, le public ne répond jamais à ce qui est artificiel. Au premier abord, il déteste « la frime » mais il répond au quart de tour à quelque chose venant du fond de l'âme. Le public veut repartir du théâtre en ayant l'impression de savoir qui est l'artiste en vérité. Cela implique que l'artiste ait envie de se livrer! Et nul ne peut l'écrire pour vous.

Vous êtes l'architecte de votre expérience personnelle; une fois engagé dans cette voie, vous ne devez pas craindre les risques. Cela ne s'applique nullement au théâtre où, ayant endossé l'habit du personnage, vous ne pouvez « passer la rampe ». Mais lorsque vous jouez votre propre rôle, vous devez briser la glace et donner au public l'impression d'une image, même imparfaite, de votre vie réelle. Vous ne devez pas atteindre la perfection, bien au contraire. En abandonnant le manteau d'Arlequin, vous dites au public que vous êtes l'un d'entre eux. Un artiste qui se sent à l'aise savoure ces moments de spontanéité avec le public. Ce qui se passe entre les numéros importants n'a généralement pas été répété. Bien que, dans ses grandes lignes, le spectacle reste inchangé, la touche personnelle est chaque fois différente. Il faut beaucoup de temps pour arriver à se sentir à l'aise, sur scène; il faut accepter de se détendre, être capable d'imperfections spontanées. Les bons écrivains écrivent donc *avec* vous et non *pour* vous. Ils essaient de cerner les domaines dans lesquels vous vous sentez le plus à l'aise, ajoutant ici une histoire drôle, là un « bon mot », pour en faire des points forts. Un bon écrivain ne vous demande jamais d'essayer quelque chose que lui veut prouver. Il a besoin que vous soyez vous-même.

Christopher, tout comme Alan, procéda de la sorte. Les créateurs se savent au service de l'artiste. En fin de compte, n'est-ce pas l'artiste que le public vient voir? Des phrases, des effets préparés soigneusement, peuvent tomber sans vie de la bouche de l'artiste; des mouvements plaqués artificiellement sur un corps ne seront pas bien exécutés : cela les créateurs le sentent d'instinct. Les textes des chansons doivent aussi refléter les sentiments de l'artiste lui-même. Si le public ne parvient pas à croire ce que vous dites sur scène, il ne se donnera pas la peine de se déplacer.

La date de mon grand « One woman show » à Broadway s'approchait à grands pas.

Une expérience me tentait : exercer ma profession en y appliquant des techniques spirituelles, simplement pour voir si cela était réalisable. Le yoga fait depuis longtemps partie de ma vie quotidienne ; il contribue à mon bien-être et m'aide pour la danse. Les techniques spirituelles auxquelles je voulais m'essayer cette fois étaient d'un autre ordre. Les anciens vedas hindous affirment que le fait de prononcer : « Je suis », soit *Aum* en hindou, déclenche des vibrations dans le corps comme dans l'esprit, vibrations qui alignent la personne avec son *moi* supérieur et partant, avec Dieu-Source. Le mot Dieu est d'ailleurs porteur de la plus haute fréquence vibratoire, quel que soit la langue parlée. Si quelqu'un prononce les paroles : « Je suis Dieu », les vibrations sonores réajustent littéralement les énergies du corps, dans une gamme plus élevée.

Vous pouvez les utiliser vous-même : « Je suis Dieu » ou « Je suis une partie de Dieu », comme le Christ l'a souvent fait ; vous pouvez aussi modifier les affirmations pour répondre à vos besoins propres. J'ai eu par exemple besoin d'affirmations de nature à diminuer ma douleur. Tantôt en silence, tantôt à haute voix (selon que je pouvais ou non déranger d'autres personnes), j'affirmais des phrases comme : « Je suis Dieu en action », ou « Je suis Dieu en bonne santé », ou encore « Je suis Dieu en aisance ». Ce qui me venait à l'esprit me dictait l'affirmation à créer. Parfois, je me trouvais moins joyeuse que je ne l'aurais souhaité ; j'énonçais alors : « Je suis Dieu en bonne humeur », ou encore « Je suis Dieu en joie. » Le phénomène qui survient alors est tout à fait remarquable. Si je n'en avais moi-même fait l'expérience, je ne l'aurais pas cru. Appelez cela concentration ou foi, peu importe. *Je ne ressentais plus la douleur.* Ma perception, et donc ma vérité, se modifiaient lorsque je prononçais : « Je suis Dieu en bonheur » en moi-même. Un sentiment réel découlait de ces affirmations. Les vedas conseillent de répéter trois fois les phrases, une fois pour le corps, une fois pour l'esprit et la dernière fois pour l'âme ; je procédai ainsi. Il m'est arrivé d'avoir deux représentations par jour de mon spectacle. Certains numéros étaient particulièrement épuisants. Je me demandais parfois si je parviendrais jusqu'au bout. Je me chantais alors en moi-même, en rythme, avec la musique : « Je suis Dieu en résistance », et la douleur s'effaçait instantanément. Il faut le vivre pour le croire! Pendant les entraînements, quand les sensations de brulûres devenaient intolérables, je chantais en rythme : « Je suis Dieu en fraîcheur », ce qui avait pour effet de réduire immédiatement ces impressions douloureuses... Je poursuivais généralement en psalmodiant : « Je suis Dieu en force », ou « Je suis Dieu en lumière », avec, à chaque fois, un résultat stupéfiant. Il m'arrivait aussi de manquer de sommeil, ou d'avoir les nerfs tendus; parfois, la pression provoquée par le spectacle lui-même provoquait chez moi un déséquilibre; je commençais mes affirmations, à peine les yeux ouverts au réveil. Cinq minutes plus tard, je me sentais mieux. Durant le spectacle, je les réitérais tout au long de l'ouverture, jusqu'à mon entrée en scène. Je sentais les énergies s'harmoniser et je poursuivais le spectacle avec la force de Dieu-Source pour me porter.

Je pris aussi l'habitude d'utiliser différemment ces techniques. On m'a souvent demandé, au cours de ma vie, de prendre la parole en public : pour accepter une récompense, ou à l'ouverture d'une réunion politique. Parler en public m'a toujours glacé le sang. J'aime avoir un texte auquel je peux me référer. Si je ne l'écris pas moi-même, un professionnel du discours le rédige pour moi. J'ai longtemps eu du mal à prendre spontanément la parole. Ce sentiment s'estompa peu à peu. Je commençais à travailler en gardant en tête une idée-force. Je me rendis compte également que mes notes me devenaient moins nécessaires, car je communiquais au public mes sentiments, plus que mes mots. Si j'arrivais à être sur la même longueur d'onde que mes sentiments, les mots se mettaient en quelque sorte en ordre d'eux-mêmes sur le chemin. Un instant de silence, de pause, avait plus d'impact qu'une phrase alambiquée. J'appris à faire confiance au moment présent. Grâce à la pratique des affirmations, mon *moi* supérieur me guidait en toute circonstance.

Il s'agit là d'un processus tellement enrichissant, que j'ai souvent eu très envie de le partager, essayant ainsi d'éclairer la voie pour d'autres plutôt que de les laisser maudire les ténèbres dans lesquelles ils étaient plongés.

Rapidement, j'appris que le karma entrait ici en jeu. Je poursuivais mon propre enrichissement, grâce à des principes équilibrés. A chaque instant, j'avais pleinement conscience du

111

fait que les autres, consciemment ou non, poursuivaient leur chemin aussi. Ils détenaient leur propre vérité, leurs propres perceptions, et une version bien à eux de leur enrichissement spirituel. Nul ne peut s'ériger en juge de la vérité d'autrui. Je dois continuer mon propre chemin, sans oublier jamais le sens profond de la phrase : « Ne juge pas, pour ne pas être jugé ».

Le processus de réalisation de soi, (comme d'ailleurs les théories de la réincarnation et du karma), ne se prêtent guère au prosélytisme. La démarche d'auto-responsabilisation est très personnelle. Contentons-nous de raconter ce qui nous est arrivé, ce que nous avons ressenti. Quelqu'un d'autre est-il intéressé ? A lui de faire son propre apprentissage, ses propres lectures, ses propres recherches.

Je me contenterais donc d'ajouter que ce sentiment de conscience plus éclairée est tellement personnel qu'il dépend entièrement de chacun. Dans ma vie comme dans mon travail, je voyais chez les autres ce que je voulais (ou ne voulais pas) voir en moi. Ma perception de moi-même et celle de mon entourage étaient les mêmes. Je me contentais, comme les autres de vivre au sein de ma propre réalité; en conséquence, désacraliser les autres revenait à me désacraliser moi-même, et dénigrer les autres, c'était bien me dénigrer moi. Juger les autres ou me juger moi-même revenait au même. Voilà, en fait, la clef : *SOI-MÊME.* Heureuse avec moi-même, je l'étais avec les autres, et si je m'aimais, j'étais en mesure d'aimer les autres aussi. Il en allait de même pour la tolérance, la gentillesse, et je pourrais citer à l'infini d'autres exemples. C'est l'évaluation personnelle de soi-même, et non des autres, qui permet la mise en place de cet enrichissement. Certains condamnent, au nom de Dieu, les péchés des autres avec zèle. J'en suis venue à me demander quel karma ils se préparent pour eux-mêmes, car : « Vous récolterez ce que vous avez semé. » Nombre d'enseignement spirituels et religieux font état de cette loi karmique simple, quelle que soit la culture en question. Beaucoup ont mal interprété, à leur profit, cette loi. Ils avaient leurs raisons, et je les respecte. Mais le monde s'auto-détruit, s'il ne tient pas compte de cette loi : Nous ne sommes pas les victimes du monde que nous voyons. Nous sommes victimes de la manière dont nous voyons le monde. A dire vrai, il n'y a pas de victimes, seulement la perception et la réalisation de soi. C'est l'étoile au firmament de laquelle je me raccroche. L'étymologie du mot « désastre » l'explique claire-

112

ment : dé = arraché, et astre = étoile. Faire l'expérience du désastre, c'est être arraché des étoiles, de la Vérité Supérieure.

Des événements personnels survinrent durant mon séjour à New York. Ils me firent mieux comprendre la façon dont s'orchestre l'harmonie de la dimension supérieure. Une amie médium, voulant attirer mon attention sur une péripétie particulière, me téléphona; toutefois, comme elle ne voulait pas m'inquiéter sans raison, elle me demanda si je connaissais un garçon nommé Mark. Personne ne pouvait correspondre à ce nom, dans mon esprit, mis à part un danseur de ma troupe, Mark Reiner. Mon amie J.Z. reprit : « Un certain Mark va te causer une interruption. Rien de grave, en fait, mais j'ai préféré t'avertir. » Chaque soir, durant la préparation du spectacle, je regardais Mark en me demandant si J.Z. avait vraiment capté quelque chose à son sujet. Ne voulant pas l'alarmer, je me gardai bien de mentionner quoi que ce soit.

Quelques jours plus tard, New York passa à l'heure d'été. Nous étions de matinée et de soirée ce jour-là. Entre les deux spectacles, je décidai d'aller dîner avec quelques amis. J'avais oublié de mettre ma montre à l'heure. Mes amis s'étonnèrent de me voir traîner à table aussi longtemps. Consultant ma montre, je constatai qu'il me restait une heure avant le spectacle. Notre serveur, passant devant la table, me demanda pourquoi nous faisions relâche. Je répliquai que ce n'était pas le cas. « Alors s'exclama-t-il, le rideau se lève dans cinq minutes! » Prise de panique, je courus vers la limousine, dont le chauffeur tapait du pied par terre. Dominique se demandait ce qui m'arrivait, car il connaît ma sainte horreur du retard. Il conduisit avec maestria, à une allure que n'aurait par reniée Al Capone lui-même. Blême, Mike Flowers m'attendait au théâtre, et je le comprenais. « Non, me dit Mike, tu ne m'as pas compris, Mark Reiner s'est tordu la cheville et ne peut pas danser. Tu as trois minutes pour changer la chorégraphie. » Nous n'avions que quatre danseurs, soudain réduits au nombre de trois! L'un des garçons devrait danser pour deux. Je me précipitai sur scène, où les trois garçons essayaient frénétiquement d'en mettre un autre au courant. Je ne reconnus pas tout de suite le quatrième; pourtant je le connaissais bien. C'était un des anciens danseurs de ma troupe, qui se trouvait « par hasard » dans le public; en entendant le charivari causé par cette défection, il était allé en coulisses. Il connaissait ce numéro, et les vêtements de Mark, y compris les chaussures lui allaient comme un gant! « Si vous voulez, j'y vais, dit Gary, mais je préférerais voir une fois le spectacle avant d'y participer. Je pourrai danser demain soir, Mark ne reviendra pas avant plusieurs semaines. »

La prédiction de J.Z. s'était donc révélée juste. Pourtant je me sentis protégée, à la fois par la présence « accidentelle » de Gary, et par le passage à l'heure d'été : cet oubli providentiel m'avait évité d'avoir à me tourmenter! Ce soir-là, nous dansâmes sans Mark ni Gary, en recréant au fur et à mesure la chorégraphie. Le public, mis dans la confidence, applaudit à tout rompre Larry, qui dut danser deux rôles et ne s'amusa jamais autant!

Le spectacle terminé, je pris le téléphone pour raconter à J.Z. ce qui s'était passé. Elle dit simplement :

— Maintenant, je comprends.

— Mais comment avez-vous su, insistai-je?

— Quand vous êtes sur cette longueur d'ondes, ajouta-t-elle, vous n'y pouvez rien. Un médium est plus « branché » que d'autres sur son soi supérieur, et sa « connaissance ». Voilà justement pourquoi nous sommes des médiums. La connaissance est à la portée de tous, nous sommes tous des médiums, sans le savoir. Il nous suffirait simplement de faire confiance à notre connaissance pour être pleinement conscients, car nous sommes ce dont nous avons conscience. Voilà quel devrait être notre but réel dans la vie. La remerçiant, je raccrochai, et restai un long moment assise, à réfléchir aux limites du temps linéaire.

Je ne pouvais percevoir que les événements d'un passé récent, ou sur le point de se produire. Je me sentis frustrée de ne pouvoir regarder dans mes vies antérieures ou dans un futur lointain.

Je pensais à un canot, flottant au fil du courant; à la hauteur du canot lui-même, nous pouvons voir seulement juste devant ou juste derrière. Si au contraire nous nous plaçons au-dessus du canot, notre perspective est plus large et plus étendue. Notre perception visuelle s'étend à des kilomètres en amont et en aval. Si la rivière représente le temps, il nous suffit, pour lire le passé ou l'avenir, de nous placer dans une perspective plus élevée. La réalité n'existe pas en elle-même, seule la perception que nous en avons existe. S'élever pour que notre perspective atteigne de l'envergure demande une connaissance plus étendue de notre moi supérieur, ce *moi* supérieur qui réside sur le plan astral, et non sur le plan physique et terrestre.

La dimension astrale, même si nous ne pouvons la voir ou la mesurer en termes linéaires, est bien réelle. Il existe une autre réalité que celle que nous percevons consciemment. C'est ce qui s'appelle un « nouvel âge » de la pensée, de la conscience. Cette conscience inclut la connaissance qu'il existe bien un autre niveau de dimension, fonctionnant dans l'harmonie et la perfection. Elle n'attend de nous qu'une chose : que nous comprenions que la vie sur terre est l'un des aspects – limités – de ce que nous sommes en réalité. Savoir que ce grand mystère insondable, en fait n'en est pas un, me convenait parfaitement comme support pratique au niveau terrestre. Il ne s'agissait pas de quelque chose de vague, là, au-dehors, mais de données existant en moi, attendant seulement d'être réalisées. Les niveaux supérieur et inférieur sont semblables. Les deux dimensions se reflètent l'une l'autre. Bien que je vive dans la dimension terrestre limitée, si je fais confiance à ce qui est sans limites, je suis aussi en mesure de capter ces longueurs d'onde; j'aurais pu savoir, par exemple, que Mark Reiner allait se tordre la cheville.

Pendant toutes mes années de recherche spirituelle, en moi et à travers les autres, j'ai été conduite vers des événements et des relations parfois à peine croyables! Certains faits impliquaient parfois des gens « ordinaires », d'autres se situaient plus en dehors des sentiers battus. Comme je l'ai déjà décrit, j'ai rendu visite à des médiums qui canalisent les guides du plan astral. J'ai développé des relations avec ces entités. Certaines étaient très amusantes, d'autres enrichissantes. L'un était vraiment plus profond que les autres; il s'agit de Ramtha, qui s'identifie lui-même en tant que « Ramtha l'Illuminé ». Ma relation particulièrement profonde avec Ramtha semble s'être forgée en d'autres temps et d'autres lieux. Il dit s'être incarné à l'époque de l'Atlantide, et avoir atteint sa complète réalisation au cours de cette vie-là. Quand je commence à parler de Ramtha, un étrange sentiment d'âme-mémoire m'envahit. La première fois que son nom a été mentionné, j'ai même éclaté en sanglots. Je ne comprenais pas ce qui m'arrivait. Mais ce que je savais, c'est que le simple fait de prononcer son nom évoquait en moi des sentiments que je ne pouvais contrôler, et me touchait si profondément que j'en avais presque peur.

La chose se produisit durant une première séance avec un

médium. Il se manifesta au travers de J.Z. Knight (la femme qui m'avait appelée à propos de Mark). J.Z. est une blonde délicieuse, douce et amicale. Ramtha, à l'évidence, est une énergie masculine, puissante et aimante. Quand J.Z. entra en transes, et que Ramtha se manifesta, tout en J.Z. changea : l'âme-énergie de Ramtha s'était emparée d'elle. J.Z. mesure environ un mètre soixante, et n'est pas une nature très robuste. Ramtha lui, me prenant dans ses bras, me souleva presque au-dessus de sa tête. Je sentais son énergie masculine au travers de *ses bras à elle*. Je pèse environ soixante kilos, autant dire que je ne suis pas légère! En d'autres occasions, je l'ai vu soulever un homme de quatre-vingt-dix kilos! A peine m'eut-il prise dans ses bras que je me mis à pleurer. Mon cœur semblait s'éveiller à un souvenir que je ne pouvais définir. Ramtha me posa ensuite sur le sol, et me prenant les mains, il les embrassa, me caressa le visage, et me fixant intensément dans les yeux, je pus littéralement sentir ses pensées, au travers du visage de J.Z.

Le sentiment était tellement intense qu'il en était déconcertant. En travaillant avec Kevin et avec d'autres médiums, j'avais souvent fait l'expérience de l'énergie des entités venant du plan astral. Mais il s'agissait là de quelque chose de tout à fait différent. Jamais je n'ai été aussi profondément touchée qu'avec Ramtha. Pour ressentir son énergie plus intensément encore, je me penchai vers lui. Je ne pouvais cesser de pleurer, et Ramtha se mit à sourire. Puis il pleura lui aussi; j'avais le sentiment d'être transportée dans un autre monde, mon esprit cessait de réfléchir, se contentant de ressentir. Qui était Ramtha? Un sentiment de familiarité envahit doucement mon cœur. Cela commença par une sorte d'intuition abstraite, mais j'essayai de ne pas étouffer le sentiment en l'analysant. Je le laissai se produire. Le sentiment grandit, jusqu'à devenir une pensée intuitive. Je regardai Ramtha dans les yeux, et je m'entendis lui demander : « Étiez-vous mon frère dans l'incarnation atlantéenne? »

Les larmes des yeux de Ramtha se firent plus abondantes. « Oui, mon bien-aimé, répondit-il, et toi aussi tu étais mon frère! » Puis-je ajouter que ces paroles me procurèrent *un sentiment* délicieux? Je savais que c'était là *la vérité;* il me fallait trouver la raison de mon émoi profond.

Ramtha et moi devions passer de longs moments ensemble; il me donna de nombreuses informations, à propos des fréquences de lumière en relation avec le corps humain, il me prédit —

non sans humour – des événements de ma vie personnelle. Et je dois dire qu'il eut raison sur toute la ligne!

Lorsque je laissais mon scepticisme intellectuel *bloquer ma « connaissance »* en expansion, il devenait sérieux sans se départir de sa tendresse. Il me narra d'innombrables histoires de notre vie ensemble, m'indiquant d'autres personnes que nous connaissions et qui maintenant font partie de ma vie. Il examina avec moi ce qu'il fallait faire pour que, sur le plan karmique je puisse m'entendre avec ces personnes. Calmement, sans jamais élever la voix, il m'expliquait pourquoi j'avais choisi d'entrer en conflit avec certaines de mes connaissances, afin de mieux les comprendre, et de me comprendre aussi plus complètement. Il souligna pour moi les domaines dans lesquels je devais travailler en vue de ma croissance personnelle, me mit en garde contre l'aveuglement que je manifestais dans certaines de mes relations; il me parla aussi de certaines des incarnations au cours desquelles nous avions été réunis. Il m'indiqua les exercices à pratiquer, les vitamines à prendre, les aliments à éviter, et donna même son opinion sur les scripts que j'étais en train de lire.

Je lui posai une foule de questions sur le vie personnelle du Christ, ou pour savoir si je rencontrerais l'âme-sœur dans cette incarnation. En fait, il me faudrait un livre tout entier pour parler des enseignements de Ramtha. Toutefois, quelle que soit la somme d'informations que j'ai obtenue de lui, il n'a cessé de me répéter que *moi*, je détenais déjà toutes les réponses. Je ne devais dépendre ni de lui, ni d'aucun autre guide spirituel, pour obtenir des réponses : je devais être mon propre guide. Je devais apprendre à me fier à moi-même, à ne compter que sur moi-même. La « chasse au gourou » pouvait être amusante pendant un temps, mais elle ne faisait que retarder ma propre vérité. Ramtha était drôle, plein d'humour, et adorait s'amuser lorsqu'il s'incarnait en J.Z. Il demandait souvent à boire du vin, comme il avait coutume de le faire lorsqu'il s'était lui-même incarné. Il l'aimait beaucoup, et but plusieurs fois plus que de raison; J.Z. dut en supporter les dégâts! Son énergie était dynamisante, il n'en restait pas aux explications vagues, allant jusqu'au tréfonds de l'âme, jusqu'à l'intimité même de l'être. Il n'ignorait rien de moi, et mentionna à plusieurs reprises des événements de mon enfance que j'avais oubliés. Il me questionna sur mes problèmes les plus intimes, que personne ne pouvait connaître. Il ne le fit pas pour être crédible, mais pour m'aider à résoudre mes conflits en en parlant. Il m'était impossible de rien lui cacher; il le savait de toute façon. Sur le plan astral, il n'y a ni secrets, ni manipulations, ni faux-fuyants, ni clandestinité. Son éducation spirituelle tendait vers un seul but : transmettre la vérité, à savoir que nous sommes Dieu. Nous sommes aussi capables de connaissance que *Lui*. Il n'y a pas de hiérarchie. Nul n'est plus ou moins avancé, il y a simplement des êtres plus *conscients* que d'autres.

Ramtha devint bientôt un ami spirituel, mais il s'efforça de me faire admettre que mon meilleur ami spirituel n'était autre que mon propre *moi* supérieur. Aussi longtemps que j'aurais besoin de lui, il serait là pour m'aider. Il fallait seulement me garder de devenir dépendante. (Tous les êtres spirituels avec qui j'ai conversé m'ont mise en garde à ce sujet.)

Quelques années plus tard, à New York, Ramtha me vint en aide, un jour où j'avais réellement un grave problème. Il lui arrivait souvent de collaborer avec d'autres entités sur le plan astral, entités auxquelles je faisais aussi confiance, comme Tom McPherson.

Je me produisais sur la scène du Gershwin Theater depuis environ trois semaines. L'été avait atteint son paroxysme durant la troisième semaine de mai. Lorsque la température s'élève vraiment à New York, les appareils à air conditionné soufflent un froid hivernal dans les bâtiments.

C'est ainsi qu'au beau milieu d'un spectacle, l'air conditionné se mit brusquement en marche au maximum. Sous l'effet du changement de température, mes muscles se nouèrent, ma gorge s'irrita, se dessécha, devint froide et douloureuse. Un rhume était bien la dernière chose dont j'avais besoin en plein été, et pendant une représentation. Prenant un châle dans les coulisses, je terminai le spectacle. Mais je sentais bien qu'à moins de prendre des mesures énergiques, les dés en avaient été jetés! Je réveillai un médecin de mes amis, qui me prescrivit un antibiotique. Je l'envoyai chercher sur le champ dans l'une de ces pharmacies ouvertes toute la nuit. Je n'avais pas pris de médicaments depuis des années, et je n'ai toujours pas compris pourquoi j'ai commis l'imprudence d'en avaler ce jour-là. Le lendemain après-midi, j'étais grâce aux antibiotiques, dans un tel état de faiblesse, que je pouvais à peine tenir debout. L'état de ma gorge s'était amélioré, mais j'avais les jambes en coton. Comment diable allais-je pouvoir danser?

Dominique vint me chercher à l'appartement, mais dut me porter jusqu'à la voiture. Je n'étais pas en mesure de marcher!

– Comment comptez-vous danser dans cet état? me demanda-t-il?

– Je ne sais pas, soupirais-je, trés déprimée, peut-être que je me sentirai mieux en arrivant sur place. S'il vous plaît, ne dites rien à personne.

Il acquiesça. Je me traînai jusqu'à ma loge, pensant que si j'arrivais à faire quelques mouvements d'échauffement, je me sentirais mieux. En fait c'est le contraire qui se produisit : plus je m'étirai, plus je m'affaiblis. J'essayai de sauter, mais l'augmentation de mon rythme cardiaque ne fit que diffuser plus vite encore les antibiotiques dans mon corps. L'orchestre accordait ses violons. Enfilant mon costume pour l'ouverture, je titubai jusqu'à la scène, essayai un plié, pour m'effondrer sur le côté du rideau, là où nul ne pouvait me voir. Incapable de bouger, j'étais consciente, mais ne pouvais parler, ce qui était terrifiant.

J'entendis Michaël Flowers m'appeler. Impossible de lui répondre. Des voix provenant de ma loge disaient que je ne m'y trouvais pas.

Étendue là, je compris que, sans aide, je ne pourrais m'en sortir. Faisant le vide dans mon esprit, j'appelais Ramtha et Mc Pherson à l'aide.

– Venez, suppliai-je, aidez-moi, je vous autorise à infuser en moi vos énergies; venez, relevez-moi.

J'attendis, essayant de ne pas laisser le doute s'infiltrer dans mon esprit. Si moi, je les laissais faire, ils viendraient. Je sentis mes bras se remplir lentement d'énergie, une sensation de douce chaleur les parcourut, et je réussis à les soulever. Un courant le long de mes jambes me réchauffa, une sorte de flux dynamisant et doux. Je pouvais maintenant bouger la jambe droite. Cette sensation de plomb qui m'avait terrassée s'éloignait peu à peu, je soulevai lentement et facilement ma jambe jusqu'au-dessus de ma tête. Avec autant d'aisance, je parvins à la même chose avec la jambe gauche. Précautionneusement, je me redressai, me remis sur pieds. Ma tête tournait : j'essayai de lever les yeux, cherchant *à voir* ce que je ressentais. Je visualisais la lumière de l'aura de Ramtha et celle de McPherson, se fondant à la mienne. Me sentant plus forte, je me secouai et sentis mon énergie se remettre en place. Je retournai dans les coulisses, où tout le monde me

119

cherchait avec frénésie. Michaël fut le premier à m'apercevoir.

— Comment allez-vous? me demanda-t-il. Vous avez un air bizarre. Et où étiez-vous donc?

— Les antibiotiques ne me réussissent guère, dis-je, j'ai eu un malaise.

Ma voix était atone. Il mit ses bras autour de mes épaules.

— Allez-vous pouvoir jouer?

— Vous voulez rire? répliquai-je, comme si quelqu'un d'autre s'exprimait à ma place. Jamais je n'ai manqué une représentation dans ma vie, et je ne compte pas commencer aujourd'hui.

— Parfait, dit Michaël.

— Il se peut que je ne sois pas seule, toutefois.

— C'est-à-dire?

— J'ai demandé à Ramtha et à Tom McPherson de me venir en aide. Ils sont juste au-dessus de moi, je les sens. Dès qu'ils se sont approchés de moi, j'ai pu recommencer à bouger. Sans eux, je serais encore derrière le rideau, effondrée sur le sol.

Michaël était au courant de mes liens avec Ramtha et Mac Pherson. Mike prit le ton d'un l'entraîneur d'équipe avant un match :

— Pourquoi pas? Alors, nous avons un peu d'énergie spirituelle ici. Est-ce que Ramtha sait danser? demanda-t-il, ravi.

— Je n'en sais rien, dis-je. Sûr que Mc Pherson peut être drôle. Je suppose que Ramtha va me tenir debout, et que Mc Pherson dansera.

L'orchestre jouait l'ouverture. Michaël me donna un baiser sur la joue. Quelques pliés et plusieurs étirements achevèrent de me chauffer les muscles. Mon énergie était parfaite, maintenant. L'ouverture terminée, je me mis en place derrière le piano qui, en pivotant, allait m'emmener sur scène. Le moment venu, le piano révéla ma présence, et le spot m'inonda de lumière rose vif. Je marquai un temps d'arrêt. Les lumières provoquaient chez moi une sensation inhabituelle. Le son semblait coupé, je n'étais pas en mesure d'apprécier la distance qui me séparait du bord de la scène. J'avais l'impression d'être une étrangère sur une terre inconnue. Comme pour m'assurer que mes amis étaient bien là, je regardai au-dessus de moi. Je les sentis me dire :

— Tout va bien, détends-toi, laisse-nous faire, *Tu sais* que nous sommes là!

Je n'avais pas le choix.

Je commençais à chanter. Ma voix m'avait l'air d'appartenir à quelqu'un d'autre, le sol me semblait plus éloigné qu'à l'accoutumée. Cette scène que je connaissais si bien m'apparaissait au travers de deux autres âmes-énergies. Cette expérience, malgré sa nouveauté, me paraissait extraordinairement familière.

Apparemment, le spectacle ne pâtit pas de mon malaise. Mais moi, je n'en ai gardé aucun souvenir. Selon mon entourage, il fut même meilleur qu'à l'accoutumée, bien que je ne me réjouisse guère d'en convenir. Quoi qu'il m'en coûte, j'ai toujours aimé faire les choses par moi-même. J'avais appris finalement qu'en appeler à des amis sprirituels pour m'aider ne voulait pas dire que je manquais de confiance en moi. Plus vite je laisserais de côté le style « je suis forte, je fais tout toute seule », mieux cela vaudrait. Michaël m'a raconté qu'après avoir salué une dernière fois le public, le rideau baissé, je me suis à nouveau écroulée. L'énergie de Ramtha et de Mc Pherson m'avait abandonnée. Michaël vint à ma rescousse, et me souleva dans ses bras puissants.

— Il semblerait qu'un autre travail les appelle sur l'heure, plaisanta-t-il, en sachant que j'irais bien.

— Avons-nous fait un bon numéro ensemble? m'enquis-je.

— Oui, mais je suis content qu'ils ne vous laissent pas dépendre d'eux.

De la coulisse, Dominique avait observé le manège. Catholique fervent, il avait lu mes livres, et m'avait de temps à autre posé des questions sur la réincarnation et les guides spirituels. Selon lui, l'Église laissait trop de questions sans réponse. Après le spectacle, il nous était souvent arrivé de parler. Michaël me déposa dans la voiture et Dominique me reconduisit à l'appartement. J'étais allongée sur le siège arrière.

— Comment avez-vous pu danser dans cet état? me demanda-t-il après avoir hésité un moment, comme si la réponse lui faisait peur. Je ne comprends pas.

— J'ai reçu de l'aide, répondis-je.

— De l'aide? Qui vous a aidée? demanda-t-il en s'étranglant.

M'asseyant, je m'appuyai sur le dossier du siège avant et lui racontai l'épisode McPherson et Ramtha. Il ne cilla pas, semblant me comprendre.

121

En somme, vous me dites que ce Ramtha et ce McPherson sont là tout le temps, si vous avez besoin d'eux ?

– Exactement.

– Ils ont vécu sur terre, et ils avaient un corps.

Il s'agissait maintenant d'une affirmation, pas d'une question.

– Oui.

– Ils pourraient décider de se réincarner, et d'avoir à nouveau un corps comme nous ?

– Exact.

Nous arrivions devant mon immeuble. Il marqua un temps d'arrêt, puis me dit :

– Vous savez pourquoi je vous crois ?

– Non, pourquoi ?

– Parce qu'un mois après la mort de mon frère, celui-ci est venu me voir une nuit. *Je sais* qu'il se tenait là, à côté de mon lit. Il m'expliqua qu'il allait bien, que je devais dire à mon père de ne plus se faire de souci. Je lui demandai pourquoi il n'allait pas le lui dire lui-même et il ajouta : « Parce que Papa ne comprendrait pas, toi oui. »

Tout en évoquant ses souvenirs, Dominique hochait la tête.

– Et le plus drôle, reprit-il, c'est que, le même jour, j'avais regardé les fleurs dans le patio, et je m'étais dit que si les fleurs pouvaient revenir, il n'y avait aucune raison pour que nous ne puissions pas revenir aussi. La Nature a l'habitude d'agir de la sorte. Lorsque mon frère est venu cette nuit-là, j'étais prêt à comprendre. Peut-être pourrait-il parfois venir m'aider, tout comme l'ont fait vos amis ce soir ? C'est bien là le point le plus important, non ?

L'éloquence simple de Dominique en disait plus long que bien des livres de métaphysique que j'avais lus.

– J'aimerais me documenter sur ce sujet, Shirley.

– Vous n'en avez pas besoin, Dominique, tout est là, en vous. Écoutez vos sentiments, faites leur confiance, *vous* êtes illimité, mais vous n'en avez pas encore conscience.

– Vous savez, reprit-il, hochant à nouveau la tête, je pense que ce n'est pas un hasard si je suis votre chauffeur. J'avais tout simplement besoin d'être dans votre entourage, pour voir comment vous mettez en pratique tout votre savoir.

Dominique m'aida à regagner mon appartement, et me suggéra la vitamine C plutôt que les antibiotiques, pour me débarrasser de mon rhume. D'un ton de réprimande, il ajouta encore :

– N'essayez pas d'en faire tellement toute seule. Laissez les autres vous aider, comme vous l'avez fait ce soir.

J'apprenais ma leçon, et de plus d'une façon. Deux incidents en rapport avec McPherson et Ramtha me reviennent en mémoire. McPherson, tout d'abord. Avant de tourner *Terms of Endearment*, je ne m'étais pas trouvée sur un plateau de cinéma pendant environ trois ans. Il y avait sans doute de bons scripts quelque part, mais moi je n'en avais reçu aucun.

Steven Spielberg avait écrit un scénario, *Poltergeist*, et me demanda de jouer le rôle de la mère. J'avais toujours rêvé de tourner avec Spielberg, à cause de son penchant pour la métaphysique. Mais *Poltergeist* me semblait trop violent, exploitant le côté négatif de la Force. Je ne désirais pas contribuer à l'explosion de violence qui avait cours dans l'industrie cinématographique. Avant d'informer Steven de ma décision, j'en discutai longuement. Même si le choix semblait erroné pour ma carrière, je lui fis part de mon refus. Il me répondit qu'il me comprenait parfaitement. Qu'il avait d'ailleurs en préparation un film sur le côté positif de la Force, un sujet sur l'amour entre un petit garçon et un extra-terrestre. Aucun rôle ne saurait me convenir dans ce film, ajouta-t-il. Il me raconta *E.T.* dans ses grandes lignes, et je lui dis combien j'étais convaincue du succès qu'allait connaître le film : non seulement il donnait de l'espoir aux gens, mais, de plus, le film semblait charmant. Steven me remercia, me promit de travailler avec moi dans d'autres circonstances, lorsque nous pourrions mettre l'accent sur le côté positif de la compréhension spirituelle. Nombre de mes amis et associés pensèrent que je devais avoir perdu la raison pour refuser le rôle de *Poltergeist*, ma carrière à l'époque n'étant pas à son firmament. Il m'était difficile de leur expliquer que je serais allée à l'encontre de mes croyances spirituelles, car *l'Amour foudre* n'avait pas encore été publié. Au cours d'une séance, je demandai néanmoins à McPherson si un rôle intéressant me serait offert dans un avenir plus ou moins proche.

– Vous devez savoir tout d'abord que vous avez marqué un bon point à nos yeux, ici, en refusant le rôle dans *Poltergeist*. Les autres peuvent faire ce genre de films, pas vous.

– Fantastique, dis-je à Tom, mais qu'en est-il des films ? Quand vais-je avoir un rôle intéressant ?

123

– Est-ce que deux semaines vous paraissent une période supportable? demanda-t-il en riant.

Je n'avais pas la moindre idée de ce qu'il pouvait bien vouloir dire, je n'avais rien en vue à l'époque.

– Vous allez recevoir un excellent scénario, à propos des relations entre une mère et sa fille; les premières images du film montreront un clown enfant.

– Une mère et sa fille?

– Oui, reprit-il avec assurance, le film connaîtra un grand succès. Vous recevrez d'ailleurs une statue dorée pour votre rôle.

Je ne tins pas compte de ce qu'il m'avait dit. Pourtant deux semaines plus tard, Sue Mengers, un agent, me téléphona. Elle me dit qu'elle avait sous les yeux un scénario écrit par James L. Brooks, auteur de séries télévisées. La plupart des studios considéraient que ce film présentait des risques, mais elle pensait quant à elle qu'il serait excellent, et que le rôle m'irait comme un gant. Elle me demanda de lire le texte. La prédiction de Tom me revint immédiatement en mémoire. Le lendemain, je lus le script, et je rencontrai Jim la semaine suivante. Tout le monde connaît le reste de l'histoire. Pourtant, elle prit vers la fin un tour inattendu. Quelques semaines plus tard, comme je discutais avec Ramtha de *Terms of Endearment* :

– Vous ne tournerez pas ce film avant un an et demi, me dit-il. Il n'arrive pas à point nommé. Le financement ne pourra se faire, et *vous*, vous n'êtes pas prête. Mais n'ayez crainte, lorsque ce projet se réalisera, votre patience sera largement récompensée.

Tout se déroula exactement comme Ramtha me l'avait prédit. L'un après l'autre, les studios déclinèrent l'offre, prétextant que le projet n'était pas assez commercial, et insistant sur le fait qu'ils n'étaient pas prêts à allouer le budget dont Jim avait besoin pour les frais de tournage sur place, au Texas. En attendant, je refusai toutes les offres qui pouvaient m'être faites, pour être sûre d'être disponible. Je faisais confiance à Ramtha et McPherson. Un an et demi plus tard, la Paramount accepta enfin la proposition.

Le tournage put commencer, et McPherson et Ramtha, à mes côtés, m'encouragèrent à « devenir » vraiment Aurora Greenway.

Ramtha passa beaucoup de temps à discuter avec moi de *l'Amour foudre*. Il s'opposait avec force à toutes les projections négatives que comportait le manuscrit original, même si elles semblaient dans la logique des événements tels qu'ils se déroulaient sur la scène mondiale. Étant très pragmatique, j'eus avec lui des discussions assez vives. Choisir son propre chemin dans une voie positive est une chose, ignorer toutes les prédictions dictées par le bon sens, d'après ce que l'on observe autour de soi, en est une autre. Ramtha affirmait fréquemment que les prophéties contiennent trop souvent leur propre dynamique de déclenchement. Projeter le pire contribue à le faire survenir. J'en arrivai d'ailleurs à la même conclusion. Il s'est aussi agi là d'une des plus importantes leçons que j'ai apprises depuis les débuts de ma recherche métaphysique. La peur et le négativisme ne font pas partie de l'avenir, bien au contraire. Effacer cette peur même et ce négativisme constitue notre tâche pour le futur. Quels que soient les efforts à déployer pour éliminer ces concepts de la conscience, je m'y tiens, même s'il s'agit d'un conflit relié à un sujet d'ordre général, ou plus simplement en relation avec ma vie quotidienne.

Beaucoup de cette peur accumulée en moi-même a été éliminée avant que je puisse publier *l'Amour foudre*. Au fil de ma vie, je me rends d'ailleurs compte que plus j'élimine la peur, plus je suis heureuse. La peur est devenue pour moi une non-réalité, une perception plus qu'un état de fait. La peur n'est que ce que je perçois qu'elle est. Pourtant elle est encore présente parfois. « En réalité », je sais qu'elle n'est là que parce que je l'y autorise.

Chapitre 7

L'état de ma mère s'améliora enfin. Elle avait décidé d'être suffisamment en forme pour pouvoir assister à la dernière de mon spectacle. Comme elle l'avait annoncé, Papa et elle arrivèrent au théâtre durant la matinée précédant la dernière représentation. Quant à Sachi, elle revint de Californie, et Dominique était allé tous les accueillir à l'aéroport. Pendant mon spectacle, j'aperçus à gauche de la scène, trois de ceux qui comptent le plus au monde pour moi, assis là sur des chaises pliantes, me regardant de la coulisse. Jamais je n'oublierai l'image de mon père et ma mère, assis très droits, appuyés sur leur canne avec Sachi, légèrement en retrait, les entourant de ses bras.

Leurs visages rayonnaient. J'aurais presque pu entendre leurs pensées; les grands-parents pensant à ce qu'aurait pu être leur carrière, s'ils n'avaient pas décidé d'élever une famille de façon traditionnelle; et leur petite fille, les yeux pleins de rêve, le cœur battant à l'idée de devenir une artiste à son tour. Entre les deux représentations, une petite fête avait été organisée en l'honneur de la clôture du spectacle. Les tables avaient été décorées de coupes de cerises, et un autre gâteau aux carottes, trônait là, orné de l'inscription « Amour et Lumière ». De nombreux membres du personnel avaient sous le bras une copie de mon livre l'*Amour foudre*, et attendaient que je le leur dédicace. Danny me fit aussi signer le livre officiel enregistrant le record du nombre de représentations dans cette salle, record que nous avions battu.

A l'extérieur, de nombreux « fidèles », qui étaient venus chaque jour à la fin du spectacle, s'étaient regroupés pour la dernière fois : ils m'apportaient lettres et cadeaux, témoignant leur gratitude pour ce que je leur avais appris sur la pensée positive.

Papa, Maman et Sachi s'installèrent dans la salle pour la dernière représentation ainsi que Bella et Martin Abzug. Avant que l'orchestre ne commençât à jouer, je prononçai mes affirmations. Bien sûr, cette longue performance de six semaines m'avait fatiguée, mais à la simple pensée que jamais sans doute je ne rejouerais ce spectacle à New York, je me sentais envahie d'une profonde tristesse.

Revêtue de mon ensemble pailleté de rouge, je me dirigeai une dernière fois derrière le piano. Tandis que le spectacle commençait, je regardai au-dessus de moi. La rampe lumineuse m'était désormais familière. Les décors attendaient d'être portés en scène. Chacun des musiciens me regardait en souriant; pas un seul d'entre eux n'avait manqué une seule représentation, il fallait le noter! La musique brisa le silence et s'éleva jusqu'aux combles. L'orchestre avait affirmé n'avoir jamais eu une partition aussi compliquée à jouer à Broadway! Tout en regardant autour de moi, je me demandai combien d'autres artistes m'avaient précédée sur cette scène y laissant un peu leur essence vitale. Elle hantait toujours les combles, et leur magie ne disparaîtrait sans doute jamais. Dans quelques heures, il ne resterait rien de nos décors, ils seraient démontés et chargés sur des camions, pour laisser la place à un autre artiste. Mais la magie de notre énergie, elle, demeurerait. Il est courant, dans les milieux du spectacle de parler de « salles qui portent chance » ou de « mauvaise salles ». La chance? Mais ce n'était que de l'énergie, avec laquelle notre être profond s'accordait. Tous les théâtres dans lesquels je m'étais produite regorgeaient de cette énergie, j'aurais presque pu palper les vibrations des artistes qui m'avaient précédée. Cette expérience commune, faite de rires et de larmes, d'appréciation réciproque, de drames déchirants et de comédies burlesques, d'ovations éclatantes et de silences et d'attentions figées, tout cela flottait encore dans l'éther de chaque théâtre, en compagnie de souvenirs vibrants et invisibles... Comment s'étonner de ce que les salles de spectacle soient teintées de magie, qu'elle suscitent l'admiration? On y recréait la vie à l'image des rêves du public. Or, qu'eût été la vie sans rêves? J'entrai en scène. Le spot chargé de me suivre m'inonda de lumière et pour la dernière fois, j'ouvris le spectacle. Mes yeux se portèrent sur le quatrième rang, où Papa, Maman et Sachi me regardaient en souriant. A mon tour, je leur souris. Un tel bonheur m'envahit, car leur présence me comblait. Je leur dédiai mon spectacle. A la fin, je pris le micro et m'approchai d'eux. Je demandai au public de respecter leur intimité, avant de faire les présentations. Je leur dédiai à chacun une chanson et vis des larmes sur leur visage. Tout cela avait jailli spontanément de chez moi comme de chez eux. Ensuite, je regagnai les coulisses, remerciai chaque membre de l'équipe pour les six semaines les plus enthousiasmantes de ma vie, et je demandai qu'on baisse le rideau.

Les danseurs m'applaudirent et je fis de même pour eux. Les musiciens quittèrent la fosse de l'orchestre pour venir nous embrasser. Les ouvriers s'essuyaient les mains sur leurs jeans et nous donnaient d'amicales tapes dans le dos pour nous féliciter, tout en commençant à démonter les décors. L'habilleuse me confia que jamais plus le théâtre ne serait le même, suspendant nos costumes trempés de sueur. Les responsables de l'éclairage firent clignoter les spots, pour nous rappeler qu'ils étaient là, qu'ils attendaient notre retour. Nous échangeâmes des photos dédicacées, des autographes, et je remis mon cadeau personnel de fin de spectacle : de petites broches en diamants, aux initiales de chacun. Lorsque je regagnai enfin ma loge, ma famille m'y attendait. Papa leva ses yeux pleins de larmes vers moi :

— Chaton, dit-il, j'aimerais trouver les mots pour te dire combien tu as été splendide sur cette scène!

— Penser que quelqu'un d'aussi adorable nous est si proche est un sentiment merveilleux! ajouta Maman.

J'avais tant attendu qu'ils me disent cela! Les deux personnes qui étaient à l'origine même de ma formation et de mon entraînement, qui m'avaient insufflé du courage lorsque j'étais enfant, qui m'avaient soutenue dans ma lutte et m'avaient aidée à croire en moi... ces deux personnes étaient là, assises devant moi, et me disaient que les rêves qu'elles avaient échafaudés pour moi s'étaient concrétisés.

Bella et Martin Abzug ne tardèrent pas à nous rejoindre. Je les présentai à mes parents. Bella demanda à mon père si le spectacle de sa fille lui avait plu. Une lueur malicieuse alluma les yeux de mon père :

– Et bien, je dois d'abord vous dire que j'ai pu entendre tout ce qu'elle disait! s'exclama Papa. Ces écouteurs sont véritablement remarquables. (Ils lui avaient été fournis par la direction du théâtre.)

Bella fonça droit dans le piège qu'il venait de lui tendre.

– Les écouteurs? dit-elle. « Quels écouteurs? »

– Évidemment, aucun de ces appareils auditifs que je porte ne fonctionne jamais convenablement. Mais avec celui-là, pas de problèmes! Vous savez pourquoi?

– Non, répliqua Bella, pourquoi?

– Parce que c'est un appareil acoustique républicain!

– Pardon? dit-elle, intriguée.

– Bien sûr, ajouta Papa, si le vieux cow-boy à la Maison-Blanche en portait un comme celui-là, il ne ferait que de bonnes réponses.

– De bonnes réponses? dit Bella, élevant doucement la voix.

Elle eut un air troublé que je lui avais rarement vu. Je levai les bras au ciel, et passai dans la pièce adjacente pour me changer. Il n'y avait vraiment pas de doute : Papa et Maman tenaient les premiers rôles, où qu'ils fussent! Il ne nous restait qu'à nous incliner et à jouer les faire-valoirs.

Près de trois heures s'écoulèrent entre le baisser du rideau et notre départ pour la maison. J'arpentai une dernière fois la scène désormais vide, et bénis les sièges. Je savais que notre énergie irait se mêler à celles de nos prédécesseurs et de nos successeurs. Pourtant, pour moi, comme pour les autres artistes, ce moment était déprimant.

Nous regagnâmes alors l'appartement, pour y grignoter de petits gâteaux au maïs et y boire une tasse de thé. Sachi, Papa et Maman avaient encore les yeux emplis de mon spectacle. Sachi observait avec attention le jeu qui se déroulait entre mes parents et moi-même. Elle n'avait pas eu souvent l'occasion de passer du temps avec nous trois réunis. L'émotion qui se dégageait de ces

130

réunions de famille fascinait l'actrice débutante en elle. Mais elle n'oubliait pas qu'elle était aussi ma fille, et à ce titre, elle désirait en apprendre plus sur moi, et sur ce qui m'avait modelée. Moi même, j'étais captivée par ces liens parce que je commençais à mieux comprendre les raisons du choix antérieur à ma naissance qui m'avait fait prendre part à la vie de mon père et de ma mère.

— Ces gâteaux sont exquis, dit mon père. Je suis reconnaissant pour de petits bienfaits comme ceux-là. Comparés aux repas que nous prépare Cervelle d'Oiseau, ceci me semble un véritable festin.

Maman se mit à rire. La conversation s'étendit un moment sur le manque de talents culinaires de Cervelle d'Oiseau.

— Mais nous savons, reprit Papa, que c'est une personne gentille et bonne; elle nous divertit. Et comme nous ne sortons pas beaucoup, les seuls qu'il me soit donné de voir sont les amis de ta mère, les « génies de la finance ».

— Ira, dit Maman, la colère dans les yeux, je ne te permets pas de parler de mes amis en ces termes!

L'intensité de leur réaction m'avait surprise. Papa savait qu'il venait de mettre le doigt sur un point sensible. Il l'avait sans doute fait à dessein. Je me demandai vraiment de quoi il s'agissait.

— Mes amis sont importants pour moi, dit Maman. Tu ne les comprends pas parce que tu ne t'es même pas donné la peine d'essayer de les connaître. Tu es toujours beaucoup trop occupé à m'humilier devant eux...

Sachi, tout comme moi, fut stupéfaite de l'intensité de la réaction de ma mère. Apparemment, le déclic s'était fait sur un point tout à fait mineur. La violence de sa réplique ne semblait pas en rapport avec le trait d'humour décoché par mon père. Papa comprit parfaitement ce qui se tramait; sans doute avait-il lancé cette remarque pour bénéficier du public familial? Lequel lui permettait d'exprimer certains de leurs sentiments communs, encore refoulés. Essayant de calmer ma mère, je lui pris doucement le bras, mais elle le retira.

— Non, reprit-elle avec ardeur, ton père ne cesse d'embarrasser mes amis en faisant des jeux de mots de mauvais goût, et je n'aime pas cela du tout; vraiment pas du tout.

Tout en souriant et en croquant son gâteau. Papa décida de faire valoir *son* point de vue :

— Voyons. Scotch, reprit-il, tout ce qui les intéresse, c'est l'argent; j'essaie simplement d'apporter une touche d'humour au tableau pour rendre la situation humainement plus supportable.

Il sourit avec malice et attendit qu'elle réagisse. D'innombrables scènes de mon enfance me revinrent en mémoire. Leurs querelles, leurs joutes, leurs « numéros » de théâtre. Ma mère se redressa sur sa chaise.

— Dieu soit loué, reprit-elle, moi je m'intéresse à l'argent. C'est moi qui dois remplir les chèques, sinon le fisc viendrait nous arrêter pour nous jeter en prison.

Elle ne paraissait pas raconter une histoire pour le plaisir d'être mélodramatique; elle avait l'air très sérieuse. Je me rendis compte qu'il s'agissait de bien autre chose qu'une simple affaire d'argent.

— La patronne me donne douze dollars cinquante d'argent de poche par semaine, dit Papa, se retournant vers moi. Je pourrais boire pour plus que cette somme en une seule journée, alors sur une semaine... Et si je trouvais une blonde qui accepte que je l'entretienne pour une somme aussi modique, elle n'en vaudrait sans doute pas la peine!

Nous nous engagions sur un terrain épineux. Les yeux de ma mères lançaient des éclairs. De toute évidence, elle avait décidé de ne pas attacher d'importance à la remarque sur « la blonde qui n'en vaudrait pas la peine ». Elle préférait s'en tenir à la question financière. En moins d'une minute, ils avaient réussi à aborder sept sujets majeurs : l'adultère, l'humiliation, l'amitié, l'argent, la boisson, le fisc et la prison. Sachi posa son gâteau, les yeux écarquillés, pour mieux suivre la scène. Ce spectacle lui semblait bien supérieur à n'importe lequel des mélodrames les plus passionnants du petit écran.

— Ira, dit Maman, élevant la voix. Tu te soucies tellement peu de nous, que tu ne prends même pas la peine d'enregistrer les chèques que tu rédiges, ni le nom de ceux à qui ils sont destinés. Tu possèdes des cartes de crédit, comme la Visa par exemple. Pourquoi ne t'en sers-tu pas? Mais non, tu préfères me laisser me débattre avec les soucis. La banque et le fisc vont nous faire rechercher, et tu le sais!

— Vraiment? dit simplement Papa, en souriant.

— Oui, et cela me rend folle de rage, car c'est moi qui dois aller à la banque, m'excuser auprès des caissières.

132

— Oh, Scotch (il mit un accent particulier sur ce surnom) les filles de la banque sont aussi tes amies. Elles *comprennent* ton ignorance en matière d'argent.

— Je sais fort bien comment m'occuper de l'argent, cria ma mère, j'ai bien dû apprendre, tu as toujours été si négligent!

— Mais Maman, dis-je sentant le besoin d'intervenir, pourquoi ne prends-tu pas un comptable? Cela résoudrait le problème.

— Un comptable? gronda-t-elle, outrée. Certainement pas. J'aime remplir les chèques. Pourquoi devrais-je renoncer à l'un de mes plaisirs? Je veux simplement que ton père fasse plus attention aux chèques qu'il émet, et je veux qu'il tienne ses comptes!

— Scotch, je ne remplis même pas un chèque par mois. Je sais que je dois me contenter de douze dollars cinquante par semaine. Tu me l'as dit, et j'obéis toujours aux ordres de la patronne.

— Ta chambre est dégoûtante, dit-elle pleine de fureur, tu y dors toute la journée, je ne peux donc pas y pénétrer, et la poussière qui en sort envahit la maison tout entière. (Se tournant vers moi.) Et jamais je ne peux trouver tes clés; et je sais parfaitement qu'il dépense ses douze dollars cinquante en alcool, voilà pourquoi je ne veux pas lui en donner plus!

Je regardai Sachi. Elle semblait accepter qu'ils prissent cette discussion au sérieux, sans y accorder elle-même de l'importance. Leur gymnastique de sentiments n'était pas pour faciliter la compréhension de leur querelle.

— Si je dors toute la journée, dit Papa, c'est justement pour éviter ce genre de discussions... De plus, je suis né fatigué, et le matin, je récupère.

— Tu dors toute la journée parce que tu es paresseux, et que tu me laisses l'entière responsabilité de tout! répliqua ma mère.

— C'est tout à fait exact, reprit mon père. A mon âge, j'ai eu le temps de réfléchir longuement à l'ambition et au tort qu'elle peut causer à une vie. C'est très agréable d'y avoir renoncé, et de n'avoir à se préoccuper que de la manière dont on va se chausser. Si je sortais de ma chambre, j'aurais à entendre tes récriminations à mon sujet, ou à écouter tes vieux amis pérorer sur leurs bons du Trésor et leurs investissements en Bourse. Je pense que j'ai de la chance de recevoir mes douze dollars cinquante par semaine!

Je me demandai soudain si Warren avait jamais été témoin d'une conversation comme celle-là. Si l'on réfléchissait à l'argent que nous avions tous les deux gagné et mis à leur disposition, on croyait rêver.

Je me sentis obligée d'intervenir parce que, d'une certaine manière cette conversation déteignait sur nous.

— Maman, dis-je, avec douceur pourquoi te fais-tu du souci à propos de l'argent? Tu sais que tu en as plus qu'il ne t'en faut, et que la source est loin d'être tarie.

Elle se pencha vers moi et dit, avec le plus grand sérieux :

— Shirley, je me contente d'être prudente. Il pourrait arriver quelque chose, à Warren ou à toi. Je veux être sûre que nous n'aurons pas de problèmes quand nous serons vieux.

Cette remarque me sembla si extraordinaire que j'en restai sans voix. J'essayai de prendre un ton raisonnable :

— Mais Maman, tu as quatre-vingt-un ans. Quand penses-tu que tu seras âgée?

— Je ne me sens pas vieille, dit-elle en haussant les épaules. Je ne veux pas non plus le devenir. Et en jouant avec l'argent, je reste jeune.

— Ta mère aime s'amuser avec l'argent ajouta mon père, elle aime jouer avec les intérêts qu'elle accumule en banque.

— Ainsi, c'est toi qui es intéressée par l'argent! dis-je en me retournant vers elle.

— Ce n'est pas l'argent en lui-même, dit-elle, c'est ce que je peux en faire, du moins si j'apprends à le manipuler. De plus cela me maintient en forme, et je peux davantage discuter avec ton père quand je suis alerte.

— Voilà, rétorqua mon père en riant, elle réunit tous ces vieux experts financiers. Ils parlent de leurs comptes en banque, et quand ils s'en vont elle peut se quereller avec moi.

— Oui, dit Maman, parce que tu viens dans la pièce où nous nous trouvons, et tu m'humilies devant mes amis, en disant que je ne connais rien à l'argent; il ne m'adresse pas la parole, si ce n'est pour se montrer désagréable. Il reste assis là des heures entières sans dire un seul mot, et quand mes amis arrivent, il me met dans l'embarras.

Je me tournais alors vers mon père, sachant fort bien que ma mère disait la vérité.

— En fait, dit Papa, j'essaie simplement d'apporter quelques informations utiles, mais ta mère dit que je me moque d'elle.

— Peut-être pourrais-tu apprendre quelque chose de lui ? suggerai-je alors à ma mère.

— Non, dit-elle, secouant vigoureusement la tête, ils parlent de sujets compliqués que je ne comprends pas : des fonds de placements, par exemple. Alors, moi je me contente de rester assise là et de les écouter. Tout cela ne m'intéresse pas. Je ne veux même pas en entendre parler. Et d'ailleurs je n'ai pas assez d'argent.

— Mais enfin Maman, *bien sûr* que tu as assez d'argent pour cela ! Et tu as bien le droit de t'amuser avec si cela te fait plaisir.

— Oui, dit-elle en souriant, c'est amusant.

— Et bien, alors ne te contente pas de rester assise là et de les écouter, prends part à la conversation, pour en apprendre plus. Mais je savais que ce que je disais là était beaucoup trop logique pour qu'elle accepte d'en tenir compte.

— Non, dit-elle, je ne veux pas m'en mêler. De toute façon, ton père va simplement se retourner vers moi pour me dire que je n'y comprends rien. Alors, à quoi bon même essayer ?

Nous tournions en rond. Sachi essaya de tirer des conclusions logiques.

— Et bien Grand-mère, pourquoi n'apprends-tu pas ?

— Je ne veux pas apprendre, répondit-elle.

— Pourquoi pas ? redemanda Sachi.

— Parce que moi aussi, j'ai des droits ! répliqua-t-elle d'une voix très convaincue.

Stupéfaite, Sachi sembla hésiter. Je saisis l'occasion au vol.

— Veux-tu dire par là qu'un de tes droits est de ne *pas* apprendre ?

— C'est parfaitement exact ! J'aime aller à la banque et me faire donner des explications par les jeunes femmes là-bas. Cela me fournit au moins une occasion de sortir. Je ne veux pas que ton père m'apprenne, parce que plus j'en sais, plus il discute avec moi. Et je n'aime pas me quereller.

Je pensais que, cette fois, nous avions atteint le cœur du sujet : il s'agissait en fait de concurrence. Sachi ne vit aucun moyen d'enrichir d'une manière quelconque cette conversation.

— Mais Maman, repris-je, tu viens de te jeter toi-même dans

une impasse. L'argent t'intéresse, pourtant tu ne veux en faire qu'à ta tête avec les filles au guichet de la banque. Tu reproches à Papa de ne pas t'adresser la parole, mais tu ne veux pas prendre part aux discussions sur l'argent à la maison, ce qui vous donnerait un sujet de conversation!

Je venais de me perdre dans un labyrinthe de mots, dont le sens ne m'apparaissait pas clairement.

Maman s'appuya sur le dossier de sa chaise. Ce qui l'intéressait surtout était de marquer des points, et de réfléchir à sa prochaine réplique. Papa, sachant exactement ce qu'il était en train de faire, se contentait de sourire et d'attendre.

— Ton père ne veut pas entendre parler des bons de caisse. Pourtant, il lui arrive d'aller à la banque se renseigner, il sait bien que si je meurs la première, il ne saura pas se débrouiller. Je lui ai donné les clefs du coffre et tous les papiers. Qu'ai-je fait de mal?

Ceci dépassait l'entendement. Elle avait maintenant réussi à insérer la notion de mort dans la conversation. Papa savait qu'elle le ferait. Le jeu repartait de plus belle, et des ombres de mon enfance me revinrent en mémoire. Maman reprit alors :

— Je veux aussi me remettre à conduire, mais ton père me terrorise à m'en faire dresser les cheveux sur la tête. Et je ne me laisserai pas faire!

Stupéfaite je lui demandais si elle avait réellement l'intention de conduire. Sans vouloir être alarmiste, j'ajoutai :

— Pourquoi veux-tu conduire? Ne penses-tu pas plutôt qu'il serait temps d'y renoncer et de commencer à utiliser le service de voitures que j'ai fait mettre à ta disposition?

— Oh! non, répliqua-t-elle d'une voix fière, j'aime conduire moi-même ma propre voiture, afin de pouvoir échapper à ton père et à ses humiliations incessantes.

— Mais enfin, Scotch, dit mon père, je ne cesse de dormir. A quoi veux-tu donc échapper? (Les braises se rallumèrent dans ses yeux.) Tu as essayé de me faire peur au sujet du robot de cuisine offert par Shirley. Tu dis toujours que je vais me couper un doigt; pourtant cela me serait très utile pour couper les légumes, mais maintenant j'en ai trop peur. Alors je ne vais plus me préoccuper de tout cela, plus du tout. Je ne veux plus rien savoir, ni des clés, ni de ta chambre, ni des chèques. J'en ai assez.

Cette déclaration énoncée, elle se lança dans une liste

interminable de reproches à l'égard de celui qui avait partagé sa vie.

Elle se sentait de toute évidence offensée par lui et pourtant bien incapable d'envisager, même un instant, de le quitter. Ces deux personnes qui proclamaient haut et clair qu'ils ne pouvaient vivre ensemble en paix, semblaient ne pas pouvoir vivre séparés (et en paix). Une fois que ma mère en eut terminé avec sa tirade, je repris la parole.

— Tu m'a toujours dit que tu l'aimais.

— Je n'y pouvais *rien* répondit-elle, me regardant d'un air stupéfait.

Cette réplique me désarma, tout comme Sachi, laquelle, après avoir attendu un instant de recouvrer ses esprits, dit d'un ton très naturel :

— Tout ceci m'intéresse au plus haut point.

— Vraiment, chérie? demanda Maman d'un ton très innocent, comme s'il ne lui était jamais apparu que Sachi puisse être touchée par ces querelles.

— C'est vrai, Grand-mère, ajouta Sachi, je n'ai jamais entendu qui que ce soit se disputer comme vous. D'habitude, j'arrive à suivre le fil de l'histoire.

Maman ne répliqua rien.

— Et bien, Sachi, dit mon père, as-tu une idée de la raison pour laquelle nous nous querellons autant?

— Je pense que vous aimez cela, répondit Sachi, le fixant droit dans les yeux. Je pense que vous croyez que cela vous maintient en forme.

— Je me dispute parce qu'il faut que je me protège! A défaut de le faire, mon ego serait détruit! protesta Maman.

— Mais tu tombes droit dans ses pièges, Grand-mère, on dirait que tu as envie de te mettre en colère!

Cette remarque toute simple sembla attirer l'attention de Maman.

— Mais oui, reprit Sachi, et si tu ne résouds pas ce problème, il va te falloir revenir jusqu'à ce que tu le fasses.

Mon père tout comme ma mère marquèrent un temps d'arrêt. Puis mon père prit la parole.

— Mais je pensais que lorsqu'on revenait, tout était changé.

— Cela ne s'améliorera pas dans une autre vie, dit Sachi sans hésiter, à moins que tu ne résolves la question dans cette vie-ci. C'est la clef du progrès.

L'approche de Sachi me sidérait. Eux buvaient ses paroles. Elle continua.

— A mon avis, Grand-mère, Grand-père t'offre ici la possibilité de résoudre tes problèmes d'intolérance et de jugement. Il y a des tas de choses qu'il fait que tu n'aimes pas, mais c'est toi qui l'y pousses.

— C'est moi qui veux qu'il se tienne dans une chambre sale et qu'il m'humilie?

— C'est toi qui attires ces comportements, parce que tu sais que *toi*, tu as besoin de progresser dans cette ligne de recherche. Il est évident que vous vous aimez, et qu'ensemble vous avez choisi d'être réunis afin de résoudre les problèmes qui vous sont *propres*.

— Pourquoi ne cesse-t-il pas de faire toutes ces choses qui me mettent en colère?

— C'est probablement ce qu'il ferait, si tu cessais d'être irritée. Jusqu'à ce que tu y parviennes, il va continuer à te donner l'occasion de progresser.

A moi aussi Sachi donnait une leçon, tant sa pensée était claire.

— En te faisant subir tout cela, il te fait un cadeau. Et tu lui en fais un à ton tour, en l'aidant à comprendre qu'il te fait souffrir. Vous devez tous deux vous changer *vous-mêmes,* et non pas essayer de changer l'autre.

Papa et Maman s'étaient arrêtés net. Je n'avais jamais essayé cette approche avec eux. Le salon resta étrangement silencieux pendant un long moment. Soudain, ma mère reprit la parole:

— Shirley, as-tu honte de moi?

— Honte, m'exclamai-je? Pourquoi devrais-je avoir honte?

— Penses-tu que j'aie tenu de méchants propos sur ton père?

— Je le crois, oui, répondis-je, je me souviens que tu avais l'habitude de me prendre à part et de me dire combien il était difficile de vivre avec Papa, et que si cela n'avait pas été pour Warren et pour moi, tu l'aurais quitté.

Sachi finit par dire qu'ils devaient tous deux avoir eu des vies antérieures fort compliquées. Ma mère répondit que de toute façon, il était trop tard pour rien changer.

— Voilà plus de cinquante ans que je l'écoute. Je ne le ferai pas indéfiniment. (Puis elle se mit à pleurer.) Mon Dieu, mais je dois être quelqu'un d'épouvantable!

Me levant, j'allai vers elle et lui mit les bras autour du cou :

— Voyons, Maman, pourquoi dis-tu une chose pareille?

— Mais c'est à cause de tout ce que vous venez de me dire!

— C'est toi qui es en train de prouver que tu es quelqu'un d'affreux! dis-je.

— De toute façon, il vaut mieux que je ne dise rien, d'ailleurs ton père ne peut pas m'entendre.

Sachi se leva pour enlacer aussi Maman. Je tournais les yeux vers Papa, qui observait d'un œil froid toute la scène, comme s'il en avait été témoin depuis toujours.

— Papa, dis-je, pourquoi ne dis-tu pas à Maman que tu l'aimes?

Il tapota le coussin qui se trouvait à côté de lui, avant de prendre la parole. Maman pleurait abondamment. Il se mit à raconter combien il était fier de l'attendre, et de la voir sortir du supermarché. Toutes les autres « petites vieilles » sortaient de là les cheveux en bataille, tombant n'importe comment autour de la figure, les chaussures trop larges et traînant la jambe à petits pas. Maman elle, sortait l'air souverain, mince, élancée, les cheveux élégamment coiffés, semblant marcher sur un coussin d'air. Les autres femmes « sentaient », elle, non. Elle laissait toujours derrière elle un sillage d'« Émeraude », son parfum favori. Il expliqua longuement combien il appréciait qu'elle ait autant pris soin d'elle-même, combien la maison était impeccablement tenue, beaucoup mieux que mon appartement d'ailleurs; combien il appréciait ses mets comparés à ceux des cafétérias où les gens prenaient un malin plaisir à le bousculer et à renverser son café. En outre, il lui disait qu'il l'aimait au moins douze fois par jour. Je lui demandai en quels termes il s'exprimait. Chaque fois qu'il passait près d'elle, me répondit-il, il lui touchait l'épaule. Elle connaissait la signification de ce geste.

La raison pour laquelle elle se sentait un peu mise à l'écart, selon lui, était celle-ci : elle était la seule de la famille à ne pas avoir reçu de distinction honorifique. Mais ne pouvait-elle se rendre compte que sans son étincelle nous n'aurions pu prendre le départ? Et pendant que Maman ne pouvait l'entendre, car elle était sortie un instant de la pièce, il ajouta :

— Je crois qu'elle regrette beaucoup de ne pas avoir fait carrière dans le théâtre, mais après tout, je pourrais bien dire la même chose. J'aurais pu devenir docteur en Psychologie, si je n'avais pas eu à faire vivre une femme et des enfants. Une fois que je me suis marié, j'ai fait une croix sur ces ambitions. Jamais je n'y ai repensé depuis. Je n'aurais pas connu un dixième du bonheur que vous tous m'avez donné, si j'étais devenu un psychologue célèbre ou un bon musicien à Carnegie Hall. Sur certains points, ta mère semble très philosophe, mais parfois elle ne l'est pas.

Maman revint dans la pièce. Il la regarda droit dans les yeux.

— En ce qui concerne l'argent, ajouta-t-il, cela ne veut rien dire. Je ne sais pas pourquoi elle en fait toute une histoire!

J'en eus un haut-le-cœur. Je me souvins qu'il agissait exactement ainsi avec moi. Il me regardait d'un air malicieux en me racontant comment il avait attaché la queue d'un chien à celle d'un chat pour pouvoir les regarder se battre. Cela m'avait horrifiée. Apparemment, il cherchait à reprendre la dispute avec Maman. Mais elle ne dit rien.

Je me rappelai les poèmes qu'elle me récitait avec de douces inflexions dans la voix. Elle s'assit avec soin sur la chaise. Sa voix semblait tout à fait posée :

— Tu sais, Shirl, tu ne peux te rendre compte de l'effet qu'a eu la Grande Dépression sur les gens. C'était vraiment quelque chose que je ne pourrai oublier. Aujourd'hui encore, je ne peux pas acheter une robe, si elle n'est pas en soldes.

— Et quand elle s'habille, reprit Papa, elle a beaucoup plus d'allure que n'importe laquelle de ses amies!

— Oh, Ira, elles ne me vont même pas quand je les achète, mes épaules sont trop voûtées!

— Mais tu n'as pas de ventre comme ces experts financiers, et tes jambes sont superbes!

— Mes jambes ne cessent de se briser.

A ce moment, je me levai. La « pièce » s'achevait, il était tard, et j'étais aussi fatiguée.

— Vous savez, dis-je, j'aimerais que vous ne vous en teniez pas tant au côté négatif des choses.

— Toi aussi, tu aurais peur, si tes jambes étaient comme les miennes.

Je commençai à débarrasser la table.

— Tu as vraiment pris l'habitude de tomber et de te faire mal.

140

— Je crois que si je tombe à nouveau, je m'aliterai pour toujours.

— Maman, as-tu *envie* de mourir? dis-je la fixant droit dans les yeux.

— Je pense que je n'ai pas encore pris de décision, ajouta-t-elle après un bref silence.

Je souris.

Quant à Papa, il crut bon d'ajouter que si elle avait décidé de répondre oui à ma question, lui savait où se trouvaient les clés.

— Les clés que tu m'as fait chercher dans ta chambre repoussante? demanda-t-elle.

— Oui, dit-il en faisant claquer sa bouche, j'aime que tu viennes me parler dans ma chambre.

Maman se mit à sourire tout à coup, et haussa les épaules. Puis, avec cet art consommé qu'elle possédait de sauter sans aucune transition d'un sujet à l'autre, elle se retourna vers moi et très sérieusement :

— Tu sais, Shirl, l'un des souvenirs qui a fait que ton père et moi sommes toujours restés ensemble au cours de toutes ces années, est celui de notre première nuit... « Notre nuit de noces »... Jamais je n'avais connu d'homme auparavant. Et pour moi, cela a été un émerveillement.

J'attendis, pensant qu'elle allait continuer, mais elle se contenta de répéter :

— Cette nuit a été un véritable émerveillement.

Elle semblait perdue dans un lointain souvenir. Peut-être essayait-elle de me dire autre chose? Avec hésitation, je lui demandai :

— Maman, cet émerveillement a duré plus d'une nuit?

— Oh, bien sûr, répondit-elle avec vivacité et d'un ton très convaincu.

— Mais pour moi c'était quelque chose de tout nouveau et de merveilleux.

Papa la regardait le regard attendri, l'œil malicieux. Sachi écarquillait les yeux. Jamais sans doute elle ne s'était imaginée que sa grand'mère mettrait un sujet aussi intime sur le tapis. Le moment était venu de poser à mon père une question qui m'avait toujours intéressée.

— Papa, dis-je, avais-tu connu une autre femme, avant Maman?

Il arbora instantanément un large sourire, et prit sa pipe.

— Est-ce que j'ai connu une autre femme au lit avant ta mère, reprit-il.

J'acquiesçai. Sachi se pencha en avant, comme pour mieux entendre.

— Eh bien, non, dit-il en examinant sa pipe avec la plus grande attention. Mais bien sûr, je ne tiens pas compte des femmes que j'ai connues sur le sol.

Sachi et moi éclatâmes de rire. Maman souleva les sourcils en nous entendant faire tout ce bruit, et regardant son époux de travers, entendit retenir notre attention et marquer un point à son tour.

— Eh bien, moi, je n'ai connu qu'un seul homme dans ma vie, et j'en suis heureuse. Le simple souvenir de cette nuit m'a toujours empêchée de commettre des folies.

Comme à son habitude, Papa tapota sa pipe contre le cendrier (ce qui démontrait un art de faire qui n'était peut-être pas aussi subtil qu'il le pensait).

— Chaton, me dit-il d'un ton qui me prouvait que nous allions maintenant parler de moi, et plus particulièrement de ma vie sexuelle, as-tu jamais entendu quoi que ce soit à propos de cet anglais, ce Gerry dont tu as parlé? Je me demandai quelle allait être sa réaction en lisant ce que tu avais écrit à propos de son pénis flottant dans la baignoire. Tu rentres vraiment dans des détails intimes, tu sais.

Il faisait allusion à un passage de l'*Amour foudre* dans lequel j'avais décrit Gerry trempant dans son bain tandis que nous conversions, et de mon amusement quand j'avais vu son pénis flotter doucement au milieu des bulles.

— Oui, Maman, dit Sachi clignant des yeux et d'une voix solennelle, une de mes amies m'en a parlé. Elle m'a dit qu'elle avait pris beaucoup de bains avec des hommes, et que jamais aucun d'entre eux n'avait eu un pénis qui flottait.

Maman se mit à rire et porta la main à sa bouche en reprenant sa respiration.

— Que vient de dire Sachi? demanda Papa, qui avait parfaitement entendu son commentaire.

Quelque peu éberluée, Maman intervint à son tour :

— Crois-tu que Gerry était fier que tu lui consacres ces lignes? *Beaucoup* d'hommes le seraient sans doute.

— Grand-mère, dit Sachi, comment pourrait-il être fier

quand Maman écrit que son pénis ne faisait que flotter?

Maman hurla de rire, et une fois calmée, reprit :

— Eh bien! je n'en sais rien, après tout, je n'en ai connu qu'un... Ce qui était probablement stupide de ma part, ajouta-t-elle en haussant les épaules.

— Peut-être bien, dit Papa tirant une longue bouffée de pipe, mais quand quelqu'un me demande ce que je fais de mieux, je réponds immanquablement qu'il suffit de regarder mes enfants pour avoir la réponse. De toute évidence, c'est au lit que je me comporte le mieux.

— Oh Ira, dit Maman, tu exagères vraiment.

Elle se redressa, comme si elle en avait assez.

— Je crois que je vais mourir si je ne me couche pas immédiatement.

Sachi m'aida à l'accompagner dans la chambre d'amis, où ils dormiraient tous les deux. Je me demandai comment ils allaient s'entendre dans un grand lit, puisqu'à la maison, ils ne faisaient pas seulement lits séparés, mais chambre à part.

Nous l'aidâmes à passer sa chemise de nuit rose, très spectaculaire. Elle l'avait achetée en soldes spécialement pour son voyage à New York. Tout en l'aidant, il me revint en mémoire, qu'aussi loin que je me souvienne, elle m'avait toujours offert une chemise de nuit à Noël. Je n'avais jamais compris pourquoi. Nous l'aidâmes à se coucher et Sachi se pencha pour l'embrasser. Maman se retourna vers moi et me regarda :

— Ce soir, tu étais vraiment splendide, Shirley, absolument merveilleuse.

Pendant le petit déjeuner le lendemain matin, Papa décida que les sautes d'humeur de Maman étaient dues au chocolat qu'elle avait mangé la veille dans ma loge.

— Le chocolat est pour ta mère pire que de la strychnine, dit-il en oubliant soigneusement l'énorme part de gâteau au chocolat qu'il lui avait lui-même apportée à l'hôpital.

— Je suis absolument navrée Shirl, me dit-elle mortifiée.

Elle semblait vraiment furieuse contre elle-même. Aussi difficile qu'ait été la situation délicate de la veille, j'essayai, pour ma part d'en tirer les aspects positifs.

— Maman, il était très important pour toi de dire toutes ces choses une bonne fois. Tu as prouvé à Sachi et à moi-même que tu nous aimais beaucoup, parce que tu as eu le courage de te dévoiler de façon aussi intime devant nous.

— Je n'y avais jamais songé sous cet aspect, me dit-elle. Alors, cela n'a pas été un problème?

— Mais pas du tout, Maman. Cela s'est révélé très utile pour nous tous. Il y a toujours plus d'aspects positifs que négatifs lorsqu'on s'exprime soi-même.

Mes parents avaient toujours reconnu le rôle essentiel que joue la famille dans la façon dont se structurent les pensées. Pendant que nous passions en revue les valeurs attachées à leur passé, nous en vînmes à aborder à nouveau les sujets politiques. Tous deux avaient au cours des années affermi leur résistance à la domination. Chez Papa, cela avait pris la forme d'un anti-communisme violent qu'il exprimait dans un langage peu châtié. Il avait coutume de proclamer : « Tes amis de la presse, pourquoi montrent-ils ce pays comme un endroit où il se passe des choses affreuses? Pourquoi ne donnent-ils jamais de bonnes nouvelles? Voilà ce que j'aimerais voir, de bonnes nouvelles.

— Papa, lui demandai-je alors, pourquoi es-tu si opposé à l'Union Soviétique?

— Je te l'ai dit, répliqua-t-il d'un ton sec, je n'aime pas les imbéciles.

— Mais enfin, qu'est-ce qui provoque une telle résistance chez toi?

— Ma mère.

— Il a raison, reprit Maman, je te l'ai dit. Sa mère lui a appris plus que tout à avoir peur. Il a tellement peur des communistes que, des années durant, je n'ai même pas pu écrire à une amie parce qu'elle *connaissait* un communiste!

— Oui, quel imbécile! reprit mon père. Cet idiot était rédacteur en chef de ce magazine stupide. Et ton amie a même été entraînée à aller à Moscou!

— Qu'y a-t-il de mal à aller à Moscou? demandai-je. J'y suis bien allée. Des tas de gens aussi, cela ne signifie pas qu'ils sont communistes.

— Mais je le sais, reprit mon père, j'ai même été invité une fois à l'Ambassade soviétique à Washington, et je suis sûr que le F.B.I. doit avoir ma photo dans un dossier quelque part!

— Enfin, Papa, dis-je d'un ton exaspéré, qui redoutes-tu le plus? Les communistes ou le F.B.I.?

— En tout cas, le F.B.I. n'a pas l'intention de supprimer la famille, l'église, et de laisser le déroulement de la vie entre les mains de quelques experts gouvernementaux.

— Pourtant, il y a au Kremlin tout autant de gens qui ont peur de nous.

— Oui, reprit-il, après réflexion, j'en ai entendu parler. (Son visage ébaucha un sourire.) Et puisque nous parlons Russie et ce qu'ils y pensent, il ne faut pas oublier que, depuis un certain temps, tu subis l'influence d'un Russe.

Moi? Sous l'influence d'un russe? Je ne voyais pas de quoi il voulait parler. Je repensai soudain aux danseurs du Ballet russe que je connaissais.

— A qui fais-tu allusion? Quel Russe? demandai-je, vraiment stupéfaite.

— Tu sais parfaitement de qui je veux parler, dit-il.

— Non, je ne le sais pas, vraiment.

— Ton ami, comment s'appelle-t-il? Vassy, je crois? Nous l'avons rencontré quand il se trouvait avec toi à Malibu.

Je m'étais toujours demandé ce que Papa pensait du Russe avec qui je vivais, mais jamais je n'avais réussi à le lui faire dire.

Maintenant, quatre ans plus tard, il commençait à exprimer le fond de sa pensée. J'essayai de conserver mon calme :

— Vassy subissait *mon* influence, Papa. Il vivait aux États-Unis, conduisait des voitures décapotables à Hollywood et profitait d'une vie libre. Ce n'est pas parce que quelqu'un est Russe qu'il est communiste!

Mon père avait l'art de retourner les raisonnements comme une crêpe.

— *Tous* les Russes aiment être tristes, tu le sais. La souffrance leur est nécessaire, et c'est sans doute la raison pour laquelle ils ont ce type de gouvernement.

Peut-être n'avait-il pas entièrement tort, me dis-je. Je me levai et regardai au-dehors la Première Avenue. Vassy avait adoré New York. Il m'avait dit que jamais il ne pourrait y vivre sans penser à moi. Les souvenirs des moments que nous avions partagés me revenaient en mémoire. Papa n'avait pas tort à propos de la souffrance en ce qui concernait Vassy. Mais aussi, son âme russe pouvait être immensément heureuse. Notre expérience commune l'avait été, malgré ses épuisants déchirements, mais ce qui s'était passé n'avait rien à voir avec un différend politique ou idéologique. S'il y avait au monde une personne qui préférait être « morte plutôt que rouge », c'était bien Vassy. Non, ce qui m'avait fascinée à proprement parler était son « être russe ».

— Papa, repris-je, ignores-tu que ma vie durant, j'ai comme été hantée par la Russie?

— Non, chaton, qu'entends-tu par là?

— Je ne sais pas, dis-je, cela semble m'avoir accompagné ma vie durant. Leur musique, leur langue, leur manière de se nourrir, leur humour, leur âme, en somme. Il me semble que je la comprends, je me sens très proche d'elle. Il m'a semblé inévitable de rencontrer Vassy, sans que je puisse m'expliquer pourquoi. Je dirai même plus : je crois que toi aussi tu partages certains de ces sentiments à propos de la Russie, sinon cet endroit ne te préoccuperait pas tant!

— Que penses-tu devoir en conclure?

— Peut-être y avons-nous tous vécu autrefois?

— Tu veux dire dans une vie antérieure?

— C'est cela, dans une vie passée.

— Qui entends-tu par « nous tous »?

— Notre famille, dis-je.

Maman m'écoutait avec la plus grande attention, se souvenant du conflit qu'elle avait eu à propos de son amie.

— Et regarde Warren, continuai-je, avec son obsession magnifique à propos de John Reed, de ses espoirs pour la Révolution russe. Il en a fait une création qui s'est traduite par *Reds*. D'où crois-tu que cela provienne? Ne penses-tu pas qu'il y ait là de quoi faire sérieusement réfléchir?

— Chaton, qu'il s'agisse de Monsieur Jésus-Christ, de Pierre le Baptiste, ou de George Dieu de Goldsborough, rien ne me semble impossible, quand c'est toi qui en parles!

Il alluma l'une de ses pipes et ajouta :

— Certes, tout est possible.

Je souris, soupirai en moi-même. « C'est amusant, c'est exactement ce que Vassy ne cessait de répéter. »

— Et bien parle-nous de lui, dit Papa, amusé à l'idée d'en savoir plus sur l'une de mes liaisons.

— Attends, dit Maman, je veux aller me chercher un peu de thé.

J'attendis qu'ils soient installés, avant de leur raconter l'histoire.

DEUXIÈME PARTIE

La danse
de l'homme
et de la femme

Chapitre 8

Dès notre première rencontre, Vassy et moi fûmes convaincus de nous être connus, au moins dans une vie précédente. Voilà l'une des nombreuses raisons qui nous ont rendus si proches spirituellement. Les concepts que j'explorais, étaient loin de lui être étrangers; bien plus, ils font partie intégrante de la tradition russe. Pourtant, nos personnalités résolument à l'opposé l'une de l'autre rendirent nos relations pour le moins animées. Papa avait raison : Vassy aurait aussi pu s'apppeler « souffrance et conflit créateur », alors qu'on pourrait me surnommer « optimisme et pensée positive ». Nous dégagions une flamme telle, lorsque nous étions ensemble, qu'il était difficile de croire que cette relation si intense était totalement nouvelle. Chacun de nous savait qu'il était embarqué dans une aventure karmique, dont l'intensité s'expliquait par notre attraction réciproque. Son but : résoudre les problèmes en suspens, non seulement ceux de l'un par rapport à l'autre, mais aussi ceux afférents à chacune de nos personnalités, et mis en évidence par l'autre.

Il a été souvent constaté combien la littérature se nourrit de relations d'amour et de haine, de conflits familiaux, de sentiments fondamentaux de solitude, de jalousie, de puissance ou de cupidité, ou encore de désespoir. Pour nous, la grande littérature n'était épique que parce qu'elle concernait le karma. Nous restions convaincus que toute l'expérience de la vie ne tournait, en fait, qu'autour de la résolution de nos conflits intérieurs, en utilisant les âmes des autres comme catalyseur.

Toute relation amoureuse dont nous faisons l'expérience a des raisons bien précises de se produire, un but en quelque sorte. Au niveau de l'âme, nous le *savons*. Cette espèce de réaction chimique qui nous attire vers quelqu'un, n'est en fait que l'expression d'un souvenir : celui d'une relation, dont nous avons déjà fait l'expérience, et de la compréhension du fait qu'il existe encore des domaines conflictuels, qu'il convient d'aplanir.

Notre histoire d'amour en était, à nos yeux, la preuve éclatante. Mais, tandis que nous nous retrouvions aux prises avec les angoisses de ce conflit joyeux de la bataille amoureuse entre l'homme et la femme, nous avions souvent oublié la mystique fondamentale de notre attirance première. Bien sûr, on pourrait considérer aussi que nous n'avions pas d'autre solution que de vivre totalement *l'instant présent*, pour résoudre nos problèmes, lesquels n'étaient pas en relation avec *l'autre*, mais bien avec nous-même, comme c'est d'ailleurs le cas pour tous les conflits, je pense. Ce qui nous fascinait vraiment, c'était d'observer cette vérité indéniable : notre conflit était en tous points analogue à celui qui oppose Russes et Américains, sur un plan général. Notre propre histoire résumait ces incompréhensions et ces différences culturelles. Plus encore, chacun d'entre nous a pu faire l'expérience des conflits qui dressent l'une contre l'autre l'énergie mâle et l'énergie femelle, toutes deux contenues en nous.

Mais commençons par le commencement : notre première rencontre. J'étais au beau milieu du tournage frénétique d'un film, lorsque l'acteur Jon Voigt m'appela au téléphone pour me demander avec insistance d'aller voir le film de l'un de ses amis, un réalisateur soviétique, qui répondra ici au nom de Vassily Okhlopkhov-Medvedjatnikov! (son nom véritable est tout aussi compliqué, je vous l'assure.)

Jon ajouta que le film, quoique long, était excellent. Je lui avouai que j'étais épuisée, et qu'à dire la vérité, je n'avais guère envie d'aller visionner un film soviétique et pompeux. Jon reprit :

— Je sais, mais tu vas voir quelque chose de très émouvant. J'aimerais sincèrement que tu rencontres Vassy. S'il te plaît, fais-le pour moi.

Comment pouvais-je refuser? Je pris l'autoroute, en direction de la Vallée de San Fernando. J'aurais pourtant dû me rendre compte de ce qui allait se produire! Après l'espèce de folie qui s'était emparée des plateaux de tournage, j'essayai de me détendre l'esprit. Je cherchais à imaginer à quoi pourrait bien ressembler ce réalisateur soviétique. Pendant mes années de ballet, j'avais connu nombre de soviétiques. Leur vie agrémentée d'un mélange détonnant et coloré, la passion, la sensibilité profonde et authentique qu'ils exprimaient dans leur créativité artistique m'avaient toujours attirée. L'image d'un metteur en scène russe me traversa l'esprit, alors que je conduisais. La précision de l'image était stupéfiante : un homme grand, mince, à la peau mate, aux pommettes hautes, de type mongol, avec des yeux marron foncé, presque fauves, en amande.

Il arborait un large sourire aux dents blanches, larges, parfaitement implantées, une sorte de « perfection imparfaite ». Cette impression persistante à propos de sa dentition marqua ma pensée. Imposant dans mon imagination, cet homme portait une veste de cuir fauve, sur des blue-jeans trop larges, mal ajustés à cause de l'étroitesse de ses hanches. Toujours dans mon imagination, il se tenait devant ma voiture, tandis qu'on me conduisait vers la salle de projection numéro 1. Ses cheveux bruns cascadaient jusque sur le col de sa veste, et il les repoussait de temps en temps vers l'arrière, sur son front, d'un large mouvement! Tout ceci me traversa l'esprit pendant que je roulais sur l'autoroute, me faufilant à travers l'intense trafic de la soirée.

Arrivée devant la grille d'Universal, je m'arrêtai, pour demander où avait lieu la projection du film russe (j'avais oublié le nom du réalisateur!) Le policier m'indiqua d'un geste la salle numéro 1. Curieuse coïncidence, me dis-je! Je roulai lentement, cherchant mon chemin lorsque j'aperçus devant moi un homme grand, mince, habillé d'une veste de cuir fauve et de blue-jeans trop larges. Il semblait attendre quelqu'un. Il ressemblait trait pour trait à l'homme que j'avais imaginé : je reconnaissais ses pommettes hautes, bien que ses yeux soient cachés par des lunettes d'aviateur. Il se passait la main dans les cheveux, avec un air d'impatience. Sincèrement étonnée, je sortis avec nonchalance de la voiture.

Arrachant littéralement ses lunettes, comme pour mieux me voir, il se précipita pour m'aider. Le regardant droit dans les yeux, je le remerçiai; j'avais la très nette impression de le connaître.

— Mrs. Mc Laine? me demanda-t-il avec cette façon caractéristique qu'ont les étrangers de le faire, quand ils ne sont pas sûrs de la manière dont il faut s'adresser à quelqu'un.

— Hello, dis-je, j'espère que je ne suis pas en retard; le tournage a été long.

— Pas problème, répondit-il, avec un accent russe délicieux. Merci être venue. Les gens sont prêts dans la salle. Je suis réalisateur films.

— Oui, je le sais, dis-je, m'apercevant que sa voix même m'était familière. J'ai faim. Savez-vous s'il y aurait quelque chose à manger?

— Bien sûr, répliqua-t-il et, le geste large il enjoignit à un employé de « m'apporter tout ce qui était disponible ».

Jon m'avait prévenu que son ami était « très russe », quoi que cela puisse vouloir dire. Je me demandai comment il avait pu obtenir l'autorisation de venir aux États-Unis, et d'y travailler. Il m'escorta dans la salle de projection, comme si j'étais la Reine d'Angleterre et lui le prince consort. J'essayai de me souvenir de son nom : pas moyen. Après tout, je n'aurais pas besoin de le présenter à qui que ce soit, puisque j'étais, moi, l'invitée. Son sens du commandement m'amusait, et il me plut instantanément. Une fois dans la salle, il retourna vers la chaise jouxtant la régie-son, attendant que je me trouve un siège. Le pas décidé, je m'avançai vers lui, voulant m'asseoir à ses côtés. Il sembla ravi. S'étant levé, il salua tout le monde, nous parla brièvement de la réalisation du film (qui n'avait pas pris moins de deux ans, le film lui-même durait trois heures et demie), puis il s'assit et demanda à l'opérateur de cabine de commencer la projection.

Les lumières s'éteignirent, je sortis mes cigarettes; sans rien demander, il se pencha, en prit une, la fuma précipitamment, comme le font les gens qui n'ont pas l'habitude. Durant tout le film, il fuma de temps à autre, à grands renforts de toussotements et de raclements de gorge, comme pour montrer qu'il n'aurait pas dû.

Le générique me livra son nom, une fois encore : Medvedjatnikov. J'essayai de le répéter, pour ne pas l'oublier. Le déroulement du film confirma l'opinion de Jon : le film était superbe, à la fois grandiose, personnel, touchant, dramatique, drôle pourtant et parfois étrangement mystique. Un fait curieux me troublait pourtant; aujourd'hui encore, je ne pourrais décrire avec exactitude l'impression que j'en retirai : la vedette, dont le nom m'échappe, me ressemblait de façon étonnante. Plus que mystérieux, je trouvai cela troublant. Non seulement elle reflétait l'image que je me fais de moi, mais ses mouvements aussi étaient ceux que je pense avoir. J'avais l'impression en la regardant, d'envahir ma propre intimité; sa façon de relever la tête quand elle n'était pas sûre d'elle, les expressions de son visage, tout me rappelait ma personne. Il s'agissait plus que d'un reflet. La lumière revint dans la salle; je me tournai vers Medvedjatnikov, qui avait terminé mon paquet de cigarettes. J'essayai d'imaginer un moyen qui me permettrait avec tact de lui parler de mon image à l'écran. Il ne me laissa pas le temps de lui poser la question :

— Vous voyez, Sheerlee, dit-il en prononçant mon nom de son accent au demeurant charmant, voilà douze ans que j'essaie d'entrer en contact avec vous. Pardonnez-moi, mais vous avez été une obsession pour moi. Je n'en connais pas la cause, mais voilà pourquoi toutes mes vedettes vous ressemblent. *Toutes.*

Il affichait un gigantesque sourire. J'étais à la fois flattée et stupéfaite; moi qui croyais avoir tout entendu! J'en restai muette!

— Douze ans, répétai-je (quand on ne sais pas quoi dire, et qu'on a besoin de quelques instants pour se reprendre, répéter la question est un truc qui marche toujours).

— C'est vrai, dit Medvedjatnikov, demandez à n'importe lequel de mes amis, que vous rencontrerez peut-être.

Eh bien, me dis-je, au moins il ne perd pas de temps!

— Oui, bien..., murmurai-je. Votre film est assez remarquable. Que comptez-vous en faire?

— Je veux distributeur américain. Assez difficile. Qui veut voir film russe? Mais on m'a dit qu'il est comme *Racines* américain. Est-ce que c'est pas vrai?

Il avait raison. Le film retraçait l'histoire d'un village russe, en Sibérie, du tournant du siècle au début des années soixante-dix, au travers des deux guerres. Il explorait la vie et les sentiments de ses habitants projetés dans le futur technologique de la Russie révolutionnaire. Ce n'était pas un film propagandiste, au contraire, il me parut très humain et touchant. Il exprimait la stupéfaction des habitants, précipités dans la révolution de leur pays, impliqués aussi dans les événements à l'échelle mondiale. En parlant avec Medvedjatnikov, je pris conscience que le point de vue qu'il exprimait devant moi je n'avais jamais eu l'occasion de l'entendre.

— Ainsi, vous avez quitté la Russie avec votre film? dis-je.

— Quitté la Russie?

Il semblait proprement ébahi.

— Jamais! C'est mon pays, je suis russe, je ne suis pas un transfuge, même pas un dissident. Je suis un réalisateur qui veut être libre de faire des films à l'Ouest.

Je le regardai d'un air soupçonneux : comment quelqu'un pouvait-il être autorisé à agir de la sorte?

— La semaine prochaine, je vais rencontrer les gens de l'Immigration, pour obtenir un nouveau visa, le visa H-1. Bientôt, si Dieu le veut, tout sera en ordre.

— J'avais la nette impression que quelles que soient les démarches qui lui seraient imposées, il s'y soumettrait : sa vitalité semblait illimitée, affirmée et décisive.

— Mais comment pouvez-vous entrer et sortir d'Union soviétique? N'est-ce pas plutôt inhabituel?

— Inhabituel, certes, mais pas illégal. J'ai épousé une française, ma fille est à demi-française, donc. Les autorités ne peuvent m'empêcher de voir ma famille en France. En tant qu'avocat, j'ai étudié la loi russe, et comme je comprends ce que vous appelez les finesses des règlements, j'épuise une à une toutes les possibilités. Ce n'est peut-être même pas si rare que vous semblez le penser. Beaucoup de ressortissants qui ont épousé des étrangers peuvent quitter le territoire. Pour moi, ce n'est pas toujours très facile, car je suis un personnage connu, mais je suis persévérant, et si Dieu le veut, j'y parviendrai. J'aimerais tourner avec vous.

Il me surprit au milieu d'un bâillement que j'essayais de réprimer. J'étais à la fois extrêmement curieuse et, très fatiguée. Il se mit à sourire.

— Êtes-vous libre pour dîner? demanda-t-il. Bien sûr je sais que vos horaires de tournage sont épuisants, mais pourriez-vous me consacrer du temps? J'ai tellement attendu avant d'entrer en contact avec vous.

— Navrée, lui dis-je, mais nous avons presque fini le

154

tournage, et demain je dois être très tôt sur le plateau; de plus je tourne une scène difficile. Mais peut-être une autre fois.

– Hélas! je pars pour Paris pendant le week-end. Que diriez-vous de demain soir?

Son sourire était toujours aussi éclatant.

– Demain soir, dis-je à haute voix...

– S'il vous plaît, oui, s'il vous plaît.

Ce mélange d'assurance et de style « petit garçon » m'amusait.

En acceptant, je me rendais compte que j'avais déjà le petit doigt dans un engrenage inhabituel; et je me connaissais suffisamment pour savoir que j'avais envie d'y passer sans doute le bras tout entier. Pourquoi pas, après tout? J'ajoutais simplement :

– Où?

– J'habite au Château-Marmont. Je serai dans le hall à 20 h.

J'acquiesçai, et Medvedjatnikov se mit à rire et à taper des mains comme un enfant heureux. D'une voix gutturale, il ajouta alors :

– Je m'appelle Vassy. Appelez-moi Vassy, s'il vous plaît. Cela me ferait plaisir.

On aurait dit qu'il allait exploser de joie.

Seigneur, me dis-je. J'avais connu pas mal d'histoires d'amour, mais je me rendais bien compte que si je laissais celle-ci évoluer, il y aurait en jeu une toute autre gamme d'énergie. Pour faire écran entre ses yeux et les miens, je remis mes lunettes. Il me raccompagna à la voiture.

– Sheerlee, me dit-il avec un large sourire, vous êtes femme *mer*veilleuse. Je suis *heu*reux. Et tellement *heu*reux que mon film vous ait plu.

Sa voix était sincère et voilée non pas par l'ivresse du whisky, mais bien par celle de la vodka, me dis-je. J'avais aussi l'impression qu'il était habitué à crier.

Le lendemain soir, je rejoignis Vassy dans le hall du Château-Marmont. Il portait les mêmes jeans, bien qu'il eût changé de veston. Il sourit et se leva en me voyant arriver, le buste légèrement penché en avant.

– Merci, Sheerlee, dit-il avec un charme certain, aussi réel que calculé. C'est tellement gentil à vous, je sais que vous êtes très occupée avec votre tournage.

155

— Oui, dis-je, mais c'est sans importance. Je suis contente de pouvoir parler plus longuement avec vous du film et d'un système possible de distribution.

Son sourire s'estompa sous le masque du professionnel.

— Oui, pouvons-nous parler?

J'acquiesçai.

— Où préféreriez-vous dîner?

— Je ne sais pas, où vous voulez.

— J'ai fait des réservations dans un petit restaurant français. Nous prendrons la voiture, puis marcherons un peu.

Il scruta ma voiture de location, dans laquelle nous venions de nous glisser.

— Vous aimez les Datsun? demanda-t-il?

— A dire vrai, je ne connais même pas la marque de cette voiture. Ce que je sais, c'est qu'elle a quatre roues et qu'elle me conduit là où j'ai besoin de me rendre. Il y a des années que je ne possède plus de voiture. Je voyage tellement qu'elles finissaient toujours par se détraquer.

— Détraquer? Pardon? Qu'est-ce que cela veut dire?

— Laissez tomber, dis-je, allons dîner.

Il m'indiqua où me garer, près d'un restaurant sur Sunset Boulevard; l'enseigne en était si petite qu'on pouvait à peine l'apercevoir. Pourtant il y avait un menu sans prix. Il semblait bien connaître Hollywood. Pendant que nous pénétrions dans le restaurant, où des palmiers couronnaient élégamment une petite fontaine, je lui demandai depuis combien de temps il était là.

— Il y a trois mois que je suis arrivé, dit-il la voix sûre de lui.

Il fit un signe au garçon, qui m'ayant reconnue se précipitait vers nous.

— Je travaille avec un grand studio, Universal, ils sont très gentils, et puis ils croient en moi.

— Formidable, lui dis-je, et je le pensais sincèrement, tout en me demandant comment Universal allait marquer sa confiance en ce Russe étonnant.

Une fois assis, Vassy entama une discussion en français (fortement teinté de russe) avec notre serveur et pendant que je riais sous cape il commanda pour lui une vodka double et pour moi un verre de vin rouge. Je sortis mes cigarettes, il se servit, car il ne semblait pas en avoir lui-même.

— J'ai trop fumé hier soir. Première cigarette pour moi cette année, pas bon.

— Pourquoi l'avoir fumée demandai-je?

— Nervosité. Je vous ai enfin rencontrée! Je me fais du souci sur votre opinion à propos de mon film. Vous savez que je vous téléphone depuis douze ans?

— Oh Vassy, voyons, dis-je en utilisant son prénom pour la première fois.

— Non, c'est vrai. Votre secrétaire à New York vous protège très bien. Elle se demande toujours qui est ce Russe fou. Elle répond immanquablement que vous êtes hors du pays. Pour moi, vous avez été absente douze ans.

J'éclatai de rire.

— A moins que je ne veuille parler personnellement à mes interlocuteurs, c'est toujours ce que je fais répondre. La plupart des gens pensent que je suis nulle part, ou que je suis sans doute à Bucarest, en train d'inaugurer une foire aux vins.

— Je vous ai appelée de Russie à plusieurs reprises. Peut-être étiez-vous dans mon pays quand je téléphonais à New York?

— Peut-être.

— Vous étiez une fois dans mon pays, je m'en souviens, vous avez même fait scandale avec des étudiants à Léningrad, n'est-ce pas?

— Seigneur, dis-je vraiment surprise. Comment êtes-vous au courant?

— Oh, je le sais. Vous avez même désobéi aux autorités en manquant un train, et vous avez fait scandale.

Je haussai le ton pour répliquer :

— Hé là! pas si vite! Les étudiants m'avaient invitée, j'avais quand même bien le droit d'y aller? Et si j'ai décidé de prendre un autre train, cela ne concerne que moi!

— Non, non. Le système bureaucratique est incapable de changer les horaires, répondit-il d'un ton qui allait me devenir extrêmement familier.

— Elle est bonne, celle-là! m'exclamai-je, prenant soudain l'attitude d'une américaine typique, « grande gueule! ».

— Mais c'est très amusant, vraiment, reprit-il très calmement, buvant une gorgée de vodka à faire s'écrouler le marin le plus endurci qui ne serait pas soviétique de surcroît! Je voulais tirer un film de votre passage : vous venez comme simple touriste américaine, mais vous agissez comme une star appartenant à l'élite, vous faites scandale. Comme vous le dites, la bureaucratie russe ne pouvait pas être à la hauteur. Excellente

157

comédie. Elle a alimenté les potins moscovites un bon moment. Un gros scandale, vraiment.

Il souriait tout seul, et commanda un autre verre de vodka. Je repensais à Khrouchtchev, qui avait raconté qu'en Russie, on absorbe avant les dîners un verre d'huile, pour tapisser l'estomac et pouvoir boire à en rouler sous la table. Vassy passa commande d'une salade compliquée à la française, à base de laitue chaude et d'huîtres, je crois, et pour moi des *rognons* *. Lançant un regard désapprobateur sur mon plat, qu'il n'approuvait pas, il me dit :

— Je suis végétarien. La viande n'est pas bonne pour les muscles. En tant que danseuse, il vous faut faire attention. Surtout que vous n'avez plus vingt ans !

J'éclatai de rire, mais j'aurais pu le battre ! Sans s'en rendre compte, il était infiniment drôle, et pourtant énonçait des vérités d'un ton sans appel. Le temps allait me prouver qu'en plus il avait raison — disons, souvent raison.

— Je vous ai vue au Palace Theater, à New York, dit-il soudainement. J'ai vu votre one-woman-show. Superbe, magnifique... Avez-vous reçu mon caviar ?

Son caviar ? Mais si je ne savais même pas que lui existait ?

— Votre caviar ? Que voulez-vous dire ?

— Je vous ai envoyé cinq livres de caviar en coulisses. Vous étiez sublime, je voulais que vous me contactiez.

Cette fois, c'en était trop !

— Je ne me souviens pas avoir jamais reçu un tel cadeau, j'en suis navrée.

La déception s'inscrivait sur son visage, pourtant son œil brillait encore.

— Oh, et moi qui pensais faire *grosse* impression. On aime à se faire parfois plaisir, je pense.

J'étais incapable de discerner s'il me disait la vérité. Il était tellement déconcertant, tellement enthousiaste, il prenait les choses tellement à cœur, qu'il m'importait peu de le savoir, sans doute. Son intense vitalité balayait tout. Ce dîner devait marquer la première d'une longue série de confusions dans mes sentiments. J'allais passer par des hauts et des bas étourdissants, provoqués par le fait que je connaissais quelqu'un, un Russe devrais-je préciser, qui disait franchement sa pensée à propos de tout : des faits et de ses sentiments. Son point de vue était

* En français dans le texte.

tellement distant du mien, que j'en étais à la fois amusée, outrée et ravie.

Vassily Okhlopkhov-Medvedjatnikov se jeta sur sa délicate salade à la française, comme si les Russes venaient de débarquer en ville! Le menton au-dessus de son assiette, il avala de longues gorgées de vodka entre deux bouchées d'huîtres chaudes et délicates, en riant de nos différences. Il lui fallut peu de temps pour s'enivrer. Ne voulant rien manquer du spectacle, je bus raisonnablement. Il se fit servir un gâteau au rhum, qu'il avala en trois bouchées : puis en demanda donc une autre portion.

— Je ne mange que des hors-d'œuvre et des desserts, c'est plus sain.

— Et la vodka remplace l'eau?

Il héla le garçon avec une sorte de déférence :

— Un double digestif s'il vous plaît, et ce sera tout.

Il ne prit pas la peine de me demander si moi, je désirais boire quelque chose. Je toussotais et dit :

— Vassily, je pense qu'il vaut mieux que je prenne moi aussi un digestif, si cela ne vous ennuie pas.

— Oh mais bien sûr, je suis navré, vous auriez dû demander, dit-il, faisant mine de s'excuser.

Je me dis que ce petit incident était sans doute révélateur d'autres problèmes qui pourraient bien surgir lorsque nous serions plus liés. En fait, j'en étais à me demander s'il valait la peine d'envisager une évolution de cette relation. Des différences culturelles mineures — et pas si mineures que cela — se faisaient déjà jour. Avant même que je n'y puisse penser plus à loisir, il m'attira à nouveau par un trait mystique. Sa voix était maintenant altérée par l'alcool.

— Vous savez, Sheerlee, je crois que je vous ai cherchée toute ma vie. Je le sais. J'ai vu votre visage dans mon esprit, là, ajouta-t-il, en se tapotant le front, bien avant que je ne vous voie à l'écran. Je vous connaissais avant de savoir que vous existiez réellement.

Je stoppai net de boire. Il était trop ivre pour tenir consciemment de tels propos. Il y avait autre chose. Et *moi*, j'avais vu *son visage* — et cela, il l'ignorait encore.

— C'est le bon moment, ajouta-t-il, toutes les actrices qui ont joué pour moi sont votre copie, *toutes*. J'ai toujours aimé, en rêve, une femme aux cheveux roux, au nez retroussé, aux longues jambes et aux yeux bleus, avec des petites taches sur le visage.

– Des petites taches ? C'est-à-dire ?

Il saisit mon poignet et montra mes taches de rousseur.

– Petites taches. Comment les appelez-vous ?

– Des taches de rousseur, dis-je. Je les déteste, j'ai toujours essayé de les dissimuler.

– Non, non, surtout pas ! Elles sont ravissantes. Elles inspirent l'affection.

– Elles inspirent l'affection ! Dites-moi, pour quelqu'un qui ne parle pas couramment notre langue, vous avez un vocabulaire des plus choisis !

– J'ai appris cette expression cette semaine seulement. Je trouve que cela décrit parfaitement le sentiment que j'éprouve à propos des petites taches rousses.

Je me faisais l'impression d'une Américaine sortant avec un Français, qui savait très exactement quoi lui dire pour la charmer avec romantisme. Tout cela avec l'énergie concentrée d'un enfant. Les hommes américains ne daignent jamais s'abaisser à ce type de galanterie, ils sont beaucoup plus réalistes, terre-à-terre, moins motivés par la fantaisie. Ils ne pouvaient jamais se laisser aller à cette sorte de charme enfantin, semblait-il. Dès qu'il y avait une allusion délicate, romantique ou enfantine à faire, ils paraissaient gauches, au contraire des Européens. Apparemment les Russes aussi savaient y faire.

Vassy ressemblait à un jeune chien tartare, avec sa silhouette mince, gauche et dégingandée, ses pieds se tournant vers l'intérieur lorsqu'il marchait, ses cheveux retombant toujours plus dans les yeux, à mesure qu'il perdait le contrôle de lui-même. Il semblait s'amuser de manière irréfléchie ; on avait l'impression qu'il aurait pu déclencher un éclair, juste pour voir s'il allait se faire tuer. Pour l'instant, en tout cas, il ne pouvait marcher droit. Il essaya de se rendre aux toilettes sans tituber, mais trop de palmiers en pots encombraient son chemin. Il haussa les épaules, sourit, et avança en trébuchant jusqu'au panneau « Hommes * », là, il disparut derrière la porte.

Le garçon apporta la note. Je remarquai qu'elle s'élevait à plus de cent dollars. L'envie me prit de la régler, car je ne voyais pas comment lui pouvait se le permettre. Après délibération intérieure je décidai de laisser la note et d'aviser. Il revint un

* En français dans le texte.

instant plus tard, la vit et d'un geste plein d'envergure, sortit un chéquier de banque à Beverly Hills, grâce auquel il paya l'addition.

J'essayai de demander avec tact comment il pouvait se permettre de telles dépenses.

— J'ai un compte en banque alimenté par Universal. Mais il est presque vide. Pourquoi ne pas utiliser ce qui reste et en profiter?

Je ne savais quoi dire, un vague sentiment de culpabilité m'envahissait.

— Est-ce qu'ils se chargent aussi de votre note d'hôtel?

— Bien sûr, c'est une grosse société, ils paient les dépenses.

Je doutais qu'il dise vrai, mais je trouvais cela « attachant » parce qu'à mon avis, il avait trouvé moyen de manigancer une sorte de liberté personnelle, ce qu'aucun autre Russe à ma connaissance n'avait réussi à faire sans passer à l'ennemi.

— Bientôt, si Dieu le veut, je serai en mesure de tourner de merveilleux films aux États-Unis, et de montrer à mon ministre que les réalisateurs américains veulent s'entendre avec leurs homologues soviétiques.

La vodka influençait certainement son discours, pourtant, sans que je puisse dire pourquoi, j'avais l'impression que cette attitude si résolument ingénue pourrait bien déclencher des événements semblables à ceux qu'il décrivait.

— Êtes-vous en train d'essayer de me dire, Vassy, lui demandai-je, que vous croyez vraiment que votre ministre vous autorisera à faire la navette entre Hollywood et Moscou, pour réaliser des films et revenir quand bon vous semblera?

— Pourquoi pas? Si je deviens célèbre, c'est bon pour l'industrie cinématographique soviétique. C'est exactement ce que je m'apprête à faire. Ce sera difficile, mais vous verrez, je réaliserai mon rêve.

Espérant pouvoir pousser plus loin la conversation, je me redressai sur ma chaise.

— Pouvez-vous tourner en France quand vous en avez envie?

— Bien sûr, répondit-il, ma femme est française. Nous ne vivons plus ensemble depuis longtemps maintenant. Elle préfère vivre en Russie.

— Vous ne parlez pas sérieusement? Vous me dites que votre femme aimerait *mieux* vivre en Russie qu'à Paris?

— A Moscou, oui; ma famille et moi y sommes très connus. Elle est au centre de toutes les attentions là-bas, en tant que membre de la famille Medvedjatnikov. A Paris, elle n'est rien. Bien, et si nous allions prendre un verre quelque part?

Il se leva, mit galamment son bras autour de moi, comme si la nuit était encore jeune. Souriants, le serveur et le maître d'hôtel nous escortèrent jusqu'à la porte, visiblement soulagés de voir que Vassy pouvait atteindre la voiture.

Franchement, je n'avais pas l'impression qu'il était alcoolique, mais plutôt qu'il avait eu besoin de boire, *ce soir*. J'en étais sans doute la première responsable. Le pas fut hésitant jusqu'à ma voiture. Il me dit qu'il préférait se débrouiller seul pour rentrer au Château, et j'étais assez contente de pouvoir regagner Malibu directement.

Tandis que je me glissai derrière le volant, il m'entoura de son bras.

— Me pardonnerez-vous de m'être enivré? demanda-t-il, je suis navré et je vous remercie de m'avoir soutenu. Voudriez-vous s'il vous plaît me revoir une fois encore avant que je ne parte pour Paris? Je veux vous prouver que ce n'est pas chez moi une habitude.

— Vous revoir? Quand?

— Je pourrais aller jusqu'à Malibu, et nous y dînerions?

— Vous connaissez la route?

— Bien sûr, j'y joue souvent au tennis. Donnez-moi votre adresse s'il vous plaît, je saurai bien me tenir.

C'est ce que je fis, et lui souhaitai bonne nuit.

N'ayant pas de tournage le lendemain, je lézardai au soleil, me demandant comment la soirée se déroulerait.

Il me téléphona tard dans l'après-midi, arriva vers vingt heures, un disque sous le bras, et des chaussures de jogging à la main. Il était difficile de dévoiler ses intentions plus clairement, mais après tout, qui ne risque rien n'a rien! Il sourit avec douceur.

J'avais cuisiné pour lui un repas végétarien, à propos duquel il ne cessa de s'exclamer. Ayant ensuite fort adroitement déniché ma stéréo, il me fit entendre l'enregistrement d'un pianiste soviétique célèbre, jouant, mais vous vous en doutiez sûrement — Rachmaninoff. Vassy s'étendit sur les coussins, fermant les yeux en m'ouvrant ses bras. Présomptueux, me dis-je. Pourtant, amusée, je m'y blottis. Nous devions rester ainsi un long

162

moment, bercés par les flots de musique envahissant la pièce. Il ne pouvait évidemment se contenter de rester à écouter la musique. Il lui fallait de temps à autre lever le bras et diriger l'orchestre imaginaire, tout en oscillant de bonheur contre les coussins. La première face terminée, il se leva pour retourner le disque.

– J'ai été pianiste de concert après avoir suivi les cours du Conservatoire de Musique de Moscou. J'y étais en concurrence avec Van Cliburn, mais quand je l'ai vu jouer avec tant de liberté, dit-il en gesticulant, j'ai compris que je travaillais trop la musique et j'ai cessé sur le champ de jouer?

– Vous vous êtes arrêté alors que vous étiez de la classe de Van Cliburn?

– Évidemment.

– Comment, évidemment? Pourquoi cela?

– Parce que j'ai compris que pour lui, la musique était facile, coulait d'elle-même. Le résultat était parfait. Moi, j'avais été forcé par mes parents. Je ne voulais pas jouer pour moi-même, alors je me suis arrêté.

– Vous vous êtes arrêté, là, comme ça!

– Exactement.

– Comment ça, exactement?

Décidément, avec cet homme, je ne cessais de me répéter.

– Voilà un mouvement très impulsif, surtout après avoir étudié la musique toute votre vie. Non?

– Oui, mais vous savez, nous, les Russes sommes très impulsifs. Nous faisons souvent les choses de façon théâtrale, qu'ensuite nous regrettons.

Un sorte d'intuition me traversa l'esprit.

– L'avez-vous regretté? demandai-je, en hésitant?

– Je ne sais pas, je n'y pense pas, je ne joue que lorsque je suis ivre.

Même *moi*, – je n'avais pas laissé libre cours à cette sorte d'impulsivité. Cela m'avait semblé à la fois trop destructeur et lourd de conséquences. Plus tard, je me rendis compte à quel point j'avais raison. Mais c'était mon avis à moi, et non le sien.

La soirée se passa à écouter Rachmaninoff et à discuter de lui. Vassy avait grand envie de tourner un film sur la vie de ce compositeur. Tout en parlant, nous buvions du café. Vassy se montrait à la fois sensible, sûr de lui, et déconcerté par mon manque de résistance à ses avances.

J'abrège l'histoire : il passa la nuit avec moi, prouvant qu'il avait eu raison d'apporter ses chaussures de jogging. C'était un réel plaisir d'être en sa compagnie, et je n'eus pas à regretter un seul instant mon impulsivité.

Quand il se déshabilla, je remarquai une croix en or autour de son cou.

Le lendemain était un vendredi. Il ne me téléphona pas. Puis arriva le week-end. Vassy passa les quatre jours suivants avec moi à Malibu. (Il avait « changé d'avis » à propos de son séjour à Paris.) Nous fîmes du jogging sur la plage, des randonnées dans la montagne. Le reste du temps, nous parlions, faisions l'amour, parlions encore et refaisions l'amour. Il me dit être au comble de la joie et de la reconnaissance, car il m'avait enfin trouvée, et comme il le disait très simplement, « j'étais la femme de sa vie ».

Pour moi, les choses n'étaient pas aussi simples. Je me posais encore tant de questions auxquelles il fallait apporter une réponse... mais cela ne semblait pas avoir trop d'importance. Nous passions de merveilleux moments ensemble, ce dont nous avions tous deux besoin. Vassy me parla des tournages en Russie, de son entourage qui le soutenait vraiment, au studio Mosfilm. Il dirigeait une équipe de jeunes réalisateurs, dont il parlait avec affection. Ils espéraient tous qu'il « percerait » en Occident. Il me demanda si j'accepterais de tourner avec lui en Russie, m'assurant que j'allais aimer les Soviétiques, leur sens de la joie et de la passion. Il souhaitait qu'un jour je puisse visionner le restant de ses films, son rêve étant que nous travaillions ensemble. Le pensant sincère, dans l'ensemble, je crus ce qu'il me dit. Il me parla de ses trois femmes. Il mentionna le fait qu'il était important, en Russie, d'être marié, par respect pour les conventions. Les divorces, pour les mêmes raisons, étaient monnaie courante. Il aimait toutes ses épouses, et partant, toutes ses femmes. Apparemment il avait eu un nombre impressionnant de maîtresses. On pourrait me rétorquer que j'en avais fait autant, et que je n'avais pas, non plus, épousé tous mes amants.

— Une fois, en Bulgarie, je suis allé voir une voyante, me dit-il. Je ne lui avais rien révélé à mon sujet. Pourtant, elle a décrit mon arbre généalogique avec précision, puis m'a soudain demandé : « Pourquoi l'Amérique ? » Or, personne ne savait que je songeais à l'Amérique, personne. Je ne trouvais rien à lui répondre. Alors, elle a ajouté : « Vous avez l'esprit très mal tourné

164

avec les femmes. » Je n'utilise pas le mot juste ici, mais elle m'expliqua en gros que je n'étais pas loyal avec les femmes.

J'écarquillai les yeux : Vassy avait consulté une voyante? Et de plus, il prenait au sérieux ce qu'elle disait, en se montrant même honnête à ce propos. J'en déduisis que cet homme, qui m'avouait quelque chose comme pour voir cette chose changer, était une nature hors du commun.

— As-tu vraiment l'esprit mal tourné avec les femmes? lui demandai-je, subtilement.

— Je pense que c'est vrai, répliqua-t-il. Mais je n'avais jamais rencontré la femme de ma vie, jusqu'alors, tandis que maintenant, je la connais.

— Que t'-a-t-elle dit d'autre?

Il se mit à rire et reprit :

— Elle a ajouté ceci : « Ne vous mêlez pas de politique, c'est dangereux pour vous! »

J'essayai de commenter ses propos de façon sensée :

— Tu ne crois pas à tout ce qu'elles te disent, si?

— Non, mais il faut les prendre au sérieux. Elle a vu juste à propos de ma famille et de chacun de ses membres. Elle a vu aussi que je pensais à l'Amérique, alors que personne ne le savait. Des officiers bulgares de haut rang viennent la consulter, elle est protégée par la police, c'est un véritable trésor national. On peut se fier à elle; mais je ne sais pas ce qu'elle signifiait à mon propos.

Il se leva d'un bond, en s'étirant.

— Et si je te montrais comment faire une salade aux carottes, betteraves et pommes, avec de l'ail, à la russe?

Vassy se révéla expert en cuisine : il râpa les carottes et les betteraves, d'un tour de main habile, fouetta une étrange concoction à l'odeur forte, avant de verser le tout sur mes assiettes en bois, comme un bûcheron... ou plutôt comme un paysan. Il commença à manger, tout en restant debout.

— Attends une seconde, dis-je, pourquoi es-tu si pressé? Tu as tout le temps, installons-nous sur le balcon et mangeons comme des gens normaux.

Vassy s'interrompit au beau milieu d'une bouchée, comme si je venais de souligner un trait particulièrement vulgaire, auquel il n'avait pas prêté attention.

— Oui, dit-il d'un air penaud, c'est une bonne idée.

Tandis que nous étions assis sur le balcon, je le regardai en silence admirant ce mélange étonnant de sophistication et de manières frustes. Il se lança dans une discussion de haut-vol, fort détaillée, sur les aliments : leur valeur nutritive, leurs combinaisons, et l'effet qu'a chacun d'entre eux sur le corps humain. Pourtant, tout en dissertant, il continuait à avaler son repas, ignorant avec superbe les contradictions entre ce qu'il disait et ce qu'il était en train de faire. Il semblait savourer sa salade avec une dévotion totale. D'ailleurs, il n'apparaissait pas comme un homme de demi-mesure. Ce qu'il mangeait symbolisait la vie; si nourriture ou amour se présentaient à lui, il s'y attaquait aussi avec la même gourmandise. Je me réjouissais fort de ce trait de caractère, il me ressemblait. Pourtant, cette attitude n'allait pas sans désavantages.

Sa salade une fois terminée, se saisissant de son verre de jus de carottes, il reconnut qu'il avait un problème. Je devais aller à Paris, et emménager avec la femme avec laquelle j'étais. Elle quitte son mari pour moi; mais tu as dit que tu viendrais peut-être à Paris?

Je hoquetai de surprise : j'avais effectivement l'intention, une fois le tournage terminé, d'aller à Paris pour prendre quelques vacances avec Vassy. Nous verrions bien alors comment les choses évolueraient. Attendons pour voir, pensai-je, ne croyant pas si bien penser.

— Mais maintenant, reprit-il, j'ai rencontré en toi la femme de ma vie, et je me dois d'être loyal envers l'autre.

— Effectivement, te voilà devant un léger dilemme, constatai-je. Mais quel est le rapport avec moi?

Il me regarda, au-dessus de son verre.

— Tu as bien dit que tu voulais m'accompagner à Paris, non?

— Oui. Mais je ne veux rien contrecarrer qui soit important pour toi.

— Tu es importante pour moi, tu l'as toujours été. Mais je n'osais espérer que tu aies cette réaction à mon égard. Il faut donc que je lui parle, que je lui explique ce qui est arrivé.

J'acquiesçai, me retrouvant bloquée au milieu du conflit classique homme-femme.

— Pars maintenant. Fais ce que tu penses devoir faire. Je te rejoindrai quand mon film sera terminé, dans une dizaine de jours.

— Tu vas vraiment venir chez moi, à Paris? »

Je me souvins de tous mes séjours dans cette ville. Les

choses risquaient d'être différentes, désormais. Je répondis oui.

– Bien, ajouta-t-il, nous sommes donc d'accord; ce sera difficile, mais je vais lui parler.

Il s'était levé et contemplait la mer.

– J'aime beaucoup Malibu....

Puis, me regardant droit dans les yeux, il ajouta :

– Et tu es mon véritable amour.

Je nouai mes bras autour de sa taille, et nous restâmes ainsi enlacés.

– Il faut que j'aille au Château, maintenant, quelqu'un va venir m'aider à plier bagages et me conduire à l'aéroport. Je te téléphone avant de partir.

Avec un sens directorial de l'organisation, il commença ses préparatifs. Soudain fouillant dans son sac, il sortit une petite médaille bleue, ornée d'un motif religieux, qu'accompagnait son passeport.

– Je veux que tu la gardes, mets-la sur une chaîne. Maman me l'a donnée quand j'ai quitté la Russie. Elle a été bénie par l'archevêque de l'Église.

Je pris le petit disque bleu dans la paume de ma main. La petite mosaïque d'or représentait les visages de la Vierge Marie et du Christ, leurs têtes entourées d'une auréole.

– Tu veux que je la garde, lui demandai-je?

– Bien sûr, tu es mon amour; elle va te protéger jusqu'à ce que nous soyons à nouveau réunis. Et toi, as-tu quelque chose que tu aies porté?

Je détachai la chaîne d'or qui entourait mon cou pour l'accrocher au sien. Elle pendait juste au-dessus de la chaîne avec la croix.

– Magnifique, ajouta-t-il, elle a ton énergie, je peux la sentir. Elle ne me quittera pas, tu verras.

A travers la fenêtre, il jeta un dernier regard sur l'océan, prit encore une grande inspiration. Je l'accompagnai jusqu'à sa voiture, observant ses chaussures toujours accrochées en bandoulières; je le sentais infiniment sûr de lui à mon sujet.

– La vie est un mystère merveilleux, non? dit-il.

J'acquiesçai. Il s'éloigna sur Malibu Road, et me fit un dernier signe de la main.

Je me demandai quel rôle il allait jouer dans ma vie, ignorant encore quel merveilleux et exaspérant mystère il serait.

Chapitre 9

Quelques jours plus tard, je m'envolai pour Paris par le vol de nuit. Pendant que j'attendais mes bagages à la douane, je me demandais avec une certaine angoisse quel effet cela me ferait de revoir Vassy. Par la porte ouverte, je le vis : il était bien là, silhouette imposante en manteau d'alpaga et chapeau de laine russe. Il marqua un temps, se dirigea vers moi, regardant mon unique bagage (d'une taille assez raisonnable).

— C'est tout petit, là où j'habite, tu vas voir, me dit-il, avec une certaine appréhension dans la voix. Un de mes amis, Sasha, et sa femme, m'ont permis de l'utiliser. Je n'ai pas d'argent pour louer un appartement, en ce moment.

— Je n'ai rien contre les endroits tout petits, répondis-je, je dors n'importe où !

Ses soucis semblèrent s'estomper, et très sûr de lui, il me guida vers l'extérieur, après m'avoir déchargée de ma valise. Je lui redis combien j'attachais peu d'importance aux conditions de vie pratique, et à l'endroit dans lequel j'allais dormir. Il s'arrêta un instant, comme pour scruter, sur mon visage, la vérité.

Fallait-il lui avouer combien je trouvais étrange toute l'aventure ? Pour rien au monde je n'aurais voulu la manquer : inexplicablement, j'avais l'impression de le connaître par cœur. Cela ne signifiait pas nécessairement que je le comprenais, mais que je le connaissais, peut-être mieux, même, qu'il ne se connaissait lui-même. Je préférai me taire sur ce point. Nous marchâmes jusqu'à sa voiture, une Mercédès, qu'il disait avoir conduite depuis Moscou.

Malgré le plein printemps à Paris une fine pluie glaciale tombait.

– Le temps change dans le monde entier, dit-il. Il y a quelque chose qui ne va plus, quelque chose de bizarre. Trop d'expériences avec la Nature, peut-être. La Nature appartient à Dieu. L'humanité ne comprend pas ses mystères, mais la nature se défend quand elle se sent attaquée.

Baissant sa vitre, il prit une profonde inspiration, puis dans un grand soupir :

– J'adore l'odeur de la nature, elle est pure, on peut s'y fier.

Ses progrès en anglais, me semblèrent remarquables. Il conduisit jusqu'à un garage souterrain, au pied d'un immeuble fort plaisant. D'un seul élan, il sortit de sa voiture, extirpa ma valise du coffre et nous nous dirigeâmes vers l'appartement.

Vassy avait raison : l'endroit ressemblait à une cellule, *réellement*. Sans me prêter attention, il s'occupa à faire de la place pour ma valise. L'espace suffisait juste pour le matelas sur le sol, la table à côté du matelas, et dans le coin, le réfrigérateur, équipé d'une plaque chauffante (au-dessus). Inspectant le petit meuble de cuisine, j'y découvris de l'ail et des petits pots d'épices. Devais-je en conclure qu'il cuisinait vraiment là-dessus ? Peut-être cette tâche m'incomberait-elle ? Comment pouvions-nous envisager de manger au restaurant, s'il n'avait pas assez d'argent pour s'offrir un loyer ? Était-ce à moi de prendre en charge les dépenses ? Je pouvais assurément me le permettre, mais je me demandai si cela ne serait pas embarrassant pour lui. Laissant de côté mes préoccupations économiques, je me tournai vers lui.

– Vassy, je trouve cet endroit charmant et confortable. Que pourrais-tu vouloir de plus, tu voyages sans cesse ?

Je pensais sincèrement ce que je disais.

Ouvrant la porte d'une armoire en désordre, il commença à faire de la place pour moi. Je déballai mes affaires, pour lui éviter ce souci. Je sortis quelques chandails, des pantalons et accrochai

170

le tout sur deux porte-manteaux. Il semblait ravi de voir que je ne voyageais pas comme une star de cinéma.

Il prépara du thé chaud au citron, pendant que je passais derrière l'armoire pour atteindre la salle de bains. Dieu merci, elle ne se trouvait pas dans le couloir, comme cela arrive souvent en Europe. La salle de bains était aussi minuscule et archaïque que la « cellule » d'habitation. Il y avait des toilettes avec une chasse d'eau à chaîne, un lavabo surmonté d'un miroir, et cette espèce de mi-bain, mi-douche, dont je n'ai jamais pu apprendre à me servir sans asperger la pièce entière.

Fermant la porte, je me lavai la figure, observant en même temps ses objets de toilette : un rasoir électrique, dont la prise était encore branchée au mur; une bouteille géante de « Yatagan », une lotion après-rasage dont j'ignorais la provenance, française ou russe. J'ouvris le flacon et reconnus l'odeur : c'était la sienne. A côté du Yatagan, une sorte de boîte en plastique blanc. Qu'est-ce que cela pouvait bien être? Un Water-Pik peut-être? Je n'en avais jamais vu. Était-ce là le secret de ses dents à la « perfection imparfaite? ». Éprouvant un besoin pressant, je m'assis sur la cuvette des toilettes, examinant en détail la salle de bains. Or, à ma plus grande stupéfaction, la porte s'ouvrit. Vassy n'avait ni frappé, ni demandé comment j'allais. Il avait simplement ouvert la porte et m'avait trouvé assise là. D'une voix délicieuse, il me demanda si tout allait bien.

Essayant de prendre l'air détaché, je fis signe que oui. Puis, ne sachant quoi dire, lui demandais s'il s'agissait bien d'un Water-Pik électrique. Avec l'air d'énoncer une vérité première, il répondit :

— Bien sûr, tu devrais l'utiliser, surtout après un aussi long vol!

Cette situation devenait cocasse.

— Viens, ajouta-t-il, je vais te montrer immédiatement comment l'utiliser.

C'en était trop.

— Dehors! m'écriai-je, et avec autant de dignité que je pouvais en rassembler... Je t'appellerai quand j'aurai besoin de toi!

J'allais apprendre que Vassy n'avait pas le moindre sens de l'intimité, pas plus de la sienne que de celle des autres. Il était même connu pour suivre les gens dans les toilettes des avions, pour s'assurer qu'ils n'y emportaient pas de cigarette.

171

Il avait décidé, pour le moment, de m'apprendre l'hygiène dentaire. Et comme à son habitude, en matière de santé, il affichait une solennité impressionnante.

– Tu dois utiliser cet appareil chaque jour. L'eau sous pression est excellente pour les gencives. Tu dois faire très attention à tes dents et à tes gencives. N'oublie pas les gros plans : la caméra peut être cruelle, Sheerlee, tu le sais. Tu devrais être plus prudente.

Pendant cette démonstration, je me dis qu'il allait me falloir choisir : soit ignorer ses décisions autocratiques, apprendre à garder mon sang-froid quand j'avais l'impression qu'il allait un peu loin, soit le déclarer vainqueur et capituler devant sa caractéristique insistance.

– Alors, tu te plais ici? demanda-t-il fièrement.

Même si l'association d'idées pouvait sembler étrange, je m'aperçus pour la première fois que Vassy Medvedjatnikov éprouvait le besoin de dominer toutes les situations, que ce soit sur son terrain ou sur celui des autres. La combinaison de nos deux personnalités promettait de faire des étincelles.

Le téléphone se mit à sonner du sol, derrière le matelas. Il décrocha et se lança dans un flot de russe.

– Mamitchka, dit-il, tout en se tournant vers moi. C'est ma maman qui appelle de Moscou.

La conversation prit un ton très animé, sa voix rauque s'éleva dans les aigus. Je cherchai à comprendre ce qui pouvait le mettre dans un tel état. Au bout de dix minutes je crus que sa mère s'était faite arrêter par le K.G.B. Lorsqu'il raccrocha, il sembla pourtant satisfait.

– Que s'est-il passé? m'enquis-je.

– Rien dit-il, maman se demandait simplement si j'étais revenu des États-Unis, et si j'étais bien arrivé à Paris. Ses fleurs poussent bien à la datcha, et elle viendra peut-être à Paris cet été.

– Seigneur! m'exclamai-je, moi qui croyais que la Troisième Guerre mondiale venait d'éclater.

– Nous parlons toujours comme ça, en criant et hurlant.

Sans transition, il sortit de la petite armoire des crackers et du fromage à l'ail, et déboucha une bouteille de vin. Puis, il commença à grignoter le fromage et goûter le vin, toujours debout.

– Ton vol s'est bien passé?

Sa question était de pure forme, ce qu'il mangeait paraissant le captiver beaucoup plus que ma réponse. Complètement fascinée par les relations qu'il entretenait avec la nourriture, je répondis « sans problème ». On aurait pu penser qu'il avait grandi dans une masure en Sibérie, et non dans une famille d'artistes et d'écrivains fortunés comme il me l'avait confié. Je savais sa mère poète, linguiste, et fille de l'un des peintres russes les plus célèbres. Quant à son père, il écrivait des livres pour enfants et occupait aussi un poste de *fonctionnaire* * important au syndicat des écrivains moscovites. Je n'avais pas encore discuté avec Vassy de la liberté artistique individuelle, mais visiblement lui n'en manquait pas.

– J'ai dit à Maman que je t'ai enfin rencontrée, je crois qu'elle a peur que j'aille à Hollywood. Elle t'admire beaucoup.

La sonnerie du téléphone se remit à sonner. Cette fois c'était Sacha le propriétaire de l'appartement. Il recevait quelques amis chez lui et souhaitait que nous soyons des leurs. Haussant les épaules, Vassy me demanda (en russe) si je voulais y aller. Ayant (tout de même) compris, je lui répondis en « pidgin japonais » que nous pourrions nous y rendre. De toute façon, je ne me sentais pas en mesure de trouver le sommeil.

Je me changeai et au bout de quelques minutes à pied, nous pénétrâmes dans un salon où se mêlaient Russes et Français, gesticulant et parlant haut. La plupart des invités parlaient anglais. Sacha et sa femme, Mouza, nous accueillirent. Je les remerciai de nous avoir prêté leur appartement. Ils répliquèrent que nous devions être fous pour y demeurer! Les Russes ont une manière déconcertante d'aller droit au cœur des choses. D'un clin d'œil complice, ils reconnaissent qu'il stupéfient tout le monde, en étant simplement eux-mêmes.

Vassy fit le tour de la pièce, saluant joyeusement les participants, et ne se préoccupant pas le moins du monde de ce que je devenais. Fort heureusement, tout le monde savait qui j'étais, je n'eus donc aucun mal à trouver des interlocuteurs. J'avais pourtant le sentiment qu'on me regardait d'un œil jaloux, et qu'on se perdait en conjectures sur ce qui avait pu m'amener à Paris, en compagnie de Vassily Okhlopkhov-Medvedjatnikov.

Sasha et Mouza étaient tous deux nés en France; ils semblaient donc échapper aux restrictions de ceux qui sont nés en

_____
* En français dans le texte.

173

Russie. Pourtant j'étais aussi en train d'apprendre, que, quel que soit l'endroit où un Russe réside, il n'en continue pas moins à se sentir russe. Tandis que je me promenais dans l'appartement, admirant les murs couverts d'icônes, je remarquai une Française me fixant avec intensité. Dès qu'elle me fut offerte, je saisis l'occasion de demander à Vassy si je me faisais ou non des idées, et ce qui me valait cette sollicitude.

— C'est la sœur de ma femme française, répondit-il; elle sait que j'ai rompu avec elle pour toi.

Je fus envahie d'un sentiment de paranoïa, comme lorsque vous avez l'impression que les personnes présentes en savent plus sur vous et vos relations, que vous-même.

— Oh, je vois, dis-je doucement. Je me demande pourquoi j'avais l'impression qu'*elle* avait une histoire avec toi?

— Tu as raison, admit-il sans difficulté, ce qui me stupéfia. J'étais très jaloux de sa sœur, alors j'ai couché avec elle, par dépit.

Les idées se brouillaient dans ma tête. Cette franchise désarmante accéléra les battements de mon cœur.

— Tu veux dire que tu as dormi avec *les deux sœurs*?

— Oui. J'étais jaloux et en colère, parce que Monique couchait avec son mari.

Abasourdie, mais piquée par la curiosité, je poursuivis :

— Et qu'attendais-tu d'elle?

— Qu'elle couche avec moi! répondit-il simplement.

— A sa place, par dépit, tu as pris sa sœur?

— Évidemment.

Mouza arriva tenant un plat de pirojkis, un petit pâté russe rempli de viande hachée. Vassy en prit un qu'il avala tout rond.

— Attends une seconde, dis-je, reprenant mes esprits, ta Monique était au courant?

— Bien entendu, je suis toujours honnête, je ne mens jamais.

— Non, je m'en rends compte.

Et comme si nous discutions de la couleur du temps, il me demanda :

— Tu t'amuses bien?

— Et comment! répliquai-je, les merveilles ne cessent pas, toutes sortes de merveilles, dirais-je.

Vassy se pavanait comme un jeune chien, ou un jeune

174

homme dans la pièce, l'appareil photo (qu'il avait acheté Dieu seul sait où) en bandoulière. Mouza s'approcha de moi, non loin de la porte :

— Êtes-vous déjà sortie avec un homme russe? me demanda-t-elle simplement.

— Non, Mouza, jamais. Pourquoi?

— Simplement pour savoir, voilà tout, dit-elle se souvenant soudain qu'elle devait apporter plus de vodka, elle me laissa là.

Je regagnai le salon, ivre de naïveté et de fatigue : le décalage horaire se faisait sentir.

Vassy me tendit un verre de vodka, le leva à la hauteur de mes yeux.

— Je suis très *fidèle* * quand je suis amoureux, je suis toujours *fidèle*.

Les montagnes russes amorçaient leur premier virage.

Quelques heures plus tard, comme je tombais de sommeil, Vassy nous reconduisit tendrement à la « cellule ». Je me déshabillai, déjà à moitié endormie, et vis Vassy ôter sa croix, la placer avec un soin infini entre deux petits cadres; l'un contenait la photo de sa mère, l'autre une icône de la Vierge et du Christ. Nous écroulant sur le matelas, nous sombrâmes dans l'amour et le sommeil.

Au petit matin, Vassy me regardait avec une expression d'amour radieux lorsque je m'éveillai. Il ne bougeait pas. Son expression était figée, dans un sourire. Il soupira et, me caressant le nez, il dit, d'un ton espiègle :

— Tu es mon Nif-Nif.

— Vraiment? Et qu'est-ce qu'un Nif-Nif?

— Tu sais, en Russie nous avons un conte d'enfants, l'histoire de trois petits cochons. Tu dois la connaître. Mon petit cochon favori a toujours été Nif-Nif, et tu es mon petit Nif-Nif, parce que tu es aussi adorable que lui.

Sa tendresse me faisait fondre.

— Nif-Nif, je t'aime et je serais toujours honnête avec toi, tu le sais?

— Je crois en effet en avoir fait l'expérience!

— Crois-tu que nous nous soyons connus avant?

Je me redressai, m'appuyant sur mon bras. Sans préambu-

* En français dans le texte.

les, il se contentait d'aborder un sujet comme on laisse jaillir sa pensée. Sa question mettait le doigt sur un point particulièrement sensible. J'avais estimé jusqu'ici notre relation trop fragile ou trop importante pour soulever moi-même la question.

— Tu parles d'une autre vie?

— Oui.

Il attendit ma réaction.

— Oui, peut-être. J'ai du mal à y voir clair sur ce sujet.

— J'ai le sentiment de t'avoir connue toute ma vie. Pourquoi? continua-t-il.

— Je n'en sais rien, j'ai aussi l'impression que tu m'es très familier, pourtant je ne comprends rien à ton véritable personnage.

— Nous sommes très différents, n'est-ce pas?

— Très!

— Américaine et Russe... Pourquoi nous sommes-nous trouvés?

— Tu m'as trouvée, Vassy, c'est toi qui as commencé les recherches. Je ne sais toujours pas ce qui se passe, c'est complètement fou.

— Il m'est arrivé de héler dans la rue des femmes comme toi, simplement à cause de leur chevelure rousse. Je te jure, j'avais l'impression de te voir partout. Tu te souviens de mon film; j'ai vécu avec cette actrice pendant trois ans, simplement à cause de sa ressemblance avec toi. Pourquoi?

— Je ne sais pas.

— Elle était au courant, elle avait même des photos de toi sur le mur, elle t'aimait beaucoup. Elle aimerait d'ailleurs un autographe de toi.

— Bien sûr.

Il me semblait commencer à comprendre les dimensions compliquées de l'honnêteté de Vassy.

— M'accompagneras-tu à l'église russe pour Pâques, pendant ton séjour?

Je jetai un coup d'œil à l'icône et à la croix, sur la table de chevet.

— Bien sûr, dis-je, c'est important pour toi, n'est-ce pas?

— Je suis chrétien. Tous les Russes sont très attachés à la religion, qu'ils soient communistes ou non. Je ne serais pas étonné que les hommes au Kremlin portent une croix, quand personne n'est là pour les observer.

176

Une main derrière la tête, il poursuivit :

— La Russie est un haut-lieu spirituel et dans notre système, c'est vraiment nécessaire ? Peut-être le système communiste rend-il les sentiments religieux encore plus profonds. Donc, nous ne protestons pas.

— Pourquoi ne protestez-vous pas ?

— C'est comme pour les fraises. Celles qui sont enfouies sous l'épais manteau de la neige russe durant six mois sont délicieuses au printemps.

— Tu veux dire que seules les fraises qui souffrent sont sucrées ?

— Oui. Il en va de même pour la vie et les gens. La souffrance est nécessaire pour l'art et le bonheur.

Convaincu de ce qu'il disait, il reprit :

— L'amour de Dieu que nous avons en Russie, comme notre compréhension de la spiritualité, sont infiniment importants, pour nous. Tu comprends ?

— Tu veux dire que le gouvernement marxiste du Kremlin n'est pas athée et qu'en secret, ses membres sont chrétiens ?

— Pas pratiquants. Mais même les athées pratiquent l'athéisme avec passion. Tous les Russes ont des *convictions*. Le doute vient de l'Occident.

Je m'assis sur le matelas, et l'observai.

— Et toi Vassy, quels sont tes sentiments ?

— Je suis chrétien, russe orthodoxe, énonça-t-il clairement.

Je me demandai s'il fallait prendre au mot *une seule* de ses réponses. Il avait des opinions sur tout, et sur rien.

— Il faut nous battre contre les forces sataniques, reprit-il, les forces du Mal nous détruiront si nous ne reconnaissons pas Dieu.

— Tu crois vraiment aux forces sataniques ?

— Bien entendu. Chaque fois que nous les sentons en nous, il nous faut nous tourner vers Dieu.

— Voilà pourquoi tu portes ta croix... pour être protégé ?

— Exactement. Il faut encore que tu comprennes que nous, Russes, sommes aussi musulmans; non pas au sens religieux du terme, mais dans notre mentalité. Nous sommes un mélange de spiritualité chrétienne et de mentalité musulmane asiatique. Nous sommes incapables de nous contrôler ni d'obéir à des ordres. C'est pourquoi nous avons besoin d'un gouvernement fort.

Y avait-il contradiction dans ce qu'il disait ? Je me souvins avoir lu dans un écrit de Dostoievsky : « Les Russes peuvent être en même temps sentimentaux, froids et cruels. Un Russe peut pleurer en entendant un poème, et tuer l'instant d'après un ennemi au même endroit. Le Russe est moitié-saint, moitié-sauvage. »

Vassy ne s'arrêtera pas là :

— Mon Nif-Nif, les Russes n'ont aucun sens du respect de la personnalité. Tout se passe au niveau de l'émotion de la dualité amour-haine. A l'époque des tzars déjà, tout comme maintenant, les Russes ne respectaient que la grandeur et la puissance. Ce respect est teinté de peur et d'admiration : voilà pourquoi les Russes admirent Staline, il était « la poigne de fer ». Tu vois nous ne nous attendons pas à être respectés, à moins que nous ne soyons puissants et forts.

Cela m'impressionna beaucoup. Comment pourrions-nous jamais poursuivre une relation, qu'elle fût personnelle ou internationale si de tels abîmes de méfiance et de différences dans les valeurs nous séparaient ? S'il disait vrai, qu'adviendrait-il des accords SALT, du désarmement nucléaire ou même de la conquête spatiale ? Il disserta encore sur la dichotomie du caractère russe, de cette dualité dans leur tempérament et dans leur approche de la vie, due aux conditions géographiques, climatiques et historiques.

— Peux-tu imaginer continua-t-il, ce que c'est que vivre dans un petit village isolé par six mètres de neige, sept mois par an, à cinq jours de voyage du voisin le plus proche ou de la prochaine gare ? C'est pourtant ainsi que la plupart des Russes ont vécu, des siècles durant. Les nouvelles qui leur parvenaient – quand elles arrivaient – dataient souvent d'un an.

Il me raconta comment les Russes peuvent s'astreindre pendant un certain temps à une discipline rigoureuse, puis se laisser aller au sybaritisme. Emphatiques en public, ils deviennent humbles dans le privé. Ils se montrent à la fois tendres, compatissants, indifférents et cruels.

Hedrick Smith avait d'ailleurs porté le même jugement dans son livre *Les Russes*, qui lui a valu le prix Pulitzer. Dostoievsky l'avait bien décrit : moitié sauvage, moitié saint. Vassy collait à la perfection à cette description, il me fallait le reconnaître. Je comprenais maintenant pourquoi Mouza m'avait demandé si j'étais déjà sortie avec un homme russe auparavant. Pourtant, la

178

même pensée m'obsédait : j'avais le sentiment de connaître cet homme depuis des siècles.

— Tu es mon rayon de soleil, dit Vassy en me prenant la main..

Je me sentis rougir.

— Tes doigts sont splendides, si doux, si gracieux, ajouta-t-il en pressant délicatement les bouts. J'adore les coussinets de tes doigts, tes petits coussins rembourrés. Il faut que tu coupes très court tes ongles, pour que je puisse mieux les voir.

Cette réflexion me ramena à la réalité de l'instant. Je gardais mes ongles longs, en effet. En outre, j'avais l'habitude — inconsciente — de me curer les cuticules au point de les faire saigner. Quelqu'un avait un jour interprété ce geste. Il révélait ma volonté de me débarrasser de l'enveloppe extérieure de ma personnalité, dans une tentative inconsciente pour atteindre l'essence même de mon être. Psychologie à bon marché? Sans doute, avec un fond de vérité.

Comme un petit garçon qui veut obtenir une grande faveur de sa mère, Vassy me demanda d'aller faire du jogging avec lui.

— Jusqu'à présent, jamais aucune femme n'a accepté.

Prise entre son charme d'enfant et son autoritarisme d'adulte, je me laissai convaincre.

— D'abord, utilise le Water-Pik, tu dois le faire. Tu étais trop fatiguée hier soir, mais maintenant tu dois le faire soigneusement.

Je le maudissais, mais je savais qu'il avait raison.

En tenue de jogging, nous partîmes à petits bonds dans l'air frais du matin, en direction des jardins du Luxembourg. Tout en courant, nous décidâmes de l'endroit où, ensuite, nous irions prendre notre petit-déjeuner. Vassy courait le corps droit, la tête haute et fière, ses cheveux sautant sur les oreilles à chacun de ses pas, le visage rayonnant et déterminé.

— Je vais courir 7 kilomètres maintenant, annonça-t-il.

Je savais ce qu'il avait en tête; j'étais d'accord pour courir quatre ou cinq kilomètres, et pendant qu'il continuerait, je ferais des exercices d'assouplissement. Vassy courait mal, appuyant trop sur l'extérieur de ses talons, enfonçant ses énormes pieds lourdement dans le sol, imposant un traumatisme inutile à son dos.

J'hésitai, puis décidai de lui en parler :

— Tu poses mal tes pieds dans la foulée, Vassy, c'est un effort trop important pour ton dos.

— Je trouve que c'est très bien comme ça! répondit-il le regard dédaigneux.

Après tout, me dis-je, ce n'est pas de mon dos qu'il s'agit! Au bout d'un moment, je perdis la cadence, m'arrêtai, et posant un pied après l'autre sur le dossier d'un banc, fis des exercices de gymnastique. Après mon long vol, j'en avais besoin. Quant à Vassy, il ne se rendit même pas compte que je ne le suivais plus. Je fis du yoga debout pendant près d'une heure, en respirant profondément. Soudain une idée me traversa : Vassy pensait peut-être que la douleur était utile à une bonne santé? Pour avoir pensé de la même manière, je connaissais la folie d'une telle opinion. Terminant un dernier tour des jardins, Vassy me fit signe qu'il allait courir jusqu'à la maison, sans casser son rythme. Cet homme était vraiment un fanatique de discipline, me disais-je! Il allait probablement se jeter ensuite sur le déjeuner. Et c'est exactement ce qui se produisit. Après avoir pris une douche et nous être changés, nous nous rendîmes droit dans un petit bistrot du coin qu'il connaissait. Toujours fidèle à lui-même, il commanda plusieurs hors-d'œuvres, une bouteille de vin rouge, une montagne de pain tartiné de beurre et quelques desserts. Je fis de même : qui a envie de se rassasier d'un plat principal bien lourd, alors qu'on peut se délecter avec des plats différents? En secret, je me donnai l'autorisation de prendre cinq kilos durant ce voyage. Pendant le repas, Vassy m'entretint d'un projet qui l'intéressait pour nous deux, l'adaptation d'un livre de Bryan Moore : *La femme du médecin.*

— N'est-il pas amusant de penser que ce même livre m'a été recommandé il y a quelques temps maintenant, par un écrivain de mes amis, dis-je?

Nous examinâmes ce projet en détail. Vassy parlait avec passion de chacun des personnages, comprenait leurs conflits, leurs peines, leurs pulsions. Et, pendait qu'il parlait, il devenait le personnage lui-même. Il en brossait à grands traits le caractère. Il était impossible de le prendre à la légère, quand de sa voix rauque et passionnée, il décrivait ce qu'il ferait du film. Je me demandais comment nos relations supporteraient ce travail en commun. Il m'observait avec attention, je le sentais bien, décidant déjà quelles habitudes et manières il utiliserait chez moi, quelles attitudes il effacerait. Cela ne me dérangeait nullement.

Nous nous observions mutuellement avec adoration. Deux professionnels, en train de passer la vie au moulin de notre créativité.

— Vassy, lui demandais-je brusquement, que dirais-tu de te retrouver dans l'un de mes livres?

Souriant fièrement, il m'annonça qu'il figurait déjà dans différents écrits :

— Nous sommes les uns dans la vie des autres pour diverses raisons, et la créativité est la clef de voûte de l'ensemble. Elle ne peut provenir que de l'expérience. J'adore tous mes personnages, et je sais que tu vas adorer tous les tiens.

Nous revînmes à l'appartement. Il s'assit sur le matelas, grignotant une carotte, l'air d'un gros ours ravi et souriant; moi, j'allai me rincer la bouche avec le Water Pik, selon ses instructions.

Je me souvins alors que je lui avais apporté un cadeau. En fouillant ma valise, je retrouvai les deux adorables petits lapins roses enlacés que je lui destinais. Je les laissais tomber sur le plat de son ventre. Il les mit immédiatement sur l'oreiller, leur parla en langage-lapin, les mit sur la tête, leur donna une fessée, leur parla russe, les couvrit en leur chantant des comptines enfantines en russe, se moqua d'eux parce qu'ils avaient trop longtemps dormi ensemble enlacés... De ses bras immenses, il les récupéra au fond du lit, les berça contre son épaule et soudain me les lança. Presque persuadée de tenir des être vivants, je les lui renvoyai avec précaution; alors il alla s'asseoir sur l'unique tabouret de cuisine, les berçant dans ses bras et leur tapotant la tête. Je pris une photo au Polaroïd.

Sa capacité à s'amuser comme un enfant m'ébahissait véritablement; mon enchantement le ravissait. Tombant sur le lit, nous fîmes l'amour, pendant que les lapins roulaient sur le sol.

Faire l'amour avec Vassy a été l'une des expériences les plus agréables de ma vie; nous savions rire, pleurer, crier, nous mordiller l'un l'autre. Il s'abandonnait parfois totalement, mais un flot de passion russe surgissait toujours. Sans être jamais brutal, il n'était ni délicat ni doux. Son savoir-faire était teinté de moralité chrétienne conventionnelle.

Je lui demandai s'il avait l'habitude de sortir avec les actrices avec lesquelles il tournait. D'après lui, le sexe ne l'intéressait nullement pendant les tournages, son travail l'occupant intégralement. Il n'avait pas le temps de se concentrer sur

181

quoi que ce soit d'autre. Mais il reconnaissait volontiers que les actrices tombaient généralement amoureuses de lui : l'humilité n'était pas son point fort.

Les jours s'écoulèrent à Paris; nous passions notre temps concentrés autour de la « cellule » où nous partagions nos expériences de vie, nos fous rires et nos tentatives pour cuisiner dans un désordre indescriptible. Nous dormions au milieu de l'ail et de l'oignon répandus sur le sol, et rêvions de travailler ensemble. J'appris à me servir chaque soir du Water-Pik, et mes gencives ne tardèrent pas à se raffermir. Je lui demandai en riant quand il comptait passer sa thèse de médecine.

Lui ne riait jamais quand je me moquais de lui, se prenant extrêmement au sérieux, ce qui me donnait l'occasion de me moquer de lui un peu plus encore.

Quand il se rendait compte qu'il n'arrivait pas vraiment à me dominer, il se mettait à bouder, mais grâce à nos amusements et à nos jeux d'enfants, la situation se rétablissait. Je n'ai jamais rencontré d'homme comme lui, capable de se jeter dans la magie du jeu et du merveilleux. Sans doute parce qu'il était russe, sans doute aussi parce que c'était lui : Il savait s'abandonner aux divertissements les plus loufoques, jouant à « faire comme si ». Nous y puisions beaucoup de tendresse et de rires. Un jour, il me raconta comment, enfant, il avait renversé une ruche et s'était trouvé couvert de miel.

— Mon ours à miel, tu es mon gros nounours russe, lui dis-je en riant.

— Et toi, tu es mon Nif-Nif rayon de soleil.

Hé bien, je n'avais pas le souvenir d'avoir jamais été aussi heureuse. La ville entière était devenue notre terrain de jeux, les lapins roses ne nous quittaient pas. Le monde nous regardait en souriant, mais nous étions inconscients du monde environnant. Nounours m'emmena ensuite sur une petite île en Bretagne.

La nuit était tombée quand nous atteignîmes la chambre de l'hôtel qu'Ours à Miel avait réservée. Le propriétaire était resté debout pour nous attendre. Nous eûmes tôt fait de rapprocher les lits jumeaux. Le vent faisait claquer le volet de la petite fenêtre. La salle de bains était froide et n'avait pas de douche, mais cela nous suffit pour prendre un bain chaud rapide (l'eau chaude n'était pas abondante), avant de nous glisser sous la couette du lit. Ce soir-là, en faisant l'amour, je me sentis très maternelle. Les mots que je prononçais reflétaient cet état d'esprit.

— Mon nounours, mon bébé ours, m'entendis-je lui murmurer tout en lui passant la main dans les cheveux. Tu es mon bébé, dis?

Vassy s'assit soudain dans le lit, le visage dur, ôtant ses bras d'autour de moi. D'une voix vraiment en colère, il dit :

— Je ne suis pas ton fils!

— Mon fils? dis-je, m'asseyant à mon tour. Bien sûr que non! Je fantasmais simplement, je me sentais vraiment maternelle à ton égard et j'avais simplement envie de faire l'amour avec toi en m'exprimant comme ça. Il n'y a rien de mal à ça!

— Tu parles trop, reprit-il, j'ai l'impression d'avoir une radio au lit!

Je le regardai, ébahie. Son hostilité si totale, si soudaine, me pétrifiait.

— Une radio au lit? répétai-je.

Seigneur, je me sentis humiliée jusqu'au tréfonds de mon âme. J'avais dit ou fait quelque chose de menaçant pour lui. Ma main alla serrer la petite médaille autour de mon cou, celle bénie par le métropolite, que sa mère lui avait remise.

— Attends une seconde, Vassy. Qu'est-ce qui te mets dans un tel état? Qu'y a-t-il de mal à avoir des fantasmes maternels au lit? Ce n'est pas vraiment de l'inceste, tu sais.

Ses yeux étaient enflammés de colère. Il se leva, arpenta la chambre.

— Tu n'as pas besoin de choses comme ça, n'est-ce pas?

— Non, pas forcément, répondis-je troublée. Enfin, bien sûr que non. C'est juste une idée qui m'est venue. Les mots me sont venus tout seuls.

— Tu parles trop, il n'est pas nécessaire de parler.

En me balançant en pleine figure de tels reproches, il trahissait la confiance que je lui faisais en laissant libre cours à ma fantaisie.

— Mais ce ne sont que des jeux, Vassy. Tu les aimes, n'est-ce pas?

— Oui, répondit-il, parce que toi, tu les aimes.

Les montagnes russes recommençaient.

— Parce que *moi*, je les aime? Que veux tu dire? Toi, tu y tiens aussi, non?

— Je m'y prête à cause de toi!

J'éclatai en sanglots. Il détruisait tout notre univers ludique, si fragile, si enjoué en ayant l'air de ne pas y attacher la moindre importance.

— Tu es vraiment méchant, m'entendis-je lui dire, alors que les sanglots m'étouffaient. Tu es méchant, indifférent et insensible. Tu piétines les sentiments d'autrui, comment peux-tu faire une chose pareille?

Je pleurai à chaudes larmes. Vassy blémit, mais je le vis décidé à ne pas se laisser aller sur le terrain de l'émotion. Il finit par me répondre :

— Je ne suis pas méchant, tu es influençée par les forces du mal.

— *Les forces du mal?* Rien qu'à prononcer ces mots, je m'étouffai. Cela me parut tellement ridicule, que j'arrêtai net de pleurer.

— *Que diable* viennent faire les forces du mal ici?

— Tu as eu une mauvaise pensée au lit, je ne peux être d'accord.

— Va te faire f...! hurlai-je. Je suis bien contente de ne pas être ta fichue mère. Elle a vraiment élevé un être cruel.

Ses yeux lançaient des flammes, je crus même y voir un brin de violence, quand il se passa la main dans les cheveux en tirant dessus. Rouge de colère, il s'assit sur le bord du lit, et calmement, dit :

— Arrête, Sheerlee. Tu sens des forces sataniques en toi, elles sont le Mal.

Il me sembla que je n'arriverais jamais à me faire comprendre. Cette frustration déclencha en moi des sentiments primaires. Je me mis à hurler à nouveau :

— Vassy, le mal n'existe pas. Le mal, c'est la peur et l'incertitude. Le mal, c'est ce que *tu penses toi* que c'est.

— *Écoute-moi!* nom d'un chien!

Il se pencha au-dessus de moi, et doucement mais fermement me maintint par les épaules. Je ne cherchai même pas à résister, je n'étais plus ni en colère ni même outragée. Ce concept de « Satan » me semblait parfaitement ridicule. Je trouvais son comportement triste et choquant. Puis je repensai à cette intuition qui m'avait saisie, à propos de son christianisme restrictif et conventionnel. C'était là, peut-être que le bât blessait. Avais-je remué en lui quelque fantasme d'inceste, ou avais-je été attirée vers lui pour cette raison? Ou Vassy était-il plus impliqué dans sa relation avec sa « Maman » qu'il ne pouvait se l'avouer?

Tandis que j'essayais d'y voir clair en moi, j'eus une autre vision. En admettant que nous ayons déjà vécu ensemble, se pouvait-il que cela soit en tant que mère et fils ? *Cette pensée-là,* je sentis que je ne devrais jamais l'exprimer en sa présence. Cessant de pleurer, je m'excusai :

— Je suis navrée de ce que j'ai dit à propos de ta mère.

Vassy ne rejeta pas mes excuses, il ne les accepta pas non plus. Il se glissa dans le lit, éteignit la lumière, et me dit simplement :

— Nif-Nif, le mal existe dans le monde. Je ne veux pas le voir te toucher.

Le calme de la nuit ne fut ponctué que par mes derniers sanglots. Il me sembla commencer à démêler un peu les relations entre Vassy et sa sexualité. Dommage que ses propres blocages m'aient autant touchée. Quand, mais quand donc aurais-je assez de maturité pour ne plus laisser les problèmes d'autrui devenir pour moi un problème plus grand encore ? Je me retournai vers Vassy, et m'endormis d'un profond sommeil. Une chose était sûre : au lit, je ne serais plus jamais une « radio ».

Chapitre 10

Lorsqu'on est dans les affres d'une nouvelle relation, en pleine évolution, il est parfois nécessaire de mettre dans un coin de son cerveau les obstacles qui se présentent; ainsi, l'on peut les examiner tout à loisir, à la lumière d'un esprit objectif. Je crois que c'est ce que Vassy et moi avons fait. Peut-être a-t-il pensé que ces obstacles n'étaient pas majeurs? A dire vrai, moi non plus. Après cette horrible nuit du « mal-inceste » nous n'avons plus jamais évoqué le sujet. D'ailleurs, pourquoi l'aurions-nous fait? Nous avions tant d'autres domaines à explorer l'un chez l'autre? Vassy adorait littéralement son île sauvage. Longuement, il en explora avec moi les falaises déchiquetées au pied desquelles venaient mourir les eaux tumultueuses. Son appareil photo ne le quittait jamais, et moi je suivais avec mon Polaroïd. Je ne devais bientôt plus rien ignorer des temps d'exposition, du meilleur cadrage et de la manière idéale de prendre la pose. Ses sautes d'humeur passaient de la dureté à la tendresse et au ravissement.

Mais tous les matins, quel que fût le temps, il partait faire du jogging. La douleur et l'épuisement du coureur lui semblaient nécessaires, voire indispensables, pour se mettre en forme le reste de la journée. Parfois, j'allais courir avec lui. Cela me permettait de discuter des sujets qui étaient au centre de nos intérêts à ce moment-là. Je courais aussi loin que mes forces me le permettaient, puis je me mettais à marcher d'un bon pas. Vassy courait alors en rond autour de moi, pour ne pas interrompre la conversation. Je me demandais parfois s'il ne s'entraînait pas pour de secrets Jeux Olympiques, mais non : il s'imposait simplement un régime très dur, pour s'autoriser en échange une totale liberté de sentiments.

Nous courions, marchions, parlions au milieu des champs de blé, d'avoine et des immensités fleuries. Vassy était de plus en plus sûr que la Femme du médecin ferait un excellent film. Je n'aimais rien autant que le regarder créer à haute voix. Ses yeux devenaient comme des caméras doubles, enregistrant en une fraction de seconde des images multidimensionnelles. Jamais il n'oubliait un visage, et il ne manquait que rarement un détail de son environnement. Mais il semblait pourtant passer à côté des sentiments, même profonds ou subtils habitant ceux qui l'entouraient. Sauf quand il pouvait lui-même s'identifier à ce sentiment. Peut-être n'était-il pas en mesure d'absorber ne serait-ce qu'un seul sentiment de plus...

Lorsque nous fûmes revenus à Paris, il s'arrangea pour que je puisse voir quelques-uns de ses films. Il essayait de me traduire en anglais les sous-titres français, tout en me restituant les nuances russes au passage. Je me sentais de plus en plus frustrée : sa motivation artistique relevait principalement d'un symbolisme intellectuel complexe. Non seulement il réalisait ses films, mais il en écrivait les scripts. En raison de la censure soviétique, chacun de ses films soulignait un point spirituel précis, mais unique. J'avais du mal à voir la frontière qu'il traçait entre la religion et le spirituel. Je finis par me demander d'ailleurs si lui-même voyait la différence. La pureté du romantisme qu'il étalait dans ses œuvres cinématographiques était frappante. Les relations qu'il y décrivait participaient du roman, avec une touche de tragédie au passage. L'ensemble sentait le vieux film. Les héroïnes étaient toujours enjouées comme des enfants, prenaient l'air songeur et triste en acceptant patiemment le sort que leur réservait le destin. Les héros se laissaient balloter au gré des événements, essayant vainement de contribuer à la personnalisation de leur existence. ... Vassy semblait allergique aux fins du style « Tout est bien qui finit bien ». Son art rappelait aux

188

spectateurs la cruauté du destin. Cette analyse, je ne la fis pas sur-le-champ. Je pris peu à peu conscience de deux faits, en particulier : d'une part, Vassy semblait très influencé par la tragédie classique; d'autre part, il se sentait obligé d'exprimer une croyance : la vie est si tragique et si romantique qu'il faut tout de même sourire au travers de ses larmes pour plaire au public. Bien plus *parce que* ce sourire plaisait aux spectateurs, il n'apportait aucune solution dans les drames qui se jouaient à l'écran. D'ailleurs, l'aspect positif des situations ne l'inspirait nullement. Pis : les solutions lui paraissaient totalement irréalisables. Je me demandais si l'âme russe de Vassy, qui apparaissait si nettement dans ses films, se traduirait dans sa vie. Cette pensée m'agaçait. Je décidai de la chasser de mon esprit. Il y avait tant d'autres choses dont nous pouvions profiter.

A Paris, le temps était idéal en ce dimanche de Pâques. Pour moi, cette année-là, les fêtes de Pâques seraient russes. Vassy m'emmena à l'église orthodoxe. Debout, au milieu de la foule fervente, nous allions avec les autres allumer les centaines de petites bougies et prier en silence devant l'autel de la Vierge et de Jésus. Je sentais des regards se poser sur moi, puis sur Vassy. Que pensaient tous ces gens? Certains des membres de l'assemblée lui faisaient un signe de tête, d'autres lui souriaient, d'autres encore avaient l'air totalement absent. De temps à autre, il se penchait vers moi. Il me murmurait dans le creux de l'oreille qu'un tel était un tzigane célèbre, que tel autre était à la tête du mouvement des écrivains dissidents de Paris. Des femmes âgées, amies de sa mère se trouvaient là, des collègues avec lesquels il avait écrit des scénarii (lesquels, fallait-il s'en étonner? n'avaient jamais été réalisés). La communauté russe de Paris tout entière semblait s'être rassemblée pour ce service religieux.

En toile de fond, un chœur de jeunes garçons accompagnés par l'orgue. Personne ne s'asseyait jamais : d'ailleurs il n'y avait pas de chaises ni de bancs. Debout, nous tournions en rond, encore et toujours, une bougie dans la main, tournés vers l'autel gigantesque inondé de la lumière des candélabres allumés. Il semblait n'y avoir aucun rite précis, aucun ordre dans la cérémonie. Les participants prenaient part à cette communion des prières, comme bon leur semblait. Cette foule non contrôlée, pacifique, et piétinant sur place me fascinait littéralement. Vassy ne m'avait-il pas dit que les Russes aimaient l'ordre? Que sans lui, le chaos s'installerait? Il en allait sans doute autrement dans l'église, le seul endroit où tout le monde reconnaissait l'autorité suprême, celle de Dieu?

Le cérémonial se poursuivait interminablement. Vassy me prit la main en la tenant le plus tendrement du monde. Ses doigts s'enlacèrent autour des miens. Le chœur chantait crescendo, soutenu par l'orgue. Je regardai Vassy : les yeux fermés, les paupières humides, il semblait se faire une solennelle promesse, qui me concernait aussi, en présence de ce qu'il appelait Dieu. Il resta les yeux clos un long moment, avant de me glisser au creux de l'oreille qu'il n'avait jamais emmené une femme à l'église, avant moi.

Puis, il nous guida vers l'extérieur. Le sourire charmeur, il resta sur les marches de l'église, parlant russe à ceux qui venaient lui rendre un hommage discret. Il me présenta sans cérémonie, comme si tout le monde maintenant devait savoir que nous sortions ensemble. L'attention dont il était l'objet lui faisait visiblement plaisir. Les mains dans les poches, il s'éternisait. Il me proposa enfin d'aller déjeuner « à la russe », dans un restaurant proche. Dès que j'entrai dans la salle de restaurant je me sentis agressée. On parlait haut, fort et russe, à grand renfort de vodka, caviar et pirojkis. Cela sentait fort les cornichons, les garçons s'interpelaient en français et en russe au-dessus des tables où parents et enfants s'entassaient au coude à coude, semblant beaucoup s'amuser.

Vassy demanda une table pour deux. Le garçon lui hurla quelque chose en russe, qui, manifestement voulait dire « Vous ne voyez pas que c'est plein? » Soudain le garçon me reconnut et nous escorta en toute hâte vers une table qu'il débarrassa promptement. Vassy se rengorgea. Il commanda à peine assis la moitié du menu. La vodka glacée nous fut servie sur-le-champ. Le chef sortit de sa cuisine pour me saluer. Je dus signer trois menus, ce que je fis de bonne grâce. Vassy, lui, arborait un sourire forcé, et restait étrangement muet, tandis qu'en pleine agitation, le repas nous était servi.

Se décidant enfin à parler, il lâcha : « Tu aimes les Pâques russes? » Comme à son habitude, il ne cessa de manger, ce qui était un remède souverain à ses ennuis.

– Oui, mon ours à miel, dis-je, c'était vraiment splendide. J'ai admiré quelque chose de particulier : chacun des participants savait quoi faire dans l'église, et paraissait respecter une sorte d'ordre intrinsèque.

190

– C'est la véritable démocratie, dit-il avec force, s'assurant que je l'écoutais.

– Y avait-il de nombreux dissidents? Tous ces écrivains, tous ces gens, ce sont des dissidents, non?

– Ce sont des amis, mais, ils passent leur vie entière à discuter à tout propos de ce qu'il convient de faire. Un russe n'a jamais envie d'être un transfuge ou un dissident, on les y oblige parfois.

Je buvais ma vodka à petites gorgées, lui avalait la sienne.

– Et toi? Seras-tu jamais un transfuge?

– Moi? jamais! répondit-il plein de verve, ils seraient bien bêtes de m'obliger à partir. Je ne crois pas que cela se produira. Je fais de mon mieux pour me maintenir dans ma position. Je vais travailler à l'Ouest et démontrer que les Soviétiques peuvent être connus dans le monde entier. Tu verras!

J'acquiesçai, mais mon cœur se serra à la pensée de la tâche quasi impossible qu'il s'était assignée. Se rendait-il vraiment compte de la concurrence existant à l'Ouest, de la dureté de la lutte existant au sein de l'industrie cinématographique en Europe comme aux États-Unis? Certes, lui même était un réalisateur brillant, mais il y en avait d'autres, *à l'Ouest*, et qui étaient au chomâge. Alors que penser d'un réalisateur *russe inconnu*? Je ne pouvais qu'admirer son courage intrépide, allié, je le savais, à une ambition sans borne.

Pendant ces fêtes de Pâques, je pris la décision de pousser plus loin l'idée d'une collaboration avec lui. Je décidai aussi de vivre avec lui en Californie. C'était un défi que d'aider un artiste merveilleux, russe, que j'aimais, et que j'apprenais à connaître. Une nouvelle aventure : ma vie tout entière en était une. De plus, ce mystère de nos vies passées en commun... J'attendis la fin de ce repas pantagruélique pour prendre à nouveau la parole.

– Tu sais, mon gros ours, je vais devoir retourner bientôt en Californie. Pourquoi ne viendrais-tu pas avec moi? Tu pourrais rester un moment à Malibu. Peut-être arrivera-t-on à faire quelque chose de cette *Femme du médecin* et pourra-t-on travailler ensemble?

– Tu veux dire que tu m'offres de venir vivre avec toi, à Malibu? dit-il, se redressant sur sa chaise.

– Pourquoi pas. Vois si cela te plaît. Tu aimes l'océan, non?

Un sourire radieux illumina son visage :

191

— Nif-Nif, tu es mon rayon de soleil. Tu es folle, et moi aussi. Le monde tout entier est fou. Je viens de revenir à Paris pour y trouver du travail, pour y vivre aussi. Maintenant je vais repartir aux États-Unis et y chercher du travail. Grâce à toi, je vais voir mon rêve se réaliser, si Dieu le veut. Tu verras.

Vassy avait l'habitude de parler franc à propos de ses intentions, et ne cachait pas ses ambitions exactes. Je m'interrogeai vraiment sur la différence entre l'ambition pure et dure et le rêve poussé à son paroxysme. Tous deux découlaient de visions et de désirs formant un moteur puissant et le conduisant sur la voie de l'expression de soi. Vassy se servait de moi? Et après? Chacun d'entre nous n'en fait-il pas autant, pour assurer, à travers l'amitié, sa croissance personnelle?

Ce soir-là il s'enivra, bien au-delà de ce qu'il avait fait le premier soir de notre rencontre. Je dus le traîner jusqu'à la place du passager dans sa voiture. Tant bien que mal, je naviguai à travers le dédale des rues de Paris, jusqu'à l'appartement. Les lapins de Pâques nous attendaient. En m'endormant, je me demandai si la dimension spirituelle que nous partagions pouvait cimenter notre lien. Nous avions des dissemblances aveuglantes.

A son réveil, Vassy souffrait du foie, de la tête et respirait mal. Avec une détermination sans pareille, il décida d'aller courir malgré tout. A mon avis, si tous les Russes sont taillés sur le même modèle, nous ferions mieux de signer sans délais les accords SALT II. Je l'accompagnai dans sa course. Pendant notre parcours, il me donna une idée de la paperasserie nécessaire pour obtenir son visa pour les U.S.A., et pour régler ses affaires à Paris. Il voulait voir son avocat et désirait aussi que nous rendions visite ensemble à son amie yougoslave Milanka. Il tenait à me prévenir :

— Elle me connaît bien, je suis sûr qu'elle va te plaire. Je te laisserai chez elle, le temps de traiter mes affaires.

Cela me sembla raisonnable : je pourrais ainsi lui poser des questions sur Vassy. Lui alla courir au total sept kilomètres, et pendant les cinq derniers, je me reposai sur un banc. A la fin de sa course, Vassy m'attrappa dans ses bras comme dans un étau pui il courut avec moi jusqu'à la maison. Je n'arrivai pas à déterminer si ses maux s'étaient envolés ou s'il me les dissimulait avec soin. Après avoir avalé quelques crackers et du fromage à l'ail, nous nous sommes amusés à nous éclabousser avec la douche et le Water-Pik. Une fois de plus, il berça les lapins, et je l'immortalisai encore sur la pellicule. En quittant l'appartement, je pensai que si Napoléon y était passé avec toutes ses troupes, le désordre n'aurait pas été pire. Vassy me fit entrer dans le vaste appartement de Milanka. La lueur dans son regard trahit sans conteste la publicité qui avait été faite à notre liaison, Vassy et moi. Nous étions le sujet des potins à la mode au sein de la communauté slave, depuis un certain temps, maintenant.

Milanka parlait d'une voix douce et profonde :

— Rien ne m'étonne, vous êtes tous deux un mélange hautement inflammable. Beaucoup de flammes, beaucoup de problèmes. J'espère au moins que tu es gentil avec elle, dit-elle à l'adresse de Vassy, en pointant un doigt accusateur vers lui, révélant ainsi sa longue habitude du personnage et de ses conquêtes.

Vassy s'affala sur un divan. Fièrement, il annonça :

— Milanka, je viens de rencontrer la femme de ma vie. Je ne sais rien d'autre. Je serai moi-même.

Milanka ne perdit pas de temps en vaines considérations, ou à nous proposer du thé. Sans perdre une seconde, elle en vint droit au cœur du sujet, en demandant :

— Et vous, vous aimez cet homme ? Vous savez ce qu'il est ?

Seigneur ! me dis-je, son passé tumultueux semble être connu de tous.

— Il est si mauvais que ça, Milanka ?

— Il est russe ! répondit-elle simplement.

Encore une fois cette réponse... Le problème n'était donc pas que Vassy traîne derrière lui un passé digne d'un film de dernier ordre. Non, son problème, c'est qu'il était russe ! Tous ces gens devaient être en train d'essayer de me dire quelque chose, mais je me demandais quoi.

Les mains calées sur les hanches, elle m'interrogea à nouveau :

— Vous êtes déjà sortie avec un Russe ? Avez-vous seulement été amoureuse d'un Russe ?

— Non, répondis-je faiblement, comme si je lui reconnaissais par là-même le droit de savoir. Mais je suis sortie avec un Yougoslave, un compatriote à vous. Le seul problème était sa violence au lit. Milanka renversa la tête en arrière, riant :

— Elle est bien, cette femme, dit Milanka, renversant la tête en arrière. Elle est parfaite pour toi ! Je te jure que ce ne sera pas l'une de tes esclaves. (puis se retournant vers moi.) Toutes ses femmes ont été ses esclaves. Il insiste, vous verrez.

Je m'assis auprès de Vassy, et prenant la voix d'Alice au Pays des Merveilles, je lui demandai si c'était vrai.

— C'est exact, répondit-il sans hésiter. J'aime les esclaves, et si les femmes le sont, c'est parce qu'elles le veulent bien. Toi, tu ne seras jamais mon esclave, tu es mon égale.

— Cette fois, reprit Milanka, tu vas avoir du fil à retordre. Je suis ravie... Bien, voulez-vous du café ?

J'acquiesçai comme Vassy. C'est alors qu'un petit garçon d'environ deux ans déboula carrément dans la pièce et sans hésiter, se dirigea vers moi. Après m'avoir fixée un instant, sans se faire prier le moins du monde, il vint s'installer sur mes genoux. Il posa sa tête sur mon épaule, sous les regards ébahis de Milanka qui, stupéfaite, ajouta :

— C'est Dimitri, mon fils cadet. En principe, il n'aime pas ceux qu'il ne connaît pas, et il n'est jamais très gentil avec eux. Je ne comprends pas son comportement.

Elle le regarda longtemps, puis s'adressa à lui en serbe :

— Dimitri, que fais-tu ?

Je sentis Dimitri soulever doucement la tête de dessus mon épaule, regarder sa mère, lui sourire avant de reposer sa tête et jeter ses bras autour de mon cou.

Milanka répéta qu'elle n'y comprenait rien. Alors, Vassy se redressa et dit simplement :

— Dimitri a connu Sheerlee dans une vie antérieure, c'est aussi simple que ça.

— C'est vrai, dit-elle, il n'y a aucune autre explication. Il semble vous parler du fond même de sa mémoire.

Je soulevai doucement la tête de Dimitri, tournai son visage vers le mien, et me perdis dans la profondeur de ses yeux bleu-vert. Il me regardait fixement, sans ciller, avec confiance et sagesse, comme le font les jeunes enfants qui découvrent le monde. Puis il se mit à sourire, comme s'il comprenait quelque chose qui, à moi, m'échappait. Il me semblait observer un petit être humain vieux de quelques milliers d'années qui, au fur et à mesure que les minutes de sa vie présente s'écoulaient, oubliait un peu plus d'où il venait, devenant aussi ignorant que moi.

Une éternité plus tard, il cligna enfin des yeux, balayant ainsi ce moment unique de connaissance pure. Le monde actuel reprenait ses droits. Sa tête retomba sur mon épaule et il refusa de bouger. Milanka en resta bouche bée. Vassy arbora un fin sourire.

— Il nous faut respecter les enfants, dit-il, ils ont plus de souvenirs que nous. Nous nous laissons corrompre avec le temps, eux sont Vérité Pure.

Milanka regarda Vassy comme si elle venait de le découvrir. Se levant pour partir, Vassy ajouta encore :

— Voilà exactement la raison pour laquelle Sheerlee est la femme de ma vie. Elle me reconnaît. Son visage, son âme sont la raison même de ma venue à l'Ouest. Je l'ai cherchée, ma vie durant. Je l'ai enfin trouvée et nous allons voir ce que l'avenir nous réserve.

Milanka demeura parfaitement immobile; jamais auparavant elle n'avait dû entendre Vassy s'exprimer de la sorte. Il atteignait des dimensions que, même dans mes rêves les plus fous, je n'avais jamais atteints en amour, avec un autre être humain. En amitié, je connaissais le phénomène, en amour je venais de le découvrir. Le niveau de conversation coupait court aux questions que Milanka pouvait se poser. Plus aucune demande n'avait de sens désormais. Alors elle se mit à parler d'elle :

— J'ai trois fils, vous savez, dit-elle, chacun d'entre eux est d'un père différent. Je ne suis pas pour le mariage, seuls les enfants m'intéressent. Mon fils aîné a 22 ans, vous le rencontrerez. Il pourrait être le père du second, qui en a onze et de Dimitri, qui en a deux. Cela m'ennuie d'avoir un homme autour de moi. Je n'ai d'ailleurs pas l'intention de me marier, à moins que je ne rencontre un millionnaire, pour commencer une nouvelle affaire. Vous ne connaîtriez pas un gentil millionnaire, par hasard?

Le comble était qu'elle était parfaitement sérieuse. Moi qui pensais mener une vie hors des sentiers battus, j'avais trouvé là mon maître! Vassy sourit à Dimitri, toujours appuyé sur mon épaule, avant de partir. Il viendrait me reprendre, dit-il quelques heures plus tard, pour m'emmener dîner à la Coupole.

Pendant que Milanka préparait du café, la gouvernante vint chercher Dimitri pour l'emmener faire une promenade dans sa poussette. Je le rassurai, lui promettant d'être là quand il reviendrait. Bien qu'il ne parlât pas l'anglais, il semblait comprendre les sentiments et les émotions que j'exprimais. Il se laissa emporter sans peine dans les bras de cette femme, aux formes plantureuses. Milanka nous servit du café; puis, allumant une cigarette, remonta dans le passé pour me raconter la saga de la vie de Vassily Okhlopkhov Medvedjatnikov. Elle me livra le nom de plusieurs artistes avec qui il était sorti. L'une d'entre elles, particulièrement brillante et connue, ne pouvait se détendre au lit si elle n'avait pas absorbé des litres d'alcool. Milanka ne mâchait pas ses mots. En racontant les potins ou en allant au fond des choses. Vassy et cette femme, disait-elle, avaient eu des scènes mémorables, qui les laissait pantelants et malheureux. Milanka n'avait jamais compris pourquoi ils étaient restés ensemble, cette actrice semblant par ailleurs être une femme intelligente et sensée. Elle n'était pas russe non plus, et avait connu les problèmes que je ne tarderais pas à découvrir. Je lui demandai de s'expliquer plus en détail.

— Ce n'est pas facile à décrire, dit-elle, être russe c'est un état d'esprit. Quelque chose de très différent d'un autre slave.

— Est-ce dû à une société répressive? demandais-je?

— Non, pas au sens où vous l'entendez, en tous cas. En tant qu'individus, les Russes sont libres au sein de leur propre anarchie. C'est pourquoi l'Etat doit exercer un tel contrôle. Ils sont fous et merveilleux, cruels et passionnés, impossibles, au demeurant. Que vous dire de plus? Vous n'allez pas tarder à le découvrir par vous-même. Si vous n'êtes pas slave, vous y survivrez. Pourquoi vous veut-il? Je sais qu'il adore votre talent, mais il y a autre chose. C'est qu'il vous aime. Jamais auparavant il n'a connu une femme comme vous. Je pense que la situation va devenir, disons, intéressante. A propos, vous a-t-il déjà appris à équilibrer votre alimentation?

J'acquiesçai, en me disant que je ne devrais pas m'étonner de ne pas être la seule. Ainsi, Vassy reproduisait, à chaque fois, les mêmes comportements...

— Vous fumez, je vois, dit Milanka.

— Oui, et il n'est pas d'accord!

— Je m'en doute! Et quand il a quelque chose en tête, il devient comme fou. Il est toujours après vous, mais c'est parce qu'il vous aime. Et puis il adore commander... Avez-vous déjà rencontré sa mère?

Sa mère? Et où donc l'aurais-je vue? Je m'étais contentée d'assister à un tête-à-tête international, au cours duquel ils s'étaient hurlé des broutilles au téléphone.

— Non, dis-je, je ne la connais pas. Mais elle est à Moscou, je crois?

— Oui. Vous allez la rencontrer sous peu, vous verrez c'est

lui qui insistera. Prenez bien garde à sa mère, elle veut garder son fils pour elle toute seule. Avez-vous déjà rencontré son frère?

– Non, comment est-il?

– Ils se ressemblent. Des hommes ayant infiniment de talent, mais impossibles à vivre pour des femmes.

Je buvais mon café, désireuse d'en apprendre plus sur Vassy sans toutefois dépasser les limites de son intimité, bien que la vie privée et l'intimité ne fussent guère prises en considération par les slaves, apparemment. On aurait dit au contraire que la vie privée se menait au vu et au su de tout le monde. Seuls les occidentaux semblaient être des obsédés de l'intimité!

La sonnette de la porte retentit. Milanka se leva :

– C'est mon amie tzigane, qui va nous interpréter quelques mélodies. Elle y met tout son cœur.

Vêtue de son ensemble d'intérieur blanc, Milanka se dirigea vers la porte. Une jeune femme aux cheveux noirs corbeau entra et se dirigea sans attendre vers le piano, comme si la musique lui était aussi indispensable qu'une bolée d'air frais, au milieu de la pollution de ce bas-monde. Elle me salua d'un signe de tête, et commença à chanter d'une voix sortant du plus profond d'elle-même. J'avais l'impression d'assister à un film en trois dimensions, dont l'héroïne était à portée de ma main. Je me laissai immédiatement emporter par le rythme de la musique et la passion de sa voix. Le sens des paroles m'échappait, mais l'intensité dramatique qui en ressortait était telle que je me sentis comme entraînée par un sentiment tourbillonnant.

Le rythme s'accélérait, et avec lui l'émotion.

Je reposai ma tasse avec soin, attentive à ne pas provoquer de bruit incongru. La jeune femme me regardait en souriant, elle savait que maintenant, elle me « tenait ». Mes pieds frappaient le sol, l'un après l'autre, comme pour s'y enfoncer, à la manière des danseurs de flamenco. Je commençai à taper des pieds en suivant le rythme, et avant même de m'en rendre compte, je me mis à tourbillonner au son des notes, suivant instinctivement les sentiments qu'elle faisait sourdre de moi-même. Je me sentais slave. Je me souvenais de ce que ma mère m'avait dit, trente-cinq ans auparavant : « Peu importent les origines, tu peux ressentir les émotions d'une culture, quelle qu'elle soit. » Les sentiments forment un tout. Si vous les comprenez, vous pouvez devenir ce que bon vous semble. Mais comment pouvais-je ressentir la profondeur émotionnelle d'un slave russe passionné, alors que je n'étais moi-même qu'une Américaine, blanche et protestante de surcroît ?

Un déclic se produisit dans mon esprit... et ce phénomène devait se répéter fréquemment au cours de ma liaison avec Vassy. Avions-nous *tous les deux* vécu au cours d'une vie antérieure en Russie ? Avais-je *moi-même* été russe, autrefois ? Fallait-il trouver là la raison du sentiment de familiarité qu'il m'inspirait, et que j'avais ressenti dès le début de notre liaison ? Mes pieds frappaient la mesure, ma voix scandait des mots que je ne comprenais pas. Peut-être s'agissait-il de simples associations de sons, ou peut-être étaient-ce vraiment des mots. Tout naturellement, mes bras prirent des positions adaptées à mes sentiments. Je les croisai comme dans une danse paysanne, et les pas que j'exécutai faisaient vibrer mon corps tout entier. Ces mêmes pas, je le savais maintenant, je les avais déjà dansés, avant. Peut-être que chacun de mes rôles n'était-il que la reproduction de quelque chose que j'avais déjà vécu ? Peut-être l'interprétation d'un rôle est-elle la forme artistique à travers laquelle on se souvient de sa propre identité ? L'après-midi se passa en chants et en danses, jusqu'à ce que Vassy revienne me chercher. Il regarda un moment d'un œil souriant ce spectacle multi-culturel.

— Mon Nif-Nif, finit-il par dire, tu feras exactement la même chose dans le film que nous allons tourner. Milanka en sera l'un des personnages. Tu rencontreras, au cours de ta seconde lune de miel, une communauté soviétique à Paris, et nous montrerons comment ton personnage répond aux cultures enfouies dans son passé. Le titre du film sera *Danser dans le noir*, et la chanson de Cole Porter en sera le thème.

Tout en me faisant part de ses plans, Vassy semblait me regarder à travers une caméra, un peu détaché de la scène elle-même. Je me faisais l'impression d'être de la pâte à modeler entre ses mains, et lui voulait me mouler aux formes de ses désirs artistiques. Qu'adviendrait-il, au cas où mes désirs et mes émotions ne seraient pas à l'unisson ? Devrais-je lui en parler, ou accepter comme une vraie professionnelle les oukases du metteur en scène ? Pourrais-je travailler avec lui, sachant que la connaissance intime qu'il avait de moi, lui permettrait de me manipuler comme il le voudrait. Il décida de stopper là l'interlude tzigane. Milanka donna une grande bourrade à Vassy, l'avertissant que désormais elle le surveillerait et qu'il ferait bien de ne pas être « trop russe ».

Une fois à l'appartement, où nous étions passés pour nous changer, j'entrepris de faire du ménage : je jetai la laitue et le fromage à l'ail durci dont l'odeur avait maintenant envahi la pièce entière. A notre retour, hélas l'odeur était toujours là! Avant de se coucher, Vassy prépara ses valises pour l'Amérique. Sasha avait décidé de louer l'appartement, aussi Vassy avait-il entassé ses affaires dans un carton que Sasha garderait chez lui. Il déposa les lapins tout en haut du carton, disant qu'ils le surveilleraient en attendant qu'un jour, nous revenions. Puis il se dirigea vers sa table, sur laquelle trônait une énorme Bible, extrêmement ancienne.

— Nif-Nif, je veux te donner cette Bible. Elle a appartenu à ma famille depuis des siècles. Garde-là, avec tout mon amour. Je t'aime et je veux qu'elle ne nous quitte jamais. Elle va partir avec nous en Californie.

Je soulevai la Bible, qui pesait près de dix kilos, et l'ouvris pour la regarder de près. C'était un objet vraiment extraordinaire, racontant l'histoire de l'humanité d'un point de vue orthodoxe. De larges illustrations, en couleur l'agrémentaient. Son épaisse reliure de cuir, marquée par le temps attestait de sa valeur. Elle aurait sans aucun doute trouvé sa place dans un musée. C'était manifestement la pièce la plus précieuse que possédait Vassy. Il y semblait d'ailleurs très attaché.

— Merci, Ours à miel. J'en prendrai le plus grand soin. Elle sera avec nous de toute façon.

Je ne voulais même pas songer à ce qui se passerait au cas où notre liaison ne durerait pas.

Vassy et moi nous envolâmes pour la Californie. Il avait obtenu un visa multiple pour son entrée aux Etats-Unis, et bouillonnait d'idées et de surprises pour ses amis d'Hollywood.

Pendant le long vol, nous nous sommes amusés comme seuls savent le faire les nouveaux amants, saupoudrant les moindres détails d'un peu de magie. Le film projeté dans l'avion, une comédie sur des espions américains en Amérique du sud nous fit tellement rire que l'hôtesse nous pria de baisser le ton : nous empêchions les autres passagers de dormir. Le déjeuner de la classe économique, nous sembla un festin de roi. Enfin nous nous endormîmes de ce sommeil lourd, propre aux vols en haute altitude. A notre réveil, Los Angeles était à nos pieds, et avec elle la certitude qu'une vie nouvelle et peu orthodoxe nous y attendait.

Chapitre 11

J'étais ravie que Vassy connût déjà ma maison de Malibu. Il savait exactement quelle salle de bains il allait utiliser, où il mettrait le Water-Pik, et de quel côté du lit il dormirait. Il savait avec précision ce qu'il achèterait, et dans quel magasin de diététique il se rendrait. A toutes fins utiles, il vérifia le bon fonctionnement de mon robot de cuisine. Ses disques vinrent s'empiler près de ma stéréo, ses livres russes trouvèrent place dans les rayonnages de ma chambre. Il s'appropria deux de mes tiroirs pour ses chemises et ses chandails. Il accrocha ses trois pantalons et ses deux vestes dans une armoire vide qui, pensait-il, lui était destinée. Il déposa soigneusement ses deux paires de chaussures, plus une paire « du soir » semblant dater d'une époque révolue, à côté de sa raquette de tennis. Son tonique pour cheveux s'installa sur le lavabo de la salle de bains, à côté du Yatagan et de son rasoir électrique; il ne lui restait plus qu'à mettre ses scripts et son bloc-notes à côté du lit. Quant au passeport, il le dissimula fort soigneusement dans un tiroir secret, ce qui m'amusa beaucoup. Avant de quitter Paris en effet, il avait consciencieusement oublié ledit passeport à bord de l'autobus qui nous conduisit à l'aéroport. J'avais heureusement remarqué sa disparition, et l'avais retrouvé juste à temps. Il semblait penser maintenant que ma maison allait être la proie des cambrioleurs et assurait donc la sécurité du document si important pour sa liberté. Quant à la grande Bible russe, elle ne pouvait que trôner sur mon gros coffre de Bombay, juste au pied de notre lit. Ayant ainsi réglé les petits détails de sa nouvelle existence, il sortit pour courir un peu. Je restai là un moment à rire toute seule de cette nouvelle aventure dans laquelle je m'embarquais.

J'avais beaucoup de travail : je mettais la dernière main à l'une des nombreuses versions de *l'Amour foudre*, et je commençais aussi les répétitions d'une émission spéciale pour la télévision. Vassy, lui, rencontrait des producteurs dès les débuts de notre vie commune, nous avons su semble-t-il respecter les horaires et les impératifs que chacun de nous pouvait avoir.

Jamais personne n'était venu vivre avec moi à Malibu. C'était là que depuis toujours je venais me réfugier pour écrire et réfléchir. La maison s'éveillait maintenant à la communication avec un autre être humain; c'était un sentiment exquis, qui me plaisait infiniment.

Entre les répétitions et les longues heures penchée sur mon livre, je passai mon temps à marcher avec Vassy dans les monts Calabasas. Nous avions découvert un sentier coupe-feu, suffisamment abrupt pour réconforter l'intense besoin d'effort que ressentait Vassy. Il était doté d'une force incroyable et d'une résistance à toute épreuve. Jamais je n'avais rencontré d'être aussi endurant que moi. De plus, il avait envie de mettre cette résistance à l'épreuve chaque jour. Nous pouvions ainsi nous défier l'un l'autre et Vassy se montrait aussi enthousiaste à l'égard de la marche que sur un plateau de tournage, devant de la nourriture ou face à son fameux Water-Pik. Pendant ces longs et pénibles trajets, il me donnait des conseils sur la manière de me tenir, de plier les jambes et bien sûr sur la meilleure manière de respirer! Si j'avais eu le malheur de fumer devant lui la veille au soir, il me grondait et mettait ma lenteur sur le compte du tabac. Il m'arrivait d'être épuisée, par manque de sommeil, le tabac en était responsable même si ma dernière cigarette remontait à plusieurs jours. Marcher avec lui, ce n'était pas seulement faire l'expérience de l'amour, cela relevait aussi de la performance athlétique, qu'il fallait supporter pour son plus grand bien... Je me maintenais en forme toutefois; découvrais avec lui les merveilles de la Nature nous entourant. Quand je marchais seule, mon esprit fourmillait d'idées, de pensées, de solutions possibles. Avec Vassy, je prenais conscience de la moindre fleur sauvage, du moindre petit buisson frémissant de verdure. De temps à autre, il s'arrêtait, prenait de larges inspirations, et se montrait immédiatement en mesure d'analyser les différentes senteurs de la forêt. Ni la faune, ni la flore n'avaient de secret pour lui. Il poussait des cris d'admiration à propos d'une plante et en saluait une autre comme il l'aurait fait pour une amie. Il froissait des feuilles d'eucalyptus entre ses doigts, les passait sous mon nez, et attendait que je m'extasie. Si par malheur, je ne lui semblais pas assez enthousiaste, il les retirait vivement, comme si j'avais manqué une chance qui ne se reproduirait sans doute jamais. « La Nature est le domaine de Dieu », avait-il coutume de dire, « l'humanité ne comprend rien à ses mystères subtils ». Tout en marchant, nous parlions films, musique ou évoquions un compositeur que sa mère connaissait. Vassy semblait très impliqué dans une relation personnelle avec la Nature. A ses yeux, il y avait un rapport direct entre la reconnaissance des lois de la Nature et la compréhension des lois de la vie. Il appréciait, avec tout le raffinement possible, l'art de se bien nourrir et la médecine naturelle. Mais il admettait l'existence des sept chakras, centres d'énergie le long de la colonne vertébrale et leur relation avec l'harmonie cosmique. Peu après que nous nous fûmes installés ensemble, je priais mon professeur de yoga de venir à Malibu.

Vassy se passionna pour tout cela, à une exception près, toutefois : le Hatha-Yoga, qui est au départ douloureux physiquement, doit être abordé en douceur et jamais en force. Vassy lui, se regardait dans le miroir comme s'il se trouvait dans la chambre des tortures de l'Inquisition. Son visage affichait une expression crispée de misère complète qui me faisait éclater de rire et perdre l'équilibre. Lui ne trouvait pas cela drôle. Il me reprochait de ne pas comprendre son besoin de douleur. Il s'allongeait à plat sur le sol, se relevait dans la position du cobra, jusqu'à s'en briser le dos ou presque. Il me fallait alors cesser de rire suffisamment longtemps pour l'aider à quitter cette position dangereuse et fort inconfortable. Et pourtant, là encore, il essayait de me convaincre que son approche était la bonne, que la force était nécessaire! Je n'arrivais pas à savoir si cela provenait de lui ou de ses origines, et je n'osais penser à ce qu'un tel état d'esprit impliquait, et aux conséquences qu'il pouvait avoir sur nous tous si la nation russe suivait ses traces.

Mes propres exercices avec mon professeur étaient nettement moins agressifs. Il ne m'infligeait pas de pareilles tortures.

— Vassy, lui disait-il, le yoga peut être douloureux, mais simplement parce que vous êtes en train de réaligner votre corps, en douceur, avec votre énergie. Détendez-vous, cela influera sur votre approche.

Vassy ne pouvait qu'écouter l'expert en la matière. Mais il cherchait toujours un moyen, qu'il finissait par trouver, de ne pas remédier à sa souffrance. En discutant avec Bikram après les cours, il découvrit qu'il était passionné par les Rolls-Royces. Vassy s'enflamma pour les voitures beaucoup plus que pour la relaxation au service de la santé. Je continuai donc seule le yoga.

A la même époque, je continuais mes répétitions pour l'émission spéciale à la T.V. Les choses allaient bon train. Un jour, après avoir lui-même rencontré les producteurs, Vassy passa me prendre. Je pris conscience de sa personnalité de choc, de sa manière de contrôler les choses même avec des gens qui n'avaient pas la plus pâle idée de sa valeur intrinsèque.

Je restai assez discrète, auprès de mes amis, à propos de mon nouvel ami russe, mais la nouvelle se répandit. Dès qu'il entrait dans une pièce, les conversations s'arrêtaient; tout le monde ressentait sa « présence ». Le phénomène est difficile à décrire, car les conversations ne s'interrompaient pas complètement. Son énergie paraissait si dense qu'on ne pouvait simplement pas l'ignorer. Il éprouvait un besoin vital de régner sur l'attention générale, et il atteignait son but sans efforts. Les spiritualistes attribueraient sans doute ce phénomène à son aura personnelle, une sorte de langage non exprimé disant « regardez-moi! ». Son apparence physique n'était certainement pas étrangère à l'affaire, elle en imposait. Mais même bien après que mes camarades de travail se furent habitués à sa silhouette, il continua de produire cet effet magnétique.

Ce besoin qu'avait Vassy d'être au centre de l'attention jouait un rôle primordial dans son travail de réalisateur : il possédait aussi cet amour de l'individualisme poussé au paroxysme, et il exigeait qu'au cours d'un travail créatif, il en soit tenu compte. Son respect de la « présence » individuelle était, lui aussi, extrêmement russe!

Il se trouva qu'un soir, j'eus à répéter les numéros de danse pour mon émission dans un grand gymnase du centre de Hollywood. Vassy passa me voir travailler. Je savais fort bien qu'il allait venir, puisque je l'avais moi-même invité.

La troupe s'étant surpassée, nous étions tous au bord de l'épuisement. Je me dirigeai alors vers lui, lui demandant son opinion sur le spectacle. Il répondit brièvement, sans entrer dans les détails. Je n'y prêtai guère attention, pensant surtout à me restaurer. Pendant le dîner, il se montra morose.

— Tu ne fais pas assez attention à moi, quand je viens te voir, déclara-t-il.

— Pardon, lui demandais-je, décontenancée.

— Quand je suis entré, tu as continué à travailler, comme si de rien n'était!

Oh, les ennuis commencent, pensai-je. Aux États-Unis, on respecte le travail et la concentration de ceux qui sont en plein effort. Peut-être en Russie est-il de bon ton d'accueillir les arrivants avec de grandes manifestations et démonstrations?

— Tu ne parles pas sérieusement? dis-je.

— Mais si, répliqua-t-il, on dirait que je ne compte pas. Tu as continué à travailler, comme si ma présence t'importait peu.

— Non, mon nounours, tu n'as pas compris. Ta présence m'est fort agréable et précieuse, et je suis ravie que tu t'intéresses à ce que je fais. Je serais même heureuse d'entendre de ta bouche des remarques constructives. Mais aux États-Unis nous ne nous permettons pas d'interrompre le travail en cours pour accueillir un ami.

Il ne se dérida pas. Aussi, le reste du dîner se déroula-t-il dans un silence pesant. Cela valait sans doute mieux : nous savions tous deux que le sujet était explosif. Quelques semaines plus tard commença le marathon des quatre jours d'enregistrement... Ceux qui ne sont pas dotés d'une résistance physique à toute épreuve feraient mieux de s'abstenir de ce genre d'exercice. Les coûts d'enregistrement étant exhorbitants, vous devez avoir conscience que le temps, c'est de l'argent. Les choses sont donc très claires. J'avais à chanter, entre autres, une chanson-monologue de neuf minutes. Les réalisateurs de télévision ne travaillent pas en collaboration aussi étroite avec les artistes que les réalisateurs de films. Ils n'en ont pas le temps. J'avais répété ce numéro à la maison devant Vassy.

— On dirait un roman-photo! s'était-il exclamé.

— C'est de la télévision. A l'écran, je crois que ce sera bon.

— J'ai peut-être des idées, reprit-il.

Cela me semblait un excellent moyen d'expérimenter un travail en commun. Nous travaillâmes donc longuement, démontant plan par plan la scène tout entière. Chaque ligne, en prose ou en chanson, était pour lui l'occasion d'exprimer ses conceptions. Il me donnait des indications très claires et précises sur la meilleure façon de m'exprimer. J'en étais charmée. Il me faisait mettre l'accent sur certains passages, ajoutait ici une touche d'émotion, là un ton professionnel, saupoudrant le tout d'un brin de magie, la même qui animait ses actrices dans ses films, une sorte de charme enfantin. Pour ce numéro en particulier, on ne pouvait rêver mieux. Chaque instant de cette heure de travail intense fut un délice. Je fus charmée par sa manière de s'identifier à la femme dont je campais le personnage dans la chanson, à ce qu'elle ressentait. Il me confia d'ailleurs qu'il se sentait en partie femme :

— Je m'identifie souvent à la sensibilité de la femme, car dans mes vies passées je n'ai pas toujours été un homme.

Je ne voyais rien de ridicule dans cette opinion. Je savais que j'avais, moi aussi, été un homme, il y a fort longtemps, et beaucoup de ceux qui m'entouraient voyaient des traits masculins sous ma féminité. J'avais étudié l'énergie mâle et femelle. L'énergie femelle est le yin et correspond au lobe droit du cerveau. C'est le domaine de l'artistique, du mystique de la réceptivité et de l'intuition. L'hémisphère gauche du cerveau, lui, représente l'énergie yang et contrôle la logique, l'autorité, l'activité linéaire.

Vassy et moi en étions tous deux de parfaits exemples. Chacun d'entre nous possédait à la fois des qualités mâles et femelles dans notre personnalité. L'embrasement se produisait lorsque chacun de nous s'exprimait, au même moment, de manière identique.

— Je sais exactement ce que ressentent les femmes, poursuivit Vassy, c'est pourquoi je m'entends si bien à les diriger dans mes films.

J'eus envie de lui demander s'il ne pouvait étendre son savoir à la vie courante, mais je me contentai de le remercier pour son aide précieuse. Je pensais que le réalisateur apprécierait les nouveautés apportées au numéro que je devais enregistrer le lendemain. Cette aide, ajoutai-je prudemment, devrait rester notre secret, car il ne fallait pas empiéter sur les prérogatives du réalisateur. Vassy ne dit rien, se contentant de hocher la tête.

Sur le plateau, tout était prêt pour le tournage le lendemain matin. Vassy était venu voir ce que donnaient ses conseils. Le réalisateur de l'émission, lui, travaillait comme à son habitude, depuis sa « cabine » et me dirigeait au son de sa voix. Dans un premier temps, Vassy se tint au fond du studio, dans l'ombre, sans intervenir malgré son intérêt. J'appréciais à juste titre son comportement. Il semblait aussi conscient du fait que ce plateau n'était pas le sien. Mais cela était trop beau pour pouvoir durer !

A peine la première prise fut-elle terminée que Vassy passa de l'ombre à la lumière. Il commença par applaudir et à louer mon travail à voix haute, avant de m'expliquer séance tenante les erreurs que j'avais commises.

Je me dirigeai vers les toilettes, lui demandant de me suivre. Je le remerciai, en privé, pour l'aide qu'il m'avait apportée et lui demandai de garder la plus grande discrétion, ne tenant pas à ce que les techniciens et encore moins le réalisateur de l'émission fussent informés de sa direction artistique. Il sembla admettre sans difficultés mon point de vue.

Mon anniversaire tomba le troisième jour du tournage. Mes amis proches étaient au courant, mais je ne tenais pas à divulguer la chose : la moindre célébration aurait compromis un horaire de tournage déjà très serré. De plus, étant timide par nature, je ne tenais pas à attirer l'attention par une fête. Bella Abzug et son mari Martin étaient venus me rendre visite. Ils trouvèrent Vassy pittoresque et amusant, très « russe ». (Eux-mêmes étaient d'origine russe.) Ils se rendirent compte des différences qui le séparaient de moi et de leur importance. Ils vinrent assister à l'enregistrement, et firent livrer champagne et gâteau durant l'une des pauses. Je terminais l'enregistrement d'une chanson. L'assistant-réalisateur fit signe d'apporter le gâteau « surprise », toute l'équipe me chanta « Bon anniversaire », et l'enregistrement fut donc arrêté un moment. De Vassy, point de trace. Je demandai à Bella si elle savait où il était. Elle l'avait vu dans ma loge, lui avait demandé de se dépêcher de nous rejoindre. Nous n'avions pas le temps de nous attarder, aussi, à peine le gâteau avalé, le travail reprit. Vassy était toujours invisible. Il nous fallut encore une heure de travail pour boucler le programme de la journée. Je regagnai ma loge, effondrée de fatigue. Vassy s'y trouvait assis sur le divan, les yeux dans le vague.

— Tu es là, dis-je, ravie qu'il ne se soit pas perdu dans les dédales des studios de la C.B.S. Tu nous a manqué! Nous avons soufflé les bougies du gâteau sans toi!

Son visage était renfrogné et son regard dur.

— C'est à toi de me dire où tu étais.

— Comment cela, où j'étais? En plein enregistrement, sapristi. Nous nous sommes arrêtés juste quelques instants pour boire une coupe de champagne.

— Tu aurais dû venir me chercher!

J'avais encore mon costume de scène. Le maquilleur et le coiffeur étaient comme à leur habitude sur mes talons. Néanmoins, j'allais m'asseoir près de Vassy, qui se sentait apparemment rejeté.

— Qu'y a-t-il, mon Nounours. J'aurais aimé que tu viennes à cette petite fête.

Son expression s'assombrit, ce qui me plongea dans la perplexité.

— Eh bien, pourquoi ne nous as-tu pas rejoints?

Ignorant superbement l'équipe qui nous regardait, Vassy finit par dire :

— J'attendais que tu viennes m'inviter.

— T'inviter? Mais enfin, tu sais bien que c'était inutile!

— C'est faux! poursuivit-il.

— Qu'est-ce qui est faux? demandai-je avec colère.

Je ne comprenais rien. Peut-être avions-nous un problème de communication dû au vocabulaire restreint de Vassy? Le maquilleur et le coiffeur s'esquivèrent dans le couloir, en murmurant des excuses.

— Vassy, peux-tu m'expliquer clairement ce qui ne va pas?

— Tu devrais comprendre!

— Eh bien, je ne comprends pas! Nous avons très peu de temps pour cet enregistrement, *toi*, tu le comprends!

— Ce que je comprends, reprit-il, c'est que j'étais là, j'attendais que tu viennes m'inviter à cette fête, et tu n'es pas venue. Tu te moques de mes sentiments et de ma sensibilité, complètement!

J'étais abasourdie. Il parlait vraiment sérieusement. Et il continua :

— Tu aurais pu au moins envoyer quelqu'un, mais en fait, c'était *à toi* de venir!

J'eus le plus grand mal à conserver mon sang-froid. Que s'imaginait-il donc? Que l'enregistrement d'une émission spéciale est une sorte de joyeux pique-nique?

— Attends une seconde, veux-tu? Le maquilleur et le coiffeur ont aussi envie de rentrer chez eux et de finir leur travail.

Vassy ne bougea pas d'un millimètre. Il était assis là, au milieu du canapé, les pieds fermement campés sur le sol, inconscient du malaise qu'il créait. Je les trouvai dans le couloir où ils s'étaient réfugiés, avec leur discrétion coutumière. Ils défirent ma coiffure et mon maquillage. Ils me parlèrent rapidement du tournage du lendemain, avant de s'éclipser.

Bella et Martin nous avaient rejoints dans la loge pour nous emmener. Ils remarquèrent aussitôt la tension qui régnait. Je me demandai encore comment éviter cette scène, mais ma colère ne faisait que croître. Après tout, c'était *mon* anniversaire, me semblait-il. Bella essaya de détendre l'atmosphère :

— Vassy, dit-elle, pourquoi n'es-tu pas venu avec nous pour célébrer l'anniversaire? Nous avons bu du champagne! Je t'ai dit qu'on allait l'apporter. Le regard que lui darda Vassy aurait suffi à embraser un village russe enfoui sous la neige! Il laissa tomber :

— Je n'ai pas été invité!

— Comment, invité? Tu savais très bien que tu étais invité, d'ailleurs tout le monde était au courant!

— Ça ne fait rien, Sheerlee aurait dû venir me chercher elle-même. Je suis resté ici tout seul, dans la loge, comme un étranger!

Bella écarquilla les yeux, pendant que Vassy poursuivait :

— Sheerlee n'a pas de cœur, elle est cruelle!

La coupe était pleine, cette fois. Peut-être parce que j'avais effectivement *pensé* à lui, me demandant où il pouvait bien être, au moment où j'avais découpé le gâteau. Mais j'avais dû renoncer à me rendre jusqu'à la loge, à cause de la distance qui m'en séparait. Mais m'accuser d'être insensible et cruelle, alors que j'étais morte de fatigue était plus que je ne pouvais en supporter!

— Mes sentiments ne lui importaient pas, à elle! reprit-il, s'adressant à Bella qui, pour une fois, eut l'air désemparé... Elle s'est comportée comme une star!

J'étais hors de moi. Sans m'en rendre compte, je me saisis de la table basse, la soulevai et la projetai au milieu de la pièce.

Bella et Martin s'éclipsèrent. Vassy ne montra ni surprise, ni choc, ni consternation. Il resta là, de marbre, ce qui me surprit autant que le geste que je venais d'avoir.

— Pour qui te prends-tu? hurlai-je.

— Toi, tu es une violente! dit-il, très détaché.

— Tu m'as tellement poussée à bout que j'ai envie de renverser l'immeuble tout entier!

— Tu vois bien, tu n'as aucun respect!

Je lui tournai le dos, posai les deux mains sur la table de maquillage, essayai la tête penchée en avant, de reprendre mes esprits.

Je savais qu'il me fallait garder le peu d'énergie qui me restait. Je ne voulais pas poursuivre l'escalade de la scène, parce qu'au demeurant, il ne me restait que six heures de sommeil avant d'attaquer la dernière journée d'enregistrement. Je ramassai les objets épars dans la pièce, Bella et Martin m'aidèrent à rassembler mes chaussures et mes tenues de danse. Vassy, lui, conserva son expression glacée pendant tout ce temps. Lorsque nous fûmes tous prêts, il se glissa au volant de la voiture. Le retour vers Malibu s'effectua dans le plus grand silence, les Abzug nous suivant dans leur propre automobile. Je montai directement me coucher, après avoir souhaité une bonne nuit à tout le monde. Fort heureusement, j'étais parfaitement en mesure de compartimenter mes émotions, de les ranger dans un coin du cerveau, et de m'isoler psychiquement quand j'en avais besoin. (Je pouvais toujours me reposer sur mon lobe gauche du cerveau, le côté mâle et yang de mon être.) Apparemment, Vassy resta un moment dans la cuisine avec Bella et Martin. Ils revinrent avec franchise sur les événements de la soirée. Selon eux, il s'était montré trop exigeant dans sa requête, et moi, sous l'effet de la pression de la journée, je n'avais pu me contenir. Lui se sentait rejeté, « non désiré » soutenait-il.

Le lendemain, personne ne mentionna ce qui s'était passé. Bella me prit à part pour me demander :

— Est-ce que cela a un rapport avec le chauvinisme mâle, ou bien est-ce dû au fait qu'il est russe?

— Je n'en sais rien, dis-je, après tout, toi tu es russe, tu devrais pouvoir me le dire.

Vassy, Bella et Martin m'accompagnèrent aux studios C.B.S.

210

pour ma dernière journée d'enregistrement-marathon. Vassy était de bonne humeur, fasciné par l'équipement extrêmement sophistiqué des studios américains. Le final comportait un numéro de danse de vingt-deux minutes : il fut filmé à deux heures du matin. Dire que j'étais épuisée serait se situer largement au-dessous de la vérité. Je n'avais même pas eu le temps de manger, par manque de temps. J'avais eu plusieurs crises d'hypoglycémie, ce qui m'avait fait manquer de m'évanouir à plusieurs reprises. En attaquant ce fameux numéro de danse, j'étais loin de tenir une forme olympique.

On tournait le numéro par plans, entrecoupés de longues pauses pendant lesquelles les techniciens changeaient les décors et les éclairages. Pendant l'une d'entre elles, je vins m'asseoir à côté de Vassy, essayant autant que possible de conserver mon énergie pour être en mesure de finir le numéro, et tenir le reste de la soirée. Bella et Martin étaient partis depuis longtemps.

— Tu es comme un cheval parfaitement entraîné, qui a couru si souvent qu'il travaille automatiquement. Tu es incroyable de force, ajouta-t-il.

La fierté qui perçait dans sa voix était tellement évidente que je m'en sentis revigorée. J'essayai de garder le contrôle de moi-même, jusqu'à ce qu'enfin le dernier plan soit enregistré. J'avalai un peu de jus d'orange et de fromage blanc, mon régime habituel lors des tournages (j'aurais été incapable de danser l'estomac plein). Le numéro terminé, j'allai m'écrouler aux côtés de Vassy. Le réalisateur et les techniciens filmèrent des plans dans lesquels je ne figurais pas. Vassy me tapota le genou, me félicitant une fois encore pour ma résistance. Alors ma respiration se fit lourde, je commençai à m'évanouir. Non, me dis-je, pas d'hypoglycémie maintenant, je ne peux me le permettre !... Mes lèvres et mes mains se raidirent, signe caractéristique du phénomène. Une crise d'hypoglycémie n'est pas grave, mais très impressionnante pour ceux qui n'en ont jamais vu, ce qui était le cas de Vassy. Il m'aurait fallu un verre de jus d'orange, vite ! Mais lui réagit comme si un incendie ravageait le plateau. Il se mit à hurler de toutes ses forces, ce qui n'était pas rien.

— Sheerlee va mourir ! Sheerlee va mourir !

— Il me souleva dans ses bras, sous les yeux ébahis de tout le plateau.

— Sheerlee, ma Sheerlee ne meurs pas, hurla-t-il encore à mon intention.

211

Quelqu'un apporta le fameux jus d'orange. Je ne savais pas s'il fallait rire ou pleurer. L'équipe retourna au travail, tandis qu'entre deux gorgées, j'essayai de calmer Vassy.

Lorsque ces enregistrements furent terminés, l'aventure tout entière me sembla se dissoudre dans l'air comme une bulle de savon. Vassy finit par s'excuser pour son comportement le jour de mon anniversaire, expliquant qu'à la réflexion, il comprenait pourquoi il avait eu tort. Je m'excusai à mon tour, sachant combien il était difficile pour lui de vivre avec une « star ». Il reconnut que la frustration d'être un réalisateur sans emploi n'était pas étrangère à sa réaction. Quant à mon problème d'hypoglycémie, il décida que je devais m'astreindre à un jeûne. Selon lui, le jeûne guérissait de tout, de l'arthrite à l'hypoglycémie, justement. Moi, j'avais dans l'idée que j'en mourrais. Léger dilemme. Il se mit à critiquer chaque bouchée que je mangeais, m'arrachant parfois les aliments de la bouche pour aller les jeter dans la poubelle. Quand nous étions dans un restaurant, il renvoyait les plats à la cuisine. J'en ai ri parfois, je me suis aussi souvent offusquée. Les montagnes russes battaient leur plein. En réalité, ses convictions étaient sincères et venaient du souci qu'il se faisait pour moi. Il tenait aussi beaucoup à moi. Sur le fond, il n'avait pas toujours tort, mais je ressentais mal sa manière d'agir, sa nature autocratique. J'y répondais par une attitude de protestation constante.

Tout en vivant ces situations, je me surprenais à les observer et regardais d'un œil critique les scènes qui se produisaient. Pour tous les deux, je crois, l'expérience était à la fois stupéfiante et très perturbante. Si malgré tout, nous avons tenu bon, c'est parce que nous exercions tous les deux des professions artistiques où professionnellement on utilise les orages et le tumulte. Peut-être avions-nous choisi de vivre l'un et l'autre ces circonstances, afin de mettre au point des valeurs et des opinions que nous n'avions pas réussi à cerner dans une vie antérieure. Le karma : cause et effet. Rien n'arrivait sans une bonne raison, j'en étais de plus en plus convaincue. Je nous sentais pré-déterminés, Vassy et moi : nous devions passer un certain temps ensemble. Mais il dépendait de nous que cela aide à la solution de nos problèmes. Nos périodes de purs délices étaient suivies de périodes désolantes, dures et amères. Un soir au moment où nous allions nous endormir, je ressentis soudain le besoin de regarder Vassy. M'appuyant sur le coude, je me redressai. Ses yeux étaient pleins de larmes. Je ne lui demandai pas pourquoi. Il murmura simplement :

– Il m'a fallu tellement de temps pour te retrouver.

Il ne dit rien de plus. En soi c'était déjà une révélation.

– Combien de fois crois-tu que nous nous sommes trouvés ? lui demandai-je doucement.

Vassy poussa un soupir venant du fond des âges, avant de me répondre.

– Je ne saurais le dire. Je sens que plus d'une fois, j'ai été une femme et toi un homme. Tu le sens aussi, n'est-ce pas ?

– Oui, dis-je en riant. On dirait que cette fois, tu rattrapes le temps perdu, sale macho !

– Je ne suis pas macho, je suis russe ! répliqua-t-il.

Le lendemain, je conduisais dans les rues de Beverly Hills. Apercevant un gigantesque ours en peluche, presque de taille réelle dans une vitrine, je m'arrêtai et entrai dans la boutique regarder l'animal de plus près. Le magasin vendait, en fait, des équipements électroniques, mais le propriétaire collectionnait les jouets en peluche. L'ours était brun, l'air tendre et câlin, la gueule blanche, les yeux à la Bambi, avec des cils interminables et des oreilles touffues. Rien que de le regarder, je fondis littéralement. J'avais envie de tenir contre moi son petit ventre rond et ses grands bras ouverts. A côté de l'ours, assis sur le sol, trônait un drôle de petit lion. Vassy était très fier d'être du signe du Lion (il était né en août), et d'être le roi de la jungle. Je devais acheter les deux animaux ; je lui offrirais l'ours immédiatement et garderais le lion pour son anniversaire. Le propriétaire accepta de me les vendre, et je les emportai dans deux énormes sacs de plastique.

Je lui donnais l'ours le soir même. Comment aurions-nous pu l'appeler sinon Nounours « Junior » ?

Nounours Junior fut à l'origine d'innombrables moments de bonheur, qui allégèrent les périodes de tension où les tendances destructives de Vassy s'exprimaient. Lorsque notre relation se trouvait en péril, nous utilisions Nounours Jr pour nous excuser avec humour. Nous le placions dans les endroits les plus inattendus de la maison, dans une position drôle : soit sur la tête, dans un lavabo, une serviette accrochée à la patte, ou bien en équilibre sur le haut d'une porte. L'autre ne pouvait que passer et le recevoir sur la tête, ce qui lui rappelait qu'il fallait savoir rire. Car aucun de nous n'aurait admis qu'il avait tort. Je me disais parfois que les Russes et les Américains devraient utiliser des jouets en peluche dans les discussions sur SALT II.

Après l'émission de télévision, je commençai à préparer mon show de Las Vegas et du Lac Tahoe *. Vassy entreprit, lui, d'œuvrer à notre projet commun. Travailler avec Vassy se révélerait une entreprise ardue, mais en valant la peine. J'approuvais son idée de réunir artistes soviétiques et américains dans un même film, en utilisant les deux pays comme lieux de tournage. Nous passâmes en revue divers sujets possibles, dont la *La femme du médecin*, mais le sujet qui revenait sans cesse était la réincarnation. Nous voulions en fait écrire une histoire d'amour à deux personnages ayant déjà vécu ensemble dans une vie antérieure. Aucun des vieux films que nous vîmes n'avait réussi à traiter le sujet avec succès. Il nous fallait écrire un scénario original, et faire appel à un autre écrivain, déjà versé dans ce type de sujets. Vassy avait vraiment envie d'exprimer quelques-unes de ses croyances à l'écran. Il savait fort bien raconter une histoire d'amour à connotations spirituelles. Sur ce point, je le suivais totalement. Il y avait différents auteurs français et américains avec qui il avait envie de travailler. Nous priâmes donc nos agents respectifs de les contacter.

Pendant ce temps, Vassy travaillait avec un auteur anglais sur un scénario dont il m'avait entretenue le soir où nous nous étions rencontrés. Il s'agissait d'une aventure métaphysique romantique et fascinante, mettant en scène des baleines. Il avait même trouvé le financement pour son projet. Pendant que je jouais à Las Vegas et au Lac Tahoe, son co-auteur, Marc Peplow vint s'installer avec nous. Nous nous entassâmes dans la maison réservée aux artistes à Tahoe : endroit de rêve, lieu de tournage idéal pour un film à la Betty Grable. Vassy et moi nous plaignîmes des horaires impossibles auxquels j'étais astreinte, en raison de mes spectacles. Lui aimait se lever à l'aube. Il se sentait mal à l'aise, « en non-harmonie » avec la nature, lorsqu'il se couchait à l'heure où bien des gens se levaient. Il essayait bien de s'endormir avant que je ne rentre, mais – et je le comprenais – il n'arrivait pas à plonger dans le sommeil tant que je n'étais pas rentrée. Les événements qui devaient se produire alors ont peut-être leur source dans ce changement d'horaires et d'habitudes. A partir du moment où Vassy commença à travailler avec

* Élégante station au bord d'un lac en Californie.

Marc sur ses scripts, il devint péniblement tourmenté. Il plongeait dans des affres d'insécurité, comme je n'avais jamais vu un écrivain américain le faire. Fixant le plafond, il se lançait dans de longues descriptions de ses souffrances au lieu d'analyser la scène qu'il était en train d'écrire. Il nous faisait part des douleurs du processus créatif. J'en savais quelque chose, mais je savais les joies aussi que l'on pouvait tirer de ces moments. Il lui était *totalement impossible* d'accepter une telle notion. Pour lui, création voulait dire *souffrance*. Vassy avait érigé cette souffrance en institution, et se serait senti totalement incapable de créer en son absence.

Je me souvins de mes années de tournage de films, dans toutes les circonstances possibles. Chaque fois que j'étais heureuse j'étais meilleure. Quand je me sentais mal ou malheureuse, rien ne marchait. La même règle semblait s'appliquer à ceux avec qui je travaillais. On pourrait sans doute m'objecter que je m'écartais de ceux qui travaillaient dans la souffrance. Avec un artiste comme Vassy, il était exclu de s'éloigner : il était extrêmement *brillant* et, point non négligeable, *avait besoin* que nous tous (impliqués dans l'aventure), nous éprouvons à ses côtés sa *grande torture* * afin de sonder les profondeurs de nos *propres* potentiels.

Les jours devenaient des semaines, et moi, je restais là à l'observer. Des cris d'excitation, suivis de silences de plomb, s'échappaient de la pièce dans laquelle travaillaient Vassy et Marc. Au cours de la journée je leur apportais des montagnes de salade et de fromage, que je faisais préparer par le cuisinier engagé pour tenir la maison des artistes. Tous les soirs vers 18 heures, nous prenions ensemble un repas « familial », à base de riz, légumes, de pain fait à la maison, et un somptueux plat de viande, auquel Vassy avait généralement prêté son talent. Il présidait la table en se versant de grandes rasades de vodka aux feuilles de framboise qu'il avait lui-même cueillies dans les buissons autour de la maison. Il identifiait chaque arbre, chaque buisson, chaque fleur dans la propriété, et nous décrivait avec précision la flore correspondante qui poussait en Russie. Il remplissait les bouteilles de vodka de feuilles de framboisiers, jusqu'à ce que le parfum imprègne l'alcool.

Vassy dirigeait aussi la conversation. Il aimait autant que

* En français dans le texte.

215

nous s'écouter parler. Il fixait son verre de vodka et, tout en le vidant de son contenu, se lançait dans l'un de ses sujets favoris, comme l'amour et le respect. Vassy était totalement convaincu qu'il était impossible d'aimer et de respecter en même temps.

— Quand on aime quelqu'un, se plaisait-il à dire, on est tellement impliqué qu'on ne peut respecter l'intégrité de l'autre.

— Mais, mon ours à miel, répliquai-je, il n'y a pas d'amour véritable sans respect.

— En Russie, soit on aime, soit on respecte. Pas les deux à la fois! L'amour entraîne la jalousie, la possession, et de nombreuses autres émotions et manifestations de la passion, qui rendent le respect impossible. En Russie, nous savons cela et donc nous l'acceptons.

J'avais écouté cette théorie à de nombreuses reprises, mais elle choquait toujours ceux qui l'entendaient pour la première fois. Peut-être aurions-nous pu souscrire à cette théorie dans les États-Unis du XIX⁰ siècle. Depuis, les Droits de l'Homme (et les droits civils de la femme en particulier) avaient fait leur chemin. Amour et respect pouvaient et devaient cohabiter, sinon qu'eût signifié la démocratie?

Vassy avait coutume de dire que les Russes ne connaissaient pas le sens du mot « respect », ils ne connaissent que l'amour. Les sentiments étaient les moteurs de leurs actions, lorsqu'ils étaient amoureux.

— En Russie, disait-il mon voisin peut venir frapper à ma porte à trois heures du matin, pour me demander cinq roubles ou une tasse de thé. Il serait extrêmement surpris que je refuse de l'aider. Et j'en attends autant de sa part. Ici, la vie privée est sacrée. Vous les Américains, vous ne connaissez rien d'autre, vous ne comprenez rien à l'amour, vous ne savez que respecter. Vous croyez, vous, que vous faites les deux, mais c'est faux! Je me disais qu'il devait y avoir un fond de vérité dans cette assertion.

— Par exemple ici, reprenait-il, vous avez des crimes et des aggressions dans la rue. Les gens se plaignent. Mais nous, en Russie, nous ne connaissons rien de la sorte, les gens lyncheraient les aggresseurs sur place. Ici, vous préférez ne pas vous impliquer, vous laissez les autres se faire attaquer. Nous, nous avons l'amour de toute la communauté, nous ne laissons pas faire!

— Je ne suis pas entièrement d'accord, répondis-je. Et le problème des gens ivres?

— Aucun ivrogne ne mourrait de froid dans la neige, tout le monde les protège. C'est ça, l'amour. Vous, vous respectez le droit des gens à mourir, si vous n'êtes pas concernés.

Je comprenais son point de vue. Pourtant sa logique, à mes yeux, n'apparaissait pas comme la bonne. Je n'avais aucun respect pour les ivrognes, ce qui ne veut pas dire que j'avais envie de les laisser mourir de froid. Cela aurait beaucoup trop ressemblé à de l'apathie. Pourtant, j'avais aussi entendu des histoires de citoyens russes « tournant le dos » à leurs amis dès que ceux-ci étaient « dans le colimateur » de l'Etat. Pour moi, c'était là un tragique exemple du refus d'être impliqué, bien que le moindre geste puisse vous mettre en danger à votre tour. Je devais donc en conclure que rien n'était ni tout noir d'un côté, ni tout blanc de l'autre.

En fait, le sujet qui hantait Vassy était le débat entre le Bien et le Mal, la dualité Dieu-Satan. Cela nous entraînait parfois dans de furieuses discussions. Il avait une manière intraitable de voir les choses, ce qui me mettait hors de moi. Il se drapait alors dans un calme — que je soupçonnais feint — ce qui me faisait enrager encore davantage. Il choisissait ce moment pour me prendre par les épaules, et me dire :

— Ne te laisse pas aller, Satan prend le dessus.

Il le croyait vraiment. Son visage reflétait l'anxiété. Il avait l'air de craindre réellement que Satan ne s'empare de moi. Son premier geste en arrivant à Malibu avait été de placer sa bible à une place d'honneur, sur le coffre au pied de notre lit, là où nous pourrions la voir à chaque instant.

Il m'arrivait fréquemment de passer à côté de la bible et de l'ouvrir; j'aurais tant aimé pouvoir en déchiffrer l'écriture. Il y avait peut-être là, enfouie quelque part dans son contenu, l'explication des valeurs fondamentales de Vassy, auxquelles j'étais parfois si totalement étrangère.

Au fur et à mesure que son travail de création devenait plus ardu, j'essayais de l'aider en parlant de ses conflits émotionnels. Cette approche ne lui convenait guère : il ne croyait pas, pour sa part, qu'on pût résoudre quoi que ce soit en parlant; il donnait pleins pouvoirs aux sentiments, seuls capables de modifier les choses.

— Vous, les Américains, vous analysez tellement votre passion qu'elle n'existe même plus.

— Mais alors, comment résolvez-vous vos différences ? demandai-je.

— Nous ne les acceptons pas. Nous les tolérons, tant que nous le pouvons. Et puis nous ne les tolérons plus!

— Et alors?

— Alors surviennent les changements. Il y a un temps pour chaque chose. Rien n'est permanent, excepté la bataille avec les plages sombres de nous-mêmes.

Nous y revenions donc! Le concept selon lequel le bonheur n'est pas de ce monde parce que souffrir représente la destinée de l'homme commençait à me déprimer sérieusement. Pourtant, il aimait sincèrement être heureux à l'inverse de bien des gens que je connais, qui pensent ne pas avoir droit au bonheur. Non, lui *adorait* le bonheur, sincèrement. Il mettait de la passion explosive dans tout : rire, joie, sexe. Mais j'étais toujours conscience que notre relation était entachée par la peur : notre bonheur devait avoir une fin. Pis : il *devait s'achever*, pour laisser place à la lutte prédestinée.

En quittant Tahoe pour retourner à Los Angeles, je téléphonai à Kevin Ryerson, le médium qui m'avait fait découvrir pour la première fois la communication avec les autres dimensions. Vassy était habitué à consulter des voyants et il considérait qu'en rencontrer un autre ne ferait qu'ajouter à sa propre connaissance. Il respectait absolument les entités spirituelles qui parlaient au travers d'un être humain.

Chapitre 12

Vassy était au courant depuis longtemps de mon expérience avec John et McPherson. Un des liens qui m'unissaient à lui était justement cette liberté avec laquelle je pouvais aborder tous les sujets. Lui-même avait rencontré des médiums en Russie. Il était donc un familier de ce type d'expérience. Il ne fit aucune difficulté pour accepter Kevin comme instrument de communication avec des entités ne différant de nous qu'en un point : elles n'étaient pas incarnées physiquement. Il ne remettait pas en question l'idée que les entités spirituelles existent sur le plan astral, et qu'elles avaient vécu sur terre. Sa grande question était : y en avait-il, parmi elles, de mauvaises ?

Cette question le tourmentait vraiment et il essayait en toute bonne foi d'y porter remède.

Lorsque Kevin arriva à la maison, Vassy et moi étions en train de manger du kasha, sarrasin grillé avec de l'ail et des oignons. Kevin portait un de ses costumes favoris, beige clair, mais ne s'inquiétait pas des taches qu'il aurait pu y faire. Il se joignit à nous et se délecta de cette spécialité russe. Vassy n'attendit même pas que Kevin entrât en transes, il commença immédiatement à le questionner sur l'un de ses sujets de prédilection, très troublant en fait : les forces du mal. Entre deux bouchées, Vassy le chrétien russe questionnait Kevin, l'Américain non religieux (mais aimant Dieu) sur le vaste sujet du Bien et du Mal. Fascinée je les écoutais, admirant la façon dont Vassy exprimait ses points de vue et la précision qu'il y apportait.

— Puisque les hommes sont tombés sur terre parce qu'ils se sont exclus de la grâce divine, lui demanda-t-il, ne pensez-vous pas que cela signifie que le Mal fait partie de la Force Divine surnaturelle? Ce qui revient à dire que le Mal est une partie de Dieu?

Kevin continua à mâcher tranquillement son kasha. De toute évidence, il était rompu à ce genre de discussions « sérieuses ».

— Pour ma part, répondit-il, je ne crois pas à l'existence de ce que vous appelez « le mal ».

— Non, non, pour moi, reprit immédiatement Vassy, c'est philosophiquement primordial. Ne croyez-vous pas que le Mal a été créé pour que nous le dominions?

— Je crois, dit Kevin, que ce que vous englobez sous le terme de « mal » n'est autre que le manque de conscience de Dieu. La question ne se pose pas en termes d'« existence ou non existence » du Mal, mais bien de manque de savoir spirituel.

— Mais non, dit Vassy, si le Mal est l'ignorance de Dieu, comment expliquer alors que les gens se rebellent consciemment contre Lui? Ils détruisent eux-mêmes Dieu avec savoir et conscience. C'est dont la preuve qu'ils ne l'ignorent pas.

— Mais il est impossible de détruire Dieu en soi. Il est immortel, répondit Kevin. C'est la raison pour laquelle ceux qu'on appelle les peuples primitifs qui, dans cette vie, n'ont jamais eu connaissance du concept de Dieu ne peuvent pas être considérés comme mauvais, donc ne peuvent être condamnés.

Kevin semblait apprécier cette nouveauté : quelqu'un discutait avec lui, et ne se contentait pas de se servir de lui comme un « téléphone » humain.

— Mais il y a des gens très intelligents qui sont contre Dieu, continua Vassy.

— Non, c'est qu'ils ne le connaissent pas. Quelque que soit votre conception de Dieu, vous devez savoir que vous allez finalement vous identifier à cette image. Si un être intelligent se rebelle contre Dieu, il ne fait que s'élever contre le *concept* qu'il a de Dieu. En somme, il ne fait que se rebeller contre lui-même.

Vassy continua à mâcher, et réfléchit un moment. Moi j'étais sortie un instant préparer une salade assaisonnée d'une sauce à la moutarde et au citron.

— Nous sommes tous *sous* la loi divine, n'est-ce pas, demanda alors Vassy.

— Non, s'exclama Kevin, nous ne sommes pas *sous* la loi divine, nous *sommes La Loi* de Dieu, nous *sommes Dieu* nous-mêmes. Nous devons nous accepter dans notre totalité, accepter notre loi à nous, qui sommes divins. Puis nous devenons Dieu. Dieu et nous-mêmes ne faisons qu'un, nous sommes donc essentiellement Amour total. Vous êtes d'accord, n'est-ce pas, Dieu est bien Amour total?

— Bien sûr. Mais dans ce schéma, où est donc la place du Mal?

— Mais il n'existe pas. Tout dans la vie n'est que le résultat du savoir ou de l'ignorance. Là sont les deux polarités en présence, non le Bien et le Mal. Quand vous êtes toute connaissance, toute illumination, comme Bouddha ou Jésus-Christ ou d'autres comme eux, la lutte est achevée.

Vassy se leva et commença alors à arpenter la cuisine.

— Non, dit-il, nous avons été placés sur cette terre pour combattre. Il n'y a pas de vie sans conflit.

— Moi, je n'ai aucun mal à imaginer une vie sans lutte et sans problème, ajouta Kevin.

— Mais non, protesta Vassy, ce corps lui-même est une lutte en soi. Manger par exemple implique une lutte. Cette discussion-ci également.

— Bien sûr, ajouta Kevin, mais là n'est pas la *raison* de notre présence sur terre.

— Non, mais la lutte, *c'est bien* une sorte de conflit entre les deux polarités. Je crois ainsi que la Nature a été créée pour ne pas être dérangée. Pour moi, une pomme ressent une douleur quand nous la mangeons. Et les fleurs souffrent quand nous les coupons.

— Eh bien, dit Kevin, en posant sa fourchette, si vous croyez cela, vous pouvez tout aussi bien croire que la pomme a plaisir à être mangée, parce qu'elle se sait créée pour nourrir d'autres êtres conscients. Elle est en parfaite harmonie avec Dieu et comprend donc que son but est d'alimenter la vie. Manger n'est donc pas obligatoirement une lutte parce que cela est profitable à tous : les humains qui la mangent et la pomme qui a atteint sa raison d'être.

J'étais là, debout, grignotant une carotte et fascinée par la conversation qui ressemblait à une nouvelle version de *Mon Dîner chez André*. Mes pensées fusaient et rebondissaient comme une balle sur un court de tennis, tandis que je suivais les réparties des deux interlocuteurs.

— Je suis têtu, finit par ajouter Vassy. Tout cela est très beau, mais mettez donc trois personnes sur une île déserte, avec pour toute nourriture une pomme, et vous allez voir : la lutte et le conflit ne vont pas tarder à surgir, le problème étant : qui va survivre ?

— Cela dépend des gens en présence, dit Kevin. Mettez trois moines bouddhistes dans cette situation : vous verrez qu'ils vont méditer, ne pas manger la pomme et probablement perdre conscience jusqu'à simplement quitter le plan terrestre. De par leur éducation spirituelle ils sauraient que, de toute façon, ils ne perdraient que leur corps. Leur *Moi Supérieur* les empêcheraient de s'engager dans un conflit quelconque, entre eux. Si maintenant vous mettez en présence trois pirates, ils vont sans doute s'entretuer, ce qui ne ferait que prouver leur ignorance à propos de l'immortalité de leur âme. Ce que je veux dire par là, c'est qu'il s'agit du parfait exemple de l'ignorance du *Moi Supérieur*; il ne s'agit pas du Mal en soi. La lutte et les conflits sont en rapport avec votre connaissance, celle que vous avez de Dieu. Plus on connaît Dieu et sa propre immortalité, moins il y a de lutte. Donc il n'y a pas de Mal, simplement un manque de connaissance.

— Moi, ce qui m'intéresse, dit Vassy après réflexion, c'est cette vie-ci, cette lutte-ci avec ses ignorances et ses fautes. Je ne suis pas en train d'essayer de comprendre le cosmos, *a fortiori* de le changer. J'essaie simplement de surmonter mon ignorance dans ma lutte *actuelle*. Je ne parle pas des vies *futures*, je parle de *maintenant*. Pour moi, seul le court terme compte.

— Eh bien, dit Kevin, je ne vois pas comment vous pouvez approcher la vérité plus profonde à court terme sans comprendre la nature même de l'enjeu à long terme.

— La connaissance de Dieu est bien sûr liée à un long terme, mais la réalité pratique de la vie s'exprime en terme de « maintenant », à court terme, si vous voulez. Mon investissement *karmique* est en relation directe avec ma vie actuelle.

– J'en conviens, mais si vous pensez que Dieu est l'expression du Bien et du Mal, vous allez manifester ces deux polarités dans votre vie propre, parce que vous croyez que c'est vrai. Vous êtes le résultat de votre propre pensée, ne l'oubliez pas, et nous sommes tous pareils. Nous sommes ce que nous pensons. Si vous pensez que vous êtes bon, que Dieu est Amour total et que Dieu est en vous, vos comportements personnels vont refléter cette croyance.

– C'est donc quelque chose d'éternel, n'est-ce pas?

– C'est exact.

Les deux hommes s'installèrent sur le divan du salon. Je préparai du café à la cannelle à leur intention. Kevin posa alors à Vassy une question à laquelle je n'avais jamais pensé.

– Avez-vous jamais eu d'expérience extra-corporelle?

– Vous me demandez si j'ai jamais fait l'expérience d'une projection astrale? demanda avec surprise Vassy. Cela m'est arrivé une fois. J'étais dans un état de paix totale. Un état de nirvàna à une époque où je faisais du yoga et où je jeûnais. Je me suis senti soudain m'élever de mon corps, je me suis vu assis sur le sol en train de méditer. Cette expérience s'est révélée très éprouvante.

– Pourquoi cela? demanda Kevin.

– J'ai perdu le contrôle, dit Vassy s'appuyant sur les coussins et essayant de traduire en paroles ses souvenirs d'alors. Je ne savais pas où cela me mènerait. Le sol s'était dérobé sous moi. La force de cette expérience s'est révélée peu commune, tout à fait fantastique. Depuis cette époque, je dois dire que je me suis montré plus prudent dans ma recherche spirituelle.

En avalant une longue gorgée de café, on avait l'impression que Vassy voulait effacer jusqu'au souvenir de cette expérience. Il me semblait intéressant qu'il eût en quelque sorte besoin de restrictions. Kevin poursuivit.

– Pensez-vous que vous auriez moins peur si vous faisiez à nouveau cette expérience en compagnie de quelqu'un d'autre?

Une expression de désir ardent se peignit sur le visage de Vassy, et il se tourna vers moi :

– Je crois que je serais prêt à le vivre avec Sheerlee, elle connaît la moindre de mes pensées, je ne peux lui mentir, elle ressent tout ce que je sens moi-même.

Je m'approchais de lui et lui pris la main. Il disait vrai.

— Je sens un lien avec ma mère, dit-il encore. Je sens ses prières, je sais toujours quand elle est en train de prier, surtout pour moi. Et lorsque je vérifie auprès d'elle, j'ai toujours raison. Parfois elle prie pour moi la nuit en Russie, et avec le décalage horaire, les heures sont parfois étranges pour moi.

Kevin demeura silencieux.

— Vous savez, dit Vassy en se levant, nous les Russes chrétiens orthodoxes sommes convaincus que toute personne qui n'est pas elle aussi russe, chrétienne orthodoxe, est d'une manière ou d'une autre possédée par le démon.

— J'essaie d'éduquer les gens, ajouta Kevin, mettant un peu de sucre dans son café, mais pas de les changer. S'ils trouvent que les concepts de la connaissance spirituelle supérieure sont trop ardus, et qu'ils ne veulent pas renoncer à leur conception du Bien et du Mal, ils rejoignent les rangs de l'Église. En son sein, ils trouvent la confirmation de l'existence du Bien et du Mal et ils restent en contact avec Dieu. Mais il est vraiment dommage qu'ils donnent autant de crédit au Mal qu'au Bien. Ils finissent généralement par connaître un des aspects de la connaissance supérieure et changent de leur propre chef.

— Êtes-vous en train de me dire que l'absence de bataille vous rapproche de Dieu? demanda Vassy appuyant ses mains sur la table du salon.

— Exactement, répliqua Kevin, parce qu'en vérité, *vous êtes Dieu*. La discordance vient de ce qu'on ne le croit pas. Les êtres humains sont convaincus qu'ils sont en partie mauvais — et ils agissent conformément à cette idée. Nous sommes le produit direct de ce que nous pensons, de ce que nous croyons.

— C'est vraiment difficile pour moi, dit Vassy d'une voix exaspérée et se frappant la tête. Vraiment difficile. Ce concept est tellement éloigné de celui que donne le christianisme... Il m'est difficile d'être à la fois, une partie de ce monde, où *je le sais*, la lutte avec le Mal est nécessaire; et de croire en même temps qu'en renonçant à la lutte, je me rapproche de la réalisation de Dieu.

— C'est exactement *là* que se situe la lutte, dit Kevin. A mon avis, si nous sommes sur terre, c'est pour apprendre que nous n'avons pas besoin de lutter. C'est là « la lumière ». Il faut lutter pour apprendre que la lutte n'est pas nécessaire, que *la vie* elle-même n'est pas la lutte en soi.

— Mais je suis en train d'écrire un scénario, et c'est une

224

lutte. Et quand je tourne un film, la lutte est permanente, dit Vassy, se heurtant à nouveau la tête.

— Oui, mais si vous apprenez à vous détendre et laissez la créativité jaillir en vous, vous allez vous rendre compte que votre besoin de lutter va décroître. Maintenant, si vous croyez que la lutte est nécessaire à votre créativité, c'est *la lutte* que vous allez créer, et non pas un bon script! Peut-être réussirez-vous à créer les deux, mais vous pourrez toujours vous poser la question de savoir si le script n'aurait pas été meilleur si la lutte en avait été absente.

J'éclatai de rire...

— Sheerlee n'aime pas que j'expose ma théorie du Bien et du Mal.

— Si, dis-je, je l'aime au contraire beaucoup. En fait, j'ai même beaucoup appris au cours de cette discussion.

Vassy, Kevin et moi débarrassâmes la table. Puis Kevin se prépara à entrer en transes. Vassy lui demanda si on s'était jamais moqué de lui et de ce qu'il faisait. Kevin sourit avec patience :

— Cela m'est arrivé, parfois. Mais en principe ceux qui viennent me voir sont intéressés par une connaissance spirituelle supérieure. Sinon, ils ne se donneraient pas la peine de venir.

— Pensent-ils que vous jouez la comédie quand les entités spirituelles se manifestent? demandai-je à mon tour.

— Ma chère Sheerlee, je peux te dire, moi, que les entités spirituelles existent bien, nous savons cela en Russie. Et en tant que réalisateur, je peux te dire que cet homme ne joue pas la comédie. Certainement pas.

— D'accord, dis-je, mais j'ai lu une montagne de livres sur ce sujet. Il se peut que celui qui canalise ces entités soit en fait en contact avec ce que Carl Jung appelle « l'inconscient collectif. » Ce ne sont peut-être pas des entités que vous canalisez, mais simplement ce que perçoit votre propre subconscient.

— Peut-être bien, dit Vassy, mais quelque soit celui qui la canalise, l'information reste la même. Par exemple, la réincarnation est la vérité fondamentale, dont tout le reste découle.

Kevin ne montra aucune impatience à nous écouter, Vassy et moi discuter de ce à quoi il consacrait sa vie entière. Il ponctuait chaque question et chaque opinion d'un hochement de tête. Il ne se sentait pas obligé de se défendre. Ce qui l'intéressait, c'était de voir comment chacun de nous répondait à ce phénomène.

— Puis-je ce soir poser des questions à vos guides, sur le mal? dit Vassy, en se penchant.

— Bien sûr, dit Kevin, tout ce que vous voudrez. C'est pourquoi je suis là. Voulez-vous que nous commencions?

Vassy demanda à Kevin s'il était confortablement installé et tapota un coussin pour se caler le dos. J'allai dans la cuisine et pris une chope, que je remplis d'eau, me souvenant que Mc-Pherson aimait une ambiance « pub ». Kevin posa ses bras sur les accoudoirs du fauteuil, commença à respirer profondément. Je bloquai la sonnerie du téléphone, et mis en route mon répondeur automatique. La tête de Kevin s'affaissa sur ses épaules lorsqu'il entra en transes. Sa respiration se modifia. Au bout d'environ cinq minutes, son corps se mit à trembler. Sa tête se souleva à nouveau, ses yeux étaient clos. Sa bouche s'ouvrit, et voici ce qu'il dit :

— Salut! Énoncez le but de cette réunion.

C'était l'entité de John qui était canalisée.

— Nous sommes deux ici, dis-je, nous aimerions poser quelques questions. Elles ne sont pas vraiment prêtes. Cela vous dérange-t-il?

— Non, répondit la voix. Posez les questions.

Je fis un signe à Vassy. Il m'indiqua de commencer.

— John, demandais-je, c'est vous?

— Oui, fut la seule réponse. Très succincte, sans fioritures ni salutations.

— J'ai plaisir à vous parler à nouveau. J'ai ici un ami que j'ai rencontré depuis la dernière fois que nous nous sommes parlé. Il est aussi intéressé que moi dans tout ceci.

— Très bien, dit John.

— Je pense donc que ma première question sera la suivante : A-t-on vraiment besoin sur terre de cette illumination spirituelle? Ce que je veux dire, c'est ceci : est-ce-que la souffrance humaine et la douleur diminueraient si plus de gens comprenaient leur propre dimension spirituelle?

— C'est exact, répondit John. Le conscient collectif de la race humaine tout entière témoigne du plan terrestre sur lequel vous vous trouvez. L'influence de l'homme crée des troubles dans la nature, et bien entendu dans vos propres activités humaines.

— Voulez-vous dire par là que l'esprit de l'homme peut agir sur la nature et déclencher des tremblements de terre, des inondations par exemple?

— C'est exact. Les influences sur la gravitation et l'harmonie planétaire sont modifiées par les esprits des gens qui vivent sur chacune des planètes. Vous connaissez des troubles naturels sur votre planète parce que la conscience de la race humaine tout entière a besoin de s'élever.

— Est-ce la raison pour laquelle l'illumination spirituelle se révèle nécéssaire?

— Oui l'esprit de l'homme est plus puissant que la Nature. Vous souffrez actuellement de votre état d'esprit, qui influence les schémas de la Nature à votre niveau.

Vassy regardait, et je lui fis signe de poser des questions, mais il déclina l'offre.

— D'accord, dis-je avec tout ce qui se passe de mauvais dans le monde actuellement, diriez-vous qu'il existe une force négative qui opère ici, et qui serait égale à la force divine? Je veux dire, est-ce que le Mal fait aussi partie de Dieu?

— Vous parlez des influences sataniques? demanda John.

— Oui.

— Le concept de Satan tel qu'il est exposé dans votre Bible trouve ses origines dans ce qui suit : Adam et Eve représentent la création des âmes. Comme tout le monde, ils ont d'abord été créés comme pure énergie, âme-énergie. Lorsqu'ils ont été attirés par le plan matériel, ou le plan terrestre comme vous le connaissez, ils se sont incarnés dans le corps d'un primate, parce qu'ils ont été séduits par l'attraction de la vie physique. Par leur chute même, ils ont déclenché la loi du karma. Leur origine divine et spirituelle n'est restée qu'un vague souvenir, à cause de l'étroitesse et des restrictions de leur corps physique.

La lutte pour le retour à la divinité originelle est ce que vous appelez Satan. Le sens hébreu du mot « satan » comme Kevin l'instrument vous l'a dit est « lutte », ou ce qui n'est pas *bon* pour vous. Ce que vous englobez sous le terme de « satan » n'est que la force de votre conscience la plus basse, quand vous engagez la lutte pour revenir vers Dieu et le connaître, lui qui est votre origine. Le sentiment de ce que vous appelez le mal est la lutte avec vous-même.

John s'arrêta de parler, comme pour nous engager à répondre. Mais Vassy ne voulait toujours pas parler.

— Mais comment avons-nous pu nous tromper à ce point jusqu'à maintenant?

— La lutte pour la connaissance de soi ne serait pas une lutte si l'on aimait Dieu de tout son cœur et de toute son âme, et si l'on aimait son voisin comme soi-même. Votre prochain, c'est vous-même, mais l'humanité a mis au point la dualité Bien-Mal pour pouvoir juger les autres plutôt que de se découvrir soi-même. C'est pourquoi on a même pu se faire la guerre. C'est du manque de connaissance du concept de Dieu qu'est né le concept du Mal. Mais quand l'humanité comprend qu'elle est elle-même un être collectif représentant la force divine, il devient impossible de se faire la guerre, à soi-même. Est-ce que vous comprenez tout cela?

– Oui, répondis-je, puis-je vous poser maintenant une question plus spécifique? L'Union Soviétique est-elle consciente des besoins d'illumination spirituelle?

– Pas au niveau du gouvernement, mais beaucoup dans les cercles des chercheurs. Ils ont réussi à spiritualiser l'intellect, et ils ont pris conscience du fait qu'il n'y a qu'un seul esprit universel.

Vassy leva la main.

– Tu veux poser une question, chéri? lui demandai-je?

– Oui, dit-il, dois-je me présenter?

– Si vous voulez, dit John.

– Je suis Vassy Okhlopkhov-Medvedjatnikov, dit Vassy, s'éclaircissant la gorge. Je viens d'Union Soviétique et je suis, actuellement aux États-Unis. J'aimerais travailler ici. Ma première question sera : comment puis-je être efficace dans ma vie privée et sociale, dans la lutte contre le mal et les forces sataniques?

Un silence s'installa. John reprit alors la parole :

– Vous considérez-vous vous-même comme une âme?

– Oui.

– Vous considérez-vous comme issu de Dieu?

– Oui.

– Vous êtes tous fils et filles de Dieu?

– Oui.

– Donc, dans votre vie et dans vos aventures personnelles, vous vous reconnaissez comme fils de Dieu et comme âme. Avec cette connaissance, vous allez éduquer les autres.

– Oui, je le ferai.

– Vous ne devez pas résister à ce que vous appelez le mal. Si vous cherchez à lutter contre le mal, vous allez vous rendre compte que c'est lui qui gagne. Vous serez perdu au milieu de la bataille. Laissez-vous aller à l'illumination totale. Cherchez à donner amour et connaissance, pour que d'autres autour de vous puissent progresser. Si l'ignorance est détruite grâce à l'exemple de votre vie, les forces sataniques, comme vous les appelez, seront aussi détruites. Il vaut mieux allumer une seule bougie, plutôt que de rester dans les ténèbres et les maudire. Les ténèbres sont ce que vous appelez les forces sataniques. Découvrez l'amour et la lumière en vous, aussi bien que chez les autres. Faites les croître, souffrez avec patience, et à votre tour vous servirez aux autres. Est-ce que ceci est toujours du domaine de votre compréhension ?

— Êtes-vous en train de me dire que la souffrance est une nécessité dans cette lutte ? demanda alors Vassy.

— En hébreu, la définition de l'expérience est la connaissance de la souffrance. La souffrance est donc l'unique expérience. Par exemple, si un individu vient vers vous, vous porte tort, qu'allez-vous faire ? Allez-vous frapper cet individu à votre tour, ou allez-vous souffrir, expérimenter tout cela et prendre les choses avec patience ? J'espère que vous parleriez calmement avec cet individu, afin de l'amener vers une plus grande illumination. Sa surprise serait totale, son étonnement aussi. Il attend de votre part un comportement calqué sur le sien, il attend que vous le frappiez en retour. Donc, en faisant, avec douceur, l'expérience de son coup, vous allez l'obliger à réfléchir, à surmonter sa propre ignorance. Peut-être reviendra-t-il enfin vers Dieu. Voilà pour nous la signification de la souffrance. Comprenez-vous cela ?

Vassy se répétait les paroles de John. Il ne fit aucune allusion au sujet du Mal. Il avait une autre question à poser :

— Puis-je vous demander maintenant quelque chose de personnel ? Est-ce un hasard, si Sheerlee et moi nous sommes rencontrés, ou cela a-t-il été planifié et ordonné ?

Il y eut un long silence. Enfin, John dit :

— Un moment, s'il vous plaît. Une autre entité désire prendre la parole.

Une autre pause. Puis Tom McPherson se fit entendre :

— Hello. Je vous lève mon chapeau. Comment allez-vous, ici-bas ?

Il avait son ineffable accent irlando-écossais. Vassy et moi nous nous mîmes à rire. Aucun d'entre nous ne dit quoi que ce soit.

— Vous êtes bien là, dit McPherson ?

Nous nous mîmes à rire à nouveau.

— Oui, nous sommes bien là, mais vous êtes si amusant, dis-je.

— Tout à fait exact, dit-il. Si je comprends bien, on m'a demandé de venir répondre à une question sur les vies antérieures.

— C'est cela même, répondit Vassy.

— Un instant, voulez-vous, donnez-moi le temps de rassembler mes idées.

Une autre pause.

— Excusez-moi, dit-il, je n'étais pas vraiment là. Il y avait une question à propos de deux personnes qui se rencontrent. Pouvez-vous reformuler la question à mon intention?

— Vassy aimerait savoir si nous nous sommes rencontrés par hasard ou si cela fait partie d'un plan?

— Un moment, voulez-vous, permettez-moi de vérifier.

Vassy et moi nous regardions en attendant. Mc Pherson se manifesta à nouveau :

— Hello, me voici. Je consultais une autre entité, ici, qui collationne les informations sur les vies antérieures. D'après ses notes, votre rencontre a été partiellement préparée dans la mesure où vous avez eu, tous deux, une incarnation en Grèce, autrefois. Vous faisiez tous deux des études pour être oracle. Vous aviez l'un et l'autre développé des facultés de voyance, avec en plus des talents pour l'art dramatique. Évidemment à l'époque, le théâtre était quelque chose de sacré, ce qui n'est plus vrai aujourd'hui. Acteurs et actrices à l'époque étaient considérés comme des demi-dieux. Voilà pourquoi vous avez tous deux décidé de spiritualiser votre art encore davantage. Vous avez alors commencé à étudier et pratiquer une forme d'art théâtral ésotérique au cours duquel vous vous projetiez littéralement dans un état modifié de conscience et canalisiez de grands artistes du passé. Au cours de cette vie-là, vous étiez deux amis très proches, et durant toute cette période, vous l'êtes demeuré. Néanmoins, vos sexes étaient inversés et l'homme actuel était une femme, ce qui reflète les luttes de vos personnalités actuellement.

Vassy et moi ne pouvions que rire!

— Alors pourquoi s'énerve-t-il à propos de ma masculinité?

— Vous cherchez actuellement à comprendre votre yin et votre yang, et vos tendances passives et non passives. Vous apprenez l'un chez l'autre vos énergies mâles et femelles, comme le font d'ailleurs la plupart des humains en ce moment. Mais pour répondre néanmoins avec précision à votre question, non, votre rencontre n'a pas été fortuite, elle a bien été programmée.

— Qui l'a programmée? demandai-je alors?

— Vous-mêmes, en tant qu'âmes, avant cette incarnation. Nous planifions tous nos vies avant de nous incarner, afin de pouvoir résoudre certains conflits en particulier, et certaines expériences.

Vassy et moi hochions la tête en nous regardant l'un l'autre. Je me demandai ce que nous étions alors supposé accomplir ensemble.

— Eh bien, pour l'instant, je dirais que vous profitez l'un de l'autre. D'une manière très intime.

Je me mis à rire. Vassy sourit en rougissant.

— Mais vous êtes tous deux créatifs dans vos formes artistiques. Nous sommes convaincus que vous êtes l'un pour l'autre une bonne polarité. L'un est plus dur, l'autre est plus méticuleux et développe actuellement les différents degrés de sa sensibilité. Nous avons donc le sentiment que vos deux intelligences combinées vont produire des formes semblables de créativité, qui n'aura d'autre désir que de traduire la compréhension spirituelle en formes artistiques : pièces, films, comme vous les faites actuellement. Me comprenez-vous?

A nouveau, je m'esclaffai et lui retournai la question? Mc Pherson hésita un instant avant de commencer à rire lui aussi.

— Pas vraiment, reconnut-il cette information m'est transmise par d'autres forces.

— Puis-je vous poser une autre question personnelle? demanda Vassy.

— Je vous en prie. Mais je veux que vous compreniez bien que vous avez vécu de nombreuses incarnations en commun, et que je n'ai mentionné que l'une d'entre elles. Quand le temps viendra, vous en connaîtrez d'autres.

— J'aimerais vous poser une question médicale dit Vassy.

— Allez-y.

— Sheerlee souffre d'hypoglycémie. Comment pouvons nous la traiter?

— Vous voulez dire obtenir une rémission complète?

— Oui, s'il vous plaît, dit Vassy qui se souvenait qu'il serait sans doute plus simple de me guérir moi, plutôt que de lui faire passer son hystérie.

– Et bien, parlez-moi de votre régime alimentaire actuel.

Je me nourissais principalement de légumes, de fruits, de céréales, d'un peu de protéines, mais pas de viande « rouge ».

– Suivez-vous un régime hyper-protidique?

– Je mange beaucoup de noix, par exemple.

– Avez-vous jamais essayé de jeûner?

– C'est ça, dit Vassy, elle doit jeûner!

– Tom, je ne peux pas jeûner, je m'évanouis.

– Cela ne fait rien, dit Vassy.

Tom ne voulait pas se mêler à la discussion :

– Cela n'a pas d'importance, nous avons ici un régime qui vous réussira sûrement.

– Vraiment?

– Tout à fait exact. Vous allez voir. Attendez un instant, permettez-moi de vérifier auprès d'une autre entité qui est un spécialiste.

Un moment se passa...

– Oui, j'ai maintenant des précisions sur ce sujet.

Tom me donna alors un régime détaillé, à base de pommes, suivi de nourriture riche en protéines, (sous forme de tofu) et de légumes crus, qui allait selon lui, désintoxiquer complètement mon corps. Vassy posa alors des questions à propos de sa propre santé. Il décrivit ce qu'il mangeait, en omettant toutefois les desserts et en particulier la sauce au chocolat, qu'il adorait. Tom attira son attention sur elle, et Vassy prit l'air contrit. Tom lui dit quelles vitamines et quels minéraux prendre pour satisfaire aux besoins de son corps. Tom recommanda des massages à l'huile d'olive et d'arachide pour soigner l'arthrite, avec des suppléments de calcium et de cuivre. La séance se prolongea encore une heure environ, et les discussions portèrent surtout sur la santé. Tom et Kevin commencèrent alors à se fatiguer.

– Y-a-t-il d'autres questions? Nous devons prendre garde à ne pas fatiguer le corps du jeune homme.

– Oh, c'est vrai, nous sommes désolés.

– J'ai encore une question, s'il vous plaît.

– Très bien.

– Sheerlee et moi, nous ne nous sommes pas rencontrés par hasard, et nous nous sommes connus en Grèce durant une expérience de vie passé, avez-vous dit, c'est bien cela?

— C'est exact.

— Et bien, que devons-nous faire ensemble maintenant?

— Vous avez tous deux du talent pour coordonner certaines formes artistiques. Vous pourriez patronner certaines formes d'art, à tendances spirituelles et métaphysiques.

— Sommes-nous venus dans cette vie-ci pour mettre l'accent sur l'aspect métaphysique de l'art?

— Je dirais que oui.

— Mais comment pouvons-nous y arriver, si le public y répond par le ridicule?

— Nous ne sommes pas d'accord avec votre manière de voir. Des étapes importantes ont déjà été accomplies. Votre *2001, Odyssée de l'espace*, votre *Guerre des étoiles*, avec la Force. Et il y en aura beaucoup d'autres.

— Mais pensez-vous que le public a réagi à l'aspect métaphysique de la Force, ou n'a-t-il vu qu'un grand opéra de l'espace?

— Eh bien, les artistes ont attiré l'attention des gens, qui ont été alors prêts à entendre un message plus subtil. Oui, la plupart d'entre eux ont ressenti La Force comme une activité divine.

— Vous voulez dire par là que quelque part dans l'esprit des gens se trouve enfouie une appréciation pour ces choses dont nous parlions?

— Absolument! Par exemple, la forme artistique de *2001, Odyssée de l'espace* propose une expression magnifique de la puissance métaphysique. Le symbolisme s'y trouve proprement incroyable. Stanley Kubrick est un maître en métaphysique.

— Qu'est-ce que cela a à voir avec nous? demanda Vassy?

— Vous êtes prêts maintenant à entreprendre de tels projets, dit Mc Pherson.

Il marqua un temps d'arrêt.

— Aurez-vous d'autres questions?

— Non, dis-je. Merci, Tom, merci, vraiment.

— Très bien, nous allons partir. Les saints vous protégeront. Que Dieu vous bénisse.

Tom quitta le corps de Kevin et John revint pour nous donner sa bénédiction à son tour.

— Hello, dit Kevin! Vous êtes là? Il avait l'air de venir d'un autre âge, d'une autre époque.

— Oui, Kevin, nous sommes bien là.

Il cligna des yeux et s'étira :

– Combien de temps suis-je resté absent?

– Environ une heure et demie.

– J'ai du mal à rester conscient du temps qui passe quand je suis dans cet état.

Il se mit à bâiller et à se frotter les yeux. Je me levai pour faire du café et réintégrer le monde actuel.

– Je crois que nous avons tous besoin d'un peu de caféine!

Chapitre 13

Pendant quelques jours, Vassy et moi fîmes de longues randonnées dans la montagne, en élaborant un projet de film. Sujet : l'histoire spirituelle d'un être humain, sous une forme personnelle. D'autres séances eurent lieu au cours desquelles Tom et John nous donnèrent leur avis sur ce qu'il leur semblait souhaitable de réaliser, et la meilleure manière d'y parvenir. Vassy accepta de bonne grâce les informations que nous faisaient parvenir John et Tom, mais plus moi je m'intéressais au sujet, plus lui était sur ses gardes. Il craignait, je crois, que je n'attache plus d'importance à leur élan créatif qu'au sien, un peu comme si je considérais la connaissance venant de « là-haut » comme plus « vraie » que la sienne! J'essayai bien, mais sans succès, de le rassurer. La seule solution était donc de ne pas y prêter attention.

Au cours des semaines qui suivirent, Kevin revint à plusieurs reprises à la maison. Il m'arrivait d'être seule avec Kevin, mais je conviais aussi fréquemment des amis intéressés par le sujet. Vassy, parfois occupé à l'extérieur, rentrait au beau milieu d'une séance. Nous avions l'habitude d'utiliser une pièce à l'arrière de la maison, loin des bruits de la rue et particulièrement calme. Tantôt il se joignait à nous tantôt non. Mais j'eus à plusieurs reprises l'impression qu'il *voulait* que je sente qu'il nous dérangeait. Par exemple, il passait la tête dans la pièce sans entrer. Moi j'aurais aimé qu'il participe avec nous aux séances, qu'il en tire des informations. A l'époque j'étais bien trop occupée. J'aurais dû me rendre compte qu'il avait le sentiment que notre liaison était mise en danger par la place que prenaient les entités dans ma vie. D'un autre côté, je ne savais comment répondre à son comportement sans déclencher une bagarre, que je craignais violente.

Un soir, Vassy revint à la maison alors que mes amis et moi, étions en pleine séance. Je ne l'entendis pas revenir. Tom et John nous apprirent que le corps de Kevin commençait à se fatiguer, et nous arrêtâmes le « cours » spirituel. Je me dirigeai alors vers la cuisine, et y trouvai Vassy en train de couper des betteraves et des pommes, de les hacher, tout en surveillant une de ces fameuses soupes dont il avait le secret, qui mijotait sur le fourneau. Depuis fort longtemps, c'était lui qui avait pris en charge la cuisine, à la maison car il s'y entendait beaucoup mieux que moi, à n'en pas douter !

Agréablement surprise de le trouver là, je lui dis bonjour. Il répliqua d'un ton bourru :

— Bien sûr que je suis là. Le dîner n'est pas prêt, je suis en train de m'en occuper.

— Formidable, je vais juste dire au-revoir à tout le monde et j'arrive.

Je raccompagnai mes amis jusqu'à la porte, ne voulant pas imposer à Vassy d'avoir à cuisiner pour cinq. Je revins à la cuisine, pour le trouver devant ses légumes, le visage complètement renfrogné.

— Quelque chose ne va pas chéri ? lui demandai-je.

— Ne t'approche pas des fourneaux, s'il te plaît, répondit-il, tandis que les oignons rissolaient dans l'huile d'olive et les épices, dégageant d'alléchantes odeurs.

Je restai silencieuse.

— Tu ne devrais pas faire semblant de ne pas savoir, reprit-il enfin.

Ne comprenant rien à son comportement, je sentis grimper la mauvaise humeur le long de mon échine.

— Comment cela? répliquai-je d'une voix suraiguë.

— Tu es bien trop occupée avec tes guides spirituels, tu n'as même pas préparé mon dîner!

Stupéfaite, j'en oubliai ma colère.

— *Préparé ton dîner?* dis-je, tu blagues? Je ne savais même pas que tu étais à la maison.

— Si, tu le savais! insista-t-il.

— Comment voulais-tu que je le sache? Et en plus, c'est toujours toi qui t'occupes de la cuisine. Pourquoi dis-tu ce genre de choses?

— Moi, je ne dis rien, c'est toi qui fais quelque chose!

Je plongeai instantanément dans une profonde dépression. Il affichait une telle certitude dans ses propos que j'en arrivais à fouiller ma mémoire pour savoir ce que j'avais bien pu faire. Son attitude tellement déraisonnable et hostile me secouait intérieurement. Désespérément, j'essayai de me comporter en adulte, mais je perdis le contrôle de moi-même.

— Tu es vraiment ignoble! Tu es complètement égocentrique et arrogant, alors que je ne sais même pas ce que tu attends de moi! hurlai-je.

— C'est que tu manques de sensibilité, dit-il.

Je me saisis de la louche et la projetais au sol, sidérée devant ma propre violence. Lui seul était capable de me faire sortir de mes gonds à ce point. Je courus me réfugier dans la chambre, mais Vassy me suivit.

— Tu me rends complètement folle! criai-je.

— La seule chose qui t'intéresse, répliqua-t-il, en m'emboîtant le pas, c'est ce que toi tu apprends. Tu ne t'occupes nullement de ce que tu m'as promis.

— Et que t'ai-je donc promis?

— Que mon dîner serait prêt!

Ce qu'il venait de dire était tellement étranger à nos habitudes que je me sentis encore plus ulcérée. J'avais envie de sauter du balcon et de m'enfuir loin de lui. Je sentais qu'il serait capable de me rendre complètement folle si je n'arrivais pas à comprendre non seulement ce qui survenait entre nous, mais surtout ce qui m'arrivait à moi! Courant vers le balcon, j'en enjambai la rampe, avec le sentiment qu'il me fallait, *coûte que coûte*, m'enfuir loin de lui. J'avais envie aussi qu'il m'en empêche, pour l'engager dans le tourbillon qui m'emportait car aucune discussion rationnelle n'était possible. Il fallait donc dramatiser les événements. Je me sentais profondément désespérée, en même temps, Vassy se précipita à ma suite.

— Que fais-tu, Nif-Nif? se mit-il à hurler.

Me prenant par le bras, il m'arracha au balcon mais, me dégageant, je titubai de l'autre côté de la rampe à nouveau.

— Comment arrives-tu à la conclusion que je n'ai pas de cœur, ni de sensibilité alors que toi, tu demandes tout? Je hais ce que tu parviens à faire de moi, j'en ai simplement *horreur!*

Vassy semblait réellement stupéfait. On aurait dit qu'il n'avait jamais imaginé que je me mettrai en colère!

— Mais que fais-tu? demanda-t-il d'un ton suppliant.

— *Je m'en vais.* Je n'en peux plus.

— Toi, tu me quitterais?

Visiblement la pensée ne l'en avait pas effleuré.

— Oui! Je ne peux pas supporter cette espèce de monstre enragé que tu fais de moi.

— Nif-Nif, ce sont les forces sataniques. Reconnais-le, je t'en prie. Ce n'est pas toi! dit-il, câjoleur.

Brutalement, je m'effondrai en sanglots. Tremblante, j'essayai de reprendre le dessus.

— Espèce d'imbécile! Ce ne sont pas des forces sataniques, *c'est moi!* Et c'est *toi* qui me provoques. Ce qui m'est intolérable, c'est de ne jamais pouvoir en parler.

— Prie, dit Vassy, prie Dieu, et tu vas toi-même te venir en aide.

Prier me parut d'un grand secours, non pour exorciser le démon, mais pour rassembler mes idées. Me levant, j'essuyai mes larmes.

— Mon Nif-Nif, dit-il d'une petite voix.

Il semblait troublé.

— Vassy, dis-je après un instant, ne comprends-tu pas que nous sommes deux êtres humains, qui essayent de résoudre leurs problèmes? Le diable n'entre en rien là-dedans. Accepte au moins *une part* de responsabilité, ne rejette pas tout sur les forces sataniques!

— Mon rôle et le tien aussi, dit-il s'installant sur une chaise, est de nous rapprocher de Dieu, de surmonter les forces sataniques quand elles s'emparent de nous.

J'essayai à nouveau de lui faire entendre raison.

— Mais, Vassy, c'est *nous* qui sommes responsables de nos actes, mais je ne peux pas raconter que Dieu et le Diable sont en train de se livrer bataille à l'intérieur de mon corps. Au cas où tu ne le saurais pas, j'y *habite* un peu aussi.

— Non, dit Vassy, comment peux-tu tolérer que les forces sataniques s'emparent ainsi de toi? Ce n'est pas bien!

Fatiguée, découragée, je décidai de prendre une douche.

Vassy se dirigea vers le congélateur, pour en sortir la bouteille de vodka. Je me servis un verre de vin rouge et l'emportai dans la salle de bains. Comme à notre habitude, nous n'avions pu parler. Je me demandais quand même pourquoi les Russes consommaient tant de vodka. Était-ce une façon d'interrompre l'échange d'idées? D'après ce que j'en avais lu, les Russes avaient l'habitude de boire depuis des siècles. Pourquoi? Le climat? Mais il y avait d'autres endroits dans le monde qui étaient tout aussi froids... Le manque de clarté dans leurs idées? Leurs idées à propos de Dieu, de la réalité? Mais après tout, la réalité, quelle était-elle? Ainsi, ce dont il faisait l'expérience était sa propre réalité, sa vérité personnelle. Il me semblait ne pas arriver à combler ses besoins; en était-il de même pour lui? Il m'avait dit un jour que, si je le trouvais « borné, obstiné », selon mon expression, je ne devais pas hésiter à le frapper. Les Russes en ont besoin, me disait-il. Ils ne comprennent que les coups. Ils ont besoin de gros poings. Moi, je ne pouvais pas frapper. J'avais besoin de comprendre. Après avoir pris une douche, je dînai en silence et allai me coucher. Des jours durant, je réfléchissais à propos de notre liaison. Lui se disait incapable de respecter mon sens de l'égalité. Pour moi, il était impossible de vivre sans respect *et* égalité. Lui soutenait :

— Pas de démocratie en amour. Seules subsistent possession et passion, la passion pure, honnête, totale. L'amour dure ce que dure la passion.

Je lui lançai un jour que ce à quoi il croyait, c'était un plan « ORSEC » de l'amour! Il me fallut du temps pour comprendre que nos différences ne venaient pas du fait que lui était russe, et moi américaine. La différence primordiale venait de nos conceptions du Mal. Le Mal, par rapport à Dieu et à l'homme, pas le mal au sens sociologique ou socialiste du terme. Russes et Américains n'auraient pas pu avoir des positions plus diamétralement opposées, par rapport à l'avenir et à l'espoir. Le rôle qu'avait joué la révolution bolchévique n'était pas si important que cela. Il aurait été trop simpliste de dire que l'âme russe portait imprimée en elle ce besoin de souffrance. Il était tout aussi erroné de penser que l'âme américaine portait en elle cette naïveté propre à l'adolescence, donnant lieu à un optimisme sans faille et à un enthousiasme sans borne. Vassy avait peut-être raison de dire que nous ne nous comprendrions jamais.

J'aurais dû me contenter d'accepter, simplement, ses points de vue, sans poser de questions. Quoi qu'il en soit, nous décidâmes de hisser le drapeau blanc, essayant de n'avoir que des relations superficielles. Pour Vassy, les choses auraient pu continuer de la sorte. Pour moi, il n'en était pas question. J'aurais sans doute pu éviter de me moquer sans cesse de ses ordres à propos de ma manière de manger, de m'habiller, de m'exercer, de changer, de danser, de pratiquer le yoga, et même de respirer. Je suppose alors que la vie se serait déroulée de façon plus pacifique. Mais j'étais incapable de m'en empêcher, même si, la plupart du temps, il avait parfaitement raison. Parfois, j'essayais de m'arrêter, de voir les choses de son point de vue à lui. Mais comme je ne manquai pas de le lui dire, je m'étais bien passée de ses ordres jusqu'à présent.

Les semaines passèrent, devinrent des mois. L'harmonie était parfois si parfaite entre nous que j'en étais la première stupéfaite. Parfois s'instaurait aussi une discorde telle que je ne pouvais que fermer les yeux, me taire et me boucher les oreilles.

Je lus d'innombrables ouvrages traitant d'artistes, de philosophes et d'écrivains russes. Il me semblait toujours arriver à la même conclusion :

« On ne peut pas nous comprendre! » Cela représentait pour moi un défi horripilant! Je ne supportais pas de ne pas comprendre, ou plutôt d'avoir l'impression que moi, je ne comprenais pas... Mi-sauvage, mi-saint... A cet égard au moins, l'opinion semblait atteindre un consensus, même chez les Russes. Quant au rôle du gouvernement communiste, il ne semblait pas aussi important qu'on aurait pu le penser. Il ne faisait en fait que prendre la suite d'un système qui, à la base, refusait l'importance de l'individu. Vassy me l'avait dit, dès le début : « Les Russes ont le gouvernement dont ils ont besoin. A bien des égards ils aimeraient voir Staline revenir; il saurait les protéger contre eux-mêmes. » Et comment aurais-je réagi, moi, en tant qu'Américaine, si j'avais essayé de survivre dans un pays étranger? N'aurais-je pas essayé de faire adopter à mon amant *mon* point de vue?

240

Pourtant à certains moments nos jeux et notre bonheur me laissaient tout simplement béate. Nos rires étaient colorés, notre passion physique ressemblait à un pastel impressionniste... Vassy s'émerveillait encore de la prospérité de l'Amérique, de la tolérance des uns envers les autres, que ce fût dans la foule des sorties de bureaux ou dans la chaude ambiance des concerts de rock. Il adorait aussi l'abondance des marchés, où les étals croulaient de fruits et de légumes. La vie « saine de cette bien-aimée Malibu » le ravissait chaque jour davantage.

Durant tout ce temps, entre deux longues marches dans les monts Calabasas, Vassy allait nager dans l'Océan Pacifique. Nous poursuivions notre projet de film. Plusieurs des grands talents de Hollywood avaient manifesté leur désir de rencontrer Vassy, sa réputation d'artiste étant parvenue jusqu'à eux. Les gens s'amusaient aussi du caractère explosif de notre liaison, et nous regardaient avec amusement quand nous nous en prenions l'un à l'autre. Les conversations d'après dîner étaient parfois chaudes : les Américains portaient des jugements, formulaient des évaluations sur l'attitude russe (bien que la plupart d'entre eux ne se fussent jamais rendus en Union Soviétique). Quand Vassy abordait à nouveau sa fameuse théorie Amour/Respect, il faisait régulièrement sensation. Et puis, il y avait les fois où Vassy s'enivrait, sans pouvoir s'arrêter, et pourtant de manière touchante. Il avait alors coutume d'éclater en sanglots, dès que nous arrivions à la maison. Entre deux hoquets, il disait que personne ne pouvait comprendre ce que c'était d'être « un satané Russe en Amérique » selon sa propre expression.

– Mon damné pays, ma bien-aimée Russie, disait-il en pleurant. Personne ne nous comprend ici, vous nous jugez, vous nous condamnez, vous nous voyez avec un poignard entre les dents ! Pour vous la Russie n'est qu'un vaste camp de concentration. Oui, nous sommes différents. Et alors ? Pourquoi devrions-nous être semblables ?

Ses sanglots me laissaient sans voix et encore plus perplexe. Je me sentais comme coincée sur un pont reliant deux cultures. Cet homme que j'aimais, que j'essayais de comprendre suppliait qu'on l'aide à se comprendre lui-même. Si j'avais eu les idées plus claires à mon égard, j'aurais pu mieux l'aider Vassy.

Nous nous rendîmes plusieurs fois à Paris et à New York. Des amis de Vassy nous rejoignaient, soit à New York, soit en

Californie. Il y avait, entre autres, un ami américain qui avait vécu trois ans en Union Soviétique et qui s'y rendait encore, trois fois par an, pour sa société. Au cours d'un dîner (nous étions seuls tous les deux), je lui demandai ce qu'il pensait des voyages que Vassy projetait en Union Soviétique. Son anniversaire approchait, et il voulait le célébrer avec sa famille dans leur datcha des environs de Moscou. Ses papiers allaient arriver. Après quelques démêlés avec les autorités soviétiques à Paris, la permission lui avait été accordée. Jack dit qu'il connaissait relativement bien la famille Medvedjatnikov. Vassy était connu pour ne pas avoir d'opinions politiques. Mais on savait qu'il était prêt à tout pour voyager librement à l'extérieur des frontières, et qu'il voulait devenir un artiste libre à l'Ouest.

— Il serait prêt à tout? dis-je, intéressée...

— Je ne parle pas spécialement pour lui, mais il est bien connu que les Russes considèrent le mariage avec un ressortissant étranger, comme un excellent moyen de voyager à l'extérieur du pays. Au cours des années trente, après la révolution, on avait coutume de dire que « la voiture n'est pas un luxe, mais un moyen de transport ». Ils en disent autant des femmes étrangères, maintenant. C'est un « parfait moyen de transport » pour pouvoir voyager librement à l'étranger. Le système les oblige à faire beaucoup de choses pour être libres.

— Vous pensez donc qu'il a épousé sa femme française pour cette raison?

— Je ne saurais dire, mais c'est très courant, dit Jack tout en haussant les épaules.

— Croyez-vous qu'il se serve de moi aussi?

— Se servir de vous? Ce n'est certainement pas l'expression que j'emploierais. Je sais combien il vous est reconnaissant. Il m'a dit combien vous lui avez facilité les choses. Mais il vous aime aussi. *Vous êtes* réellement la femme de sa vie, aussi longtemps que cela durera.

— Comment, aussi *longtemps*?

— Eh bien, dit Jack d'un air angélique, êtes-vous déjà sortie avec un Russe avant lui?

Je trouvai cette question pleine d'humour.

— Et qu'en est-il des promesses? Les Russes tiennent-ils leurs promesses? m'enquis-je.

— Mais cela ne compte nullement, dit-il, éclatant de rire, ils sont bien trop sous le coup de leurs sentiments. Ils vivent dans l'instant présent. Dans le feu de la passion, ils sont prêts à jurer n'importe quoi. Leurs sentiments peuvent évoluer, la passion se modifier, et c'est vous qu'ils accuseront d'être stupide quand vient l'heure d'honorer une promesse.

J'essayais de garder mon calme, mais cela ne me semblait pas très rassurant. Et je savais, tout au fond de moi, que ma liaison avec Vassy était engagée sur une mauvaise pente.

Peu de temps après, nous marchions Vassy et moi par un chaud soleil. Notre rencontre datait maintenant de près d'un an et demi. Nous préparions un film dans lequel moi je jouerais, sous sa direction. Il avait travaillé avec différents écrivains, sans jamais trouver celui qui saurait exprimer exactement ce que lui voulait dans le film. Lui savait très précisément ce qu'il désirait. Après avoir écouté certaines séances de créativité, je commençai à me demander pourtant s'il n'érigeait pas des obstacles inutiles. Et si par extraordinaire, j'essayais de lui en parler, il me récitait l'inévitable couplet sur la douleur du processus de création. Lorsque l'angoisse atteignait son paroxysme, je savais que nous touchions au but; ou tout au moins, à la fin de la collaboration avec l'écrivain du moment. Et en l'occurrence, c'est ce qui se produisit. Il connut une nuit agitée, tournant et retournant dans sa tête les possibilités de succès. J'avais l'impression qu'au cœur de tout ceci résidait une volonté d'autodestruction.

Nous marchions donc le long de ce sentier pare-feu. La veille au soir, j'avais beaucoup fumé. De toute façon, je n'avalais jamais la fumée. Vassy accéléra le pas, jusqu'à ce que je lui demande de ralentir. Bien sûr; il y alla de sa remontrance : si j'avais cessé de fumer, j'aurais été en mesure de le suivre. Une bouffée d'irritation m'envahit. Pourquoi se croyait-il obligé de gâcher une magnifique promenade, pour un motif qui ne concernait que moi? La dispute s'amplifia jusqu'au moment où, dans le feu de la discussion, le tabac n'a plus eu aucune importance. Au bout d'un quart d'heure, nous passâmes en revue tous les défauts de notre liaison, chacun de nous buté sur son propre point de vue. Je réussis à me reprendre et suggérai :

— Observons un moratoire d'un quart d'heure. D'accord?

— Oui.

La marche se poursuivit donc en silence. Au bout de cinq minutes, un argument particulièrement puissant me vint à l'esprit et je dus me mordre la langue pour ne pas le lui servir. Je ne voulais pas enfreindre notre promesse. Le sentier se déroulait toujours sous nos pieds. J'étais fière d'arriver à me contenir. Et soudain, Vassy déversa tout un flot de paroles. Je lui montrai sa montre :

— Les quinze minutes ne sont pas écoulées, dis-je.

— Oui, et alors? J'ai quelque chose à te dire?

Je m'arrêtai :

— Mais nous avons fait un pacte, lui rappelai-je. Avec force.

— Un pacte? Quel pacte?

Alors, très doucement, très distinctement, en détachant presque chaque syllabe, je lui dis :

— Il y a cinq minutes, nous sommes convenus d'un accord. Un accord pour ne *pas* continuer la discussion avant que *quinze* minutes se soient écoulées.

— Si tu as cru même un seul instant, dit Vassy en s'étranglant, que je prenais cet accord en considération, tu es bien naïve et ridicule!

Je me retournai, dévalai la pente de la montagne. Il m'appela :

— Mais Nif-Nif, je t'aime.

Je courais à en perdre haleine, ne sachant plus où j'en étais; tout s'embrouillait; je ne me sentais même plus rattachée à mes propres instincts. Une fois encore, je sentis le danger. En atteignant le bas de la montagne, je cherchai la voiture du regard. L'idée de partir en le laissant là m'effleura mais je n'en fis rien. Exaspérée, désespérée, je l'attendis.

Très à l'aise, il monta dans la voiture :

— Nif-Nif, pourquoi t'es-tu énervée de la sorte?

J'aurais voulu l'étrangler.

— Pourquoi, dis-je, en martelant le volant? Nous avons conclu un accord, tu ne le respectes pas, et de plus tu me traites d'idiote parce que je t'ai cru. Tu veux, en somme, que je ne te *croie plus*?

— Tu étais stupide, dit-il. J'avais simplement besoin de parler.

— Moi aussi, mais je me suis contrôlée, parce que nous avions conclu un pacte!

Vassy resta un moment assis, à réfléchir :

— Eh bien, d'accord. Mais ce n'est pas grave. Allez, oublions tout cela, regarde plutôt ce temps superbe et ces rouges-gorges bleus. Tu sens comme l'air est parfumé?

244

J'étais proprement paralysée par le désespoir que provoquaient en moi *sa* vérité, *son* point de vue, *sa* manière de considérer la vie. Nous rentrâmes en silence, mais je savais que je ne laisserais pas passer cet incident.

Je l'appris quelque temps après : Vassy avait été autant marqué que moi par mon comportement à la montagne. Il écrivit une longue lettre à son frère à Moscou, lui racontant l'incident par le menu, et demandant quelle erreur il avait commise. Quand je lui demandai pourquoi il avait cherché conseil auprès d'un autre Russe, plutôt qu'un Américain, il me répondit que son frère était l'être qui le connaissait le mieux. Je revis Jack quelque temps plus tard, et lui racontais l'incident.

— Vassy, de son point de vue, pensait réellement ce qu'il a dit au moment où il vous l'a dit. Mais les Russes n'ont pas le même concept du temps que nous. L'expression « la passion du moment » exprime bien l'idée-force : c'est la passion, à un moment donné; ce moment écoulé, la vie reprend son cours. Les Russes ne vivent jamais au-delà du moment présent. C'est pourquoi ils nous semblent toujours aussi autodestructeurs. Et après tout, qui sait? Peut-être que vivre dans l'instant présent est la manière de vivre la plus satisfaisante? Leur art expressif parle vraiment aux sentiments les plus profonds de l'âme. Alors, qui peut se vanter de connaître la vérité?

Cette réflexion me fit réfléchir plusieurs jours. Les différences entre Vassy et moi étaient-elles fondées sur deux manières différentes de vivre le moment présent? L'intensité de nos joies et de nos amusements tenait du pur miracle. Pas moi. De par leur simple existence, ces moments de bonheur atteignaient leur paroxysme. Mais moi, je restais en deçà de ces moments. Peut-être vivais-je trop à l'américaine, projetée dans l'avenir?

Pourtant, j'avais toujours ce petite pincement au cœur, en pensant que, pour Vassy, l'avenir devait comporter encore de la *souffrance*. Ce sentiment de danger que j'éprouvais venait du *destin*, de son destin, plus précisément. Il en parlait souvent. Ce mot avait pour moi maintenant un arrière goût de mélodrame. Il semblait considérer que sa destinée avait été préparée, préplanifiée. Son destin, pensait-il, le liait à moi. Il s'était senti destiné à quitter la Russie et à voyager, librement.

Quelques sermaines plus tard, j'eus le sentiment que nous avions de plus en plus de mal à communiquer, à n'importe quel niveau. Le projet de film lui-même était entré dans une phase difficile, Vassy et son coauteur n'arrivant pas à trouver un terrain d'entente pour le manuscrit. Plus je lui prodiguais mes encouragements, plus il devenait déprimé et mécontent. Il semblait que plus je lui faisais de suggestions, plus il les prenait mal. Jusqu'à ce que notre relation éclate, un beau soir. Depuis trois jours, nous avions tous deux été maussades, avec des sautes d'humeur. Même notre communication physique s'en ressentait. Un couple de nos amis très proches était venu habiter chez nous. Ils étaient américains, vivant à Paris, et connaissaient nos dissensions. Je devais, dans les jours suivants, me rendre à New York pour un bref séjour, et en informai, naturellement, Vassy. Il sembla accepter ce fait, mais je vis une sorte d'hostilité passer sur son visage. La promenade que nous avions décidé de faire se passa sans que nous échangions deux mots... Au retour, il alla s'enfermer dans son bureau pour écrire, et moi je restai là à broyer du noir, me demandant comment changer l'humeur générale. Je décidai de lui préparer son thé favori, avec des petits gâteaux, que j'allai lui porter. Je posai le plateau sur le bureau, me penchai pour l'embrasser. Il sourit, presque involontairement, avant de reprendre son air maussade. Une appréhension irraisonnée me pinça le cœur.

— Je dois te dire, chérie, commença-t-il, que je suis allé voir un médecin, à propos de ton problème.

— Quel problème? demandai-je, bouche bée.

— Ton problème sexuel.

— Tu es allé voir un médecin pour *moi*?

— Oui, mais je n'ai pas cité de nom, j'ai juste discuté avec lui de ton problème.

Je tombais des nues, littéralement.

— *Quel* problème sexuel? Les choses ne sont pas aussi intenses qu'elles l'ont été? Et alors? Et pourquoi est-ce seulement *mon* problème? Il faut être deux pour danser le tango, tu sais!

Vassy se leva et se dirigea vers le salon où se trouvaient nos amis. Je courus après lui.

— Attends une minute, je veux que nous parlions de tout ceci. Et parlons-en carrément devant Judy et Jerry, nous les connaissons suffisamment bien pour ne pas nous gêner. Eux aussi ont eu des conflits d'ordre sexuel.

Vassy acquiesça, prit place sur l'un des tabourets du comptoir de la cuisine, puis il annonça tout de go :

— Nous avons un problème, mais Sheerlee est complètement

246

bornée et indifférente. Alors je suis allé chez un médecin pour en parler.

Je commençai à bouillir. Les problèmes sexuels ont des origines diverses.

— Pourquoi ne pas en avoir discuté avec moi ? Pourquoi être allé voir un étranger ? Je n'avais même pas conscience que cela te posait un tel problème !

— Un médecin en sait toujours plus ! dit-il sentencieusement.

— Un étranger, médecin ou pas, en saurait plus sur moi et ce que je ressens ?

— Exact.

— Comment cela : exact ?

Je sentais ma voix s'envoler dans les aigus.

— Tu n'écoutes pas ce que je te dis ; le docteur, lui, m'a écouté.

— Mais il n'a entendu que ton point de vue.

Je vins prendre place sur l'autre tabouret, près de lui.

— Comment n'as-tu pas éprouvé le besoin d'en discuter avec moi ?

— Le médecin m'a beaucoup appris, dit-il.

— De quel docteur s'agit-il ? Quelqu'un que tu connais ?

— Non, dit-il, j'ai trouvé son nom dans l'annuaire, à Santa Monica.

— Dans *l'annuaire* ?

Je n'en croyais pas mes oreilles. J'essayai de garder ma voix sous contrôle :

— Comment as-tu pu discuter de ce qui se passe entre nous, avec un parfait étranger ? Tu aurais peut-être pu m'en parler. Pourquoi ne m'as-tu rien dit, *à moi* ?

— Je voulais en parler avec le docteur.

Je pris une grande inspiration.

— Écoute. Tu as voulu contrôler ce que je mangeais, la manière dont je marche, dont je chante, danse et joue la comédie. Et maintenant, en plus, tu voudrais contrôler ce que je fais de mon corps quand je suis au lit ? Ma vie intime est aussi importante pour moi que la tienne l'est pour toi.

— Non, dit-il, la relation d'un homme avec son propre sexe est plus importante que celle de la femme avec le sien.

Je cessai de discuter. D'un mouvement de rage incontrôlé, je le giflai à toute volée. Ses lunettes s'envolèrent, son visage blêmit.

Il leva la main pour me frapper à son tour. L'expression de son visage était dure et fermée comme de l'acier. Judy et Jerry se précipitèrent vers nous, Judy saisit mes mains et Jerry prit Vassy aux bras.

L'hostilité intérieure de Vassy me glaça le sang. Le plus inquiétant à mes yeux était qu'il ne s'exprime pas verbalement. Que se passait-il vraiment en lui ? Immédiatement, je me détachai de ma propre violence émotive, choquée de l'avoir frappé de manière aussi inattendue. Son expression de cruauté me bouleversa.

— Mon Dieu, dis-je, je suis désolée. Je n'avais pas l'intention de te frapper si fort. Mais tu n'avais aucun droit d'empiéter ainsi sur ma vie privée et d'aller voir un médecin sans m'en parler auparavant.

Vassy traversa la pièce pour ramasser ses lunettes, et les remettant, dit simplement :

— C'est fini.

— Qu'est-ce qui est fini ? demandai-je.

— Notre liaison. Elle est terminée. Je m'en vais, maintenant.

Il se dirigea vers le réfrigérateur pour se verser un verre de vodka.

— Tu es violente, dit-il et je trouve ta violence effrayante.

— Oui, j'ai été violente et je m'en excuse. Mais que dire de ta violence à toi ?

— Cela ne fait rien. Tout est fini.

— Comment cela, fini, tu parles sérieusement ? dis-je en me levant.

Je me tournai vers Judy et Jerry. Judy prit la parole :

— Vassy, est-ce que tu n'as pas l'impression que tu as peur de ta propre violence ? Je t'ai regardé tout à l'heure, tu aurais été capable de tuer Shirley, et je crois que tu as eu peur de le faire.

Vassy lança un regard méprisant à Judy :

— C'est fini.

Je n'avais plus la moindre envie de rire. Je commençais à comprendre qu'il était en train de dire ce qu'il pensait réellement.

— Tu parles sérieusement ? questionnai-je. Que va devenir notre film ? Et ton courage, alors ?

Pendant un long moment, Vassy garda le silence. Puis :

— Je sais que je vais regretter ce geste aussi longtemps que je vivrai, mais c'est mon destin, déclara-t-il. Je pars.

Je me sentis complètement désarmée. Son infantilisme mâle avec lequel je ne *voulais même plus* me mesurer et son aliénation à la souffrance me dépassaient. Judy et Jerry se dirigèrent vers lui.

— Vassy, essaie d'exprimer ce que tu ressens, dit Jerry.

— Avant de prendre une décision à la hâte, examine soigneusement ce qui se passe en toi, veux-tu?

— Non, dit-il avec conviction, se dirigeant vers la chambre à coucher et en se parlant à lui-même, c'est mon destin.

Il s'engagea lentement dans le couloir. Je lui emboîtai le pas. Très calmement, il rangea ses deux paires de pantalons en velours et ses chaussures du soir. Il plaça soigneusement ses six chemises et ses deux chandails dans sa valise. Il ramassa les photos de sa mère, les icônes du Christ sur la table de nuit et ses cassettes d'anglais. Dans la salle de bains, il rangea le Water-Pik dans sa boîte avec son tonique russe pour les cheveux. Il plia sa tenue de jogging dans un sac avec ses chaussures pour la course, et mit sa brosse à dents et son rasoir électrique dans sa trousse de toilette en cuir fauve. Complètement paralysée, j'embrassai du regard notre chambre, tandis qu'il arrachait de la pièce jusqu'à son esprit. Il prit sa valise d'une main, mit sa veste de cuir sur l'épaule, puis baissa les yeux vers la Bible russe qu'il avait emportée de Moscou.

— La Bible doit rester ici, dit-il. Ma Bible t'appartient pour toujours, elle doit rester ici à Malibu avec toi.

Mes yeux s'emplirent de larmes de chagrin. Je savais qu'il s'en allait pour de bon. Avait-il prémédité tout cela, ou était-ce dû simplement au hasard? Il semblait ne pas être en mesure d'exercer la moindre décision libre sur ce qu'il appelait sa destinée.

Je le suivis jusqu'à la porte. Il passa la tête par la porte du salon pour saluer Judy et Jerry. Je tenais la porte. Il n'y avait rien à dire. Il commença à descendre les marches, puis s'arrêta et se retourna.

— Nif-Nif, dit-il, la voix plaintive et voilée, mon rayon de soleil, la vie avec toi était comme une musique. Maintenant, elle s'est achevée. Je reviendrai un jour prendre mes livres et mes disques.

Tout semblait parfaitement irréel. Décidément, la vie était

une fort mauvaise conteuse d'histoires. Arrivé au bas des escaliers, il me regarda encore une fois.

— J'étais ton ours à miel et toi mon Nif-Nif. Mais souviens toi que tu es aussi un cheval fringuant, tu viens d'un excellent élevage.

Je lui fis un signe de la main. Il franchit la grille laquée de rouge, parvint jusqu'à sa voiture en mauvais état. Je partis le lendemain matin pour New York. Il m'y appela quelques jours plus tard. Il pleura au téléphone, me confiant combien il se sentait seul. Je lui répondis que j'irais le voir quelques jours plus tard, que nous pourrions parler. Mais quand je revins, lui n'en avait pas envie. Il s'était installé chez l'une de ses anciennes conquêtes, dans la chambre d'amis. Il contracta une pleurésie, qui le contraignit à garder le lit, déprimé et broyant du noir. Il ne souhaitait pas me voir. Il ne voulait voir personne. J'essayai de lui remonter le moral au téléphone.

Des semaines plus tard, nous nous revîmes au cours d'un dîner. Vassy se montra très gentil, mais très réservé. Il me dit qu'il voulait une femme qui soit une esclave, qui l'aimerait en dépit de tout ce qu'il pourrait faire. Il voulait une femme d'artiste, assise à ses pieds, avec un air d'adoration, et qui lui dirait qu'il est vraiment merveilleux. Me souvenant de l'avertissement de Milanka à Paris, j'éclatai de rire. Il se mit à rire aussi. Cette rupture me laissa au creux de la vague, solitaire. Je savais que cette liaison n'avait pas d'avenir, je l'avais toujours su. Peut-être l'avait-il senti aussi ? Peut-être s'était-il montré plus courageux et plus conscient que moi, en le reconnaissant le premier ?

Des mois durant, je vécus au bord des larmes. Il me semblait que j'étais encore liée à lui, et que j'étais responsable de sa douleur. Ce qui me hantait le plus était de ne pas avoir bien compris ce que j'étais sensée apprendre de tout cela. Personnellement, je ne savais toujours pas pourquoi nous avions dû nous rencontrer.

Je comprenais bien que toute relation amoureuse entre un homme et une femme était une expérience *en soi*. Mes sentiments faisaient pourtant appel à quelque chose de plus profond... et je ne pouvais définir exactement de quoi il était question. Je finis par m'apercevoir que, pour moi, comprendre Vassy n'était pas si important. Je devais simplement l'accepter dans sa vérité à lui. Peut-être ne *le* respectais-je pas, peut-être étais-je, *moi*, la preuve qu'amour et respect ne pouvaient coexister. La simple force de cette pensée me fit sortir de ma tristesse. Je me rendis compte que je n'avais rendu qu'un piètre hommage à la coexistence de l'amour et du respect.

Vassy et moi sommes restés bons amis. Nous nous sommes compris beaucoup mieux après notre séparation.

Voici bientôt quatre ans que ma liaison avec Vassy s'est achevée. Sa Bible est toujours au même endroit, à Malibu, là où il l'a laissée. Il continue à dire que ma maison est son vrai « chez lui ». Il a réussi à accomplir son rêve : il a tourné plusieurs films en Amérique, et je sais qu'un jour, nous en ferons un, ensemble. McPherson avait raison, nous éprouvons tous deux le besoin de spiritualiser l'art, et quand le moment sera venu, les choses se feront. Ses conceptions du mal n'ont pas évolué. Il reste persuadé qu'il existe une Force extérieure à l'Homme : Dieu, par exemple... Plus que jamais, il considère que la destinée de l'Homme se résume à souffrir, au point qu'il se croit obligé de créer de la souffrance.

Mais après tout, ne sommes-nous pas tous aliénés à la souffrance, à des degrés divers ? Notre culpabilité nous interdit d'être heureux. La rancune que nous font éprouver nos privations ou nos frustrations d'enfants (il nous faut vraiment longtemps pour grandir), les échecs de notre vie d'adulte, quels qu'ils soient, nous attirent vers la négativité. Nous nous confortons dans l'idée qu'ils proviennent d'une source extérieure.

Si, grâce à notre voyage en nous-mêmes, nous prenons conscience d'un moi plus positif à un niveau plus élevé, les conflits fulgurants de l'âme se trouvent résolus. En reconnaissant Dieu en soi, on reconnaît Dieu-Source, au sens le plus large, c'est-à-dire l'énergie magnifique qui nous unit tous.

Je bénis Vassy pour m'avoir fait connaître la violence qu'il était capable de déclencher en moi. Il m'a obligée à en prendre conscience, et à résoudre le problème. C'est un cadeau somptueux qu'il m'a fait. Je me suis rendu compte de combien j'avais besoin de grandir. J'ai appris, *parce que* cela n'a pas été facile.

Vassy demeure aussi « russe » que jamais, et moi je suis toujours aussi « américaine ». Nous savons que maintenant, nous pouvons coexister, mais que nous devons chacun poursuivre notre propre voie, nos propres expériences. Peut-être a-t-il raison de dire que l'amour et le respect ne sont pas compatibles, dans *son* expérience à lui.

Je terminai là le récit de ma liaison. Mes parents semblaient pétrifiés.

— Toutes les relations que nous entreprenons visent à nous en apprendre un peu plus sur nous-mêmes énonçai-je, pour conclure. La pipe de Papa s'était éteinte, et le thé de Maman avait depuis longtemps refroidi dans sa tasse.

— Dis-moi, chérie, tu t'en sors, n'est-ce-pas?

— Oui, apparemment.

— Il savait comment te taper sur les nerfs on dirait, dit Maman en lançant un regard en coin vers Papa.

Puis, me regardant avec attention, elle ajouta :

— Et vous êtes certains de vous être rencontrés auparavant?

— Oui, j'en suis convaincue. Un jour, j'en apprendrai plus là-dessus aussi. Pour l'instant, cette vie-ci est plus importante.

Maman regarda mon père, comme si elle s'attendait à ce qu'il fasse une remarque à leur propos à tous les deux. Il afficha un large sourire :

— Tu sais, je suppose que nous aussi, nous avons fait cette course ensemble un certain nombre de fois.

— Je n'en doute pas, ajoutai-je, voulez-vous que je vous parle de l'une de ces vies, à propos de laquelle j'ai appris quelque chose?

Maman se redressa dans sa chaise, vaguement mal à l'aise. Elle ne semblait pas si sûre que cela de vouloir prêter une oreille attentive à ce que j'avais à lui dire. Puis elle haussa les épaules, Papa me fit un signe de tête.

— Eh bien, dis-je, c'est McPherson qui m'en a parlé. En principe, il ne révèle jamais aucune information à propos d'autres personnes, mais il a pensé que je pourrais vous instruire de ceci : Vous avez vécu ensemble en Grèce, peut-être à la même période que Vassy et moi. Vous étiez deux hommes, avocats très connus. Tu étais un avocat libéral et toi, Papa, tu étais conservateur.

— Jusque-là, rien à dire, commenta Papa.

— Il y a eu une controverse à propos de la construction d'un temple à Eros. Toi, tu étais contre et Maman était pour.

— Je m'en doute! plaisanta-t-il à nouveau.

— Vous avez passé tellement de temps à discuter tous les deux que vous avez poussé à bout les habitants de la ville. Vous deux étiez seuls en cause, et non plus le temple.

— Je n'ai aucune peine à le croire, ton père n'admet jamais mon point de vue, dit Maman en riant.

— De toute façon, continuai-je, un jour où vous discutiez d'une manière particulièrement vive, chacun, croyant qu'il représentait son propre groupe de partisans, avait hurlé ses arguments, des heures durant. Les gens, totalement exaspérés vous ont pris sur leurs épaules. Vous avez cru quant à vous, qu'ils étaient d'accord avec vous. Lorsqu'ils vous ont portés jusqu'à l'extérieur de l'enceinte de la ville, vous avez cru que la décision se ferait sur place, là où le temple devait être bâti. En fait, la foule vous a précipités tous deux du haut de la falaise.

J'attendis une réaction, mais ils étaient tellement stupéfaits qu'ils en restaient muets. Maman rompit le charme.

— J'ai déjà entendu cela. Le problème m'est familier.

— McPherson m'a chargée de vous prévenir que cette fois vous n'en finirez pas tant que vous n'aurez pas cessé de discuter.

Papa vit là l'occasion de reprendre la parole :

— Tu veux dire qu'aussi longtemps que nous continuerons à nous disputer nous ne mourrons pas ?

— Exactement !

— Cela me semble être une raison suffisante pour continuer ! rétorqua-t-il, visiblement ravi d'avoir trouvé une réponse !

Je me penchai, lui donnai une bourrade sur l'épaule :

— Enfin Papa, sois sérieux ! Si vous ne résolvez pas le problème cette fois, il va vous falloir revenir et recommencer !

— C'est comme dans le show-business, n'est-ce pas, dit-il en blaguant, tu recommences jusqu'à ce que ce soit bien !

— Oui, mais là, dans les domaines qui vous concernent tous les deux, vous savez qu'il y a beaucoup de débris karmiques dont il faut que vous vous débarrassiez...

— Pas autant que dans ma chambre toute sale, où se trouvent toutes les clés.

— Oh ! Ira, dit Maman, tu sais, elle a peut-être raison.

— Enfin, Scotch, je ne suis pas stupide, je sais bien qu'elle a raison. Je l'ai toujours su. Le problème est de savoir ce qu'il faut faire : mourir pour trouver ? *J'aime* discuter, cela me maintient en vie.

— Peut-être as-tu du sang russe dans les veines ? hasarda Maman, pleine d'humour.

Ses yeux pétillèrent de plaisir.

Papa lui laissa le bénéfice de ce « point ». Je me levai, m'approchai d'eux.

— Vous savez ce qui m'intéresse vraiment? J'aimerais savoir où, moi, je me place dans votre karma à tous les deux? Vous m'avez tout donné. Que suis-je, moi, censée vous apporter?

Leur visage prit une expression soudain très sérieuse.

— Tu veux dire que tu nous a choisis comme parents, pour une raison bien précise?

— Oui.

— Et nous, nous t'avons choisie pour fille?

— Oui.

— Ce serait vraiment intéressant de le savoir.

Je sentais une idée naître dans mon esprit.

— Je crois que ce serait extrêmement intéressant.

— Comment peut-on trouver cela, chaton? demanda mon père.

Il croisa délicatement ses jambes, en prenant soin d'enlever une peluche qui ornait son pantalon.

— Aimez-vous faire partie des personnages de mes livres, tous les deux? leur demandai-je.

— Comment pourrais-tu nous ignorer? Si nous n'étions pas là, il faudrait nous inventer!

— Je crois que vous vous êtes inventés tout seuls!

— C'est vrai, le monde entier n'est qu'une vaste scène sur laquelle nous jouons notre rôle. Mais ta mère devrait en changer, elle joue sans cesse Lady Macbeth!

Maman le regarda, l'air étonné; il me sembla les voir tous deux passer au-dessus de la falaise.

— Ira, je ne vais plus te laisser me taper sur les nerfs. Tu peux être aussi « russe » que tu le souhaites, mais moi tu ne m'intimideras plus!

Il se mit à rire. Rien ne le gênait.

— Maman, dis-je, tu te sens parfois sans défense et sans pouvoir, non?

— Sans aucun doute.

— Peut-être y a-t-il une raison à cela?

Intriguée, elle demanda ce que je voulais dire.

— Peut-être te sens-tu désarmée dans cette vie parce que tu as abusé de ton pouvoir dans d'autres vies?

— Oh! Shirl, je ne sais même pas ce que c'est que de se sentir puissant!

Papa y alla de son grain de sel.

— Comment! C'est toi qui détiens le pouvoir à la maison, c'est toi le chef.

— Mais je l'espère bien, répondit-elle, nullement ennuyée de se contredire. Sinon, tu te ridiculiserais plus d'une fois.

— D'accord, tous les deux, dis-je, cherchant à faire diversion. Continuez, après tout je crois que cela vous donne de l'énergie. Mais s'il m'arrive d'en savoir un peu plus sur ce que nous faisions, les uns et les autres au cours d'autres vies, je crois que vous en tirerez matière à discussion pour une bonne dizaine d'années!

— Eh bien, chérie, finit par dire Papa, une chose est sûre : c'est qu'il y a vraiment beaucoup de choses sur lesquelles nous ne savons rien.

Il marqua un temps d'hésitation, et reprit :

— Peut-être trouveras-tu aussi ce que tu faisais avec ton ex-mari.

Un ange passa... Je me redressai, comme je le fais chaque fois que je sens un défi dans l'air. Je n'avais pas l'impression qu'il s'était immiscé dans un sujet qui ne le concernait pas. Puisque j'étais entrée avec eux dans leur plus profonde intimité, pourquoi n'en auraient-ils pas fait de même avec moi?

— Je suis sûre, repris-je, que Steve et toi avez été en relation dans une incarnation passée d'une manière ou d'une autre : il t'a déplu, dès le moment où vous vous êtes vus et la réciproque s'est vérifiée. Les choses n'ont jamais évolué. De toute façon (ma voix eut une inflexion triste), nous avons eu quelques merveilleuses années ensemble. Il m'a beaucoup aidée dans ma recherche spirituelle. Nous nous accordions sur de nombreux points.

— D'accord, capitula Papa. Ne parlons plus de cette espèce de type. Vous avez une fille splendide, cela en valait donc la peine!

Je n'avais envie de discuter avec personne de ma rupture avec Steve. D'ailleurs, je ne l'avais jamais fait. Cette tranche de vie avait été longue et importante pour moi, il me fallait acquérir des idées plus claires à ce sujet. Mais cela demandait du temps.

— En tous cas, reprit Maman avec diplomatie, cela a été vraiment merveilleux de te voir. J'espère que Sachi est bien rentrée en Californie; dis-lui de nous tenir au courant dès qu'on lui proposera un rôle intéressant.

Maman avait l'art, comme personne, de sortir des moments difficiles. Elle savait parfaitement détendre l'atmosphère, sauf quand elle-même était en cause. Elle possédait aussi un merveilleux sens du temps qui passe : Dominique venait d'arriver pour les emmener à l'aéroport.

— Veux-tu appeler Cervelle d'Oiseau pour la prévenir que nous arrivons?

— D'accord, mais quel est son vrai nom?

— Mrs. Randolf. Cervelle d'Oiseau n'est qu'un surnom affectueux, répondit Papa.

Quittant le salon, je m'assurai qu'ils n'oubliaient rien. Je les accompagnai à l'aéroport et les regardai partir, appuyés sur leurs cannes, marchant fièrement. Leur présence provoquait un attroupement. Les gens ne me regardaient pas *moi,* mais eux. Aucun doute : ils étaient les vedettes de leur propre production. En repartant vers la voiture, je décidai de chercher ce que nous avions été les uns pour les autres avant notre naissance.

Mon spectacle étant terminé, je savais exactement où je devais me rendre pour trouver les réponses.

TROISIÈME PARTIE

La danse intérieure

Chapitre 14

« Terre de l'enchantement », ainsi désigne-t-on le Nouveau-Mexique. Si vous ne le croyez pas, il vous suffit de regarder les plaques minéralogiques des voitures locales : le sigle et le slogan de l'État y sont frappés. En remontant en voiture d'Albuquerque à Santa Fe, je me rendis compte une fois de plus que l'appellation était pleinement justifiée : à mon arrivée, le soleil était au couchant. Les montagnes ciselées, splendides, chatoyaient dans le crépuscule et se paraient de reflets orange et violets. Les dentelures des sommets se découpaient contre l'horizon, et leurs ombres venaient embraser doucement le désert desséché par l'ardeur du soleil. Des touffes de broussailles de sauge tourbillonnaient et roulaient au travers de l'autoroute. Des nuages poussés par la brise éclaboussaient le ciel nocturne, créant une scène digne des plus beaux décors de la Metro Goldwyn Mayer. J'ai toujours beaucoup aimé parcourir seule les autoroutes du Sud-Ouest des États-Unis. Devant cette immensité de l'espace, j'avais toujours le sentiment que tout était possible. C'était aussi le seul endroit à ma connaissance où la neige venait couvrir les buissons de chiendent, et où des arbres – obstinés – arrivaient à pousser au milieu du désert. L'effet de la région était tonique, purifiant et me semblait symboliser l'harmonie de la survie elle-même.

Je connaissais bien Santa Fe, pour y être venue depuis plusieurs années. Une communauté spirituelle très évoluée s'y était installée, attirée par ce que les Indiens nomment « l'énergie des hautes vibrations ». En langue espagnole, « Santa Fe » signifie « sainte foi ». Pour les Indiens, le pays était enchanté; ils disaient que le Grand-Esprit l'avait béni, et que quiconque y vivait était béni à son tour.

La foule des grands jours avait rempli Santa Fe : le festival battait son plein. Les restaurants chics et agréables étaient remplis de gens en vacances, enveloppés dans des châles indiens, portant colliers de turquoise et de corail. Les étoiles vinrent s'accrocher au ciel, comme de petites perles de cristal me montrant la route de la sortie de la ville.

J'avais loué une maison sur les hauteurs, au nord. Le responsable d'un hôtel voisin avait préparé mon arrivée et le réfrigérateur regorgeait de lait, de fruits et de pain, sans oublier le café. J'avais prévu de rester une dizaine de jours environ. Ce que j'avais l'intention de faire me demandait calme et isolement.

Les Indiens du Nouveau-Mexique vivent en harmonie avec les lois de la nature. Le Grand-Esprit fait partie de leur vie. L'invisible, le Dieu-vérité est à la base même de leur réalité. Son pouvoir ne les menace en rien. Ils vivent donc en parfaite harmonie.

J'ai vécu quelque temps avec les peuplades des Andes et de l'Himalaya. J'ai toujours constaté qu'elles vivent en harmonie avec la vérité invisible, en ont une perception plus aiguë, « voient » avec leur cœur en quelque sorte. J'avais le sentiment qu'ils avaient conscience d'une dimension différente, parce qu'ils n'étaient pas entravés par la technologie et les pressions d'un XXᵉ siècle frénétique.

J'ai donc été amenée à respecter très profondément la compréhension spirituelle de ceux dont le grand maître est la Nature. Cela ne veut pas dire que je ne respecte pas les prouesses intellectuelles de l'homme moderne, bien au contraire. Dès que j'ai intégré la reconnaissance *spirituelle* à mon éducation intellectuelle, j'ai commencé à me ressentir comme un être complet, et ce pour la première fois de ma vie. Ce « quelque chose » qui me manquait encore, je découvris justement que c'était la conscience de mon *Moi Spirituel*. Mais comment pouvais-je le prouver ? Les moyens scientifiques ne pouvaient m'être d'aucune aide. J'étais à peine en mesure d'en donner une description. Il s'agit de quelque chose de transcendant qui se traduit mal en mots. Il faut vivre cette intégration pour pouvoir la comprendre, et après y avoir goûté, la vie n'est plus jamais la même.

Santa Fe n'était pas pour moi un lieu de villégiature, cette fois. J'étais venue pour travailler avec une femme appliquant des traitements propres à évoquer les vies passées, grâce à l'acupuncture. Elle avait appris à travailler avec ces techniques originaires de Chine et utilisait des aiguilles qui, placées sur les méridiens des centres nerveux, débloquaient les canaux et laissaient le passage aux informations reliées aux incarnations. Généralement, les aiguilles d'acupuncture sont utilisées pour bloquer l'accès au cerveau d'informations qui seraient ressenties comme de la douleur. Ici, au contraire, elles ont pour but de débloquer les connexions nerveuses, d'ouvrir le passage et de déclencher le processus du souvenir dans le cerveau. Selon la tradition chinoise, le corps porte l'empreinte de chaque événement que l'âme a vécu au cours de ses incarnations. Lorsqu'on place les aiguilles dans la région du troisième œil (au milieu du front), ou sur les points méridiens psychiques (épaule droite ou gauche) ou sur le point galactique (autour des oreilles), le patient commence à voir des scènes du passé, ou des tranches de vie qu'il a connues autrefois. Les aiguilles utilisées sont extrêmement fines, et ne provoquent pratiquement pas de sensations douloureuses lorsqu'elles traversent la peau. Le patient est étendu, détendu, il n'offre aucune résistance. Les aiguilles ont alors sur lui l'effet du penthotal : il a « l'impression » qu'il ne peut se mentir à lui-même. Les images se mettent à défiler sur l'écran noir de son esprit, et les aiguilles stimulent des souvenirs bloqués dans la mémoire cellulaire du corps physique.

Chris Griscom est experte en acupuncture et spécialisée en thérapie psychique. Des centaines de gens sont venus la consulter au cours des dernières années. Les résultats ont toujours été stupéfiants. La première fois, je me suis prêtée au traitement « juste pour voir ». Je savais, par McPherson, Ramtha et d'autres guides spirituels, que j'avais déjà connu différentes incarnations, mais avant de travailler avec Chris, je n'étais jamais arrivée à rien par moi-même. Pourtant, j'avais essayé la méditation, transcendantale ou autre, mais il ne m'était rien arrivé dont je fusse « sûre ». Plus j'avançais sur le chemin de ma quête spirituelle, plus j'éprouvais le besoin de comprendre *pourquoi* j'avais vécu autrefois, et de savoir ce que je pourrais apprendre dans cette incarnation-ci en relation avec ces vies passées. Pour moi, tout se déroulait exactement comme Einstein l'avait dit : « la connaissance n'est que de l'expérience ». Cette expérience, je la souhaitais. Puisque nous sommes, chacun, ce que nous sommes conscients d'être, je voulais devenir plus consciente. Une curiosité intense m'animait. En augmentant mon niveau de conscience, qu'allais-je découvrir de mon *Moi Supérieur Illimité*?

C'est ainsi que j'ai été amenée à travailler avec Chris pendant un certain temps. Je suis venue m'allonger sur cette table-lit, chez elle, et grâce à ses aiguilles qui frémissaient doucement dans diverses parties de mon corps, je me suis laissée emporter par les scènes et les images qui défilaient dans mon esprit. Au début, j'ai eu du mal à accepter le fait que les aiguilles stimulaient la mémoire cellulaire de mon corps, que des images de différentes époques se succédaient, que des événements traversaient la barrière de ma conscience. J'avais l'impression que je « fabriquais » les images. Peut-être n'étais-je que le jouet de mon imagination. Mais à propos, qu'est-ce que l'imagination? Chaque fois qu'une « tranche de vie » se présentait à mon cerveau (à la manière d'un film qui se déroulerait sur mon écran intérieur), je me demandais d'où elle provenait. L'esprit, je le savais, était capable de créer les fantaisies les plus folles. Mais alors, peut-on m'expliquer ce qu'est la fantaisie? Je passai un long moment à me poser des questions à propos de la réalité de mes imageries mentales; je voyais se succéder un désert, une caverne, un monastère au XVI⁰ siècle, un village indien péruvien, une mère africaine, par exemple... Je n'avais pas conscience d'avoir volontairement créé ces images, elles m'arrivaient, tout simplement. Et pourtant je protestais auprès de Chris, en lui disant que c'était *moi* qui créais ces visions, grâce à des associations d'idées. D'ailleurs, elle ne le niait pas. Mais elle ajoutait que, si je créais ces images, c'est qu'elles venaient de ma propre expérience. L'imagination, c'était exactement cela. Les points d'acupuncture que Chris stimulait ouvraient la voie vers le lobe droit du cerveau, le yin. Il faut empêcher que le lobe gauche ne referme cette voie. Lorsque j'arrivais à m'arracher aux limites de mon esprit et à me détacher de mes perceptions habituelles, les images se faisaient plus précises, plus spécifiques. Elles étaient dotées d'une richesse exceptionnelle d'attitudes émotionnelles et de sensations : je sentais l'habillement, les mouvements de mon corps, et les sons qui m'entouraient. Les images qui m'apparaissaient se doublaient, en plus, d'une compréhension « intrinsèque ». Je savais exactement pourquoi, aujourd'hui, je m'en souvenais. Comme j'ai déjà eu l'occasion de le dire, Chris est une spécialiste des régressions dans les vies antérieures. Le *Moi Supérieur Illimité*, dit-elle, nous met depuis le plan terrestre en contact avec ces souvenirs; ce qui permet de résoudre les problèmes de la présente incarnation. Tous, nous avons eu de très nombreuses incarnations, sous des formes très variées et depuis l'aube des temps. Le *Moi Supérieur* examine les schémas de l'âme, de son historique, et choisit les expériences émotionnelles utiles, en fonction des problèmes karmiques. Les expériences sont rarement plaisantes, car il ne servirait à rien de les renouveler dans un domaine où les conflits ont déjà été résolus. Le but de la vie est de trouver une solution aux conflits de l'âme. Grâce au contact avec les expériences de la vie passée, les problèmes émotionnels sont isolés, et le conflit lié à l'expérience de la présente incarnation peut être compris. La vie dans son ensemble est formée de la totalité des expériences de l'âme.

Ce que nous ressentons comme un comportement « diabolique » n'existe en fait que pour nous permettre à nous, les « victimes », de nous réaliser plus complètement. La théorie bouddhiste selon laquelle « il faut bénir son ennemi, car il est source de croissance » prend là pleinement son sens.

Au début, la grande bienveillance qui semblait découler de cet enseignement m'apparaissait comme totalement inacceptable. J'étais persuadée que le comportement « mauvais » existait dans le monde, qu'on en avait des milliers d'exemples, tirés aussi bien de l'Histoire que de la vie quotidienne. Il fallait, à mes yeux combattre ces attitudes, leur résister et nous en défaire. Plus j'ai personnellement fait l'expérience du « mal » dans ma vie, plus je me suis rendu compte que je ne réagissais pas sainement aux événements : il y avait là un processus d'apprentissage que j'avais choisi, *moi*, de vivre.

Ce processus d'apprentissage, le karma, n'est pas une punition. Il suit simplement les lois de la science : à chaque effet correspond une cause. Dans la condition humaine, le karma se traduit en termes d'expérience *totale*. Le karma engendre le karma. *Mais chaque acte de réconciliation préféré à la vengeance, permet de faire un pas en avant dans le karma.*

Le karma positif engendre le karma positif *. Ce processus est dynamique, jusqu'à ce que nous ayons fait enfin l'expérience de la totalité de la gamme possible que nous offre la vie sur le plan humain, et reconnu la réalité totale de notre relation à tout ce qui existe.

---

* Appelé dharma (*N. d. T*).

Chapitre 15

A Santa Fe, je ne tardai pas à prendre des habitudes. J'occupais une maison agréable, ensoleillée, grâce à de nombreuses fenêtres et un patio, où je pouvais pratiquer le yoga en toute tranquilité. La décoration était typiquement espagnole avec des objets d'arts et des meubles régionaux. Au-dessus de la cheminée trônait l'inévitable « Ojo de Dios », l'Œil de Dieu, qui protège la maison et ses habitants. Il s'agit d'une croix de bois, dont les deux bras sont de longueur égale, autour desquels des brins de laine multicolore forment un dessin triangulaire. Les triangles face à face dessinent un carré : on croirait une vue aérienne de la Grande Pyramide.

Les quatre cultures qui cohabitent au Nouveau-Mexique ont adopté ce symbole, et on le retrouve aussi bien dans les maisons des « Anglos » (les blancs), que chez les Indiens, les Mexicains ou les Espagnols. A en croire les historiens, c'est en Égypte pharaonique qu'il faut chercher l'origine de l'objet, tandis que des archéologues penchent, eux, pour la thèse des Indiens Yacqui, du Mexique. Ils l'auraient introduit non seulement au Nouveau-

Mexique, mais dans tout le Sud-Ouest des États-Unis actuels. Quoiqu'il en soit, toutes les cultures l'utilisent et le mettent à l'honneur dans la maison ou à l'extérieur. D'après les Indiens, il symbolise la chance et augure d'une bonne santé et d'une longue vie.

C'est donc sous le regard bienveillant de mon « Ojo de Dios » que je m'éveillais chaque matin, vers huit heures. Après avoir psamoldié mes mantras, je me mettais à ma séance de yoga, avant de m'attabler devant un petit-déjeuner : fruits, toasts et café décaféiné. Il ne me restait alors qu'à prendre la route vers la maison de Chris, située à quelque quarante-cinq minutes de voiture. Pour l'atteindre, il faut emprunter l'« Old Santa Fe Trail », la vieille piste qui menait autrefois à Santa Fe, qui débouche maintenant sur une artère moderne et large, puis sur une autoroute, que je quittais pour descendre vers le plateau, dans le désert. Les pueblos (villages) indiens que je rencontrais sur mon chemin datent de 1250 avant J.-C. Ils parsèment la région, surmontés d'arbres noueux et épineux. Les « ristras » (grappes de poivrons rouges) séchés décorent les chevrons de chacune des maisons. Les montagnes auxquelles elles s'accrochent sont les « Sangre de Cristo », le « Sang du Christ », et surgissent, splendides, dans la lumière du matin. Elles font partie de la chaîne des Rocheuses, les « Rockies ». Selon la légende, ce sont les conquérants espagnols qui leur auraient donné ce nom, en raison de la couleur rouge dont elles se parent au soleil couchant, lorsque les pics couverts de neige s'enflamment et scintillent. La rivière du Rio Grande traverse la région, descendant de sa source toute proche au Colorado, avant d'aller rejoindre son embouchure à environ trois mille kilomètres de là, dans le Golfe du Mexique. Je n'avais aucun mal à imaginer les Indiens Hopis, Navajos et Pueblos, qui, selon les archéologues ont commencé à habiter la région il y a quelque six mille ans, errant ici, sur le plateau. C'est en 1558 que les premiers conquérants espagnols arrivèrent dans la région. Soit à peu près soixante-deux ans avant que les Pères Pèlerins ne touchent terre à Plymouth Rock! Partout, leur influence a été prédominante. Les structures en adobé (briques cuites) ressemblent à des obstacles naturels en argile, se fondant dans le paysage, protégeant ses occupants des froidures de l'hiver et des chaleurs de l'été. L'air du matin était piquant et vif. Je dépassais très largement – sans m'en apercevoir tout de suite – la vitesse autorisée. Rien n'obstruait la vue sur les formations géologiques de la montagne, et le regard portait loin sur la mesa. Pas un arbre, pas une broussaille... Les formations de nuages venaient jouer dans le turquoise du ciel : je ne pouvais que penser aux bijoux de la région que j'aime porter; cette pierre extraite dans les mines toutes proches porte le nom que lui ont donné les Indiens : la pierre-ciel, la turquoise. Ses vibrations leur permettent d'être en harmonie avec la nature. Galisteo, que je tardai pas à atteindre, est un hameau d'environ deux cents âmes, calme et paisible. Les maisons en adobé ont un toit plat, et semblent sorties tout droit d'un récit biblique. La ville est située sur une butte, et on y jouit d'une vue large, sur toute la région. Les eaux qui dévalent de la montagne se coulent dans le lit des rivières, maintenant à sec en raison de la chaleur torride de l'été. Dans la rue principale, un cheval et deux chiens errants occupaient le milieu de la chaussée, et m'empêchaient de passer. Il y avait une bifurcation avec un chemin de terre, au coin de laquelle se dressait l'épicerie, dont l'enseigne blanchissait sous le soleil.

Trois jeunes enfants attendaient le car de ramassage scolaire, que je vis arriver, orange, tout brinquebalant. Les boîtes aux lettres des habitants sont toutes regroupées au même endroit, le long de la route principale. Je contournai prudemment les animaux et m'engageai sur le chemin de terre battue, passai un pont de bois. La poussière formait un gros nuage derrière mes roues. Pas de panneaux de signalisation pour se diriger, ni de poteaux indicateurs : il vaut mieux avoir le sens de l'orientation pour atteindre son but.

Je me rappelais que la maison de Chris était située de l'autre côté du village, sur la gauche; je dépassai des carcasses de voitures en train de rouiller au soleil, et des « burros » déambulant lentement sur les chemins. Me souvenant de ce que la maison de Chris était entourée d'une clôture de bois, qui la séparait des autres maisons de la communauté, je retrouvai ma route. Chris m'attendait sur le perron, et me salua d'un grand geste de la main. Le soleil inondait déjà les buissons et le chiendent qui poussait; je reconnus les arbres noueux qui dominaient le sommet de la maison, et constatai qu'ils avaient bien poussé. Chris aussi avait changé : elle était sur le point d'accoucher. Elle avança en se dandinant vers la voiture et se pencha pour m'embrasser. Tapotant son ventre rond, je lui demandai si elle avait déjà pris contact avec l'enfant qu'elle portait. Elle me répondit qu'elle l'avait fait, qu'il s'agissait d'un garçon. Chris est une jeune femme de taille moyenne, cheveux blonds très clairs qui descendent en cascade autour de son visage. Ses yeux d'un bleu incroyablement profond semblent lire au plus profond de votre âme. Mieux encore, elle semble vous rassurer en vous disant que vous n'avez rien à cacher. Ses lèvres pulpeuses semblaient cette fois lui poser un problème, car, disait-elle, elle les avait trop exposées au soleil, la semaine précédente, en descendant les rapides. Elle s'exprime d'une voix douce, mais ferme et chaude.

– Bonjour amie, dit-elle, il y a si longtemps que nous ne nous sommes vues. Tu m'as manqué. Mais je sais tout ce que tu as fait.

Chris n'a pas la télévision, et lit fort rarement journaux ou quotidiens. Pourtant elle est en mesure de me donner des détails sur les événements de ma vie, tout comme si elle les avait vécus à mes côtés. Dans les milieux spirites, on s'adapte très vite au fait qu'il n'y a pas de secret. Toute personne qui s'intéresse au développement psychique développe en même temps ses propres capacités. On se « met sur la longueur d'onde » de l'énergie astrale, en quelque sorte, ce qui permet de « voir » ce que l'on veut. Plus on progresse, plus on peut « voir ». On peut s'aligner sur la fréquence de l'autre, sur sa longueur d'onde électro-magnétique, comme on le fait quand on cherche une station sur une radio.

Chris me fit entrer chez elle. En grignotant une grappe de raisin, autour de la longue table de bois, elle me raconta les nouveautés de sa vie, tant sur le plan astral que sur le plan terrestre. J'en fis de même. Elle avait eu à travailler avec différents groupes de clients sérieux, venant de toutes les régions des États-Unis, qui avançaient considérablement dans leur développement spirituel. Plus ils comprenaient la complexité de leurs vies antérieures, mieux ils fonctionnaient dans leur vie actuelle. L'information relative aux vies passées ne se limitait pas aux événements et aux relations qu'ils avaient connus, elle donnait aussi des enseignements. Elle se rapportait à l'esprit humain, aux fréquences électro-magnétiques, à la pensée accélérée, à l'expérience transitionnelle de passage dans une conscience supérieure, à la manière dont le corps s'adapte à l'illumination spirituelle. Le corps est le temple de l'âme, et subit des changements physiques subtils à chaque étape du développement. Il devient plus souple, plus délié, plus sensible aussi aux stimuli de son environnement.

Chris et moi parlâmes de l'énergie psychique, de la manière dont on la ressentait : un peu comme une fréquence électromagnétique se déplaçant à travers le corps et l'esprit. Il en résultait une conscience plus étendue, en général. En traversant les champs de l'aura, l'énergie psychique était perçue par les autres, non pas comme une lumière à proprement parler, mais plutôt comme un état de bien-être, qui se communiquait aux autres humains. Ceux-ci ne savent pas toujours exactement ce qui se passe.

Chris ajoutait que certaines personnes se déplaçaient si rapidement dans le champ de leur propre compréhension de ces dimensions, que leur vie en avait été bouleversée, tout comme celle de ceux qui les entouraient; et ce, de toutes les manières possibles. Regardant ses pieds nus, elle reprit : « Le monde semble se trouver dans une période difficile; pourtant, il y a de nouveaux êtres humains, prêts à prendre la relève. Lorsque les temps viendront, l'heure sonnera, et les temps sont proches. De plus en plus, on le comprend. La compréhension spirituelle de nombreuses personnes dépasse leur compréhension intellectuelle, de loin. C'est *cela* qui nous empêchera de tout faire sauter. » Tandis que nous étions assises là, je revis le chemin de ma propre quête : depuis ma plus tendre enfance, la curiosité m'a poussée à chercher le « chaînon manquant ». Pourquoi ai-je tant voyagé, découvrant peu à peu tout ce que je ne comprenais pas dans les autres cultures? Tout me semblait parfaitement clair, maintenant. Je cherchais en moi une dimension que je n'avais pas réussi à atteindre, et qui se trouvait là, à portée de ma main, dans mon propre esprit.

J'aurais pu passer des journées entières à discuter ainsi avec Chris. Je lui expliquai que j'avais surtout envie d'en savoir plus sur mes vies antérieures avec mes parents.

— C'est extrêmement important, dit-elle, nos parents donnent le ton à la manière dont, en fin de compte, nous allons entretenir des relations avec le monde environnant. Ils connaissent parfaitement nos points-clés. Et, à moins de savoir comment résoudre nos problèmes en famille, nous allons les répéter par la suite, dans notre vie d'adulte.

— Mais Chris, demandai-je, nos familles ne déclenchent-elles pas ces conflits, justement à cause des événements qui surviennent? Je retrouve chez mes parents une bonne partie des raisons de mes propres insécurités. Quel est donc l'intérêt de remonter la filière des vies antérieures? Pourquoi en ai-je une telle envie?

— Tout simplement, parce qu'à partir du moment où tu as pris conscience que tu as choisi tes parents pour résoudre certains problèmes émotionnels, tu n'as plus besoin de rejeter la faute sur qui que ce soit. La vie familiale représente l'environnement le plus intense. Chaque membre de la famille possède une acuité particulière dans la perception des problèmes des autres membres, de leurs comportements. Nous nous sentons victimes de notre famille, dès la plus tendre enfance. Parfois, nous nous accrochons à ces schémas de « victimes », et nous choisissons des époux qui vont nous permettre de poursuivre ce rôle. Il suffirait pourtant de prendre conscience que nous avons délibérément choisi notre famille pour essayer de résoudre ainsi le problème, et cesser de le traîner derrière nous dans notre vie adulte. Nous ne sommes malheureusement pas conscients de nos responsabilités dans ce domaine, c'est la raison pour laquelle souvent nous renonçons à notre potentiel de croissance.

— Ainsi, dis-je, le cercle familial est le symbole du drame émotionnel fondamental sur lequel nous avons choisi de travailler?

— Exactement, dit Chris. Nous utilisons la famille pour traduire ces symboles émotionnels dès l'enfance. Un enfant va, par exemple, réagir plus au son de la voix qu'aux mots eux-mêmes. Le jeu intuitif aiguise ses perceptions, pour qu'il puisse être plus « éclairé » dans le monde. Si un enfant choisit un père dominateur, c'est qu'il a un problème de domination à résoudre. (Je repensai à mon père.) Si un enfant choisit une mère passive, la tâche est peut-être pour la mère de faire l'expérience de la domination. (Je repensai à ma mère...) D'innombrables scénarios sont attachés à chaque âme humaine et seule l'âme sait pourquoi elle a choisi ce schéma-là plutôt qu'un autre. Plus l'âme comprend, moins elle ressent de confusion.

— Tu vois, dit Chris, si nous disions à nos enfants qu'ils nous ont choisis en tant que parents, l'enfant apprendrait très tôt à prendre en mains son destin. Voilà pourquoi l'illumination joue un tel rôle. Nous n'agissons pas en connaissance de cause, dans notre société, et l'enfant se soumet ainsi à l'autorité, ou au contraire, il se rebelle. Intuitivement, son âme sait pourtant qu'il ne peut rejeter légitimement le blâme de la situation sur ses parents, quelle que soit la situation, d'ailleurs. Un enfant lésé *a choisi* de connaître cette expérience. S'il ne résout pas le problème, il va continuer à porter le fardeau. Il est bloqué dans son rôle de victime, il l'utilise pour continuer à reproduire le schéma. S'il reconnaissait sa propre responsabilité, il débloquerait alors la situation, et pourrait s'en libérer. Mais comment pourrait-il le faire, si on lui donne pas la raison de sa venue?

— Évidemment dis-je, si je me retourne sur mon passé, de temps à autre, je ne peux pas me souvenir de la façon dont je me suis vraiment lancée dans cette aventure. Personne ne m'a rien appris, bien que certains m'aient aidée à trouver ma propre voie. Quand ce que j'apprenais « résonnait » juste à mes oreilles, je savais que j'avais fait un nouveau pas dans la bonne direction.

— Il est certain que l'on ne poursuit pas dans une direction, à moins d'être convaincu que c'est la bonne. A propos, comment vont tes parents?

Je m'appuyai sur les coussins de la chaise, songeuse. La tragi-comédie de mes parents me trottait dans la tête.

— Ils sont absolument merveilleux, ils semblent sortis d'un feuilleton télévisé. (Je me mis à rire.) Ils sont totalement liés l'un à l'autre, à tous les niveaux. Je me comprends moi-même beaucoup mieux en les regardant agir. Parfois, pourtant, ils en « font trop ». Leur karma commun doit être proprement incroyable!

Chris éclata de rire, en mettant la main sur son ventre.

— Cela me semble évident, dit-elle, l'intensité de leur engagement commun transparaît au travers de toi, j'arrive à le ressentir.

Je réfléchis au processus du karma, qui n'avait rien de linéaire ni de chronologique. En d'autres termes, ils auraient pu passer une vie parfaitement calme l'un avec l'autre, tout en travaillant sur un karma beaucoup plus intense, en relation avec une autre personne. Cette fois, pourtant, il semblait clair qu'ils étaient complètement concentrés l'un sur l'autre, et aussi loin que je m'en souvienne, il en avait été ainsi.

— Tu sais, dis-je à Chris, j'ai parfois l'impression que j'ai résolu la plupart des mes problèmes avec eux, excepté que je les regarde, eux, débrouiller les leurs. Cela me porte incroyablement sur les nerfs!

— C'est certain, reprit Chris, ton rôle, cette fois, est certainement de souligner qu'ils doivent apprendre l'un de l'autre, plutôt que de chercher quelle relation ces problèmes entretiennent avec toi.

Chris se leva, me conduisit vers l'extérieur en me proposant de nous mettre au travail. Le patio qui sépare sa maison de son cabinet était encombré par le tricycle de sa fille, qui gisait au pied d'un vieil érable. Deux chèvres se blottissaient l'une contre l'autre dans l'étable, derrière les palissades, et les poulets se mirent à caqueter en l'entendant arriver. Le cabinet de Chris se trouve au-delà d'une serre vitrée, où elle fait pousser plantes médicinales et arbres fruitiers. Il consiste en une seule pièce, bâtie de pierres, nettement plus fraîche que le reste de la maison. A côté, une salle de bains avec une baignoire encastrée dans le sol, des carrelages espagnols et des toilettes avec une chasse d'eau à chaîne.

Une table de massage-lit occupe le centre de la pièce, et deux fenêtres donnent sur des arbres dont les feuilles frémissent au gré de la brise.

Je sortis mon magnétophone, les piles, les cassettes, et accrochai le micro à un crochet planté juste au-dessus de l'endroit où j'allais poser ma tête : je tenais à enregistrer les moindres détails de ce qui allait se passer.

A côté de la porte, une petite table, sur laquelle étaient déposés alcool, herbes médicinales, aiguilles d'acupuncture en or et en argent.

Après m'être déshabillée, je m'installai sur la table. Les oiseaux gazouillaient dans les arbres, au-dehors. Des mouches voletaient dans la pièce : d'un geste de la main, elle leur intima l'ordre de sortir, et sans que je sache pourquoi, toutes les mouches quittèrent la salle. Elle ferma doucement la porte, et me demanda de me détendre. Elle retira les aiguilles de leur bocal d'alcool, les essuya avec une compresse propre, avant de les apporter.

– Mes guides vont m'aider à placer les aiguilles, dit-elle, ils ont un plan de travail chronologique pour toi, durant ces séances.

Chris a ses guides spirituels, tout comme j'ai les miens, et nous savions toutes deux qu'ils avaient l'habitude de travailler ensemble. Ses guides sont experts en méridiens, qui sont les points d'énergie du corps. Son guide principal est un ancien médecin chinois, qui l'assiste chaque fois qu'elle travaille. A peine m'étais-je détendue que je commençai à sentir la présence d'autres entités.

Je m'explique : lorsqu'on travaille avec l'aide de guides spirituels, il est nécessaire de capter leur présence. Nous agissons et nous vivons dans ce que j'appellerais la dimension visible de la vie, mesurée en hauteur, largeur, profondeur masse et temps. J'étais en train d'apprendre à reconnaître une dimension invisible, où n'existait aucune mesure. C'est, en fait, la dimension de la non-hauteur, non-largueur, non-profondeur non-masse, et plus encore la dimension du non-temps. C'est la dimension de l'esprit. Elle ne peut être ni limitée, ni définie, et beaucoup de gens ne la reconnaissent même pas comme une réalité. J'apprenais, moi, que les dimensions invisibles étaient bien réelles.

Chris se recueillit un instant en méditant, pour capter ses guides. Je sentis un courant d'air froid, caractéristique, révélant la présence d'un guide spirituel. Je commençais, moi aussi, à capter ses guides, mais ne pouvais pas encore visualiser leur énergie dans la dimension invisible. Contrairement à elle, qui perçoit leur présence en couleurs, en formes aussi. Elle « voit » également les auras des autres êtres humains, en d'autres termes elle est devenue « sensible ». Sa conscience est particulièrement sensible aux énergies, alors que la plupart d'entre nous savent simplement qu'elles existent. Je « sens », par exemple, que Ramtha et McPherson sont là, mais je n'en *visualise* aucune preuve. Je me contente de le savoir, et j'agis en conséquence.

— Bien, dit Chris, je sais exactement ce qu'ils veulent que je fasse aujourd'hui. Nous allons en quelque sorte travailler en « accéléré». Ton corps bloque certains souvenirs, dont il faut te défaire. Je vais placer les aiguilles aux points méridiens, qui faciliteront ce débloquage.

— Tu veux dire qu'ils *voient* les schémas mémoriels que mon corps retient? demandai-je.

— Tout à fait, ils les voient à partir du plan de l'énergie pure. Chaque cellule de ton corps retient l'énergie tirée de l'expérience de cette vie, et de celle des vies passées. Il faut bien se rendre compte que le concept que nous avons du temps linéaire est beaucoup trop limité. Le temps holographique est une réalité.

Chris posa trois aiguilles d'or très fines au point du Troisième Œil, au centre du front. Elle les fit tourner pour obtenir un maximum d'effet et cela provoqua chez moi une sensation douloureuse.

— J'utilise des aiguilles d'or aujourd'hui, parce qu'elles

stimulent à une fréquence plus élevée que l'argent. Tu as à cet endroit un tissu cicatriciel; la région du Troisième Œil retient une douleur traumatique, mais cela n'a pas d'importance. Quand il sera temps, elle se débloquera.

Je grognai un peu, car la perspective ne m'enchantait guère. Je me souvins de ce qui m'était arrivé en visitant le musée inca, à Lima, au Pérou. J'étais passée à côté d'une vitrine montrant plusieurs crânes; ils affichaient un trou au milieu du front. Je les avais regardés, horrifiée! D'étranges souvenirs m'étaient revenus en mémoire et personne n'avait eu besoin de me donner d'explications. Je savais exactement ce qu'il en était : les grands-prêtres incas avaient découpé ce trou au centre du front, afin de permettre le passage de l'énergie psychique du Troisième Œil. Cette région du front se révèle particulièrement sensible et importante pour l'éveil spirituel. Les dons de voyance, les différents niveaux du discernement, l'œil de Dieu, sont supposés s'y loger. C'est « l'œil » qui « voit » au-delà du plan terrestre. Chris fit à nouveau tourner les aiguilles, et la douleur réapparut.

— Le tissu cicatriciel est dense, dit-elle.

— Tu sais, j'ai eu une petite tumeur cancéreuse à cet endroit il y a une douzaine d'années environ. Penses-tu qu'il y ait un rapport?

— Non, il y a quelque chose de plus. Je dirais d'ailleurs que l'excroissance est sans doute une réaction à un souvenir que tu conserves dans cette région. L'âme impose son empreinte sur chacune des cellules du corps. Nous conservons le souvenir d'une incarnation dans l'autre, et il faut les résoudre, les éclaircir pour pouvoir passer à un autre stade d'illumination. Ce que nous cherchons, c'est l'acceptation totale de l'expérience. C'est le but de notre lutte. Lorsque nous parvenons à accepter l'expérience sans la juger, nous agissons à un degré de compréhension plus élevé, sur une fréquence plus élevée, donc. Le corps, l'esprit et l'âme se trouvent alors alignés dans la lumière.

— Quel est donc le rôle de ces aiguilles? demandai-je.

— Elles stimulent le corps, l'aident à retrouver ses expériences pour éliminer le traumatisme. Chaque point méridien d'énergie est stimulé, lorsque j'agis sur l'aiguille. Elle active la mémoire cellulaire de l'endroit. Les chinois ont toujours été très avancés dans ce domaine, ils savent que le corps agit comme un messager. Le corps est l'instrument qui nous permet de savoir

274

que nous sommes dans cette dimension, celle de la matière, celle de l'expérience. Le corps ne ment jamais. Il nous fait savoir si nous sommes malades, anxieux, si nous nous souffrons. Le corps sait tout. La douleur précise ce dont nous nous souvenons et devons nous débarrasser. Ne force rien, laisse les choses se faire d'elles-mêmes.

Chris posa une autre aiguille d'or dans le haut de mes épaules, et derrière les oreilles. Elle les fit tourner doucement.

— Souffle de la lumière dans ces aiguilles; cela va contribuer à soulager la douleur du souvenir, tout en stimulant la mémoire elle-même.

Souffler de la lumière? Je visualisai l'endroit où chaque aiguille était implantée et, mentalement, j'y projetai de la lumière. Je respirai profondément.

— Détends-toi, garde ton esprit libre, n'évalue rien, et ne laisse pas le lobe gauche de ton cerveau juger tes pensées. Donne plus de champ au lobe droit, ne pense pas, laisse les images t'arriver.

Je soufflai un peu plus de lumière, comme elle me le demandait. Puis je respirai profondément. Les Indiens appellent cela « le souffle de vie », l'énergie *prana*. J'aurais aimé que la langue soit plus riche pour pouvoir mieux décrire en détail l'expérience. Notre esprit, lui, est tellement linéaire, il a toujours besoin de preuves. Il remet sans cesse en question le pouvoir de notre âme. Comment, d'ailleurs, prouver que j'ai une âme? Et pourquoi devrais-je le faire? Tout ce processus de mesures, d'évaluation, ne fait que nous confiner dans les limites de notre pensée. Peut-être sommes-nous contraints au désespoir, parce qu'en fait, c'est la seule chose que nous puissions vraiment prouver.

Dieu merci!, j'étais là, allongée sur ce lit-table, des aiguilles plantées dans mon front, mes épaules, mes oreilles; croyant sincèrement pouvoir entrer en contact avec mes vies passées, pour clarifier quelques-uns des troubles que je connaissais dans mon existence présente. Pourtant, si quinze ans auparavant quelqu'un était venu m'annoncer que je me livrerais à ces expériences, j'aurais pensé qu'il n'avait pas toute sa tête.

Chris fit glisser le drap qui me recouvrait, et posa deux aiguilles supplémentaires au milieu de ma poitrine. Je ne ressentis aucune douleur, et attendis. Elle les agita doucement, en me demandant de souffler un peu plus de lumière dans ces aiguilles-là.

— Si je ne ressens pas de douleur, cela signifie-t-il que je n'ai rien à éclaircir à cet endroit précis? demandai-je.

— Peut-être as-tu déjà résolu une bonne partie de ce qui s'y trouvait, ou peut-être cela ne fait-il pas l'objet de ta recherche actuelle. Mais il y a de nombreux souvenirs sur lesquels tu n'as pas choisi de travailler cette fois.

— Mon âme se souvient donc de tout, et sait ce que j'ai choisi pour cette fois?

— Exactement. Toutefois, pour être plus claire, je dirais que ton *Moi Supérieur Illimité* est celui qui se souvient de tout. Il connait Tout. Ce que nous voulons faire est donc d'entrer en contact avec lui. Cette perception intuitive nous parvient au travers du lobe droit. Lorsque tu y réussis, tu entres alors en contact avec Dieu. Tu comprends que tu sais déjà tout ce qu'il y a à savoir. Voilà la raison pour laquelle tu es *toi,* ton meilleur gourou, ton propre professeur en quelque sorte.

Chris remonta le drap au-dessus des aiguilles pour que je ne prenne pas froid. Des bouffées d'air frais soufflaient autour de la table.

— Tous mes guides sont là, maintenant. Les tiens aussi. Je vais brancher le magnétophone et nous allons pouvoir commencer.

— D'accord, dis-je! Je dois donc simplement me détendre?

— Oui. Et autoriser les images à se dérouler dans ton esprit.

Cela ne m'était guère facile : j'aime avoir le contrôle de mon propre processus de création. J'ai toujours eu besoin d'analyser la raison pour laquelle je pensais à quelque chose. C'était comme un indice pour mon subconscient. Là il ne s'agissait pas de subsconcient, mais de superconscience.

— D'où les images vont-elles provenir, m'enquis-je encore, interrompant par là même leur flot.

— De ton *Moi Supérieur*, de ta haute conscience, de ton âme illimitée, appelle-la comme bon te semble. Toutes ces expériences de tes vies passées sont en Dieu, et c'est *lui* qui va te guider, te conseiller, t'apprendre. Tu sais exactement de quoi je parle, essaie d'y prêter attention.

Je fermai les yeux et me laissai aller. J'entendis le ronronnement du magnétophone au-dessus de moi, une mouche bourdonnant contre la moustiquaire de la porte. Un chien se mit à aboyer dans le lointain et les branches des arbres craquèrent dans le vent. Je sentis mon esprit commencer à flotter hors de ma conscience; j'essayai de me détendre, l'esprit vide. Soudain, des images commencèrent à défiler tellement facilement que je crus être en proie à des associations d'idées. Il ne me vint pas à l'esprit de dire quoi que ce soit à haute voix.

— Que perçois-tu? dit Chris, je sais que tu reçois des images, car je les vois aussi.

Elle me stupéfia, car je pensais que j'étais simplement en train de laisser mon esprit vagabonder; or, d'après elle, ces images avaient une importance.

— Ce n'est rien, dis-je, je vois simplement des tas d'images; mes idées s'enchaînent, je pense. Attendons que quelque chose se produise.

— Mais enfin, quelque chose est *en train de* se produire, en ce moment-même! Cesse d'évaluer et de juger ce que tu reçois, ne mêle pas ton esprit à tout ceci, sors de ton intellect, dis-moi simplement ce qui se passe.

— Et bien, ce n'est pas très suivi; pas du tout, même. Je ne sais pas si je peux parler aussi vite que défilent les images. J'ai plutôt envie de me contenter de regarder les images que je crée.

— Tu as peut-être l'impression que tu fabriques ce que tu vois, parce que c'est pour toi la seule façon de t'expliquer cette expérience. Ces images résultent de ce que tu as vécu, tu peux en être persuadée. D'où crois-tu donc que proviennent l'imagination et la fantaisie?

— Je n'en sais rien, ou plutôt si, je le sais. Je comprends parfaitement ce que tu veux me dire, j'ai simplement du mal à croire que ce n'est pas moi qui crée ces images. C'est fou!

D'un ton autoritaire, elle me répéta à nouveau :

— Dis-moi ce que tu vois. Ce n'est pas *fou,* c'est ton *Moi supérieur* qui communique avec toi, écoute-le!

Pourquoi pas, me dis-je, je vais simplement exprimer à haute voix ce qui se passe, et j'en chercherai l'explication plus tard. J'avais parfaitement conscience de ce qui m'entourait tandis que j'étais allongée là; cela n'avait rien à voir avec une transe hypnotique. Pourtant j'avais le sentiment d'être à la fois observateur et participant. J'avais l'impression de faire l'expérience de deux niveaux simultanés de conscience.

Voici ce qui m'est arrivé et que j'ai enregistré, afin de le décrire :

J'avais l'impression de voir un film se dérouler dans ma tête. Les images avaient même une texture, des odeurs. Je ressentais des expériences tactiles, des souvenirs émotionnels me revenaient.

Je me suis par exemple vue enfouie dans le sable jusqu'au cou, sentant la pression intense qui s'exerçait sur mon corps. Je n'avais pas peur, mais j'avais très chaud, et je ne pouvais pas bouger les bras; au moment même où je me demandais de quoi il retournait, l'image a brusquement changé. Je me suis alors vue en pirate, avec une jambe de bois, marchant le long d'un quai, un havresac sur le dos. Cette image me fit rire, car McPherson m'avait raconté que chacun d'entre nous a été pirate au moins une fois; était-ce là ce que signifiait cette évocation? Cette image m'avait fait penser à McPherson : fallait-il y voir une indication de sa participation à cette séance? Était-il l'un de mes guides, en ce moment? Jusqu'alors, je n'avais pas pensé à lui. Mais dès que je l'évoquai, l'image du pirate disparut.

Une grande femme, l'allure égyptienne, se dirigea vers moi, vêtue d'une robe mauve et or. Je ne me voyais pas moi, je ne voyais que cette femme. C'était ma mère dans ma présente incarnation; elle avait un nez long et aquilin, les cheveux noirs comme de l'encre. Elle semblait une reine, entourée de sa suite. Puis, comme si je devais associer cette image avec ce qui allait suivre, je vis une femme africaine, un enfant dans les bras, en train de sangloter. Le bébé avait faim, mais la mère qui ne portait aucun vêtement au-dessus de la taille, ne pouvait de toute évidence pas nourrir le bébé. L'enfant, ce n'était pas moi, mais la femme africaine était bien ma mère. Tandis que j'essayais de comprendre qui je pouvais bien être dans ce tableau, l'image se modifia à nouveau. Un athlète grec ou romain courait sous le soleil, l'air exalté et fier. Sous ses traits, je reconnus encore ma mère. Je me rendis soudain compte que je passais en revue quelques-unes des incarnations de ma mère, car il était nécessaire, semblait-il, que j'en prenne connaissance.

Une autre image... Une grande prêtresse, un arc et des flèches sur l'épaule... Elle porte une robe orange, qui dénude l'autre épaule... ma mère, encore... Elle avait donc bien eu différentes incarnations, au cours desquelles elle avait fait montre de pouvoir, si je comprenais bien le sens de ces images. Une fois encore, l'image changea : elles défilaient plus vite maintenant. Je sentais les courants d'air froid provenant de l'énergie spirituelle s'intensifier autour de moi. Je vis une pyramide de cristal, au large de la côte Est des États-Unis actuels. Elle était posée sur la terre ferme, pourtant, et brillait au soleil dans un air beaucoup plus humide que celui que nous connaissons : les gouttes d'humidité scintillaient au soleil et formaient un rideau autour de la pyramide. A cause de l'humidité ambiante, l'air était visible. Je ne me voyais pas moi, mais je me sentais respirer cet air moite, qui servait de filtre purificateur à chaque inspiration. Était-ce là l'atmosphère de l'Atlantide avant sa disparition? Mes spéculations étaient ridicules, je le sentais bien! L'idée de l'existence de l'Atlantide me semblait parfaitement logique d'un point de vue intellectuel : mais j'avais du mal à être confrontée à des images de ce qu'elle avait dû représenter, pour moi, en particulier. J'eus du mal à accepter cette idée, et le doute provoqua un changement de scène dans mon esprit.

Des nuages sombres, des éclairs se déchaînaient maintenant au-dessus de la pyramide, le bruit était assourdissant dans ma tête. Je cessai de parler, les aiguilles dans mes oreilles commençaient à être douloureuses.

— Que perçois-tu? demanda Chris, vois-tu du mauvais temps? Moi je le vois.

J'en ouvris les yeux : elle *voyait* ce que je percevais?

— Ne laisse pas disparaître l'image, poursuis la, c'est important. (Sa voix se fit autoritaire.) Ils me disent que cela a un rapport avec un abus de pouvoir que tu as commis dans cette vie-là, continue avec cette image, remonte à l'origine!

Je refermai les yeux : l'énorme orage se poursuivait... Pourquoi ces images?

— Demande à ton *Moi Supérieur* pourquoi il te montre cela, dit Chris.

Je le fis. La réponse fut immédiate.

— Tu avais appris à contrôler les conditions atmosphériques au cours de cette incarnation. Mais tu as abusé de tes pouvoirs, tu t'es montrée inconséquente.

Les mots me venaient dans ma langue maternelle, mais c'était surtout le sens des pensées que je comprenais. Comment cela : *J'avais appris à contrôler les conditions atmosphériques?*

Mon esprit conscient me rappela combien j'aimais, aujourd'hui encore, le mauvais temps : être au centre de ce tonnerre roulant et des éclairs aveuglants, avec la pluie battante, me procurait un plaisir inégalé. Se pouvait-il que ce sentiment soit en rapport avec une existence précédente?

L'image de tempête laissa place à différentes embarcations, flottant dans l'air au-dessus du désert. Elles avaient la forme de pétales de fleurs, étaient dotées de fenêtres, et semblaient un moyen de transport normal pour les habitants de la terre. Elles étaient parfaitement silencieuses, et ne paraissaient pas consommer de carburant. Elles n'appartenaient pas forcément à un autre monde, j'étais incapable de me prononcer sur ce point. Elles se déplaçaient le long de lignes électro-magnétiques invisibles dans le ciel. A ce moment-là, j'ai décidé que même moi, je n'avais pas assez d'imagination pour créer ces images. En quelque sorte, je voyais une réalité qui n'en était pas une, dont j'avais dû auparavant faire l'expérience. Je me laissai complètement aller, donnant libre cours à l'expression de mon *Moi Supérieur*.

Le groupe d'images suivantes apparut comme une série de clichés fixes sur un écran gigantesque. Je me vis accrochée par le petit doigt, et en ressentis de la douleur; je me vis en religieuse, avec de grosses chaussures noires, (je voyais surtout les chaussures). Je vis une image particulièrement horrible me concernant, dans laquelle j'avais une hachette enfoncée dans mon œil gauche. Étendue sur le sable, je sentais la douleur. A peine l'image eut-elle disparu que la douleur s'évanouit. J'avais du mal à suivre le rythme des images, tant la vitesse de défilement était grande.

— Fais ce que tu peux, dit Chris. Ce qu'ils veulent surtout, c'est que tu voies les incarnations et les expériences qui ont un rapport avec ce que tu dois apprendre maintenant.

— Mais qui sont-*ils*? protestai-je.

— Tes guides, et ton *Moi Supérieur Illimité*, dit Chris doucement.

Frustrée, je répondis que j'avais du mal à regarder les images et à entretenir la conversation.

— Tu fonctionnes sur deux niveaux de conscience en même temps. Tu vas devoir apprendre à le faire sans cesse, si tu envisages sérieusement de communiquer ton expérience. Tu vas très vite apprendre à canaliser ton *Moi Supérieur* et à l'utiliser dans la réalité de ce plan terrestre : les deux sont bien réels. Ton existence va simplement acquérir une nouvelle dimension quand tu intégreras les deux. C'est à peu près ainsi que tu vas le ressentir.

De nouvelles images m'arrivaient. Je voyais des portes de cristal dans le désert. Les portes semblaient de solides portails, mais rien n'avait poussé autour. Pas la moindre trace de végétation. Le désert, à perte de vue. Le fait qu'il ne semblait pas y avoir de vie me dérangeait. Puis je vis des images qui je le savais dataient d'avant celles du désert. Je savais que d'une manière ou d'une autre, elles avaient un lien. Je voyais maintenant des jardins verts et luxuriants, ornés de fontaines turquoises et roses. Des gens minces déambulaient le long de chemins de cristal, ne parlant pas mais communiquant par télépathie. Animaux et oiseaux, semblables à ceux que nous connaissons maintenant, folatraient sur les routes de cristal, au milieu de la population. Tous semblaient en harmonie. Je pouvais sentir ces êtres donner des ordres par télépathie aux animaux, qui réagissaient instantanément. Je vis l'une des personnes se diriger vers un arbre, y cueillir un fruit, et en matérialiser un autre à la place. Des bâtiments faits d'une matière blanche se dressaient, mais j'ignorais quel était ce matériau. Les vêtements étaient faits d'un tissu de cristal, qui servait aussi comme ornement dans les cheveux.

— Je vois une civilisation vraiment extraordinaire, dis-je à Chris. Je vois du cristal, et des sortes d'arc-en-ciel dans les tons oranges et roses. Qu'est-ce-donc?

— Demande à ton *Moi Supérieur* répondit Chris. Quand tu as une question, c'est à lui qu'il faut la poser, au Dieu qui est en toi.

J'acquiesçai mentalement et demandai donc à mon *Moi Supérieur* des explications sur ce que je contemplais. La réponse me vint dans ma propre langue, comme si c'était moi qui la formulais.

— C'est la civilisation de l'Atlantide que tu vois, me dit-on, elle était extrêmement avancée.

— Pourquoi tout a-t-il l'air d'être en cristal? Pourquoi les êtres portent-ils des coiffes de cristal?

La réponse me parvint:

— Parce que le cristal porté à même le corps amplifie la conscience supérieure, surtout si on le porte autour de la tête.

Je continuai à examiner cette image, la plus durable et la plus détaillée qu'il m'avait été donné de voir. Je pense que la durée du phénomène était liée au fait que je ne doutais nullement de ce que je voyais. Je savais aussi que cette image avait un lien avec ce désert inerte et desséché que j'avais vu auparavant. Je demandai à mon *Moi Supérieur* quel était le rapport.

— Tu as vu ce qui est arrivé à l'Atlantide après sa destruction et tu vois aussi un aspect de l'avenir de ton incarnation présente.

J'eus l'impression que mon cœur s'arrêtait de battre et posai, mentalement, d'autres questions à mon *Moi Supérieur*.

Cela signifie-t-il que nous allons tout faire sauter et que ce que j'ai vu, c'est ce qui nous attend? Mon *Moi Supérieur* ne répondit pas, pas vraiment en tous cas, il me dit simplement que j'aurais plus de détails plus tard. L'image se transforma immédiatement. Je me trouvais sur un champ de bataille, j'étais incapable d'en déterminer le lieu ni l'époque. J'étais armée d'une épée, et du métal me protégeait les épaules. Un autre guerrier s'avança vers moi, et me poignarda dans le ventre! Tandis que je m'écroulais, l'image se modifia complètement. J'étais encore un guerrier, mais cette fois, c'est moi qui poignardais l'autre dans le dos. Les deux fois, ce guerrier était ma mère...

Puis, je me suis vue en enfant de dix ans, renversée par une voiture à cheval. La carriole m'était passé sur les pieds, les écrasant complètement. Les pieds avaient dû être amputés, mais j'avais appris à me débrouiller avec mes moignons. Mon sort ne me rendait pas malheureuse, je me voyais en train de jouer dans une prairie. L'homme qui s'occupait de moi est mon père d'aujourd'hui. C'était lui qui m'avait accidentellement renversée, et il avait décidé que son devoir était de m'élever sa vie durant. Cette image provoqua en moi un sentiment de profond réconfort.

La scène à nouveau changea. J'étais, cette fois, dans un monastère, comme jeune moine bouddhiste portant une robe couleur safran. Un moine plus âgé vint me souhaiter bonne nuit, pendant que je m'allongeai sur le sol en pierre de ma cellule. Me regardant, il traça au-dessus de mon visage un signe de croix : ce moine âgé était Vassy!

Consciemment, cette fois je me rappelai que Vassy avait l'habitude de faire le signe de croix sur mon visage, chaque fois que nous nous séparions.

Je me sentis épuisée, sur le plan émotionnel. Assimiler tout ce que je voyais n'était pas aisé. J'avais probablement besoin d'un peu plus de temps pour « traiter » cette masse d'informations!

Chris reprit la parole :

— Je crois que nous avons accompli assez de travail pour aujourd'hui. Demande à ton *Moi Supérieur* s'il y a quoi que ce soit d'autre que tu devrais savoir maintenant.

Je posai la question.

— Oui, répondit mon *Moi Supérieur*. Tu dois prêter une attention particulière à ton régime, en ce moment.

Ne sachant pas ce qu'il voulait me dire, je demandai des précisions. Mais je commençai à me sentir mal à l'aise, allongée là, je n'arrivais plus à me concentrer, j'avais mal au dos. J'éprouvai le besoin de m'étirer. Je sentis que j'aurais du mal à communiquer.

— D'accord, dit Chris. Ils disent que tu en as eu assez pour aujourd'hui.

Elle posa son bloc-notes et son crayon près d'elle et se pencha vers moi. D'une main légère mais sûre, elle enleva les aiguilles des points méridiens; l'aiguille du Troisième Œil était sortie toute seule.

— Tu rejettes sans aucun doute cette région, et je me demande pourquoi.

— Je ne sais pas, dis-je, l'esprit confus.

— Nous verrons bien.

Je me levai, m'étirai lentement, ne me sentant encore qu'à moitié dans ce monde, mais bien consciente des deux niveaux de réalité.

— Il faut impérativement que tu prennes un bain de vinaigre de cidre, ce soir, dit Chris. Le vinaigre de cidre naturel aide le corps à se débarrasser de l'énergie négative provenant de certains événements que tu as fait ressurgir.

— Puis-je prendre un verre, en rentrant?

Chris s'arrêta un instant pour réfléchir :

— Si tu as l'impression que tu en as besoin, tu peux probablement le faire; cela t'évitera de te laisser dominer par le lobe gauche du cerveau. Mais l'alcool ralentit les vibrations du corps, rend plus difficile la mise en accord avec ces vibrations à haute fréquence. Agis raisonnablement, tu sais pourquoi tu es venue, écoute-toi.

Je m'habillai, puis revins vers sa maison, où sa fille de cinq ans attendait son repas. Je m'assis à la longue table de bois, en buvant du jus de pommes et mangeant du raisin, tout en réfléchissant à ce qui m'était arrivé. D'innombrables questions me venaient à l'esprit, mais je savais que mon scepticisme n'était pas productif : il y avait en effet une différence énorme entre ce que je venais de vivre et de simples associations d'idées. Cette expérience-ci était nettement structurée; j'avais également vu des images choquantes pour moi en toute bonne foi. Lorsqu'il s'agissait d'associations d'idées, qu'elles fussent libres ou intégrées à une psychothérapie, mes pensées avaient toujours été reliées à des expériences familières, faisant partie de ma vie actuelle. Pourtant, le doute que j'avais peut-être fabriqué tout cela me tenaillait encore.

– Va prendre ton bain au vinaigre, me dit Chris. Ne réfléchis pas trop, détends-toi dans ton bain pendant au moins vingt minutes, va te coucher tôt, et nous reprendrons demain.

Je remontai dans ma voiture et regagnai Santa Fe. Les images des différentes incarnations continuaient à me trotter dans la tête. Je m'arrêtai en route pour acheter du vinaigre, et arrivai chez moi sans tarder.

« Le corps a une affinité pour les fréquentes d'octave haute, avait dit Chris. Traite ton corps avec soin ; au fur et à mesure qu'il se débarrasse du traumatisme de la mémoire physique, les résidus stagnent et il faut t'en défaire. Il faut savoir s'en débarrasser. »

Pendant que j'étais dans mon bain, je regardais mes jambes et mes pieds : ainsi, chaque cellule du corps possède une mémoire qui lui a été communiquée par l'âme ? Se pouvait-il donc que chacun porte en soi une sorte de moule émotionnel, qui se transmettait d'une incarnation l'autre, et qui se manifestait aussi dans la forme du corps et les traits du visage ?... Lorsque nous pensons « connaître » quelqu'un, alors que nous le voyons pour la première fois, nous reconnaissons l'âme qui transparaît au travers du corps. Chaque incarnation fait partie du développement de l'âme et du corps.

Assise là, dans ma baignoire, je me demandai combien de temps il faudrait aux scientifiques pour témoigner de l'évolution de l'âme, comme ils avaient réussi à prouver l'évolution du corps.

Je repensai à tous ces livres que j'avais lus, et essayé de comprendre parfois, sur la physique des quanta... la nouvelle physique comme on a coutume de l'appeler. Elle avait d'étranges ressemblances avec le mysticisme oriental traditionnel. Quelques physiciens des quantas disaient avoir l'impression que les particules subatomiques étaient douées d'une conscience. Ils avaient observé, avec les photos, une « réalité » au travers de laquelle semblait se dérouler une activité sur au moins douze dimensions.... Nous avons l'habitude, quant à nous, de définir la réalité à travers ce que nous disent nos sens, autrement dit en termes d'expériences consciente : nous la mesurons en hauteur, largeur, profondeur, et autres dimensions abstraites comme le temps linéaire. Einstein pourtant nous l'a bien dit : le temps *n'a pas* de dimension. C'est pourquoi tenter de décrire sérieusement la « réalité » revient à spéculer sur la métaphysique; (= *au-delà* de la physique).

Cela pourrait signifier aussi que le monde physique que nous percevons n'est pas la seule réalité, ou peut-être pas la *totalité* de cette réalité. La physique quantique affirme, quant à elle, que ce que nous percevons comme réalité physique, n'est en fait que la construction cognitive de cette dernière. La réalité n'est donc que ce que chacun de nous décide qu'elle est. La sagesse hindoue tradionnelle a toujours affirmé la même chose, chaque individu étant reconnu comme le centre de son propre univers. Cette position n'a rien *d'arrogant*, lorsqu'on admet que chaque individu est une manifestation de Dieu, et se trouve donc impliqué personnellement dans l'Energie Divine. Pour les nouveaux physiciens, comprendre l'univers revient d'abord à se comprendre soi-même : le simple fait de regarder les objets les modifie. Nous ne sommes donc pas simplement des observateurs, mais aussi des participants.

Werner Heisenberg, lauréat du Prix Nobel de Physique, a secoué le monde scientifique en affirmant la chose suivante : « Au niveau subatomique, la science exacte n'existe pas ! » La puissance de notre conscience est telle que nous ne pouvons rien observer sans le modifier. Ce que nous observons, dit-il, ce n'est pas la nature elle-même, c'est la Nature soumise à notre méthode de recherches. C'est pourquoi la physique des quanta nous mène au seul endroit où nous puissons aller : nous-mêmes.

Einstein disait, lui, que passé, présent et futur étaient la même chose, puisqu'ils convergent dans notre conscience *maintenant*. Le temps existe donc *in toto*. Je regardai la chaise en bois, à côté de la baignoire. La science dit qu'une chose est organique si elle peut traiter une information et agir en conséquence. Le bois est fait de cellules, composées d'atomes, au sein desquels on trouve protons, neutrons et électrons, qui sont à leur tour faits de particules subatomiques, parmi lesquelles on trouve les photons. *Les photons sont une énergie de vibration douée de conscience.* C'est la « conscience » du photon, justement, qui interfère avec la conscience de l'observateur. Les danseurs et la danse ne font qu'un.

Je me souviens avoir lu une anecdocte à propos de Werner Heisenberg : il avait demandé à son ami et professeur Niels Bohr comment il pouvait comprendre la composition de l'atome, sans en connaître le langage. Bohr lui avait répondu : « Il nous faut d'abord apprendre ce que " comprendre " veut dire réellement. »

Lorsque les moines bouddhistes implorent leurs élèves de décrire pour eux le son d'une main qui applaudit, ils proposent en fait aux étudiants de se mettre véritablement en relation avec leur processus de pensée, lorsque les dimensions linéaires entrent en ligne de compte. Les systèmes de pensée orientaux ont toujours compris les limites de la dimension linéaire. Cela revient-il à dire que ce dont j'ai fait l'expérience fait partie de la réalité de la physique des quanta ? Mon corps est composé de particules subatomiques, chacune d'entre elles étant douée de conscience. Lorsque la conscience subatomique est stimulée, je la vois transposée en images.

Les yogis qui ont appris à élever leur niveau de conscience sont en mesure de voir leurs incarnations passées, tout comme celle des autres. Ils voient leur réalité en termes de fréquence de vibrations de la lumière, ce qui recoupe exactement ce que la nouvelle science affirme à propos des photons.

La physique quantique affirme que toutes les particules sont des combinaisons d'autres particules. Elle dit aussi que de cette cause et de cet effet découle une interaction, qui elle-même crée une force. Peut-on appeler ce processus le karma de l'inter-réaction subatomique ?

Selon le bouddhisme Mahayana, l'apparence de la réalité est fondée sur l'interdépendance de toutes les choses. Les anciens vedas ne proclament rien d'autre.

La physique classique, j'allais dire « ancienne », nous a enseigné que nous ne sommes pas reliés aux événements du monde physique et de la structure subatomique, qu'ils étaient reliés entre eux en dépit de notre existence en tant qu'êtres humains. La nouvelle physique nous apprend, au contraire, que nous y sommes liés, et de façon inextricable. Non seulement nous sommes impliqués en elle mais cette structure subatomique n'existe que *grâce à* notre conscience ! John, Ramtha, Mc Pherson, toute la mystique orientale le disent en chœur : « La nature suit l'esprit. »

Il n'y a pas grand-monde pour nous aider à prendre

conscience du fait que nous ne nous contentons pas de faire partie de la réalité physique mais que nous sommes bien responsables de cet environnement!

Toujours allongée dans mon bain, je réfléchissais à l'illumination spirituelle, à sa signification profonde. Était-ce le processus par lequel nous enlevions les voiles de l'ignorance, des préjugés et du jugement, qui encombraient nos concepts? Ne s'agissait-il pas de comprendre sa vérité personnelle, pour atteindre un niveau de conscience plus élevé?

La physique découlerait-elle du même procédé? Il semblerait que ce soit le cas surtout, si le monde physique se réduit à une question de conscience de l'atome! Le spiritualisme et le mysticisme doivent être pris au sérieux et réellement considérés par les explorateurs du monde « physique ». Ou si l'on veut, les deux chemins semblent conduire à la même vérité: la vérité d'une conscience plus large et donc de la réalisation de la Force Divine.

L'illumination est un état, les structures subatomiques aussi. Cela ne signifie pas pour autant que les deux états n'en fassent qu'un, mais cela crée sans aucun doute un sentiment d'identité entre les deux.

Niels Bohr disait encore : « Ceux qui ne sont pas choqués lorsqu'ils découvrent la physique quantique, ne peuvent pas l'avoir comprise. »

L'ouverture d'esprit est donc le premier pas sur le chemin de l'illumination.

Le vent commença à souffler et cogner contre la vitre de la salle de bains. Je savais qu'il était là, pourtant je n'avais jamais « vu » le vent. Comment pouvais-je le décrire autrement qu'en parlant de l'effet qu'il avait sur d'autres choses?

Giordano Bruno, le grand penseur scientifique, à qui Isaac Newton a rendu hommage, a péri sur un bûcher : il avait osé envisager l'existence d'innombrables systèmes solaires, de planètes parallèles semblables à la nôtre, et avait considéré que la vie sur d'autres planètes était possible. Suprême offense : il en avait parlé publiquement! René Descartes, lui, avait eu des visions qui l'avaient empêché de continuer à penser en termes de dimensions linéaires comme il avait eu coutume de le faire. Sa seule conclusion avait donc été : « Je pense, donc je suis. » Quant à Aristote, il croyait que l'esprit, l'intelligence et l'âme étaient plus importants que le monde « physique ». L'eau de mon bain était maintenant tiède. Je me demandai si l'esprit pouvait se situer ailleurs que dans le cerveau. Sous l'effet des aiguilles, j'avais presque eu l'impression que mes jambes, mes bras, mon torse aussi étaient doués de pensée. Qu'est-ce que cela signifiait exactement? Au cours de ma carrière de danseuse, j'avais eu, à maintes reprises, l'impression que mon *corps* pouvait se souvenir de combinaisons de pas, que je croyais avoir oubliées depuis longtemps. Wilder Penfiels, neuro-chirurgien et scientifique spécialisé dans la recherche sur le cerveau, affirmait, après de longues études, que l'esprit ne se trouvait pas dans la tête elle-même. L'esprit n'avait pas de location précise dans le corps, il semblait se trouver dans tous les organes, aussi bien dans les muscles que dans les os, les tissus... Pas de séparation, selon lui entre l'esprit, d'un côté, et la conscience, de l'autre : tout cela était psychique!

Là était peut-être l'explication du phénomène que je vivais : on pouvait stimuler l'esprit cellulaire et retrouver ainsi l'expérience des vies antérieures?

Peut-être avons-nous différents niveaux de conscience, qui opèrent simultanément. Quand les aiguilles stimulent la structure subatomique de nos cellules, sont-elles en train de stimuler une mémoire intérieure de cause et d'effet? Si l'expérience subconsciente, qui semble contrôler une grande partie du comportement extérieur, comprend aussi une mémoire cellulaire karmique, pouvons-nous alors considérer que ce « karma » intérieur régit une bonne part de notre karma extérieur? Cela apparaît comme une possibilité logique. Dès lors, le nouvel âge d'élévation de la conscience ne consiste qu'à devenir plus conscient des vérités intérieures de la structure subatomique. Peut-être était-ce là l'état de totalité de l'être dans lequel se sont trouvés le Christ, Bouddha, ou des avatars et des yogis indiens actuels. Les avatars affirment qu'ils ont élevé leur niveau de fréquence électromagnétique et peuvent résonner désormais à un niveau de conscience plus élevé. Ceci leur permet de voir la « réalité » au-delà des dimensions linéaires communément acceptées. Les maîtres indiens proclament que lorsqu'ils atteignent cet état, ils cessent d'éprouver le besoin de manipuler les autres, et même de reconnaître la négativité. Ils ne connaissent plus de conflit, intérieur ou extérieur. Ils ne font qu'un avec eux-mêmes, avec la perfection de l'énergie divine universelle : ils sont donc en mesure de contrôler les énergies individuelles.

Je me souvenais des prêtres-lamas que j'avais rencontrés au Bhoutan. Par une température largement au-dessous de zéro, ils vont fréquemment casser la glace, y faire un trou, pour s'immerger, jusqu'à ce qu'autour d'eux s'élève de la vapeur d'eau, et que la glace fonde. Ils expliquent qu'ils se contentent d'élever la fréquence des vibrations de leur corps. Sont-ils en mesure d'accélérer l'énergie électromagnétique des particules subatomiques de leurs corps? Ils prétendent que plus ils accélèrent leurs fréquences, plus ils s'approchent de Dieu, de la Force Divine qu'ils décrivent comme une lumière tellement blanche que nous ne pourrions pas la regarder. Selon eux, la fréquence électromagnétique d'un individu peut modifier l'état de la réalité physique; l'esprit humain peut changer la réalité « fixée » du feu qui brûle et de la glace qui gèle, en transformant l'attitude envers cette réalité. Le point important, disent-ils, est qu'il n'y a pas de loi fixe lorsque la conscience entre en jeu. Nous pouvons utiliser le pouvoir de notre énergie-conscience pour manifester une réalité positive ou négative pour nous-mêmes. Cela dépend de l'individu. *Nous* sommes responsables de notre propre réalité. Carl Jung parlait, lui, « d'images primordiales », et des « réminiscences archaïques qui n'avaient pas d'origine connue ». Il disait qu'un jour, nous serions capables de comprendre d'où elles venaient, au lieu de rester ébahis lorsqu'elles surgissent dans notre conscience. « Lorsque nous comprendrons, disait-il, nous parviendrons à contrôler et à utiliser cette information venue du passé, selon notre volonté, puisque tout cela fait partie des schémas de notre mémoire. » J. Robert Oppenheimer affirmait que les notions générales sur la compréhension humaine sont parfaitement illustrées par les découvertes en physique atomique, et ne sont pas vraiment nouvelles. Elles ont une histoire, non seulement dans la pensée hindoue et bouddhiste, mais aussi au sein de notre propre culture. « Ce que nous trouvons, dit-il, est un raffinement de la sagesse antique. » Je m'étais toujours demandé pourquoi Oppenheimer avait cité un texte sanskrit hindou lorsqu'il avait assisté à la première explosion atomique dans le désert des White Sands, au Nouveau-Mexique.

La première fois que j'ai eu un contact avec ce que les mystiques appellent « les Archives Akashiques », je ne savais pas de quoi il retournait. Après de nombreuses lectures, mes guides m'ont dit que toute expérience, toute pensée, était consignée dans cette énergie éthérée. J'avais compris cela intuitivement, mais intellectuellement. Je connaissais la signification du mot « Akasha » (= éther), mais comment l'éther pouvait-il conserver quoi que ce soit? C'est alors que j'ai pris connaissance du livre de Sir John Woodroffe : *Le Mahayana : le monde en tant que puissance, le pouvoir en tant que conscience.* Ce livre définit l'Akasha comme l'ultime substance ayant un mouvement vibratoire, qui agit comme moyen de transmission de la lumière. L'Akasha est l'une des forces à l'état brut, dans laquelle le pouvoir primordial (Prakti-Sakti) se différencie. La matière, ce sont les vibrations au sein de l'Akaska. La matière est formée de décharges électriques enfermées dans le tissu espace-temps. Jack Sarfatti, physicien et directeur du « Groupe de recherches Physique-Conscience » à l'« Esalen Institute », en Californie du Nord, affirme que la matière n'est rien d'autre que de la lumière enfermée dans la gravitation.

La nouvelle physique affirme que les charges électriques de lumière provoquent les images. Était-il alors possible que ce que je voyais sous l'effet des aiguilles d'acupuncture fût des charges électriques, incrites dans l'Akasha depuis des temps immémoriaux? Était-ce cela que Jung appelait « les restants archaïques » et les images primordiales, venus d'un passé inconnu? Je savais qu'à n'en pas douter, mes affirmations étaient un peu simplistes, en particulier en ce qui concernait la physique. Mais je n'avais pas été la seule à « sentir » les liens unissant la métaphysique à la physique. Un chose me paraît sûre : mentalement et intuitivement, la voie pour comprendre la réalité du monde extérieur est de comprendre la réalité du monde intérieur.

Chapitre 16

Je m'éveillai le lendemain matin, souffrant d'un violent mal de tête. Je me souvenais vaguement d'avoir rêvé de « restants archaïques », d'images primordiales, mais rien de précis. Je pris donc une douche chaude, récitai mes mantras et pratiquai des exercices de yoga dans le patio inondé de soleil. Les postures du yoga provoquaient une accélération du flux sanguin, ce qui, je l'espérais, me délivrerait de ma migraine.

Le yoga prenait pour moi une signification différente, maintenant. Je l'avais pratiqué jusqu'alors parce qu'il me permettait de me sentir en merveilleuse forme, dans une sorte de bien-être vibrant et constant, dirais-je. J'y puisais, à la fois, de l'énergie, et un sentiment de paix. Grâce, semblait-il, à la circulation plus rapide du sang le long de ma colonne vertébrale. La tradition tantrique du yoga affirme que, le long de la colonne vertébrale, au sein du système nerveux central, se trouve enfermée une énergie illimitée. Lorsqu'on la libère, elle circule le long de la moelle épinière, rencontrant sur sa route les sept points d'énergie chakra, qui président aux différentes fonctions du corps. On a coutume de dire que les chakras sont les nœuds de l'énergie centralisée, par lesquels l'âme communique avec le corps. Grâce au yoga et aux techniques de méditation appropriées, l'énergie à la base de la moelle épinière (appelée aussi énergie kundalini), peut être mise en mouvement, de façon qu'à travers chaque chakkra elle dissolve les nœuds qui entravent l'âme, provoquant ainsi sa libération.

Chez la majorité d'entre nous, les sept centres chakras sont « endormis », fermés, et ne laissent passer que le minimum d'énergie nécessaire à notre fonctionnement. La personne voit alors le monde derrière un mur, avec une perspective en quelque sorte limitée, fermée. Lorsque les centres chakras sont ouverts, la vision s'élargit considérablement.

Dès que ces centres chakras sont ouverts, on ressent une exaltation extraordinaire. On a l'impression d'irradier de l'intérieur, on se sent capable de manifester dans notre vie ce que bon nous semble.

Ce jour-là, je me concentrai encore plus qu'à l'accoutumée car j'avais le sentiment que quelque chose de vraiment fantastique allait m'arriver, grâce à la stimulation des aiguilles. Si cela devait se vérifier, j'avais intérêt à être le plus équilibré possible.

Toujours assise dans le jardin, je mangeai quelques fruits et un toast. Le soleil me brûlait déjà la peau, malgré l'heure matinale et la brise du sud-ouest, qui rafraîchissait l'atmosphère. La sonnerie du téléphone retentit. Je la laissai sonner. Je n'avais nulle envie de parler à qui que ce fût. Je ne voulais ni horaires ni contrainte. Peu de temps après, je repris le chemin de chez Chris. Le spectacle qu'offraient la mesa et les montagnes était vraiment de toute beauté. Tout de suite Chris me demanda si j'avais rêvé. Je lui fis signe que oui, mais que j'étais incapable de m'en souvenir.

— Dès que tu as conscience de rêver, prends des notes, c'est actuellement de la plus haute importance. Tu ne cesses d'apprendre quand tu es en état de sommeil. Ton *Moi Supérieur* te guide et te livre des enseignements; voilà pourquoi le sommeil est si essentiel. Tu te trouves en contact avec le plan astral, et ce contact est nécessaire à la vie. L'âme en a besoin.

Je me souvenais d'avoir lu le récit d'une expérience pratiquée sur plusieurs volontaires, qui avaient accepté, pendant environ quinze jours, d'être réveillés chaque fois qu'ils commençaient à rêver. Médecins et psychiatres avaient ainsi pu étudier l'influence de la privation de rêve sur l'individu : le corps n'avait pas subi de dommages, mais les sujets n'avaient pas tardé à se présenter à divers degrés, en état d'hallucination, d'agitation et d'hostilité. Les médecins en avaient conclu que le subconscient a besoin de s'exprimer pendant le sommeil. A défaut, l'esprit entre dans un état de confusion hystérique. On pourrait aussi expliquer le phénomène d'une façon différente : l'âme serait aliénée lorsqu'elle se trouve hors de son habitat naturel, le plan astral; le lien pourrait se rétablir seulement pendant le sommeil, à moins que nous n'utilisions des techniques de méditation pour parvenir à un résultat similaire. Le plan astral, sur lequel nous nous « branchons » durant notre sommeil constitue une réalité tout aussi tangible que le plan terrestre dans lequel nous évoluons.

Seules les activités des ondes du cerveau sont mesurables pendant le sommeil. Il n'existe pour le moment aucun moyen de contrôler l'activité de l'âme, tout simplement parce que cette énergie fonctionne dans une dimension invisible, indétectable, un peu à l'instar des particules subatomiques.

Après avoir traversé à nouveau son patio pour parvenir à son cabinet, Chris et moi nous nous demandâmes ce qui m'attendait aujourd'hui. Ma conscience allait-elle me créer une « autre réalité », qu'elle me donnerait à voir? Je ne veux pas dire par là qu'elle la créerait de toutes pièces, mais comme le clament le mysticisme et la physique, l'âme se trouve à l'avant-garde. J'apprenais à laisser mon esprit libre, à ne pas bloquer le courant. Je savais que ce que je voyais était pour moi bien réel. Je commençais à me rendre compte qu'il m'était donné de voir ce que ma conscience avait créé dans le passé. Je ne « voyais » pas ce que je créais *maintenant,* mais ce que j'avais créé *alors.*

Chris méditait. Je m'allongeai sur la table-lit. Elle se mit en harmonie avec ses guides. Les brises d'air frais revinrent au-dessus de moi et autour de la table. Elle ne tarda pas à apporter les aiguilles et à les placer.

— Ils disent que nous allons utiliser de nouveaux points aujourd'hui, en plus de ceux d'hier.

Elle plaça une aiguille dans le Troisième Œil (en rencontrant toujours la même résistance), d'autres aux épaules, autour des oreilles, dans la poitrine, et une juste au-dessous du nombril.

— Ce point méridien, dit-elle, est le centre qui sépare le pur de l'impur. Les Chinois le disent directement relié au côlon sur le plan terrestre, parce qu'il est lié à l'élimination des déchets de l'organisme. Au niveau psychique, il est en liaison avec la séparation de l'énergie pure de l'énergie impure. Il semblerait que nous nous apprêtions à accomplir un travail réellement important.

Elle fit lentement pivoter l'aiguille, ce qui ne provoqua chez moi aucune réaction douloureuse. Elle s'arrêta un instant pour méditer.

— Oui, reprit-elle, ils me disent d'en poser une au-dessus de la gorge, juste sous le menton, c'est un centre de communication : les Chinois l'appelaient autrefois « le point de contrôle des foules ».

Lorsqu'elle mit cette aiguille en place, il y eut une sorte de résistance, l'aiguille refusait de pénétrer.

— C'est intéressant, reprit Chris, il semble y avoir beaucoup de choses à éclaircir à cet endroit.

Elle essaya à nouveau.

— Elle n'est pas très profondément plantée, mais cela suffira.

Lorsqu'elle la fit tourner doucement, une douleur sourde se produisit.

— Souffle de la lumière dans cette aiguille, il semble très important d'utiliser ce point aujourd'hui.

Je visualisai alors la lumière blanche se déversant dans l'aiguille. Soudain, une sonnerie retentit à mon oreille droite. Chris mit le magnétophone en route, puis activa l'aiguille du côlon, et là encore apparut une légère douleur. Mes oreilles se bouchaient, je n'entendais plus rien de ce qui se passait dans la pièce, et la sonnerie se fit à nouveau entendre, dans mon oreille gauche cette fois. Mes pieds ressentaient des décharges qu'on aurait pu croire électriques.

Ma gorge se serra. Que se passait-il donc ? Je le demandai à Chris.

— Je vois ton aura changer de couleur ; ton champ aurique s'éclaircit plus encore.

Je respirai profondément, inspirant pendant environ quinze secondes et rejetai l'air pendant la même durée. Je poursuivis de la sorte pendant trois ou quatre minutes, avant d'entendre un ordre dans ma tête : « Respire la couleur rose ! » Je visualisai un rose vif, l'attirai dans mon souffle, tout en continuant à respirer profondément.

– Ton aura vibre en rose, dit Chris.

– Je sais, dis-je, quelque chose m'a dit de respirer du rose.

– Continue, cela me semble très prometteur !

Je l'entendis à peine me répondre, parce que je me sentis entrer en contact avec quelque chose comme une autre énergie, qui semblait à la fois nouvelle et très familière. Je *vis* cette énergie, d'une délicate couleur cuivre.

– Ton aura a changé de couleur à nouveau, dit Chris, elle est d'une chaude couleur cuivrée, splendide. Que vois-tu ?

J'avais du mal à m'exprimer, car ce que je découvrais à cet instant me demandait toute ma concentration.

– Souviens-toi que tu dois rester en contact avec les deux niveaux de conscience ! reprit Chris. Exprime ce que tu ressens pour pouvoir différencier tes différents états. Détends-toi, ouvre-toi à ce qui doit t'arriver.

Je respirai profondément au centre de moi-même. Une image, diffuse tout d'abord, envahit mon esprit. Elle devint très claire, absolument stupéfiante. Je voyais une forme de très grande taille très sûre d'elle, un être humain presque androgyne. Un vêtement gracieux, plissé flottait autour de sa haute stature, ses bras reposaient tranquillement le long de son corps, que prolongeaient des doigts interminables. L'énergie de la forme me semblait plus masculine que féminine : la peau colorée, les cheveux auburn flottant jusqu'aux épaules, les pommettes hautes et un nez long et fin. Ses yeux étaient d'un bleu incroyablement profond, et le regard exprimait une infinie douceur derrière sa fermeté. Il ouvrit les bras en signe de bienvenue. Un sentiment oriental, plutôt qu'occidental m'envahit, je le sentais extrêmement protecteur, patient, mais sans aucun doute capable de grands courroux. L'allure simple, puissante aussi. On sentait bien qu'il savait tout ce qu'il y avait à savoir. Ce que je voyais, *et surtout* ce que je ressentais me stupéfiait au sens fort du terme.

– Qui êtes-vous ? demandai-je, osant à peine écouter la réponse.

L'être me sourit et m'embrassa :

– Je suis ton *Moi Supérieur Illimité*

A haute voix, je demandai à Chris si je n'étais pas folle.

– Je vois mon *Moi Supérieur Illimité,* est-ce que cela peut vraiment se produire ?

– Bien sûr, dit-elle, *cela* n'a rien d'insensé. C'est exactement le cœur du problème. C'est ce que tu as cherché, ton aura vibre de toutes les couleurs de l'arc-en-ciel, c'est une célébration.

Je m'entendis dire assez stupidement d'ailleurs :

— Oh! Seigneur! Êtes-vous vraiment là?

Il sourit à nouveau.

— Oui, j'ai toujours été là. Je suis à tes côtés depuis le début des temps. Je ne suis *jamais* loin de toi. Je *suis* toi. Je suis ton âme illimitée, ton *Moi Illimité* qui te guide et te livre les enseignements, incarnation après incarnation.

— Mais pourquoi une forme, et celle-là en particulier?

— Parce que tu as besoin de me voir sous une forme à la dimension terrestre. De toute façon, la forme du corps est la forme de l'âme, la seule différence étant que l'âme est une forme sans masse. Mais si tu pouvais voir la forme lumineuse de l'âme, tu lui verrais une tête, deux bras, deux jambes. L'âme est une lumière à haute fréquence sans masse. C'est là la seule différence.

Comment aurais-je pu fabriquer un tel langage? Le concept même, ne m'avait jamais consciemment traversée.

— Pourquoi me sembles-tu si masculine? demandai-je.

— Je te semble plus masculin que féminin parce que je suis puissant. L'énergie de l'âme est puissante, mais androgyne, ce qui signifie qu'elle forme le parfait équilibre entre l'énergie mâle et positive et l'énergie féminine et négative. Ou, si tu préfères, entre le yin féminin, et le yang masculin; L'énergie masculine positive est active et dynamique, l'énergie féminine négative est réceptive et soumise. Les deux sont indispensables à la vie, l'un ne peut fonctionner sans l'autre.

Les mots sonnaient clair dans mon esprit, et ce que je visualisais se trouvait juste au-dessous de moi. Les réponses à mes questions m'intéressaient davantage que la remise en question du phénomène lui-même. Le concept de deux énergies fonctionnant au sein d'un même corps me fascinait. Je poursuivis :

— Est-il exact que le côté positif du cerveau, le côté masculin soit situé dans le lobe gauche.

— C'est exact, le côté féminin, négatif, est situé dans le lobe droit. Tu sais sans doute que le côté gauche du cerveau commande à la partie droite du corps, et le lobe droit à la partie gauche?

— Oui, répondis-je, je m'en souviens, parce que la structure de la puissance mâle régit le monde, et que pour cette raison, la plupart des gens sont droitiers.

— Très bien, dit l'être. (Je l'appellerai désormais mon *Moi Supérieur,* ou *M.S.* en initiales.) Les priorités masculines comme l'autorité, la constance intellectuelle, la science, l'organisation, les mathématiques sont à la mode; elles le sont d'ailleurs depuis quelques milliers d'années. Mais, très prochainement, les caractéristiques féminines, apanage du lobe droit, comme la réceptivité, l'intuition, les sentiments, la quête artistique, viendront rétablir l'équilibre. Tu le sais, nous sommes entrés dans l'ère du Verseau, une ère d'énergie féminine. Il sera nécessaire d'équilibrer les énergies yin et yang, le négatif et le positif, avant la fin de ce millénaire. La race humaine n'a utilisé qu'une seule partie de son cerveau depuis bien trop longtemps maintenant. Les changements se préparent.

L'image de *M.S.* semblait calme et équilibrée; j'avais l'impression qu'il ne s'affirmerait pas sans que *je* le lui demandasse. Je regardai à l'extérieur : un arbre se balançait doucement.

— Dis-moi, si je te demandais de m'aider à arrêter le mouvement de cet arbre, y parviendrions-nous?

— Mets-moi à l'épreuve!

— D'accord, dis-je. Essayons de stopper le mouvement de cet arbre là.

— Très bien, dit *M.S.* Tu vas sentir ma puissance se faire tienne; tu dois savoir qu'ensemble nous pouvons tout réaliser.

Je me branchai sur l'énergie de mon *Moi Supérieur* et me fondis en elle.

— Maintenant, dit-il, demande à l'arbre la permission de contrôler ses mouvements.

— Demander à l'arbre la permission? dis-je, comprenant soudain les subtilités raffinées de l'inter-réaction karmique.

— Mais bien sûr, dit *M.S.,* la vie dans son ensemble doit fonctionner en harmonie, en équilibre, et dans le respect du reste de la vie. Il ne peut y avoir aucun abus de pouvoir sans conséquences. Tu vas entendre l'arbre te répondre, et tu connaîtras ses sentiments exacts.

— Les arbres ont des sentiments? demandai-je.

— Bien sûr, dit *M.S.;* la vie tout entière vibre de sentiments, l'état *naturel* en est l'amour. On atteint cet état d'amour en *existant* tout simplement. Cet état d'existence ne comporte ni jugement ni moralité. Et ce qui *est,* au sens le plus pur du terme, se trouve en parfait équilibre. Comprends-tu cela?

J'ouvris les yeux, regardai le magnétophone et m'aperçus qu'il était impossible d'enregistrer toute la conversation. J'étais pourtant certaine de ne jamais oublier un seul mot de ce qui se disait, au cours de cet échange « éthéré », au plein sens du terme.

– Chris, demandai-je, entends-tu tout ce qui se passe?

– Pas en détail, dit-elle, je sens simplement une communication intense avec ton *Moi Supérieur Illimité*. Tu devrais voir ton aura, elle est incroyablement belle, d'une couleur cuivrée intense. Continue.

Je revins vers *M.S.* qui semblait attendre patiemment que je demande à l'arbre de bien vouloir arrêter ses mouvements. Je me sentis moi-même me mettre au diapason de l'arbre. Je n'avais jamais eu de problèmes pour parler avec la Nature, les fleurs, les buissons; les pierres elles-mêmes étaient des entités dont je me sentais proche, avec lesquelles j'aurais presque pu entretenir des relations. Jusqu'à présent j'avais cru qu'il s'agissait d'une attitude enfantine, dont je tirais des joies simples et pures comme dans un conte de fées. Mais il s'agissait ici de mon propre pouvoir par rapport à la Nature. L'abus de pouvoir n'était pas un problème sur lequel je m'étais attardée.

– L'arbre, ordonna simplement *M.S.*

– D'accord, dis-je. Je regardai à l'extérieur, et du plus profond de mon plexus solaire, là où sont ancrés les sentiments, je lui demandai s'il m'autorisait à arrêter le balancement de ses branches. Un fait intéressant survint alors : non seulement j'obtins une réponse positive, mais je compris aussi qu'il allait s'arrêter *de lui-même,* en harmonie avec mon désir. En d'autres termes, le simple fait de demander la permission permettrait à l'arbre d'exécuter ce que j'avais demandé, grâce à l'utilisation des *deux* énergies.

M.S. souleva les bras; les étendit vers l'arbre, et l'arbre continua de se balancer. Puis comme en réponse à un ordre, il s'arrêta soudain. C'était à peine croyable : l'arbre était là, immobile comme une statue. Plusieurs oiseaux se posèrent sur les branches, tournant la tête pour me regarder. J'aurais pu dire que c'était le hasard, mais je savais déjà qu'il n'existe pas. L'énergie tout entière se meut au gré de la loi de cause à effet.

Je regardai mentalement *M.S.* Il descendit les bras lentement.

– Tu vois, me dit-il, tu peux utiliser ton énergie comme bon

te semble, mais pour ce faire, il faut que tu me reconnaisses.
Je me sentis à la fois exaltée et troublée. D'innombrables
questions me venaient à l'esprit. Une seule les résumait toutes :
— Quelle est donc la différence entre Dieu et Toi?
— Aucune, dit-il. Je suis Dieu, parce que toute l'énergie est
branchée à la même source. Nous sommes tous des aspects
séparés de cette source, nous sommes une partie de Dieu. Nous
sommes tous des reflets individualisés du Dieu-Source. Dieu est
en nous et nous sommes Dieu.
— Et tu es *moi*.
— Précisément.
— Alors, comment se fait-il que nous ayons été séparés?
Pourquoi ne sommes-nous pas une seule gigantesque énergie
unifiée?
— En fait, nous le sommes, mais les âmes individuelles se
sont séparées des vibrations les plus hautes, au cours de la
création des différentes formes de vie. Elles ont été séduites par la
beauté de leurs propres créations. Elles se sont laissées enfermer
dans le physique, perdant par là même leur relation avec la
Lumière Divine. Le désarroi a été tel qu'il a créé un champ de
bataille, que vous appelez : le Bien et le Mal. Autrement dit, le
karma — la cause et l'effet — a été à l'origine un moyen, une
méthode pour éliminer par la suite le concept artificiel du Bien et
du Mal. Plus tard, les âmes sont allées se loger dans le corps des
primates évolués, qui sont devenues l'*homo sapiens*. La réincarnation est aussi essentielle au karma que le karma à la
réincarnation. C'est le processus qui permet à chaque âme de
faire l'expérience de chacune des conditions humaines, comme le
chemin qui reconduit à la spiritualité pleine, et plus tard à la
réunion avec Dieu-Force.
— Chacun a donc un *Moi Supérieur Illimité* bien à lui?
— Très exactement, oui, dit *M.S.* Chaque *Moi Supérieur* est
en relation avec celui des autres *Mois Supérieurs Illimités*. Vous
ne reconnaissez pas cela au plan terrestre, parce que vous n'êtes
pas en liaison avec l'âme-énergie de vos *Mois Supérieurs* individuels. Mais vous y arriverez, car il n'y a pas d'autre moyen pour
atteindre la paix. La paix intérieure découle de la reconnaissance
du fait que nous sommes tous Dieu.
— Le conflit dans le monde n'est donc qu'un conflit spirituel?
— C'est exact. La plupart des guerres sont d'ailleurs engagées

au nom de l'interprétation de l'essence de Dieu. Et lorsque ce n'est pas le cas, d'autres valeurs ont remplacé Dieu comme Principe suprême. Rien n'existe en dehors de ce Principe divin. Tout découle de cette affirmation. Croire que la technologie, le pétrole, l'argent ou même une société ouverte et libre peuvent être plus importants que Dieu est une erreur. Ce n'est pas la Vérité. On ne peut pas se battre, encore moins tuer, même au nom de la liberté de vénérer Dieu, sans attenter au Principe divin lui-même.

— Que va-t-il advenir de nous? demandai-je.

M.S. haussa les épaules. J'eus l'impression que c'était moi qui faisais ce geste.

— Chacun d'entre vous va devoir traiter avec son propre *Moi Supérieur*, dit-il, en sachant que vous êtes Dieu. Néanmoins le problème surgit parce que vous ne reconnaissez pas que chacun des autres est Dieu, aussi.

— Mais ici-bas, nous croyons que les gens sont des gens, que Dieu est Dieu, comme si nous étions séparés les uns des autres. C'est là l'opinion de la majorité.

— Justement. Vous continuerez à être séparés les uns des autres jusqu'à ce que vous compreniez que chacun d'entre vous *est* le Dieu-source. Ce qui, en d'autres termes, revient à dire que vous n'êtes qu'*UN*. Vous avez actuellement des problèmes avec ce principe parce que votre développement spirituel n'est pas assez avancé : vous devez chacun devenir le maître de votre âme, vous réaliser vous-même en Dieu.

— Mais que devons-nous faire des criminels, des fascistes, des meurtriers, en attendant?

— Il faut leur présenter les principes spirituels. Aucune de ces âmes n'est heureuse d'être ce qu'elle est. La destruction n'est pas un état naturel. Il faut les réhabiliter dans les valeurs spirituelles? Vous savez déjà, par exemple, que votre système carcéral ne fait qu'exacerber le problème. Remplacez dans les prisons la punition par la compréhension spirituelle; comprenez-vous d'ailleurs la signification de ce que dit la Bible, quand elle écrit : « Œil pour Œil, dent pour dent? »

— Je pensais que cela voulait dire que si quelqu'un te frappe, il faut lui rendre son coup.

— Non, dit *M.S.*, cela signifie que celui qui aura privé un autre d'un œil subira le même sort. Il s'agit là d'une affirmation karmique, pas d'une punition. Tu récolteras ce que tu auras semé.

C'est une manifestation de la loi cosmique « cause/effet », que les âmes s'administrent elles-mêmes. Ce n'est pas l'autorité d'un code pénal ou même d'un gouvernement, ou de Dieu. L'énergie Divine n'est pas un juge; d'ailleurs aucun jugement n'est impliqué dans la vie. Il n'y a que l'expérience des incarnations, jusqu'à ce que l'âme se rende compte qu'elle est parfaite, et Amour Total...

M.S. s'arrêta un instant, pour me laisser le temps de tout assimiler.

— Comprends-tu, me demanda-t-il?

— Oui, je comprends, dis-je poussant un profond soupir, mais je crois que ceci va être difficile à transmettre. Chacun, y compris moi, est tellement enfermé dans sa perception du Bien et du Mal; la moralité de ce monde est basée sur le Bien et le Mal, et toi, tu viens nous dire que rien de la sorte n'existe!

— C'est vrai, dit M.S., étudie la Bible. C'est extrêmement clair. La chute de l'Homme, symbolisé par l'histoire du jardin d'Éden, s'est produite parce qu'on a mangé le fruit de l'arbre de la *connaissance* du Bien et du Mal, et non simplement de l'arbre lui-même? Autrement dit c'est la création du Bien et du Mal qui représente le péché originel. Jusqu'à ce que l'humanité se rende compte qu'il n'y a pas de bien, ni de mal, la paix ne règnera pas. Seule l'expérience karmique permet d'apercevoir que vous êtes Amour Total. La reconnaissance de l'expérience de l'incarnation est essentielle à la compréhension de la vérité : quand l'humanité aura pris conscience du fait que la mort n'existe pas, elle aura fait un pas gigantesque dans la direction de la reconnaissance du Dieu-Principe, qui existe en chacun de nous.

— Mon Dieu, dis-je, pourquoi est-il si difficile de nous aimer, de nous pardonner, de croire même que nous valons la peine d'être aimés? Comment avons-nous pu nous engager sur une voie tellement erronée? Était-ce une nécessité? Les êtres sur les autres planètes connaissent-ils les mêmes problèmes karmiques?

— Non, pas tous. Vous devez savoir qu'il y a des milliards d'âmes dans le cosmos, qui sont reliées à d'autres sphères. La Terre n'est pas la seule qui porte la vie. La vie existe dans le cosmos tout entier. Elle est parfois semblable à la vie sur terre, parfois différente aussi.

— Qu'est-il donc arrivé aux autres?

— Quelques âmes ont décidé de ne pas s'incarner, et de surveiller la création et son évolution à partir du plan astral.

D'autres âmes ont attendu que les formes physiques atteignent un état de cristal, avant de s'incarner. Ces âmes n'ont jamais perdu le contact avec la Lumière Divine, parce que le cristal permet de résonner à un niveau plus élevé de conscience divine.

— Sont-elles donc plus avancées que nous?

— D'une certaine manière seulement. Elles sont plus avancées spirituellement, plus sophistiquées. Elles comprennent les principes scientifiques d'énergie du Dieu-Force spirituel. Elles utilisent à leur avantage leurs connaissances en ce domaine, et jouent un rôle compliqué dans l'évolution de l'humanité. Mais il serait erroné de dire que ceux que vous appelez « les extra-terrestres » soient plus avancés que vous en ce qui concerne l'*expérience* de l'âme. Il serait dommage que les âmes humaines, considèrent la vie des extraterrestres comme plus élevée et plus avancée que la leur, simplement parce qu'ils sont en mesure de traverser l'univers. Chaque âme est son propre Dieu. Vous ne devez jamais vénérer quiconque ou qui que ce soit d'autre que vous-mêmes. Parce que Dieu, c'est *vous*. S'aimer soi-même, c'est aimer Dieu. En fait, certains extraterrestres, si avancés soient-ils, ressentent moins d'amour pour eux-mêmes et pour Dieu-Force que certains humains. Il ne serait donc pas justifié de comparer le degré d'évolution des âmes. Chaque âme fait partie de Dieu. Elle progresse suivant son propre rythme, ses propres besoins, son propre karma, qu'il soit extraterrestre ou terrestre.

— Veux-tu dire par là, hésitai-je à dire, que notre leçon karmique sur terre est liée à la patience?

— L'une des grandes leçons est certainement la patience. Son contraire, l'impatience, nous a conduit à l'origine à nous laisser séduire par le plaisir et la sensualité. Les âmes humaines commencent à retrouver le chemin de Dieu. Le processus a été long et difficile, de toute évidence, mais les progrès sont notables.

Je dus faire un effort à cet instant précis, pour me souvenir que moi aussi j'étais en train d'apprendre, et que j'étais mon propre enseignant. Après un moment, je repris :

— Ainsi donc, les partisans de la création et ceux de l'évolution ont raison tous les deux dans leurs théories sur le développement de la vie? Je commençai à comprendre qu'il existait un lien entre eux.

— C'est exact, dit *M.S.* Aucun des deux mouvements, pourtant, n'a su comprendre le rôle de l'âme : les partisans de la création ont cru que « Dieu » était celui qui, instantanément, avait créé toute vie; quant aux évolutionnistes, ils ne reconnurent pas le rôle joué par la vie. Aucun n'a compris que l'âme de l'humanité est responsable de sa propre destinée. *Nous sommes nos propres créateurs.* Nous, en tant qu'âmes, nous avons fait évoluer la vie, en travaillant au sein des lois cosmiques de Dieu-esprit. Lorsque nous nous sommes écartés du flux de ces lois naturelles, nous avons connu pour la première fois la peur et la panique. Elle a alors engendré la négativité, avec laquelle nous nous battons depuis lors.

Il y avait tellement de sujets à aborder que je commençai à me sentir dépassée; pourtant j'avais envie d'en savoir plus, tout de suite.

— Sois patiente, me dit *M.S.*, la patience est l'une des choses que tu dois apprendre dans cette incarnation. Tu le sais, ce qui compte pour ta croissance actuellement, c'est que tu m'aies vu. Maintenant tu *sais* que j'existe. Je t'ai créée, comme tu m'as créé. Aucune autre relation ne te procurera un tel sentiment. Rien ne peut se comparer à la connaissance extraordinaire de soi-même, du fait que l'on est sans limites. Quoi que ce soit dont tu aies besoin. Il te suffira de demander ce dont tu as besoin. Voilà la signification de : « Demande et il te sera donné. »

Les larmes me montèrent aux yeux. Je ne pouvais pas répondre, même mentalement. Je bougeai mes jambes, me concentrant sur leur raideur, pour cesser de pleurer.

— Les larmes sont nécessaires, dit *M.S.* Chaque larme que tu verses prolonge ta vie. En tant qu'âme humaine, tu es passée au travers de bien des aventures. Tu n'en as vu qu'une partie. Ne réprime pas tes sentiments. Libère-les. C'est le but, ici. Pleurer, c'est comme une libération qui te dynamise. L'énergie requise pour réprimer les sentiments provoque une fatigue pour le corps et l'esprit. Laisse-toi aller. Il n'y aura pas de conflits si tu libères tes sentiments. La vie, c'est l'expression : ne juge donc pas tes sentiments, mais utilise ta compréhension intuitive pour t'exprimer ouvertement. Ne t'attarde pas sur ce que tu ne comprends pas. Reste avec moi, au même rythme, ainsi, tu t'aides toi, et tu aides Dieu. Tout arrive pour le Bien. Souviens-toi : quand il n'y a pas d'opposition, il n'y a pas de dommage. La résistance, l'opposition crée le conflit : le flux d'énergie coule à contre-courant. Ce avec quoi tu viens de prendre contact, que tu viens de reconnaître, est la trame de l'énergie qui était bloquée loin de sa source originelle. Connais-tu la signification du mot « mal »?

Je pouvais à peine penser, et j'étais bien loin de pouvoir parler!

– Le mal, poursuivit *M.S.*, c'est l'énergie qui va à contre-courant. C'est le contraire de la vie; d'ailleurs en anglais, le mal *(evil)* s'oppose à la vie, au vivant *(live)*. La vie est une question d'énergie.

Je cessai de pleurer : jamais je n'avais entendu une telle définition du mot « mal ».

– Tu es toi-même, reprit *M.S.*, un flux d'énergie. Tu crées des polarités. La polarité crée des conflits, et le conflit engendre des désastres, une dissociation quasi complète de l'astral, du Dieu-Source. Cela, tu viens de le comprendre; ouvre-toi, laisse de nouveau couler ton énergie vers le Dieu-source. Tu seras protégée, parce que tu es en parfait alignement avec moi et que je suis une partie de Dieu.

Je restai là, allongée, essayant de comprendre ce qui m'était arrivé. Vivre désormais avec cette connaissance signifiait que je prenais en charge cette responsabilité, complètement. La responsabilité, c'est le savoir.

Chris me tendit un mouchoir. Elle n'avait pas dit un seul mot.

– Je crois que j'ai besoin de me lever, dis-je.

– Oui, je le pense aussi, dit-elle. Demande néanmoins à ton *Moi Supérieur* s'il y a quoi que ce soit d'autre que tu doives apprendre aujourd'hui.

Je refermai les yeux, sachant que j'avais atteint un point de « surcharge ».

– Une seule chose, ajouta *M.S.*, dans les jours à venir, nous allons travailler par thèmes, avec des sujets spécifiques, liés à ta vie actuelle. Tu dois comprendre et apprendre beaucoup de choses, tes canaux de liaisons avec moi doivent rester ouverts, libres et clairs. Je te recommanderai donc de manger avec modération, de te contenter de légumes, de fruits et d'eau. Pas de produits laitiers, et n'entreprends que des mouvements harmonieux, comme le yoga par exemple. Ne t'occupe ni d'horaires, ni de téléphone, ni du temps. Reste en contact avec la Nature, laisse de côté les informations linéaires, respire profondément et ne cause de chagrin à personne. Souviens-toi surtout d'une chose : je suis constamment avec toi. *Je suis toi.*

J'acquiesçai.

— Une chose encore, je te félicite de n'avoir jamais eu recours aux drogues : c'est là l'une des raisons importantes de tes progrès.

Je me mis à rire :

— Aucune drogue au monde ne peut se comparer au spectacle que je viens de vivre.

Chris m'aida à descendre de la table.

— Tout à fait spectaculaire, dit-elle, la plus grande partie a été enregistrée, et de toute façon tu n'oublieras jamais le reste.

J'avais du mal à marcher, mon dos me faisait souffrir, mes jambes étaient engourdies. Je me dirigeai immédiatement vers la salle de bains, pour me replonger dans le monde actuel. Je baignai mon visage avec de l'eau fraîche, avant de revenir vers Chris, m'attendant presque à voir les « entités guérisseuses » de Chris incarnées!

Chris était allongée sur le sol, son ventre formant une grande bosse sur le tapis.

— Cela arrive-t-il fréquemment? demandai-je. Est-ce que beaucoup de gens font la même expérience?

— Beaucoup, oui vraiment énormément de gens, répondit-elle en souriant. Et quand cette expérience se produit, les conversations sont presque toujours semblables, les leçons sont toutes identiques : le Bien et le Mal n'existent pas, il n'y a que la conscience illuminée, ou l'ignorance. Notre problème, c'est notre jugement et celui des autres. Là se trouve la *source* de la peur, des conflits, de la résistance et du désespoir.

— Les gens sont-ils choqués par ce que leur révèle leur *Moi Supérieur*?

— C'est souvent le cas, dit Chris. Cela va à l'encontre de ce qu'ils ont été conditionnés à croire. Mais le choc qu'ils ressentent leur permet de s'apercevoir que leur expérience est bien réelle, que ce n'est pas le produit d'une imagination fertile!

— Qu'en est-il des visions, comme celles que j'ai eue de l'Atlantide, par exemple?

— Elles sont toujours semblables, elles décrivent des couleurs sobres dans les tons de rose, de violet, des nuances oranges, des fontaines et des structures de cristal, beaucoup de monde déambulant avec des coiffes de cristal aussi. La description de l'Atlantide ne se modifie jamais, même lorsque ceux qui la font ne croyaient nullement à son existence. Tu vois, la clef de tout cela, c'est la prise de conscience. Le *Moi Supérieur* est conscient de tout, notre tâche dans cette dimension est de prendre conscience, pour pouvoir intégrer cette conscience dans nos vies.

— Ainsi, les expériences que j'ai connues aujourd'hui ne te surprennent pas?

— Non, pas du tout, dit-elle en souriant. C'est la vérité, et j'ai eu maintes occasions de l'entendre.

Je poussai un profond soupir, me penchai pour prendre mes chaussures. Puis, assise sur une chaise, je m'habillai, comme s'il s'agissait là d'une expérience toute nouvelle. La texture de mon chemisier prenait une autre signification contre ma peau. Je me sentais toute légère, j'avais besoin de soleil, d'air pur; j'avais envie de toucher la terre, les fleurs, n'importe quoi de vivant. Brusquement je me rendis compte que j'avais faim, que je mourais de faim! Des picotements fourmillaient dans mes mains et dans mes pieds comme des pulsations électroniques. Je me sentais fatiguée, pourtant j'avais la tête claire et l'esprit en éveil, plus alerte que je ne l'avais jamais été. Je me sentais autonome, mais peu communicative. Quand je parlais, ma voix prenait un ton plus chaud, plus profond, moins anxieux. Je sentais une douce chaleur émaner du bas de mon dos, là où l'énergie kundalini se développe.

Je me dirigeai lentement au-dehors, j'avais l'impression de marcher sur un coussin d'air. Les couleurs des fleurs dans la serre de Chris vibraient et éclataient sous le soleil. J'avais l'impression de pouvoir me plonger dans les vibrations de leurs couleurs, de les faire miennes.

Je regardai ma montre : le temps ne signifiait plus rien. J'étais à la fois dans le passé et dans le présent; tout, autour de moi, paraissait d'une perfection mathématique. Tout concordait. Ce qui venait de se passer devait arriver : chaque chose était planifiée, avait sa raison d'être. Il y avait là un puzzle gigantesque, parfait. Chaque entité vivante sur terre en était une part précieuse. La vie elle-même semblait n'être que le symbole de l'âme, comme si tout n'était que l'essence de la pensée, qui ne cesserait jamais, ne mourrait jamais.

La vie, c'est Dieu résolu. Tout n'est qu'énergie, énergie vibrante, battante, *énergie vitale*. C'est *aussi l'amour* qui s'exprime de millions de manières jusqu'à ce qu'il comprenne enfin la totalité de lui-même.

Je m'attachai à des mots qui sauraient exprimer mes pensées

et mes sentiments. Pour la première fois, je compris que les poètes étaient les véritables traducteurs de Dieu. Le célèbre poème de William Blake me revint à l'esprit :

Contempler le monde dans un grain de sable,
Et le ciel dans une fleur sauvage.
Tenir l'infini dans la paume de la main,
Et l'éternité dans une seule heure...

Chapitre 17

Cette nuit-là, je dormis dans un sac de couchage sous les étoiles : Chris me l'avait suggéré. L'âme et le cerveau, m'avait-elle dit, reproduisent la navigation des étoiles si rien n'obstrue la vue des cieux : en retraçant ces mouvements, nous en tirons des enseignements.

Je trouvai mon sommeil plus profond, cette nuit-là, mon repos plus complet. J'avais l'impression d'avoir passé la nuit à apprendre, et le contact avec le plan astral m'inspira un sentiment de bien-être et de paix. Je ne dormis pas très longtemps, mais la qualité de sommeil remplaça aisément la quantité.

Le lendemain matin, j'essayai de me mettre en contact avec mon *Moi Supérieur* sans l'aide des aiguilles de Chris. A chacune de mes tentatives, je le trouvai là. S'il m'arrivait de perdre ou d'égarer quelque chose, il me suffisait de demander à *M.S.* : il me guidait à chaque fois dans la bonne direction. Jamais il ne fut pris en défaut. Je demandai à *M.S.* ce que je devais manger, qui m'appelait lorsque le téléphone sonnait, où je pouvais trouver une adresse dont j'avais besoin : les réponses ont toujours été exactes, à ma plus grande stupeur. Je me demandai combien de temps cela durerait : la réponse me parvint :

– Aussi longtemps que tu sauras me trouver, tu pourras trouver ce que bon te semble.

Ma crainte de n'avoir jamais eu de « révélation » « au cours de mes expériences précédentes s'effaça. Mes progrès, trop lents à mon goût, prenaient de la vitesse !

La prise de contact avec mon âme illimitée a été une expérience-clé exaltante et déterminante pour ma croissance et ma compréhension. J'ai eu l'impression que s'ouvrait pour moi une nouvelle ère. Pourtant, si qui que ce soit d'autre m'avait raconté de telles choses, j'aurais probablement conclu qu'il n'avait fait que « rêver » !

Le cadre auquel je pouvais me raccrocher me permettait d'ancrer ces faits dans la réalité. En suivant la route qui me menait chez Chris, je me remémorai combien cette quête avait été longue, depuis combien de temps j'avais été à la recherche de mon identité, ce qui remontait à ma plus tendre enfance... Le processus s'était mis dès lors en marche, et les enseignements des innombrables livres spirituels que j'avais parcourus, sans oublier la Bible, le Coran, le Mahabarata, me revenaient soudain en mémoire :

Le royaume des Cieux est en vous...
Connais-toi toi-même et tu seras libre...
Sois vrai et tu te trouveras toi-même...
Se connaître soi-même, c'est tout connaître...
Tu dois savoir que tu es Dieu...
Tu dois savoir que tu es l'Univers...

Tous les maîtres spirituels ont répété les mêmes phrases, tous ont prêché l'éternité de l'âme, tous ont fait allusion à leurs vies antérieures, même le Christ : « Je suis déjà venu, mais vous ne m'avez pas reconnu... » Tous ont enseigné le même but de la vie : retrouver le chemin de la Source Divine, dont nous faisons tous partie. Nous devons faire l'expérience des événements karmiques qui se trouvent sur notre chemin. Il faut les comprendre sans les juger. Chacun des grands livres a répété cette mise en garde *contre* le jugement, *contre* le piège moral « Bien/Mal ». La loi « cause/effet » est le principe sous-jacent à tous leurs enseignements : *Jugez et vous serez jugés... Blessez et vous serez blessés... Aimez et vous serez aimés... Donnez et l'on vous donnera...* Peu importent les circonstances, tous l'ont dit aussi, elles ne sont que le champ sur lequel se joue notre vérité.

Nous vivons pourtant dans un monde où chacun est engagé dans un processus de jugement moral, chaque personne, chaque groupe croit que sa moralité est parole divine, ignorant que *chacun* des points de vue sert au Bien, à long-terme. Nous avons toujours regardé, je le sais, notre destinée – tout comme la destinée de l'humanité – d'un point de vue bien limité. Nous laissons nos arbres nous cacher la forêt... Pourtant, dans la relation de chacun avec son traumatisme direct et personnel, ce qui semble une « tragédie » serait éliminé si nous en revenions à notre propre nature, éternelle. Il suffirait de comprendre que *rien* ne peut être « tragique ». Rien n'est faux, rien n'est perdu, rien ne meurt jamais. Rien.

Nous sommes chacun un univers éternel à l'intérieur de nous-même. Le seul point qui compte est de comprendre la merveille transcendantale de cette vérité.

Je repensai à *l'énergie* : Il semblait qu'en l'examinant, la science et la spiritualité devaient arriver à se rencontrer. Il s'agissait en fait de deux approches d'une même vérité. Toutes deux parlent d'énergie, un peu à l'instar de cette « colle » qui maintient ensemble tout l'univers. La spiritualité accepte son existence, la science essaie de la prouver. L'esprit, c'est la foi sans la science. La science, c'est la preuve sans la foi.

L'approche spirituelle des vérités universelles et de l'harmonie reconnaît toujours les dimensions invisibles, de l'intérieur de la conscience. L'approche scientifique reconnaît les mêmes dimensions de l'extérieur. Pourtant, la nouvelle science n'est pas loin d'admettre que les deux sont semblables. La conscience est la clef de tout. Les deux aspects sont nécessaires à l'Homme pour qu'il puisse s'en servir. A moins que nous ne puissions mettre ces outils de compréhension au travail, quels pouvoirs pourraient-ils avoir pour nous ? Tout en repensant aux nombreuses vies que j'avais vécues, soit comme homme, soit comme femme, je me suis demandé, pourquoi j'avais choisi d'être, cette fois, une femme. Le monde moderne attache une énorme importance à l'énergie féminine : le mouvement de libération de la femme, le rôle de la femme dans les décisions politiques sont là pour en témoigner.

Pourquoi avais-je choisi de m'exprimer au travers de l'énergie féminine « yin »? Elle se manifeste surtout de l'intérieur. L'énergie yang, masculine, se manifeste surtout de l'extérieur : le yin est intuitif, le yang est puissant. L'énergie yin régit l'invisible, le non-dimensionnel. Le yang est l'invisible exprimé dans le visible, c'est l'énergie active. Une fois que l'énergie yin est exprimée de l'invisible au visible, elle devient du yang. Les femmes qui expriment leur énergie yin le font donc d'une manière yang. Quand un homme rentre en lui-même pour contempler l'invisible, il se sert de son énergie yin. Les deux sont donc utiles.

Pour être parfaitement équilibré, chaque individu a besoin de reconnaître sur le même plan les deux énergies, au sein de son corps. Pour que le monde connaisse la paix, il semble nécessaire que les individus connaissent aussi une paix équilibrée entre eux, ce qui implique de reconnaître, à rang égal, l'énergie yin de l'intérieur et l'énergie yang extérieure.

Je me demandai pourquoi tous les prophètes et les maîtres avaient été des hommes? Puis, je me souvins que les prophètes sont *ceux qui manifestent*. Ils s'étaient exprimés *à l'extérieur*, ouvertement. Les femmes possèdent le savoir de l'invisible, les secrets cosmiques en quelque sorte. L'homme utilise toujours la femme parce qu'elle possède une intuition de bon conseil. Chacun des deux est nécessaire à l'autre : la femme détient la vérité invisible *de ce qu'il faut* faire. L'homme fournit la puissance pour le *mener à bien*.

Nous venons d'entrer dans l'ère du Verseau, c'est-à-dire l'âge de l'expression féminine. Il y a plus d'hommes qui s'efforcent de comprendre leurs capacités d'intuition, plus de femmes qui essaient d'exprimer leurs propres capacités, et cela de manière ouverte. Nous semblons travailler à l'harmonisation du visible et de l'invisible.

Les scientifiques luttent, de leur côté, pour les mêmes principes, en « sentant » de plus en plus d'éléments invisibles, qui ne peuvent être mesurés réellement. On peut se contenter d'accepter leur existence, comme on le fait pour les énergies invisibles du yin et du yang. On ne peut pas les mesurer, certes, mais à l'évidence, *elles sont là!* Ces énergies n'ont pas de périmètre déterminé, dimensionnel et scientifiquement vérifié. Or ce qui est vrai en science pourrait bien se révéler exact en termes d'expérience humaine.

La science le proclame haut et fort : l'énergie ne meurt jamais, elle se contente de changer de forme. La vie, qui est aussi de l'énergie, ne meurt donc pas. Elle se contente, elle aussi, de changer de forme. Puisque l'énergie n'est jamais immobile, puisque rien ne demeure inerte, l'énergie doit sans cesse se transformer. Aucun doute ne subsiste plus dans mon cerveau : l'énergie change de forme d'une vie à l'autre, tout comme la nature se modifie d'un printemps à l'autre.

Pourtant, la seule manière de donner un sens à tout ceci est de le rapporter à notre propre expérience. A moins de le *ressentir,* on ne peut savoir : la connaissance, c'est l'expérience. Einstein lui-même, vers la fin de sa vie, affirmait que « les propositions auxquelles on parvient seulement grâce à des moyens logiques sont dénuées de toute réalité ». Il ajoutait encore : « Il est très difficile d'expliquer ce sentiment à quelqu'un qui n'en possède pas la moindre bribe. Je maintiens, pour ma part, que le sentiment religieux cosmique est la plus noble et la plus importante incitation à la recherche scientifique. »

Ce matin-là, la route me parut particulièrement belle, l'air autour de Santa Fe était pur, vif et joyeux. Le voyage intérieur était le plus satisfaisant de tous ceux que j'avais connus. Ses caractéristiques ne faisaient que commencer.

L'expérience suivante avec *M.S.* et Chris marqua un contraste frappant avec l'intensité dramatique de la révélation de la veille. Il s'agit cette fois d'émerveillement à l'état pur. J'aurais pu être au cœur d'un conte de fées. Je restais près de cinq heures allongée sur le lit, mais je ne compris vraiment la raison de cette expérience que lorsqu'elle se fut achevée.

Voici le récit de ce qui s'est passé ce jour-là. Chris avait été conduite à insérer les aiguilles d'or juste sous le menton, au-dessus de la gorge : le point de communication, « celui qui contrôle les foules ». J'en compris la raison quand les images commencèrent à se dérouler devant moi.

La première image qui remonta à ma conscience était si inhabituelle que sa signification me troubla. Je me vis au milieu d'un troupeau d'éléphants, dans la jungle broussailleuse du sous-continent indien. Autour d'une nappe d'eau claire dans les tons bleus et verts, une masse de feuillage verdoyant... L'époque ? Il y a des milliers d'années... Au fur et à mesure du déroulement de la scène, je demandais à *M.S.* de m'en expliquer la signification. Je vivais avec les éléphants et je compris sur le champ que j'étais en mesure de communiquer avec eux par télépathie. Je connaissais si bien leurs habitudes et leurs sentiments qu'ils m'obéissaient instantanément. J'avais environ douze ans, de grands yeux noirs que je maquillais grâce à une écorce d'arbre réduite en poudre et diluée avec de l'eau. Je portais une sorte de pantalon enroulé de couleur vive, et autour du cou et des poignets scintillaient des bracelets et des colliers de métal brillamment colorés. Les éléphants et moi jouions à une sorte de jeu, tout en traversant lentement la jungle dense et épaisse pour atteindre des collines douces et dégagées : sur mon ordre, ils me passaient d'une trompe à l'autre, ce qui me faisait éclater de rire et me ravissait. Parfois, l'un d'entre eux me déposait sur la branche d'un arbre et j'y restais jusqu'à ce qu'un autre éléphant me tire de cette posture. De temps en temps, ils me roulaient doucement dans la boue molle, avant de me jeter dans une nappe d'eau claire, où je pouvais me rafraîchir et me laver en compagnie des bébés-éléphants. Je vivais sans la moindre inquiétude, en totale confiance parmi les éléphants, confiance qu'ils me rendaient d'ailleurs aussi complètement. Ils me soulevaient avec leur trompe et barrissaient l'ordre pour la poursuite du jeu.

Chaque fois que je voulais prendre en main le jeu, il me suffisait d'en donner l'ordre télépathiquement, et ils me répondaient sans perdre un instant. Ils se mettaient parfois à galoper en cercles larges, rien que pour moi, barrissant leur joie de vivre. Je ressentais ce pouvoir délicieux à la fois sur une base individuelle et sur une base collective. Il s'agissait d'une sensation proprement étonnante, de puissance bienveillante et joueuse.

Je demandais à *M.S.* comment je me trouvais dans cette situation à la Rudyard Kipling : il me dit que j'avais vécu dans un village proche avec mon père, qui avait un jour été bon envers le chef du troupeau des éléphants. Mon père étant mort, le chef du troupeau avait senti que je courais un danger (sans que je sache de quel danger il était question). Il m'avait donc emmenée loin du village, au sein de son troupeau et m'avait confié à une femelle qui s'était occupée de moi. Bien qu'étant une enfant fragile, je m'étais toujours sentie à l'aise avec ces énormes créatures si douces. Le niveau de perception entre humains et animaux était plus élevé qu'il ne l'est aujourd'hui.

J'avais donc grandi avec les éléphants, ne rentrant au village que pour manger de temps à autre de la nourriture cuite, et rencontrer mes semblables. *M.S.* me précisa qu'à l'époque je m'appelais Asana. Mes relations avec le troupeau d'éléphants était célèbre dans le pays. On me connaissait sous le nom de « la princesse des éléphants », et j'étais en mesure de communiquer avec un éléphant donné, même s'il était éloigné de plusieurs centaines de kilomètres.

Au beau milieu de cette évocation, je repensai à la fascination que j'avais pour les éléphants. A New York, j'avais couvert les murs de mon appartement de photos d'éléphants, et de nombreux éléphants en bois décoraient le manteau de la cheminée. Je n'avais jamais compris pourquoi les éléphants m'attiraient autant, alors que, à mon souvenir, je n'en avais pas rencontré un seul.

Je me souvins d'un tableau dans un musée, représentant le chef d'un troupeau, seul au milieu des arbres de la campagne de l'Inde, et qui s'apprêtait à mourir. J'étais restée longtemps devant ce tableau, sanglotant, sans savoir pourquoi. Quand j'étais montée sur l'éléphant dans la Cinquante-et-Unième Rue, je n'avais éprouvé aucune crainte, j'avais l'impression de le *connaître*.

Des années auparavant, j'avais acheté toute une série de photos publiées par le *National Geographic*, montrant l'amour et l'affection des éléphants entre eux. J'en avais tapissé les murs, sans jamais découvrir pourquoi je me sentais aussi émue.

Soudain, mon amour des éléphants commençait à prendre un sens. Tout en vivant et en jouant au milieu de ces géants, j'avais entrepris de comprendre et d'intégrer leurs sentiments. Je connaissais individuellement chacun d'entre eux, et respectais leur hiérarchie dans le troupeau. J'assistais à la naissance des petits. Si l'un d'eux se blessait, je mettais à son service la science humaine la plus sophistiquée pour le ramener à la santé.

Les éléphants devinrent mon armée de protecteurs, forçant le respect de toute la région, bien qu'en fait il n'y eut rien à protéger. Nous menions une vie libre, harmonieuse et parfois drôle. Les éléphants adoraient s'amuser avec mes bracelets, les faisant monter et descendre le long de mes bras pour entendre le bruit qu'ils faisaient en s'entrechoquant doucement, ainsi que leur mouvement délicat.

Chaque fois que je leur donnais l'ordre de m'amener au village, ils l'encerclaient jusqu'à ce que je les ai rejoints. Il m'arrivait d'emmener de jeunes enfants pour jouer avec eux. Les éléphants aimaient s'amuser et se montraient très doux, mais il arrivait qu'un enfant prenne peur et se mette à pleurer. Les éléphants qui ne m'avaient jamais vue ni entendue pleurer, contemplaient la scène avec stupéfaction. Un événement survint alors au village, et ce fut pour tout le monde, y compris les éléphants, une expérience enrichissante. Un ami que j'aimais beaucoup fut tué au cours d'une bagarre. Affreusement triste et choquée, je pleurai sans pouvoir m'arrêter, hurlant même comme peuvent le faire les enfants désespérés. Les éléphants restèrent médusés devant l'hystérie qui s'était emparée de moi. A travers les images de mon esprit, ils comprirent qui était le coupable et clamèrent leur colère, entreprenant même de me venger. La colère qu'ils ressentaient à travers moi était aussi la mienne. Mais je pris peur et alertai les femelles du troupeau, afin qu'elles arrêtent les mâles : cela ne pouvait que conduire à d'autres crimes. Ensemble, nous parvînmes à convaincre les mâles de ne pas commettre d'autres violences. Les mâles finirent par accepter non sans pénétrer dans le village et encercler la case de celui qui avait tué mon ami. Les barrissements qu'ils poussèrent terrorisèrent l'homme en question. Il en déduisit que les éléphants avaient « appris » son crime et qu'ils maîtrisaient leur instinct de vengeance. Les autres villageois regardèrent avec déférence le comportement des éléphants, sachant qu'ils pouvaient anéantir le village sans grand effort. Un pacte fut alors établi entre les habitants du village et les éléphants : aucune violence ne devait être perpétrée faute de quoi le troupeau détruirait le village. Les villages se virent donc contraints de maintenir une coexistence pacifique entre voisins. Le niveau de *conscience* du maintien de la paix s'éleva dans le village : on travaillait en vue de *vivre en paix*, on discutait des problèmes plutôt que de se battre à leur propos, et les éléphants servaient en quelques sorte de contrôle spirituel. La communication entre les êtres s'améliora, aussi bien entre les humains qu'avec les animaux. Les gens des alentours venaient admirer l'exemple des pachydermes, et la soumission des êtres à l'autorité. Une compréhension fragile, mais équilibrée assurait le maintien de la paix. Les villageois savaient que chacun d'entre eux était responsable du haut niveau de conscience des autres membres de la communauté. Les éléphants savaient toujours qui était le plus faible dans le groupe. Ils surveillaient la personne avec patience, la mettant en garde contre tout excès. Ils percevaient toute vibration négative chez un humain plus rapidement que les humains eux-mêmes. Ils soulignaient à l'intention des autres lequel était susceptible de créer des ennuis, me demandant à l'occasion de lui parler et de lui expliquer quelles conséquences il y aurait pour la communauté toute entière s'il poursuivait son chemin à contre-courant.

Tout en continuant de vivre au sein du troupeau, j'étais fascinée par leur talent de vivre dans l'instant présent, leur puissance d'être. Ils vivaient au fil de la vie, pleinement et totalement au jour le jour. Ils n'oubliaient jamais le passé, et profitaient de ce que le présent avait à leur offrir. Les éléphants connaissaient la puissance de l'énergie de la lune, tout comme la signification de chacune des aubes. Nous donnions couramment de grandes fêtes à l'extérieur du village pendant la nuit; je leur appris à danser. Ils aimaient beaucoup se produire devant les villageois, ravis de les voir évoluer.

Les souvenirs continuèrent à me revenir. Je demandai à *M.S.* pourquoi je m'étais si bien entendue avec ces créatures. *M.S.* souligna l'importance que cette vie avait eue pour moi : j'y avais appris à dominer l'art de la communication, ce qui m'avait été extrêmement agréable. Je la pratiquais à un niveau collectif, tout en respectant chaque individu. J'avais pris une leçon de démocratie : elle demande un respect individuel dans un environnement collectif, et de l'empathie à l'égard de la complication de l'esprit humain! Je n'avais pas encore manifesté cette compréhension dans cette incarnation-ci, mais si j'en revenais aux souvenirs de ce que j'avais accompli dans le passé, je pourrais à nouveau progresser jusqu'à la même compréhension. Il me faudrait accomplir ces progrès dans les jours qui suivaient, et c'était là la raison pour laquelle j'avais revécu cette incarnation maintenant. Je devais aussi apprendre, réapprendre plutôt, la nature au travers des animaux. *Eux ne jugent jamais* : c'est un exemple de ce que les humains doivent d'efforcer de faire. Les éléphants, comme symboles de « celui qui n'oublie jamais », m'étaient indispensables pour comprendre l'esprit des humains.

– Nous non plus, nous n'avons rien oublié, dit *M.S.*. Les humains ne devraient jamais oublier leur capacité à se mettre en relation avec l'esprit collectif des animaux. Leur énergie est essentielle pour la croissance future des humains. Une bonne raison préside à la présence des animaux sur terre, et notre manque de respect pour eux devient alarmant. Ils n'ont absolument pas d'ego. Si nous voulions bien les écouter, les animaux pourraient nous apprendre tant de choses! Les leçons du passé nous incitent à vibrer au sein de leur conscience collective. S'ils sont muets, incapables de parler, c'est qu'ils communiquent à d'autres niveaux, nous aident à affiner notre perception avec la Nature...

Lorsque ce souvenir – délicieux – commença à s'estomper de ma mémoire, le thème sous-jacent me fut une fois encore redonné : le respect de la qualité de la vie, l'acceptation sans partage de la vie avec la Nature, avec les animaux, tout en poursuivant une progression sensible de l'intelligence. Tout en comprenant la volonté de la majorité, il convient de demeurer en éveil, en acceptant aussi les besoins des individus.

J'ai appris ainsi *le thème* de chaque incarnation, ce qui est plus important que de comprendre l'incarnation en soi. Le thème de cette incarnation « Princesse des éléphants », par exemple, tournait autour de la coexistence du collectif et de l'individuel. Les animaux ont joué un rôle primordial dans mon apprentissage, pour me permettre d'influencer les hommes du village. Tout en revivant ces souvenirs, une autre évocation s'est fait jour dans ma conscience. Il semblait qu'il me fallait observer les deux en les liant au même thème.

Je me suis vue impliquée dans les questions sociopolitiques des Pères Fondateurs des États-Unis.

Quand je demandais à *M.S.* qui j'avais été durant cette vie, il me répondit que cela n'avait pas d'importance. Le thème de la démocratie était, en revanche, important.

— Tu as eu une incarnation durant la période de rédaction de la Constitution et de la Déclaration d'Indépendance. Tu t'es occupée avec beaucoup d'autres de la création de la Nouvelle République Spirituelle des États-Unis. Avec beaucoup d'autres qui vivaient à l'époque, tu t'es préoccupée de la question de la règle de la majorité, et du respect du droit des individus. Tu t'es servie de ta vie avec les éléphants, parce que la mémoire de ton âme s'est souvenue de ton talent autour de ce thème. Tu comprends maintenant comment fonctionnent les images holographiques.

Certes, je le comprenais. Mais de là à rapprocher les deux incarnations...

— Rien n'est excessif quand il s'agit de l'apprentissage des thèmes de la vie. Les âmes apprennent de façon très différente. Tu vas t'apercevoir que tu répètes plusieurs fois les mêmes

318

thèmes, dans des circonstances différentes, jusqu'à ce que la compréhension soit parfaite. C'est ce que tu as fait dans ce cas précis. Tu seras à nouveau confrontée à ce sujet tant que les États-Unis auront à faire face au problème des droits collectifs par rapport aux droits individuels, dans l'avenir. Ce pays est à ce jour celui qui comprend le mieux ce thème. Mais la route est encore longue.

Je commençais à comprendre mon itinéraire. Je ne sais toujours pas ce que je faisais ou qui j'étais à l'époque des Pères Fondateurs. Je sais simplement que la signification spirituelle et sociologique de ce qu'ils ont essayé de mettre sur pied en 1776 m'a beaucoup passionnée à l'école, et continue de le faire, aujourd'hui. Mon engagement politique dans cette vie-ci a été motivé par le désir de nous voir retourner à leurs intentions originelles.

Nos fondateurs étaient des hommes et des femmes inspirés, qui fuyaient l'oppression politique et religieuse de l'Europe. Dans le passé de chacun, il y avait la reconnaissance des vérités mystiques remontant à l'époque pharaonique. Ils éprouvaient le désir de spiritualiser leur nouvelle république et d'utiliser d'anciens symboles pour témoigner de leur enracinement dans ces croyances : ils ont dessiné le dollar avec la Grande Pyramide de Gizeh au dos du billet, et au-dessus, le Troisième Œil. Ils étaient spirituellement en éveil. Il me semble essentiel actuellement que les hommes qui exercent des responsabilités aient, pour les soutenir, un système spirituel. Ils doivent conserver les relations avec leur propre connaissance supérieure, qu'ils ne doivent pas oublier de reconnaître, afin de propulser la société dans un monde plus pacifique.

Chapitre 18

Les jours suivants, toutes les incarnations qui se déroulèrent devant mes yeux se rattachaient à un thème précis et présentaient une signification importante pour ma vie actuelle. On m'a montré tant de choses que je ne pourrais les relater toutes ici. La leçon essentielle que j'en tirai, la voici : j'étais arrivée à un point où, pour me permettre d'être heureuse dans cette vie, pour atteindre les buts qui m'ont fait me réincarner, il m'était absolument nécessaire de résoudre sur-le-champ un certain nombre de conflits que je traînais encore derrière moi. Pour continuer ma croissance au cours de cette incarnation, pour étendre mon appréhension des dimensions invisibles, il me fallait – et sans retard – me défaire des résidus émotionnels qui déclenchaient encore des frictions.

Les batailles que nous menons, les conflits que nous provoquons, ce n'est ni avec les gouvernements, ni avec notre société ou sa culture : nous sommes notre propre adversaire! Je me rendais parfaitement compte que rien ne pourrait plus nous menacer réellement si nous prenions conscience de la personne que nous étions et de l'endroit d'où nous venions. Plus nous accentuons la prise de conscience de notre âme, moins nous nous laissons polariser par la peur ou par l'autorité.

Mon *Moi Supérieur* m'expliqua que de nombreuses âmes attendaient sur le plan astral de s'incarner afin de pouvoir résoudre leur karma. Voilà pourquoi la vie corporelle est tellement prisée. Le karma ne peut se résoudre sur le plan astral, il a besoin de l'expérience du plan physique de la matière : autrement dit, de la terre!

M.S. me dit aussi que chaque âme sait qu'elle va atteindre la lumière de la compréhension parfaite, au bout de sa course, fût-ce au prix de plusieurs centaines de vies.

La vie n'a rien à voir avec la survie : la vie est l'évolution spirituelle. Si l'on ne tient compte que de ses instincts de survie, on se polarise forcément contre quelque chose. Lorsqu'on agit du point de vue de l'évolution, on reconnaît qu'il n'y a pas de conflit, parce qu'il n'y a plus de résistance.

Si nous agissions en ayant conscience d'avoir *choisi* chacune des expériences que nous vivons, notre approche de ce traumatisme en serait bien modifiée, notre conscience ainsi élevée nous mettrait en contact plus direct avec la Source Divine et, de ce fait, le traumatisme disparaîtrait de lui-même. La tragédie n'est tragique que parce que nous la percevons telle. Nous restons ainsi, chargés de tâches ingrates, en plein aveuglement, sans rien comprendre de notre but et n'en apprenant rien. Non contents de juger nos tâches ingrates, nous polarisons sur elles nos flux d'énergie au lieu de les laisser s'écouler librement.

La survie implique la lutte, l'évolution suppose que l'on prenne le courant à bras le corps. L'énergie, nous le savons, est issue du Dieu-Force, notre ajustement à lui conduit donc à la paix et à la perfection.

Seuls la Source Divine peut nourrir et soutenir l'âme, la source terrestre n'est pas en mesure de le faire. La solitude du conflit est épargnée à ceux qui se sont ajustés à cette énergie, car c'est avec eux-mêmes qu'ils sont en totale harmonie. Chaque événement n'arrive que pour que l'âme apprenne ce qu'il lui est nécessaire d'apprendre.

Je continuais d'apprendre, de comprendre, et les jours défilaient avec la grâce des fleurs qui s'épanouissent. Chaque séance marquait ma mémoire. Dans la plupart de mes vies, j'avais omis d'utiliser mes pouvoirs spirituels. J'avais connu de nombreuses incarnations au cours desquelles je m'étais réalisée, mais il ne m'aurait pas été utile de les revoir. Le conflit sous-jacent avait déjà été résolu. Et même au cours de ces incarnations-là, je n'avais traité que l'un des aspects de la tâche que j'étais venue accomplir.

En tout cas, je *sentais* que ce que j'étais en train de faire était juste; ce que j'apprenais, ne me rendait pas malheureuse et ne me troublait pas. Pas le moins du monde. Il s'agissait d'une sorte de libération. Comprendre que ma vie actuelle était le résultat de nombreuses vies précédentes, que j'étais le produit direct de ces vies, et que cela se reproduirait à nouveau m'apparaissait parfaitement logique : une harmonie coiffait le tout, un but, une sorte de justice cosmique, permettant enfin de tout expliquer de la vie, le positif comme le négatif.

La vie tout entière, dans ses spectacles les plus tristes comme dans ses triomphes les plus glorieux, prend tout son sens dès qu'on la regarde sans la juger. Rien n'arrive sans raison. La vie est comme la nature : la beauté réside dans le fait *d'être*; chaque événement ne survient que dans le cadre d'une chaîne interdépendante.

Chaque fois que le scepticisme m'a saisie à propos de ma recherche, je m'en suis défaite. La vérité recherchée était beaucoup plus importante, quel que soit l'endroit où elle devait me mener. Je décidai de faire confiance à mon *Moi Supérieur*. En apprenant la signification de cette expression, j'ai commencé à me demander comment j'avais pu vivre ma vie dans *cette* incarnation sans cette compréhension spirituelle.

Les horaires, les promesses, le désir de plaire aux autres, tout cela était pour moi source d'angoisse. J'étais tellement occupée. J'avais souvent l'impression que jamais je n'arriverais à accomplir tout ce que je voulais, ou tout ce que je croyais devoir faire. Aujourd'hui, je sais. Je suis confiante et détendue. J'aurai le temps. En me débarrassant de cette angoisse, j'ai découvert que je vivais totalement l'instant présent, j'ai cessé de calculer combien de temps il me faudrait consacrer à un sujet précis. Je ne regrette plus de n'avoir pas consacré de temps à certaines choses, dans le passé. Ce qui compte désormais, *c'est maintenant*. Je me suis rendu compte qu'en faisant confiance à mon pouvoir spirituel, ma pensée se clarifiait, car l'angoisse ne m'habite plus : j'accomplis plus de choses en moins de temps. J'ai toujours été étonnée de constater la façon dont agit la liberté spirituelle; sans angoisse, on s'aperçoit que ce qui nous arrive se produit pour une raison précise. Dès lors, on s'en détache, on laisse les choses suivre leur cours.

En travaillant avec Chris et ses aiguilles d'acupuncture, je progressai très vite. Mon *Moi Supérieur* me fit visionner les vies qu'il m'était utile de connaître. Il m'arriva de voir des images se superposer. *M.S.* choisissait l'une d'entre elles, et me la montrait sous un aspect particulier. Parfois, je ne comprenais pas la signification de l'image, mais je comprenais toujours la raison émotionnelle qui justifiait que je la voie.

Je me suis vue en train de danser dans un harem, cherchant à spiritualiser le mouvement.

J'ai été un enfant espagnol, avec des boucles d'oreilles en diamants, dans une église.

J'ai été un enfant, enlevé par un aigle et laissé au sein d'une famille primitive, dans laquelle je me sentais frustré, parce que cette famille n'était pas aussi avancée que moi.

J'ai été un moine méditant dans une grotte.

J'ai fait partie d'un corps de ballet russe. Je vivais dans une maison avec une véranda, je portais des jupes de velours et jouais de la balalaïka. J'étais assise sur une balançoire, avec des livres, et de quoi écrire. J'aimais tout particulièrement le soleil printanier de la Russie, qui me permettait de chercher des fraises enfouies sous la neige. Dans cette incarnation russe, je ne vis personne d'autre, bien que j'y eusse cherché Vassy.

Ensuite, je vécus au Brésil, où je m'occupais de vaudou, et où j'abusai de mes pouvoirs occultes.

Je fis partie d'une caravane dans le désert d'Arabie, le regard perdu dans les étoiles...

Dans une autre de mes visions, je pratiquai le Tai-Chi chinois.

Une autre encore : j'étais une japonaise, portant un kimono aux couleurs vives, qui marchait à petits pas sur les pavés menant à un temple bouddhiste, dans la lumière blafarde du petit matin.

Ici, je nageai dans une grotte, mais un crocodile dormait sur la rive, et j'en conçus une grande frayeur.

A un moment surgit une incarnation qui me causa tellement d'émotion que je voulus arrêter là l'expérience.

J'avais onze ans, et j'étais un petit garçon inca, vivant au

Pérou. Les prêtres tribaux m'apprenaient à utiliser le pouvoir de mon Troisième Œil. Pour accélérer les progrès de ma perception, ils avaient ouvert un trou peu profond au centre de mon front.

C'était épouvantable : ma réaction devant les crânes du musée de Lima me revint en mémoire. Un affreux mal de tête se saisit de moi alors que j'étais étendue sur la table. Une des aiguilles d'or tomba d'elle-même.

Je refusai de poursuivre. Puis demandai à Chris si cela était vraiment nécessaire.

— Demande à ton *M.S.*, dit-elle. J'obtempérai. Il me répondit que, si je voulais progresser, il me fallait me défaire de cette douleur psychique enfouie au creux de ce souvenir.

— Apprends à évoluer dans deux niveaux de conscience simultanément. Tu as conservé cette cicatrice dans la région de ton Troisième Œil depuis de nombreuses vies. Tu devrais t'en défaire, ne refuse pas de vivre cette expérience.

Je respirai profondément : puisqu'il le fallait, soit.

L'image revint : j'étais dans une cellule de pierre austère. Un prêtre s'occupait de moi avec tendresse, appliquant herbes et fortifiants sur l'ouverture de mon Troisième Œil. La douleur aiguë m'empêchait de penser. Je sentais simplement qu'on forçait ma volonté. Le prêtre essaya de m'expliquer. Un pansement de gaze couvrait la blessure, avec une sorte de tampon spongieux inséré dans l'entaille. Pour moi, c'était extrêmement douloureux, et très humiliant : je haïssais à la fois la violence physique qui m'était imposée autant que la violence psychique, mais je n'avais aucun moyen de les contrôler. Le prêtre me berçait dans ses bras, tout en m'expliquant que, grâce à ce traitement, j'atteindrais un niveau plus élevé de voyance. Il me dit encore que j'avais été choisi pour éloigner la communauté du chemin du mal. Ce qui me mit dans un état de rage et d'humiliation tel que je m'arrachai à son étreinte et m'enfuis loin de lui.

Il ne chercha pas à me rattraper. Je me retournai. La dernière image qui me fut donnée de voir était celle du prêtre les bras levés, m'adressant une sorte de bénédiction attristée.

A cet instant, je découvris que le prêtre était Vassy, et que le thème de l'incarnation était la domination du mal.

A chaque incarnation, je faisais l'expérience d'une douleur physique émotionnelle. Pourtant, la douleur ne correspondait pas

325

toujours aux images qui se présentaient à moi, et j'en demandais la raison à *M.S.*

Chaque incarnation s'était terminée par une mort douloureuse, m'apprit-il, mort qu'il n'était pas indispensable que je revive. La seule chose importante était que je comprenne mes erreurs dans cette vie. Ainsi, en éprouvant ces douleurs, je m'en libérais. Ainsi, je prenais conscience que ces morts ne m'eussent pas faite souffrir si j'avais été en accord avec la force spirituelle : la douleur n'était que de la résistance, celle qu'on opposait à Dieu-énergie, en raison de la peur.

La mort, sans peur ni résistance, apparaissait comme une transition dans une autre dimension.

Le thème commun à ces nombreuses incarnations me répétait la même erreur : j'avais manqué d'utiliser mes pouvoirs spirituels, même lorsque je me trouvais en situation mystique. En tout cas, j'avais reconnu Vassy dans l'une de mes vies passées. Et je revis d'autres incarnations où il était impliqué.

Chaque jour, à la fin de la séance, Chris et moi passions en revue les significations évoquées. La délicate façon dont les thèmes étaient imbriqués les uns aux autres la fascinait. Elle avait mené de nombreux autres traitements « marathons » comme le mien, aussi me conseilla-t-elle de ne pas trop me fatiguer, car j'étais en train d'emmagasiner une somme énorme d'informations.

Chaque soir, je quittais son ranch pour conduire lentement vers ma maison, profitant des lueurs du soleil couchant. Je ne rencontrais personne d'autre. Je me contentais de réécouter mes bandes enregistrées, en me plongeant dans un bain au vinaigre.

Je me nourrissais de fruits frais, de légumes, et buvais au moins huit grands verres d'eau fraîche chaque jour. Tout en apprenant une foule de choses au cours de ces séances, je vivais une aventure au sein de moi-même, qui me stimulai et m'amusai intensément.

Les actes les plus simples de la vie prenaient une signification nouvelle. Si un oiseau se mettait à chanter devant ma fenêtre, j'avais envie de connaître le message se cachant derrière son gazouillis. Lorsque le soleil me brûlait la peau, je me demandais si une intelligence se cachait derrière ses rayons. Des heures durant, je conduisais dans la montagne, jusqu'à ce que la lune s'enfonce dans le granit des pics.

Et lorsque enfin je m'allongeais sous les étoiles, je me sentais reliée par toutes les fibres de mon être à tout ce qui m'entourait. Un jour, j'entourai un arbre de mes bras et demandai à mon *Moi Supérieur* illimité le secret de sa paix.

— Il ne bouge pas, me répondit *M.S.*

Je commençais à perdre toute notion de temps. Un instant me paraissait une heure, j'en oubliais parfois où j'étais.

A d'autres moments, je passais à côté de points de repères familiers sans les reconnaître. New York et Los Angeles me semblaient à des années-lumière. Leur rythme frénétique me semblait loin de la réalité, allant même jusqu'à la nier... Les priorités de la vie n'y étaient pas prises en compte. A mes yeux, le mouvement d'un nuage poussé par le vent semblait d'une autre importance! Tout paraissait infini, il n'y avait ni limites, ni périmètres. Tout avait une signification, rien n'était vain ou gratuit. Et il semblait soudain que la vie tout entière formait un gigantesque puzzle, absolument parfait. Le monde et son chaos y trouvaient leur place, dans un puzzle de paix également. Car le chaos, vu dans l'intégralité du courant du temps n'était en fait que le drame nécessaire choisi pour être donné en représentation sur cette scène qu'on appelle Terre...

A la fin de ma dernière séance avec Chris, je compris enfin ce que je cherchais : *M.S.* l'avait su depuis toujours, bien sûr, mais *moi*, je n'en avais pas eu conscience. Lorsque l'explication me fut enfin donnée, j'avais subi une longue préparation : j'avais compris que les images violentes et traumatisantes des incarnations qu'il m'avait été donné de voir contenaient les conflits qu'il me fallait résoudre.

Deux incarnations ont été particulièrement remarquables à cet égard : jamais je ne les oublierai, je les relaterai dans l'ordre, parce que l'ordre selon lequel elles se sont déroulées a très probablement une signification. Mais je ne suis pas sûre de l'avoir vraiment saisie... La scène s'est ouverte sur le désert sauvage et désolé de Gobi, dans la région de Karakorum. (Il faut noter que l'un des livres favoris de mon enfance a justement été *les Sables de Karakorum* qui conte l'histoire d'un couple d'occidentaux qui bravent les vents soufflant du sable dans le désert, à la recherche d'une ville perdue où a disparu leur meilleur ami.)

Je vis une caravane de tentes et de chameaux, complètement seuls dans l'immensité de cet océan de sable sec et stérile.

A l'intérieur de l'une des tentes, une jeune femme (moi), vivait avec son père, sa mère et deux autres sœurs. Nous étions des nomades mongols et subissions à intervalles irréguliers les raids des bandits vagabonds. Les malfaiteurs se montraient sans pitié, et infligeaient de cruelles souffrances à leurs victimes, si l'on n'accédait pas à leurs demandes. Mis à part cette peur angoissante des brigands, la vie se déroulait sans heurts, au rythme lent de l'harmonie tranquille. Chevaux et chameaux étaient gardés à l'intérieur de la caravane. Je m'occupais surtout de tisser une toile de couleurs vives dans laquelle j'insérais de petits miroirs, que nous avions trouvés au hasard du croisement d'une des routes de commerce. Il me semble important qu'à ce point de mon histoire je passe en revue chacun des personnages de cette incarnation : mon père de l'époque était mon père actuel. Celle qui était alors ma mère est actuellement la sœur de mon père. Quant à ma sœur puînée (j'étais l'aînée), c'était Chris, et ma sœur cadette était Sachi.

Voici l'histoire : j'avais seize ans environ et vivais le plein âge de la puberté. J'étais attirée par un jeune homme d'environ vingt ans vivant dans une tente voisine. Il était clair qu'un jour nous nous marierions, mais il fallait attendre le consentement de mon père. J'étais une ravissante jeune femme, désirable. Mon père possédait toute la ruse d'un commerçant mongol. Une femme dans cette culture était simplement une possession agréable, susceptible d'être achetée ou vendue au bon moment. Le jeune homme, tout comme mon père d'ailleurs, ne me considérait pas autrement. Le jeune homme était mon ex-mari, Steve. Mon père se montrait dominateur, comme tous les pères mongols du désert, mais capable de corruption.

Un soir, après le repas (composé de morceaux de chameau grillés et de pain sec que nous trempions dans du lait fermenté), la famille s'installa pour la nuit. Un tapis épais recouvrait le sol de sable de l'immense tente, et des coussins multicolores marquaient les aires de repos. Des fils de soie pendaient à l'intérieur de la tente, et dans un coin s'entassaient les peaux de bête. A l'extérieur, il y avait des fourrures qui séchaient au soleil, avant d'être traitées. Les étoiles semblaient si proches que j'avais l'impression de pouvoir les cueillir comme des pierres précieuses. Au loin, j'entendis un cavalier qui galopait dans le sable, plus rapidement qu'à l'accoutumée. Lorsqu'il arriva à une distance d'où on pouvait le voir, je reconnus l'un des bandits que nous redoutions. A côté de l'étalon noir arabe qu'il montait, galopaient deux chameaux.

Je rentrai précipitamment sous la tente pour informer mon père de ce que j'avais vu. Il ne dit rien, mais son expression se décomposa. Le bandit pénétra jusque dans notre tente. Il entra brusquement, faisant s'envoler le rideau d'un coup de fouet, et resta debout devant nous. Pour moi, il aurait pu être Gengis Khan : ses yeux comme des olives tachetées, sa barbe et sa moustache ébouriffées, ses cheveux noirs et longs étaient rassemblés en queue de cheval, nouée par un lien de cuir. Son vêtement noir était ceinturé de rouge à la taille. Il s'assit sur le tapis et sortit de son fourreau une longue épée, incrustée de pierres. Son attitude extrêmement menaçante nous laissait pourtant comprendre qu'il était prêt à passer un accord.

Le bandit examina l'intérieur de la tente. Mon père sourit avec componction et essaya de faire un geste de bienvenue, auquel le brigand ne daigna pas répondre. Il examina les peaux et les fourrures, mais s'intéressa surtout aux trois sœurs. En fait, il voulait voler une femme. Mon père le comprit aussi : le problème n'était plus de savoir ce que je *valais,* mais si j'allais avoir le droit de vivre. Le bandit me désigna du doigt disant qu'il m'emmènerait et nous laisserait en paix. Si je refusais de le suivre, il mettrait notre tente à sac, tuerait les autres occupants et me prendrait de toute façon. Il avait besoin d'une femme, disait-il *et moi,* j'allais désormais lui appartenir. Mon père n'avait pas vraiment le choix. Il se tourna vers moi. Le bandit ne me déplaisait pas, je le trouvai même attirant. Cette aventure me parut très excitante : je me voyais le suivant dans le désert, sous les étoiles, et lui me protégeant.

Mon père, se rendant compte que je n'avais pas peur, prit sa décision d'autant plus facilement : il haussa les épaules.

Le bandit observa attentivement le jeu entre mon père et moi et, avant que toute autre discussion ne puisse intervenir, m'enleva hors de la tente et me jeta sur le dos de son étalon noir. Il rengaina son épée, saisit les rênes des deux chameaux, poussa son cheval et s'agrippa à moi. Le cheval partit au galop, les deux chameaux suivant derrière.

Je n'étais pas effrayée. Je savais que je serais désormais en sécurité. Le bandit d'alors était ma mère actuelle. Les images de ma vie avec cet homme se précipitèrent dans ma tête comme un immense montage. Je le suivis pour de longs périples dans les sables de l'immensité désertique, sous le hurlement des vents violents. D'autres groupes de bandits, qu'il fréquentait et devant lesquels il m'exhibait fièrement, défilèrent sous nos yeux. Je cuisinais pour lui sur des feux qui illuminaient les sables, je partageais sa couche faite de fourrures épaisses en peaux d'animaux des montagnes. Il me parlait, mais il n'y avait pas de « communication » au sens propre du terme. Il me considérait comme une ombre confortable, qui ne lui causait ni ennui, ni problème, mais qui était constamment là. J'étais assez heureuse, quoique mon père et l'autre jeune homme m'eussent manqué. En apparence extrêmement passive, sans accepter vraiment ma vie je semblais m'adapter à ce que je croyais ne pas pouvoir modifier. Mes attitudes étaient fort simples, et mes émotions contrôlées.

Cette sorte de détachement se poursuivit jusqu'à la fin de l'histoire.

Chris s'était levée et se préparait à insérer une autre aiguille dans ma gorge, là où jusqu'à présent elle n'avait pas réussi à en faire pénétrer une. Une forte résistance s'exerçait à cet endroit, prouvant l'existence d'un tissu cicatriciel particulièrement dense. Ma gorge semblait présenter encore plus de résistance que mon front.

— Ils me disent de mettre une aiguille-là, aujourd'hui, dit-elle en s'appuyant doucement sur la peau.

L'aiguille pénétra, mais trembla légèrement.

— Continue, je te prie, ajouta-t-elle.

Je dormais sur les fourrures dans la tente, enceinte maintenant, ce qui me faisait plaisir : cela me liait à un autre être. J'étais seule, le bandit était parti.

Soudain, quelqu'un entra dans la tente. J'appelai dans le noir, une voix me répondit : le jeune homme du village, m'avait retrouvée et venait me réclamer pour lui-même. A peine vit-il que j'étais enceinte, qu'il entra dans une rage folle. Ses yeux s'enflammèrent et il se mit à hurler contre moi. Il n'en voulait pas au bandit, mais bien *à moi*! Je *lui* appartenais, et j'avais été maintenant marquée du sceau d'un autre homme!

Il se jeta sur moi et entreprit de me violer de la manière la plus sauvage qui soit.

Je me rendis compte que cette lutte érotique ne me déplaisait pas, mon seul souci étant le bien-être du bébé. Au beau milieu des affres de notre furie érotique, le rideau de l'entrée s'ouvrit brutalement : le bandit était revenu. Il me regarda, m'arracha au jeune homme et me remit brutalement sur mes pieds. Il n'en voulait pas au jeune homme mais *à moi!* Il me traîna dans le désert. L'aube pointait. Le jeune homme nous suivit. Le bandit dégaina son épée, et le jeune homme en fit autant. Je savais que le bandit allait d'abord tuer le jeune homme, puis qu'il me mettrait à mort. Le jeune homme prit soudain peur. Comme pour sauver sa propre vie, il se jeta sur moi : il m'attrapa par le cou et me coupa très adroitement la gorge. Le bandit regarda la scène avec une expression implacable teintée de tristesse.

Le sang se répandit sur mes épaules et sur mes bras. Tout en calmant le bandit, le jeune homme me lia les mains derrière le dos et m'attacha à un poteau qu'il planta dans le sable. Il se servait de ma mort pour sauver sa vie. Tel était le code du désert : la femme payait l'adultère de sa vie!

Je regardais le bandit, sachant que j'allais mourir. Il semblait attristé mais ne bougeait pas. Je regardais le jeune homme : paralysé de terreur, plus pour lui-même que pour moi, il me regardait, sans bouger d'un pouce.

Il semblait qu'à nouveau je fusse privée de réaction à propos de ce qui m'arrivait. Je ne ressentais pas de douleur, à l'évocation présente de ces scènes. Malgré l'horreur des images, je m'intéressais plus aux autres personnages qu'à moi-même.

Le jeune homme se détourna de moi, me laissant attachée au poteau. Alors le bandit se mit à vociférer contre lui. Le jeune homme se contenta de lever les bras au ciel, lui laissant l'entière responsabilité de ce qui allait suivre!

Le bandit lui permit de s'en aller : enfourchant son cheval, il galopa vers le soleil levant, sans demander son reste, me laissant saigner à mort dans la chaleur du désert. Tristement, le bandit leva le camp, empilant tout ce qu'il possédait sur son cheval et ses chameaux, et partit à son tour. Je restais là, seule dans le désert, à la merci des oiseaux de proie, attendant la mort.

Je commençai maintenant à souffrir, sur la table de Chris. L'aiguille tomba d'elle-même. A nouveau, j'eus envie de cesser l'expérience.

Comment peut-on accepter de tels souvenirs? Je savais que chaque humain a vécu toute une série d'horreurs, mais qu'étais-je supposée tirer comme enseignement de tout ceci? J'avais toujours eu peur des oiseaux. Ils détenaient me semblait-il un pouvoir devant lequel je me sentais sans aucune défense. Ce souvenir était-il à l'origine de cette peur? Sans fondement « réel »?

— Défais-toi de cette peur, dit Chris, tu en seras débarrassée à jamais. Nous examinerons le reste plus tard.

Elle remit l'aiguille dans ma gorge.

Je soufflai de la lumière dans l'aiguille, la douleur s'amplifia, elle devint violente, terrible.

Je continuai à me voir mourir. Le soleil était haut dans le ciel maintenant, j'en avais presque fini d'expirer. La scène était trop affreuse pour que je me concentre sur elle beaucoup plus. Au moment où je décidai de ne plus m'en préoccuper, je me vis abandonner mon corps pour mourir. A peine l'eus-je quitté que la douleur me quitta aussi. Je me regardai, là en bas. Je suivis le jeune homme après qu'il m'eut laissée. Il retourna chez mon père auquel il raconta que le bandit m'avait blessée et m'avait abandonnée, mourante.

Mon père le crut, le réprimanda fortement pour ne pas m'avoir défendue. Mais après tout, ses deux autres filles lui procureraient un meilleur arrangement.

Le jeune homme commença alors à discuter le prix de ma sœur cadette (Sachi). Sachi refusa de lui être vendue, car elle était tombée amoureuse de *son* frère cadet! Lequel est aujourd'hui mon propre frère. Les deux jeunes gens s'en allèrent ensemble, abandonnant les deux hommes qui avaient eu, en se battant, la responsabilité de mon destin. J'entendis le jeune homme promettre de se venger contre l'âme de mon père, se jurant d'y parvenir, fût-ce dans une vie future! L'image disparut alors lentement.

Je m'arrêtai, commençant à mettre mes idées en place. Puis je m'adressai à Chris :

— Tu sais, ce qui me semble important, c'est que mon père et mon ex-mari ne se sont pas aimés dès le moment où ils se sont vus. On aurait dit une réaction chimique qui n'avait aucune base consciente. *Chacun* des deux semblait me posséder et vouloir me protéger des griffes *de l'autre*!

— Ce type de karma, dit en riant Chris, existe dans chaque famille! Regarde le karma de ta mère : en tant que bandit elle doit résoudre un problème avec ton père; elle a vraiment abusé de son pouvoir sans merci à l'époque de cette vie, même si le code du désert comprenait que l'on vole les femmes. Quels sont tes sentiments à cet égard?

Je réfléchis un instant, essayant d'être aussi objective que possible.

— D'une certaine manière, dis-je, ce qui m'intéresse vraiment est ce qui se trame entre eux deux. Il semblerait que je n'en veuille ni à l'un ni à l'autre, mais que j'aie au contraire accepté d'être leur fille dans cette incarnation afin de les aider à résoudre leur problème commun. Crois-tu cela possible?

– Tout à fait possible et généreux! Tu as sans doute choisi ta mère, afin de résoudre de nombreux problèmes au cours de cette vie : elle t'a appris à aimer sans juger, elle t'a rappelé que chacun d'entre nous est tyran, à une époque ou à une autre. Elle a vécu tout cela, s'est épanouie en le comprenant, tout comme tu le feras toi-même. Ton père se sent encore tiraillé entre comprendre le pouvoir latent qu'il possède et l'utiliser; mais il finira par le faire. Tous deux vont progresser rapidement grâce à toi. Ils ont l'un et l'autre un lien karmique intense. Ta mère était celle qui t'avait été désignée pour que tu apprennes. Elle t'a livré l'idéal qui t'a permis le mieux d'apprendre. Voilà pourquoi elle t'a attirée comme un parent potentiel. Sais-tu que l'illumination d'une âme élève le niveau de toutes les autres âmes de la planète?

Quelle manière élégante de lire les choses, pensai-je. Ce qui me semblait évident était l'absence de pouvoir dont ma mère semblait souffrir, dans cette vie. Quelles que fussent les raisons qui la poussèrent à jouer le rôle de la victime, je ne voulais pas suivre ses traces. Bien qu'elle traînât derrière elle désespoir et frustration, j'en apprenais quelque chose d'essentiel : ne pas l'imiter. Je devais lui en être éternellement reconnaissante. Je n'aurais pu choisir meilleur professeur! Quant au sort de mes parents, je remarquai qu'ils semblaient exprimer leurs émotions refoulées avec beaucoup plus de verve quand j'étais présente : sans doute devais-je en conclure que mon rôle était de ne pas m'en mêler, de regarder avec patience se dérouler l'intensité de leur karma, de les laisser se disputer jusqu'à ce qu'enfin, ils en aient terminé! Leur amour l'un pour l'autre, bien que très puissant, était encore limité par quelque chose : ils devaient apprendre à *pardonner à eux-mêmes*; cela les conduirait à tomber amoureux de leur propre être.

Fait particulièrement intéressant à souligner : depuis ma plus tendre enfance, je me suis sentie attirée par le désert. Non pas le désert du Mojave ou du Sahara. Le désert de Gobi. Mon imagination s'est toujours enflammée à la pensée d'un désert peuplé d'habitants mongols. Ils étaient sauvages, rudes et ne rendant de compte qu'au Dieu qu'ils craignaient et vénéraient. Le vent hurlant les accompagnait sans cesse, et l'immensité des cieux leur faisait se rappeler qu'ils n'étaient pas seuls. Si j'ai pu m'éprendre du désert de Gobi après y avoir vécu une vie pareille, cela tient sans doute au fait que j'avais résolu mes problèmes avec ceux qui m'y avaient fait souffrir. Mais le traumatisme du soleil, de la mort lente et des oiseaux demeurait encore entier!

Tant de trames sous-tendent cette vie et la relient à ma vie actuelle, que je ne peux même pas les dénombrer toutes. *De plus*, ce qui m'était arrivé dans le désert était le résultat d'une vie précédente. Qu'avais-je pu faire à ce jeune homme pour qu'il m'inflige une morte aussi lente et violente?

Je questionnai mon *Moi Supérieur*, qui me montra une incarnation de l'époque romaine. J'étais un soldat romain, ayant emprisonné une femme et sa fille, et je les avais laissée mourir de faim dans leur cellule. (Elles avaient attrapé la lèpre, à cause de la saleté.) La femme était l'âme du jeune homme, soit mon ex-mari de cette vie-ci! La loi karmique de cause et d'effet avait des implications renversantes! Le drame semblait ne jamais prendre fin. Quel film les producteurs d'Hollywood pourraient tirer du drame karmique, s'ils daignaient s'intéresser à la manière dont le karma fonctionne pour chaque membre de la race humaine... Le canevas de l'histoire humaine est vraiment d'une richesse sans pareille. Que nous importeraient les histoires des gentils qui se battent contre les méchants? Nous plongerions tous dans le même bouillon de culture, celui du conflit émotionnel... J'avais envie de voir un film où serait montrée une justice poétique, s'étendant sur plusieurs vies : nous apprendrions peut-être comment s'agencent harmonieusement la vie et ses buts. La violence aurait un sens. Cessant de nous paraître gratuite, elle deviendrait moins provocante et moins dangereuse. Peut-être les gens parviendraient-ils à se contrôler, s'ils savaient qu'en fin de compte, ils seraient *eux-mêmes* les juges de leurs propres actions, les maîtres de leurs propres destinées.

Quels progrès ferions-nous si nous comprenions que tout ce que nous punissons en autrui (ou tout ce que nous louons, d'ailleurs), nous en ferons nous-même l'expérience! Je repensai encore au commandement, à sa signification profonde. Chaque personne qui détient le pouvoir doit se sentir isolée, quand elle doit prendre une décision qui pourrait impliquer la mort pour d'autres : cette décision, elle doit en comprendre la « signification » réelle... Ce n'est pas la mort mais le « vol » du véhicule d'une expérience, le corps, qui représente le plus grave des crimes sur le plan cosmique. La seule voie menant à Dieu se situe sur le plan terrestre : c'est l'expérience que l'on vit dans le corps. Tuer son prochain, c'est mettre fin à une opportunité qu'avait l'âme de trouver Dieu.

S'il me fallait évaluer la période que j'ai passée auprès de Chris en prenant pour unité de mesure le divertissement, je dirais que j'ai connu l'expérience la plus théâtrale de mon existence. Et comme toujours dans le divertissement de qualité, cela sonnait vrai.

La dernière incarnation qu'il m'a été permis de voir a été spectaculairement liée à ma vie actuelle.

Tout avait commencé en Russie (tiens, encore?) à l'époque des tzars. J'occupais un poste important à la cour. Je menais une vie de luxe : courses en traîneaux au cœur de la campagne enneigée (des clochettes témoignant de notre vitesse). Je pouvais même sentir le vent glacial, entendre les cloches tintinnabuler en évoquant cette incarnation. Il me semblait que j'y étais à nouveau. J'y admirais de somptueuses jupes de velours, des couleurs sourdes, d'immenses tables couvertes de caviar et de vodka. On y parlait un français teinté d'accent russe, lorsqu'à la Cour on évoquait la peinture impressionniste et la vie sophistiquée de l'Europe.

La pauvreté la plus noire s'étalait dans la campagne. Tandis que l'élite assistait aux concerts, aux ballets et à l'opéra, les pauvres vivaient dans des huttes partiellement enfouies sous terre, pour essayer de combattre le froid. Toutes ces images me parvenaient d'une manière abstraite, elles ne servaient qu'à établir le cadre dans lequel j'allais moi-même évoluer. La religion orthodoxe russe était en vogue à la Cour, elle régnait en maître. Satan, symbole du mal, était une figure terrifiante et bien réelle. La philosophie la plus répandue en ce lieu, parmi les gens, était que les pauvres se voyaient écrasés par Satan car c'était leur destin de l'être. Les riches, eux, étaient récompensés par Dieu. Les membres de la Cour se sentaient toutefois inférieurs au reste de l'Europe, en raison du caractère primitif de la campagne russe et de ses habitants. Lorsqu'ils fréquentaient les intellectuels français, ils clamaient que les paysans russes n'étaient pas prêts pour la démocratie : il fallait encadrer ces sauvages pour les protéger contre eux-mêmes. Capables de tuer sans l'ombre d'une arrière-pensée, ils étaient plus proches des animaux que des hommes. Et ces gens, qui se permettaient de porter des jugements aussi élitistes, je les vis dévorer à pleines dents des gigots d'agneau, assis à des tables luxueuses, durant des banquets. Les arguments s'opposaient sans grande finesse, sans grande diplomatie et sans analyse en profondeur des questions. La violence physique explosait, suivie de près par les rires et beaucoup de pleurs. Les passions étaient déchaînées.

Ma vie s'écoulait, paisiblement protégée par les remparts de la cour. J'avais un fils que j'adorais, qui était pour moi toute ma vie. Lorsque les images se ralentirent, je sus qu'il avait six ans. Il avait des pommettes hautes, (une caractéristique que je reconnus sans peine) et la peau mate. Sous ses traits je retrouvai Vassy. (Il avait donc bien été mon fils dans une vie antérieure.) L'image se transporta aux États-Unis, à l'époque de la Guerre Civile, dans les forêts du centre du pays. Cette fois, j'étais une femme vivant seule dans une cabane en rondins, avec mon fils : Vassy encore. Je le rendais semblait-il très nerveux. Passant sa tête en dehors de la porte, mi-sérieux, mi-plaisantant, il s'enfuit. Je me jetai à sa poursuite. Il courut jusqu'à une falaise où il avait l'habitude de jouer, mais perdit pied et tomba par-dessus.

L'image revint alors en Russie.

Vassy, qui vivait alors à la Cour en ma compagnie, était un petit garçon russe timide, profondément ému par le sort des pauvres. Il avait coutume de sortir à l'extérieur du palais, pour jouer avec ses amis. Il emportait des objets précieux qu'il leur remettait afin qu'ils puissent les vendre et acheter de quoi manger. J'observais son jeu à la « Robin des Bois », sans rien dire...

Une nouvelle image apparut. Un homme d'un village voisin demanda à me voir. J'acceptai. Il représentait un groupe de pauvres et venait me trouver pour me parler des conditions désespérées dans lesquelles il vivait avec sa famille. Ces gens avaient besoin qu'on les aide, et ils voulaient que la Cour impériale prenne en considération leur situation pour essayer d'alléger le fardeau de leur misérable existence. Je lui prêtai une oreille attentive et me sentis émue, mais incapable de tenter quoi que ce fût. L'homme me demanda si je pourrais trouver un moyen de vendre certains trésors de la Cour afin de permettre à d'autres de survivre. Il ajouta qu'il prendrait sur lui la respon-sabilité de ces débours. Sa détresse était profonde et réelle. Le simple fait qu'il ait demandé à me voir prouvait qu'il ne manquait pas de courage. Cet homme, c'était Steve, mon ex-mari... Je l'écoutai avec attention, et le renvoyai après lui avoir promis d'examiner avec soin le problème qu'il m'avait soumis. Je pris rapidement contact avec lui, me déguisant en paysanne afin de me rendre compte par moi-même sur place, de leurs conditions de vie. Les paysans m'accueillirent dans leurs huttes misérables, m'offrant du vin qu'ils avaient fabriqué et la maigre nourriture qu'il leur restait. J'acceptai avec plaisir le peu qu'ils avaient à me proposer. J'écoutai leurs histoires, chantai en leur compagnie; mon fils était venu avec moi. Il me présenta à ses amis dans le dénuement, auxquels il donnait de l'argent lors de ses visites. Je trouvais ses gestes de charité enfantins quelque peu embarrassants. Le problème prenait de telles proportions que ces petits gestes me paraissaient mesquins.

Pourtant, ce contact avec les pauvres devint une réalité attachante. J'aimais me trouver avec eux, et j'avais sincèrement envie de leur venir en aide. Restait à prendre la décision de les secourir vraiment. J'allai trouver quelqu'un occupant une position de haut-rang à la Cour : l'âme de mon père actuel. Il éprouva de la sympathie pour ce que je lui contai, mais ne se montra pas prêt à mettre quoi que ce soit en œuvre. Selon lui, les pauvres étaient destinés à l'être. Ses conseillers spirituels lui avaient même déclaré que toute intervention sur la destinée karmique d'un individu serait un crime. Son conseiller spirituel était l'âme de ma mère actuelle : je compris combien leur destinée karmique était entrelacée et compliquée! Lorsque j'allais la trouver pour plaider la cause des pauvres, elle ajouta que ce serait une œuvre satanique de laisser la famille impériale s'occuper de leur karma. Satan travaillait de manière vicieuse, disait-elle, et il fallait sans cesse être sur le qui-vive. Mon fils la regardait, et je vis quelle influence elle avait sur lui. Je me sentis tiraillée entre les deux, car je faisais moi aussi partie de l'Église orthodoxe russe, croyant profondément aux polarités du Bien et du Mal. Satan venait comme le loup dans la bergerie : si nous ne croyions pas à Satan, c'est qu'il nous séduisait afin que nous ne le reconnaissions pas.

Je me sentais troublée. Empêchée d'aider le peuple que j'avais appris à apprécier et pour qui j'éprouvais de la compassion. Je me vis arpentant une pièce de long en large, ne sachant quoi faire. J'avais envie d'écouter ma voix intérieure, mais je craignais le courroux des autres : s'ils avaient raison, à propos de

Satan ? Je craignais aussi, à vrai dire, d'être rejetée de la famille impériale.

Je cessai de me rendre au village, incapable d'accepter avec bonne conscience l'hospitalité des habitants. L'homme qui m'avait approchée au début commença à perdre espoir, en voyant mon courage faiblir et mon incapacité à accomplir ce que je savais pourtant être juste. Lorsqu'il rassembla tout son courage et vint me voir une fois encore, je refusai de le rencontrer et le fis jeter dehors.

Je ne tardai pas à apprendre par mon fils que cet homme, découragé, était tombé malade ; sa famille, comme bien d'autres, dépendait de lui et maintenant il était trop malade et déprimé pour tenter quoi que ce soit.

L'un après l'autre les membres de sa famille moururent, le laissant seul et désespéré, car il n'avait rien pu faire pour eux. Pourtant, cela ne m'incita toujours pas à tenter de les secourir. Il m'en voulut de plus en plus. La maladie s'abattit sur le village.

J'en conçus une telle horreur que j'en fus complètement paralysée. Des familles entières disparurent, jusqu'à ce qu'il ne reste personne. L'homme ne pouvait pas comprendre mon manque de courage moral. Au nom de tous ceux que j'avais refusé d'aider, il jura de se venger de moi, matériellement parlant. Il connaissait bien les principes karmiques lorsqu'il fit ce serment : il importait peu que sa revanche prenne forme dans cette vie ou dans une vie future. Un autre personnage évoluait dans cette incarnation ; il se montrait silencieux, mais puissant et profondément affecté par la condition des pauvres. Il devait être chroniqueur, car il tenait une sorte de journal dans lequel il consignait tous les événements : cet écrivain était mon frère, Warren. Je repensai instantanément à l'obstination qu'il avait témoignée au moment où il avait rédigé l'histoire de la révolution russe, au travers de John Reed.

Les images s'arrêtèrent : j'avais parfaitement capté leur signification.

Le karma de mon père et de ma mère m'apparaissait, clairement : comme ils avaient retenu de l'argent au lieu d'en faire profiter les paysans frappés par la misère, ils étaient confrontés dans cette incarnation à des problèmes d'argent bien à eux : même si, en fait, ils n'en avaient pas. Papa et Maman éprouvaient aujourd'hui beaucoup de compassion à l'égard des pauvres, s'identifiant profondément à eux. La relation avec Vassy me sembla aussi très claire. Il avait été mon fils pendant au moins quatre vies (car j'en avais reconnu deux autres que je n'ai pas cru bon de devoir mentionner). J'avais retrouvé dans ces deux vies le thème du Bien et du Mal, de l'amour et de la passion violente confrontés au respect et à la liberté.

L'expérience la plus révélatrice toutefois est celle avec l'homme du village. Mes parents ont peut-être hérité de cette époque leurs problèmes financiers, mais cela n'était rien comparé à moi. J'ai déjà eu l'occasion de le dire, l'homme qui avait juré de se venger de moi est mon ex-mari, Steve. Pendant notre mariage, il avait éprouvé le besoin de me soutirer d'importantes sommes d'argent. Et au moment de notre divorce, il avait cru bon d'exiger des montants encore plus importants. Jusqu'à maintenant, je n'avais jamais pu comprendre pourquoi l'argent était tellement important à ses yeux. Il avait juré de se venger de mon père à l'époque des Mongols et de moi durant l'incarnation russe. J'avais refusé de lui venir en aide, ce qui avait eu des conséquences catastrophiques sur sa famille et sur lui-même. J'étais actuellement en train de recueillir les fruits de ma propre faiblesse d'autrefois, il s'agissait donc d'une expérience karmique qui expliquait tout.

Je me demandai si une croyance comme celle-la pourrait aider les millions de gens aigris et désabusés d'avoir été trompés, exploités et apparemment sans raison évidente.

La raison existe toujours, nous sommes tous partie prenante dans notre propre drame karmique, d'une vie à l'autre. Il s'agit simplement d'un processus d'apprentissage. Si nous pouvions parvenir à y penser en ces termes, nous absorberions une partie des chocs beaucoup plus facilement. Une fois que j'eus compris ce que je venais de voir, je me mis à pleurer, car pour moi, comprendre pour quelles *raisons* Steve avait fait montre d'une attitude aussi négative, m'émouvait bien plus que je ne saurais le dire. Je ne rouvris pas les yeux, me contentant de me concentrer sur mon *Moi Supérieur,* que je voyais plus clairement que jamais. *M.S.* m'apparaissait au centre de mon *moi* sur le plan astral, paisible, calme et équilibré. Puis une chose étonnante se produisit : mon *Moi Supérieur* sembla ouvrir les bras, comme pour accueillir un autre être : cette nouvelle personne s'approcha de *M.S.* Alors, je m'aperçus qu'il s'agissait du *Moi Supérieur* de Steve, sous les traits d'un très vieil homme. *M.S.* l'embrassa, tandis que le vieil homme me regardait fixement.

— J'espère que je t'ai aidée à apprendre, dit le vieil homme avec tristesse et d'un air compassé. C'était là mon seul but. Je t'aime au-delà de tout ce que je pourrais exprimer. Nous avons convenus ensemble de mener cette expérience dans la présente incarnation. Nous avons vécu d'innombrables existences tous les deux, bien plus que je ne pourrais t'en citer. Et tu le sais. A travers chacune de ces expériences, nous nous sommes mutuellement enseigné de nombreux points. Tout ce que nous nous sommes imposé l'un à l'autre a été fait au nom de l'amour. L'amour réciproque n'a été qu'une des leçons de l'amour et de la réalisation de soi.

Mon cœur s'emplit d'émotion : je commençai à trouver la clef de tous ces sentiments confus que j'avais eu à son égard. Il se mit à sourire tristement. Alors, quelque chose m'arriva, que jamais je ne pourrai oublier.

M.S. ouvrit à nouveau les bras, semblant souhaiter la bienvenue à quelqu'un. Les essences de beaucoup d'autres personnes flottaient dans l'image de mon moi dimensionnellement plus élevé. Je parle « d'essences », car les formes n'étaient pas nettes, mais je pouvais voir qu'il s'agissait des âmes-énergies des *Mois Supérieurs* de mon père, ma mère, mon frère, Vassy, et Sachi. Chacun semblait rayonner de sa propre lumière, en montrant des aspects que je reconnaissais aujourd'hui en eux. Ils se tenaient dans leur propre lueur, comme une flamme tremblante et irradiant sa propre splendeur.

Les sentiments que cette vision provoquait en moi étaient pratiquement impossible à contenir, et je me remis à pleurer. L'amour jaillissait d'eux en flots tellement importants, tellement parfaits que j'en étais profondément émue. Ils représentaient tous tant de choses à mes yeux! Leur propre lumière les entourait, lorsque deux autres êtres de lumière vinrent les rejoindre : il s'agissait de Ramtha et de Mc Pherson. Chacun des deux se tenait de part et d'autre du petit groupe, comme pour l'encadrer. Mes larmes continuaient à couler. C'est alors que *M.S.* reprit la parole :

— Voilà *ta* perfection dit-il. Voici l'harmonie à laquelle tu aspires. Tes larmes témoignent d'une vérité que tu as cherchée, il faut que tu saches qu'elle est là pour toi, qu'il est inutile de se battre si durement au risque de la perdre. Souviens-toi toujours que la recherche fait partie de ta voie, pas la bataille. La recherche appartient à l'ensemble et, dans le monde imparfait que nous avons nous-même créé, il faut sans cesse chercher l'harmonie. C'est la raison même de l'existence de l'imperfection, laquelle permet de rétablir l'équilibre. Est-ce que tu comprends ? Comprends-tu que nous sommes liés les uns aux autres en amour, en lumière et dans le même dessein. Je pleurais tellement que j'étais heureuse de pouvoir formuler ma réponse mentalement.

Mis à part des détails que j'ai obtenus sur les relations que j'entretiens avec ma famille, mes amis, mes amants, il me serait difficile de définir précisément quel effet a eu sur moi cette période passée en compagnie de Chris, au cours de laquelle j'ai réussi à me mettre en contact avec mon *Moi Supérieur*. Trois domaines de ma vie ont subi l'influence particulière de cette maturation. D'abord, le contrôle de mon énergie, et des ressources vitales ; ensuite ma perception de la réalité. Enfin, la réalité de l'expérience. En ce qui concerne le premier point, je constate que je fais preuve d'une énergie débordante. Mon entourage me le fait souvent remarquer, et je ne peux que le noter dans ma vie quotidienne et dans mon travail. En ce qui concerne la perception que j'ai de la réalité, je pense de plus en plus souvent à ce qu'écrivait Flaubert : « La réalité n'existe pas. Seule la perception est réelle. » J'ajouterais que la perception que l'on a de sa propre réalité est en relation directe avec le troisième point : la réalité de l'expérience.

Quand il m'arrive maintenant de rencontrer quelque chose qui me semble trop négatif, ou trop confus pour que je puisse y voir clair, le fait de savoir que j'ai choisi cela pour en tirer un enseignement m'aide considérablement. La tâche devient alors d'essayer de comprendre pourquoi un tel événement a pu se produire, afin que les morceaux du puzzle viennent s'imbriquer dans une image plus vaste.

Peu de temps après que j'eus quitté Santa Fe, deux événements sont survenus dans ma vie. Ils m'ont montré exactement le processus qui lie chacun à la vie selon la lumière de sa propre spiritualité.

QUATRIÈME PARTIE

La danse du Fil Rouge

Chapitre 19

J'avais immédiatement commencé la rédaction de *De nombreux retours heureux...* Le titre me semblait contenir très exactement ce que je voulais dire dans ce livre. Je me rendis compte que si je me fiais à mon *Moi Supérieur* en ce qui concernait l'écriture, je pouvais arriver à travailler sans fatigue de neuf à douze heures par jour. Je n'avais d'ailleurs pas l'impression de travailler, j'avais plutôt le sentiment de donner libre cours à mon expression. Je commençai à entrevoir comment fonctionnait le principe de confiance dans son propre savoir supérieur. Je sortais de ma voie habituelle : il ne me fallut que cinq semaines pour rédiger la première version. Et soudain, je fus confrontée à une sorte de blocage. J'étais revenue à Los Angeles. Au cours d'une séance avec Kevin Ryerson, le médium qui canalisait les entités spirituelles Tom McPherson et John, j'appris que le titre de mon livre posait problème. Selon elles, un livre explorant les vies passées d'Edgar Cayce (le médium américain bien connu), était sur le point d'être publié, sous le titre *De nombreux retours heureux...*

Elles ajoutèrent néanmoins que j'allais trouver un autre titre en relation plus étroite avec ma vie actuelle et avec mes vies passées. Cela m'agaça un peu, mais j'attendis que le titre me vienne. Je retournai sur scène. Je jouais à l'Orpheum Theater de San Francisco, quand Kevin Ryerson vint voir mon spectacle. J'entrai en scène dans mon habituel costume de paillettes rouges. A peine avais-je commencé à bouger que je remarquai un fil rouge pendant de ma manche. Je connais bien les tissus pailletés, et je savais qu'il était très risqué de tirer sur le fil, car les paillettes sont cousues ensemble, et non une à une. L'habilleuse étant une femme très consciencieuse, je ne pouvais comprendre qu'un tel incident puisse survenir.

Immédiatement après l'ouverture, je m'arrêtai un instant, demandai des ciseaux et remarquai que si je tirais le fil qui pendait, le costume tout entier s'effilocherait. Je ne savais pas encore qu'il s'agissait là d'une métaphore de ce qui allait suivre.

Kevin vint dans les coulisses, avec sous le bras un opuscule qu'il me montra :

– J'ai l'impression que nous avons ici une synchronisation des événements, dit-il.

Mais je ne compris pas ce qu'il voulait me dire. Il me fallut parcourir le fascicule pour saisir son allusion.

– Lis ceci, ajouta-t-il, puis nous discuterons.

Je passai rapidement en revue un article concernant la vie d'un maître Zen qui vivait au XVe siècle et se nommait Ikkyu. Il s'était fait connaître comme grand poète, au talent phénoménal, iconoclaste, réformiste religieux. Bien qu'il eût été fils d'empereur, il avait passé la plus grande partie de sa longue vie (quatre-vingt-huit ans) comme moine et guérisseur ambulant. Il devint le plus grand calligraphe de son temps. Grâce à lui fut retracée l'histoire d'un amant légendaire qui avait eu une liaison passionnée à l'âge de soixante-dix ans. Ikkyu était bien à l'image de son temps, plein de contradictions, dans une époque de soulèvements politiques, pas vraiment différents de ceux que nous connaissons aujourd'hui : émeutes, guerres civiles, épidémies, catastrophes et famine. Pourtant l'époque connaissait aussi un renouveau complet des arts, une sorte de Renaissance comparable à celle de l'Italie. L'influence d'Ikkyu sur son époque avait été considérable. Il était devenu un héros populaire. Sa principale contribution à la culture japonaise avait consisté en *Wabi*, ce qui au sens large du terme, signifie la beauté par la simplicité et le manque d'ostentation matérielle. Il était non seulement un poète japonais, mais aussi un chinois. En tant que maître Zen, toutefois, il avait défié la philosophie Zen, qui ne se contentait pas d'ignorer les femmes, mais essayait d'en nier l'existence. Résultat : cette époque avait vu un rejet de l'amour entre hommes et femmes durant la vie, et une mise à l'écart totale de l'amour et de la sexualité. Il appelait son acceptation de la sexualité humaine et son respect pour l'énergie féminine « le Zen du Fil Rouge », reconnaissant par là que la vie, elle-même, ne pouvait exister sans le cordon ombilical qui nous reliait à la femme. Il rejetait le célibat, soutenant que ses propres relations intimes avec les femmes lui permettaient une illumination plus profonde. Il avait tenu ouvertement commerce avec de nombreuses femmes, mais ce n'est qu'à l'âge de soixante-dix ans qu'il proclama avoir enfin rencontré la femme de sa vie. Elle était de quelque quarante ans sa cadette, aveugle, et chantait des ballades japonaises. Il lui dédia son dernier poème, celui qu'il écrivit sur son lit de mort :

— Je regrette de ne plus avoir ses genoux pour coussins. Je lui voue mon éternité...

En lisant ce texte, un sens intense de familiarité me saisit. Kevin ajouta qu'il s'était senti « poussé » à me remettre ce fascicule, qu'il devait donc avoir un rapport quelconque avec moi et mon expérience des vies antérieures.

Mon esprit intuitif supérieur me fit comprendre que j'avais dû être cette chanteuse aveugle.

Quelques jours plus tard, je retrouvai Kevin au cours d'une séance. McPherson et John y participèrent. Je leur demandai s'il fallait voir un lien entre le fil rouge qui s'était détaché de mon costume et le Zen du Fil Rouge d'Ikkyu.

— Oui, dit McPherson, nous avons programmé un petit incident banal mais marquant, pour attirer ton attention.

— Mais pourquoi cela ? demandai-je. Qu'ai-je à voir avec ce poète ? Étais-je cette chanteuse aveugle ? Et si c'est le cas, que dois-je en conclure ?

— Quelle est ton opinion ? demanda McPherson, de la manière qu'ont tous les guides spirituels de vous forcer à penser de façon plus intuitive.

— J'ai vraiment l'impression que c'était moi, répondis-je.

— Et tu as raison, reprit-il.

Soudain je mis en rapport mes troubles oculaires avec ce

347

qu'il m'était donné de comprendre. Des sortes de petites taches dansaient devant mes yeux, rendant toute lecture pénible. Je demandai si je devais y voir un lien.

— Tout à fait, dit McPherson, ton *Moi Supérieur* a compris que tu attirerais cette connaissance jusqu'à ta conscience, et que la mémoire de ta cécité se manifesterait à travers la mémoire cellulaire de tes yeux!

Je clignai des yeux, essayant de me souvenir de mon apparence à l'époque. Je me rendais compte que je « voyais » au cœur des choses, non pas les formes, mais les sentiments et le sens des événements.

— A l'époque, tu possédais un don de « vue » de l'intérieur, un sens extrêmement aigu, car il ne t'était pas donné de voir avec les yeux. Il serait bon pour toi de développer à nouveau ce don.

A l'instant même où McPherson mentionnait cela, j'eus une vision aveuglante d'un lien entre cette perspicacité et Ikkyu. J'avais le plus grand mal à formuler cela mais j'avais appris à ne pas retenir ces sentiments ou à ne pas les laisser m'arrêter.

— Tom, ajoutai-je, j'ai de drôles d'idées, si tu veux les appeler de la sorte.

— Je sais, répondit-il.

— Est-ce vrai?

— Exprime ton sentiment, me dit-il d'une voix pressante.

— Eh bien, dis-je en hésitant, j'ai l'impression que cet Ikkyu est le personnage de mon ex-mari, Steve.

Tom me sourit au travers du visage de Kevin.

— Pas mal vu, dit-il; tu as besoin de débrouiller les fils de ton propre mystère, afin d'atteindre une nouvelle compréhension et donc de trouver un nouveau titre pour ton livre.

— Quel titre?

— Eh bien, dit Tom, pour toi, la danse c'est la vie, n'est-ce-pas?

— Oui.

— Une danse d'énergie et d'enseignement?

— Tout à fait.

— Le Zen du Fil Rouge d'Ikkyu représentait la reconnaissance de la danse de l'énergie mâle et femelle, lorsque nous nous incarnons en homme ou en femme, dans chacune des différentes vies. Il a fait une percée remarquable dans le Zen asexué et puritain de son époque. Il a compris que toute expérience est liée

348

à la femme au travers du cordon ombilical du fil rouge. Voilà pour Steve. Aussi avez-vous été spirituellement liés dans cette incarnation, et vous étiez en relation avec le Japon. La filiation spirituelle s'est poursuivie dans cette vie, mais cette fois les rôles sont inversés. *C'est toi* qui as été l'interprète publique, lui a été l' « apprenant ». Parfois ta perspicacité s'est montrée trop précise pour lui : il s'est alors renfermé sur lui-même. Il en était de même dans d'autres incarnations quand ses dons étaient trop exacerbés pour les autres. *Ton* don personnel dans cette incarnation va te permettre de tolérer mieux le rythme des autres qui risquent parfois d'être aveuglés par la lumière. Vois-tu où je veux en venir?

Je me redressai sur ma chaise, respirant profondément. Les taches devant mes yeux disparurent comme la douleur aiguë qui m'avait fait souffrir depuis deux jours à l'épaule droite.

– Ta douleur à l'épaule droite a disparu, dit Tom, parce que tu es entrée en contact avec l'incarnation dont nous parlions.

– Pourquoi cette douleur? demandai-je alors.

– Elle t'avait été infligée par un autre maître Zen, et allait au-delà de ce que tu pouvais comprendre à l'époque.

– Est-ce que Ikkyu m'a frappée?

– Non, répondit-il, un autre moine t'a blessée, parce que Ikkyu et toi étiez en contradiction avec les croyances traditionnelles Zen.

Je me frottai l'épaule, incapable de me souvenir de l'endroit de la douleur.

– Toute douleur physique, reprit Tom, tout « inconfort » n'est autre que de l'impureté karmique qui n'a pas été résolue, dont on ne s'est pas défait. Lorsqu'on comprend le karma, les énergies circulent librement dans le corps et plus on devient libre au niveau karmique, moins on ressent de douleur, et d'inconfort.

Sans en comprendre la raison, je me sentais très excitée :

– Mais Tom, dis-je, comment les gens pourraient-ils se libérer de la douleur et de la maladie s'ils ne savent pas comment entrer en contact avec leurs vies antérieures? Tout le monde n'a pas la chance de vous avoir vous, ou d'autres, en tant que guides spirituels!

– En fait, c'est extrêmement simple. D'une simplicité rare, dit-il calmement. Si chacun apprenait la loi spirituelle fondamentale, le monde entier serait beaucoup plus heureux et en bien meilleure santé. Cette loi peut s'énoncer ainsi : *Tout le monde est Dieu. Tout le monde.* Le danger le plus menaçant pour la Terre est l'ignorance spirituelle. Le monde a faim de ce savoir et la race humaine connaît actuellement une grande poussée dans cette direction avec le renouveau de la ferveur religieuse. Mais chaque faction religieuse se permet de juger les autres et de se montrer intolérante à leur égard. Il faut que cela cesse. Lorsque tout le monde aura compris cette affirmation que *chacun* fait partie de Dieu, la conscience de la civilisation tout entière reflètera la paix : la paix intérieure. Il vous faut reconnaître qu'au sein de chaque individu se trouve cette vérité cosmique, celle que vous appelez Dieu.

Je regardai l'énergie de McPherson, exprimée au travers de Kevin, bouche bée!

— Vous me dites donc que si nous *savions* seulement que nous sommes individuellement et dans notre totalité une part de cette Force Divine, *nous* n'aurions plus à faire l'expérience de la douleur, du traumatisme ou de l'inconfort?

— C'est tout à fait exact, dit Tom doucement. Chacun peut atteindre cette illumination, quelque méprisable qu'il ait pu sembler. Chaque individu doit résoudre son propre conflit au sein de son âme. Chaque personne résout ses problèmes, à son propre rythme. Personne ne peut connaître autrui, ni le juger. Car chaque âme au sein de l'univers est une partie de Dieu.

Je restai assise, sans bouger.

Tom reprit alors la parole, pour me demander si je savais ce qu'était un koan? Je n'en avais pas la moindre idée.

— Un koan, dit Tom, est une question qu'un maître Zen va poser à son élève pour le pousser à réfléchir plus profondément. La question « qu'est-ce que le son d'une main qui applaudit? » est un koan. Si un arbre tombe dans la forêt, et qu'il n'y a personne pour l'entendre, cette chute fait-elle du bruit? Voilà un autre koan. Les koans ont pour objet de stimuler la perspicacité. Le titre *De nombreux retours heureux* était pour toi un koan. Il stimulait ta pensée, la poussait à chercher plus loin, parce que cela t'amusait et t'inspirait. Lorsque ce titre t'a été enlevé, arraché même, cela t'a contraint à chercher encore plus loin. Grâce à la danse de la conscience dont tu as fait l'expérience, tu en sais plus sur toi-même. Se connaître soi-même est la seule chose qui vaille la peine. Tout découle de ce principe.

Nous restâmes tous les deux assis, sans rien dire. Je me

demandai à quoi Tom ressemblerait s'il s'incarnait. Qu'était-ce donc que la forme? Qu'est-ce qu'un corps? Qui étions-nous? N'étions-nous que de la pensée coagulée? Étions-nous des manifestations physiques de notre propre conscience?

Je finis par reprendre la parole :

– Eh bien, Tom, je pense que vous êtes mon nouveau koan. Si vous aviez une forme, comment serait-elle?

– Je peux te dire que je semblerais différent à chaque âme qui se poserait la question. La réalité est ce que chacun perçoit qu'elle est. Si tu n'as plus de questions pour le moment, je vais partir.

J'acquiesçai :

– Et si vous partez, en fait vous ne ferez qu'apparaître comme vous étant éloigné?

– Tout à fait, dit Tom, rien ne s'en va jamais. Tout et tout le monde est en fait sans cesse présent. Souviens-t-en dans les jours qui viennent. Plus tu as conscience de ce fait, plus tu possèdes de conscience. Plus tu es consciente, plus tu t'approches de la connaissance de ton *Moi Supérieur Illimité*. Mieux tu connais ton *Moi Supérieur*, plus tu t'approches de tous les autres *Mois Supérieurs*, et de la Lumière qui est Dieu-force.

Le corps de Kevin se mit à trembler, et Tom McPherson s'en alla. J'allais en fait les jours suivants me souvenir avec gratitude des paroles de Tom.

Christopher Adler m'appela au téléphone. Cet ami depuis de si longues années, celui qui avait écrit les chansons de mon show, qui avait organisé cette somptueuse fête de « Lumière et de Vie » pour mon anniversaire, m'était, au cours de toutes ces années, devenu très proche. Il semblait en détresse. « Il y a quelque chose qui ne va pas du tout » me dit-il. Sa voix reflétait une sorte de panique qu'il avait du mal à réprimer. « Je souffre d'épouvantables douleurs à l'estomac, j'ai beaucoup de fièvre, un œdème (une rétention d'eau), et je me sens " vidé ", sans aucune énergie. Les médecins n'y comprennent rien. » Il ajouta qu'il entrait à l'hôpital pour subir des tests.

Sans perdre un instant, j'appelais Chris Griscom à Santa Fe, pour voir si elle pouvait capter quoi que ce soit de précis. Elle sembla choquée :

– Oh, mon Dieu, mon amie, dit-elle après avoir communiqué un long moment avec son *M.S.* Ce jeune homme est malade. Son corps entier est malade, et d'après ce que je vois, cela a commencé voilà trois ans. Shirley, il ne semble pas qu'il puisse s'en sortir.

J'étais anéantie. Christopher semblait si plein de vie, si rayonnant.

— Que peu-t-il faire, demandai-je?

— Il faut qu'il accepte cette expérience qu'il s'est choisie. Cela ne va pas être drôle, mais s'il comprend le rôle de sa propre volonté, libre, il se peut qu'il mette en route un processus de guérison.

Je ne savais que faire. Devrais-je mettre Christopher au courant, ou me taire? Je téléphonai à Kevin et à J.Z. et leur demandai de poser la question à Ramtha et McPherson. Tous deux me donnèrent les mêmes réponses : les ramifications de la maladie dans le corps de Christopher étaient absolument gigantesques. Je parlais avec Richard Adler, le père de Christopher, avec qui j'avais aussi travaillé au cours de ces dernières années. Aucun d'entre nous n'arrivait à accepter la rapidité et l'inéluctabilité apparente de tout ceci.

Quelques jours plus tard, Christopher me téléphona à nouveau : « C'est un lymphome, Shirley », me dit-il. Il essayait de retenir ses larmes. « J'ai un lymphome étendu au corps entier, j'ai un cancer, je ne peux arriver à le croire. Ils ont extrait tout ce qu'ils ont pu, et je vais subir maintenant pendant cinq semaines une chimiothérapie. Je ne comprends pas pourquoi tout ceci m'arrive. »

Je n'arrivais pas à lui parler. Au nom du ciel, que pouvais-je lui dire?

Puis, d'une voix plus forte, Christopher me dit : « Écoute-moi, j'ai besoin que l'on m'explique les règles de ce jeu spirituel. *J'ai peur.* Je sais que nous avons parlé ensemble de tout cela, des relations avec la vie sur le plan terrestre, mais maintenant il est indispensable que je comprenne *vraiment* de quoi il retourne. »

Je reparlai à Chris Griscom ainsi qu'à Kevin et à J.Z. Tous s'accordèrent à dire que la chimiothérapie ne ferait que contrarier le processus naturel de guérison du corps, parce qu'en plus du lymphome, elle détruisait aussi bien d'autres choses dans le corps. Mais étant donné le diagnostic karmique, cela ne ferait pas une grande différence de toute façon.

Je parlais avec les médecins de Christopher. Ils me dirent qu'ils savaient que l'approche spirituelle que j'avais de la maladie

352

de mon ami était juste, mais qu'empiriquement ils ne comprenaient pas et que faute de mieux, ils préféraient continuer leurs procédures médicales. Je pouvais les comprendre, Christopher et Richard aussi.

Il s'ensuivit des semaines de visites, de conversations au téléphone; pour Christopher la chimiothérapie voulait aussi dire nausées, et confusion entre la volonté de combattre la maladie et celle de se laisser aller.

J'essayai de lui expliquer qu'il pouvait combattre le lymphome, mais pas d'un point de vue physique. Je tentai de lui faire entendre que son corps était parfait et qu'il lui fallait se concentrer sur la réalité de cette perfection. Il avait trente ans, un cœur en parfait état, et son corps pouvait lui aussi être « parfait » s'il savait comment le regarder.

La famille Adler se prépara au pire tout en continuant à soutenir Christopher dans son combat. Je regagnai New York pour rester une semaine avec lui. C'est à cette époque que j'eus une « vision en rêve », ce que nous avons tous de temps en temps, qui semble si réel qu'on croirait une expérience vécue. Je rentrais dans sa chambre d'hôpital, dans laquelle je l'avais vu allongé, désespéré, troublé, mais déterminé. Lorsque je rentrai, cette fois, je le trouvai entièrement habillé. En me voyant, il me tendit les bras. Il semblait heureux, en bonne santé. Il m'enlaça et m'entraîna dans la danse. Je regardai autour de moi : nous dansions dans une bulle de pure lumière blanche. Il se pencha vers moi et me murmura à l'oreille : « Je suis maintenant prêt à parler de ma mère. »

Je me réveillai en sursaut. Je savais que sa mère était morte quand il était très jeune et que sa disparition l'avait énormément marqué.

Je téléphonai à Chris Griscom et lui demandai si je devais prendre ce rêve au pied de la lettre.

— Mes guides me disent qu'il doit résoudre une relation compliquée qu'il a eue avec sa mère, et qui continue depuis des siècles. C'est sa manière à lui de le faire.

— Mais alors, demandai-je, cela veut-il dire qu'il va survivre ou qu'il va nous quitter?

— Il va partir, Shirley, cette bulle de lumière blanche autour de vous symbolise son acceptation de venir dans la lumière de la compréhension *après* qu'il aura rejoint les dimensions supérieures.

Je raccrochai. Je n'étais nullement prête à accepter cette explication. Je voulais que Christopher continue à vivre dans son corps tout autant que lui et sa famille le voulaient. Je regagnai ma chambre, et fis un peu de yoga. Au beau milieu de ma séance, mon *Moi Supérieur* commença à me parler. Sa voix était claire et douce :

— Pourquoi as-tu, *toi*, le sentiment d'avoir le droit d'insister pour que Christopher continue à vivre dans son corps, alors qu'il a d'autres solutions pour résoudre ses problèmes à un niveau supérieur ?

— Mais que veux-tu dire ? lui demandai-je à voix haute.

— Exactement ce que tu viens d'entendre, reprit-il, et sa voix s'était faite plus forte. Tu sais que de toute façon il ne mourra jamais vraiment. Laisse-le poursuivre sa route à son propre rythme. Une personne ne peut jamais comprendre réellement ce que fait une autre ou ses raisons pour agir comme elle le fait.

— Mais il dit, *lui*, qu'il veut rester en vie dans son corps, protestai-je.

— Une partie de lui en a envie, dit *M.S.*, mais il est évident que son *Moi Supérieur* doit continuer ailleurs, faute de quoi cela ne serait pas arrivé. Il s'en va parce que tel est son choix. Tu as sans doute du mal à le comprendre parce que la vie corporelle a pour toi une très haute valeur. Mais c'est toi la contradiction, tu dois le laisser franchir le pas : telle est la leçon qu'il vous enseigne à tous.

Je restai un instant sans bouger, me regardant dans le miroir. Je compris tout à coup la signification de ce qu'on appelait l'expérience de la mort. Personne qui me fût proche n'était « mort » jusque-là, je comprenais aussi, de la manière la plus viscérale qui soit, que Christopher ne « partirait » pas vraiment. Il allait se contenter de passer dans une autre dimension. Plus j'insistais, et les autres avec moi, pour qu'il reste en vie dans son corps, plus nous lui rendions la transition difficile. C'était à lui de décider ; les médecins joueraient leur rôle, certaines parties de Christopher auraient sans doute envie de continuer la bataille, mais le vrai Christopher déciderait du moment de son départ et saurait s'il devait partir.

Après cette expérience avec *M.S.*, je cessai de me battre. Je me sentais infiniment triste de perdre cet ami si cher, et je savais qu'il manquerait cruellement à sa famille, mais je n'éprouvais plus ce désespoir ulcéré qui m'avait habité.

Il prit sa décision quelque six semaines plus tard.

Je donnais mon spectacle à Los Angeles et, chaque fois que je commençais à chanter les chansons de l'ouverture qu'il avait écrites pour moi, je pensais à lui. Un soir, je rentrai à la maison et me couchai tôt. Pendant que je dormais, une lumière blanche étourdissante me remplit la tête. Je m'éveillai. Je crus que le soleil brillait dans ma chambre. La chambre était plongée dans le noir, mais je me vis entourée d'un halo de lumière qui émanait de l'intérieur de mon propre esprit. Je savais qu'il s'agissait de Christopher. La lumière resta avec moi le restant de la nuit, et les jours qui suivirent.

Lorsque Richard me téléphona, je lui dis que je le savais déjà.

Chaque fois que j'entrais en scène, pour danser dans la lumière de mon propre spot, la lumière de Christopher venait se mêler à la mienne. J'avais le sentiment qu'il aimait ce que j'étais en train de faire, et ce qu'il avait tant contribué à créer. Je savais qu'il était enfin arrivé chez lui, à un endroit où toutes ses questions allaient obtenir une réponse, et il me rassurait, me faisant comprendre que son « jeu spirituel » se déroulait bien comme prévu. Le trouble qu'il avait connu l'avait enfin quitté, de même que la douleur et la terreur. Il savait exactement ce qu'il était en train de faire.

Chacun d'entre nous s'adapta à son départ à sa propre manière.

En ce qui me concerne, chaque fois que je pense à lui, je le vois danser dans une mer de lumière, et il me regarde pendant que, moi aussi, je danse.

Épilogue

Je comprends que l'on reste sceptique devant tout ce que je viens de décrire dans cet ouvrage : à dire vrai, j'ai moi aussi été plongée dans le doute, au début. A une différence près toutefois : je savais que tout cela m'était bien arrivé, *à moi*! Sans doute ai-je voulu que cela m'arrive. Pourtant cette expérience m'a permis de mieux comprendre ce que les nouveaux physiciens et les mystiques essayaient de réunir et de réconcilier dans leurs propres esprits : la réalité de la conscience.

Outre le fait qu'ils semblent soudain parler la même langue, ils pourraient bien se trouver sur le point de s'accorder sur un point : le cosmos n'est rien d'autre que de la conscience. L'univers et Dieu lui-même pourraient bien n'être qu'une gigantesque « pensée » collective. Chaque bribe d'information que nous emmagasinons dans notre consience est comparée aux autres, non seulement celles qui se trouvent dans notre conscience personnelle, mais dans celle de tous les autres êtres. La « réalité » de l'univers physique n'est en fait que la mémoire des schémas holographiques de nos propres esprits. Sans oublier ceci : vie après vie, les schémas mémoriels s'accumulent dans notre conscience physique et mentale.

L'hologramme de cette conscience nous permet de nous sentir unis à l'univers et à tout ce dont nous avons fait l'expérience. Nous sommes « en réalité » des êtres multidimensionnels qui reflètent chacun la totalité de l'ensemble.

Je reste persuadée que l'intense quête de moi-même à laquelle je me suis livrée a été motivée par la certitude intuitive qu'au sein de moi était enfermé le reflet de tout ce qu'il y avait à trouver. Ma curiosité insatiable à l'égard du monde extérieur n'était, en somme, que de la curiosité à mon propre égard. Si j'arrivais à me connaître moi-même, j'arriverais à connaître l'Univers.

Nouveaux physiciens et mystiques semblent enfin tomber d'accord : lorsqu'on observe le monde et les êtres qui y évoluent on se rend compte que nous ne faisons que danser avec notre propre conscience. Tout ce que nous ressentons et pensons, tout ce sur quoi nous agissons, est étroitement lié à ce que pensent et font les autres, à tout ce sur quoi ils agissent. Nous prenons *tous* part à la danse.

Lorsque j'ai commencé à regarder le monde avec une conscience karmique, autrement dit avec la certitude que nous créons tous nos propres voies, par un acte libre, librement consenti, j'ai alors découvert la justice cosmique en toutes choses. J'ai compris qu'en tout existait un bien, si nous laissions le chemin de l'expérience et de la compréhension se révéler à nous.

Pour me comprendre complètement et me réaliser pleinement, il me faudra des éons! Mais une fois cette conscience atteinte, je serai en parfait accord avec cette force invisible que nous appelons Dieu.

Pour moi, nier cette Force Divine reviendrait à nier mon existence.

Je *sais* que j'existe, donc *JE SUIS*.

Je *sais* que Dieu-Source existe, donc *IL EST*.

Puisque je fais partie de cette force, *JE SAIS QUE JE SUIS DIEU*.

Pour moi la compréhension des principes spirituels ne diffère en rien de celles des principes scientifiques. Ce sont deux approches qui tentent de répondre à la même question : qu'est-ce que Dieu?

Je suis profondément convaincue qu'un jour viendra où théologiens et scientifiques s'assiéront au sommet de la même montagne de connaissance.

En ce qui concerne ma vie, mon *Moi Supérieur* se trouve à mes côtés à tout moment. Lorsque j'ai un problème, je le consulte. Lorsqu'une question me vient à l'esprit, je la lui pose. Il est mon enseignant, il est le maître de mon âme. Il est *moi*.

Lorsque je ne me sens plus en contact avec lui, je prends le temps de méditer, de faire la paix en moi, jusqu'à ce que je sois à nouveau en communication avec lui.

Cette conscience nourrissante, florissante et « connaissante » de mon propre être m'est devenue aussi indispensable que l'air que je respire. Je ne peux en prouver l'existence à qui que ce soit d'autre : il faut en faire soi-même l'expérience pour la connaître.

Et lorsque cela survient, nous comprenons enfin le sens de la vie, la raison qui nous fait agir comme nous le faisons. Mais, plus important que tout, le but qui me fait poursuivre mon expérience est simplement de me comprendre *MOI-MÊME*. La danse intérieure et la danse extérieure sont indissolublement entrelacées. La Danse et le Danseur ne font qu'Un.

Achevé   Imprimerie
d'imprimer Gagné Ltée
au Canada Louiseville